Começando a Programar em Python Para leigos

FUNÇÕES MÁGICAS COMUNS DO JUPYTER NOTEBOOK

O Jupyter Notebook usa a abordagem de programação literária originalmente desenvolvida por Donald Knuth. Isso significa que o Ambiente de Desenvolvimento Integrado (Integrated Development Environment — IDE) produz saídas que se parecem mais com um relatório, não com os ambientes complexos de codificação usados pela maioria das pessoas. As funções mágicas aumentam ainda mais esses recursos ao criar um ambiente no qual você pode fazer escolhas, em vez de ter de usar apenas o resultado esperado. A tabela a seguir destaca as funções mágicas mais importantes fornecidas pelo Jupyter Notebook.

Função Mágica	Apenas Digitar Fornece Status?	Descrição
%alias	Sim	Aloca ou mostra um alias para um comando do sistema.
%autocall	Sim	Permite que você chame funções sem incluir parênteses. As configurações são Off, Smart (padrão) e Full. A configuração Smart aplica parênteses apenas se você inclui um argumento com a chamada.
%automagic	Sim	Permite que você chame a linha de funções mágicas sem incluir o sinal de porcentagem (%). As configurações são False (padrão) e True.
%autosave	Sim	Mostra ou modifica os intervalos entre salvamentos automáticos do Notebook. A configuração padrão é a cada 120 segundos.
%cd	Sim	Muda o diretório para um novo local de armazenamento. Você também pode usar esse comando para se mover no histórico do diretório ou mudar os diretórios para um bookmark.
%cls	Não	Limpa a tela.
%colors	Não	Especifica as cores usadas para mostrar textos associados com prompts, sistema de informações e manipuladores de exceção. Você pode escolher NoColor (preto e branco), Linux (padrão) e LightBG.
%config	Sim	Permite que você configure o IPython.
%dhist	Sim	Mostra uma lista de diretórios visitados durante a sessão atual.
%file	Não	Apresenta uma saída com o nome do arquivo que contém o código-fo...
%hist	Sim	Apresenta uma list... emitidos durante a...

Começando a Programar em Python Para leigos

(continuação)

Função Mágica	Apenas Digitar Fornece Status?	Descrição
%install_ext	Não	Instala a extensão especificada.
%load	Não	Carrega o código da aplicação de outra fonte, como de um exemplo online.
%load_ext	Não	Carrega uma extensão Python usando seu nome do módulo.
%lsmagic	Sim	Mostra uma lista das funções mágicas atualmente disponíveis.
%magic	Sim	Apresenta uma tela de ajuda mostrando informações sobre as funções mágicas.
%matplotlib	Sim	Define o processador de back-end usado para plotagens. Usar o valor inline mostra a plotagem dentro da célula para um arquivo IPython Notebook. Os valores possíveis são: 'gtk', 'gtk3', 'inline', 'nbagg', 'osx', 'qt', 'qt4', 'qt5', 'tk' e 'wx'.
%paste	Não	Cola o conteúdo da Área de Transferência no ambiente IPython.
%pdef	Não	Mostra como chamar o objeto (presumindo que possa ser chamado).
%pdoc	Não	Mostra a docstring de um objeto.
%pinfo	Não	Apresenta informações detalhadas sobre o objeto (geralmente mais do que as fornecidas apenas pela ajuda).
%pinfo2	Não	Apresenta informações extras detalhadas sobre o objeto (quando disponíveis).
%reload_ext	Não	Recarrega uma extensão previamente instalada.
%source	Não	Mostra o código-fonte para o objeto (presumindo que a fonte esteja disponível).
%timeit	Não	Calcula o melhor tempo de performance para uma instrução.
%%timeit	Não	Calcula o melhor tempo de performance para todas as instruções em uma célula, exceto a que está localizada na mesma linha da célula mágica (que poderia, portanto, ser uma instrução de inicialização).
%unalias	Não	Remove um alias previamente criado da lista.
%unload_ext	Não	Descarrega a extensão especificada.
%%writefile	Não	Grava os conteúdos de uma célula no arquivo especificado.

Começando a Programar em Python®

Para leigos

Começando a Programar em Python®
para leigos

Tradução da 2ª Edição

John Paul Mueller

ALTA BOOKS
GRUPO EDITORIAL
Rio de Janeiro, 2020

Começando a Programar em Python® Para Leigos® – Tradução da 2ª Edição
Copyright © 2020 da Starlin Alta Editora e Consultoria Eireli. ISBN: 978-85-508-1585-5

Translated from original Beginning Programming with Python® For Dummies®, 2nd Edition. Copyright © 2018 by John Wiley & Sons, Inc. ISBN 978-1-119-45789-3. This translation is published and sold by permission of John Wiley & Sons, Inc., the owner of all rights to publish and sell the same. PORTUGUESE language edition published by Starlin Alta Editora e Consultoria Eireli, Copyright © 2020 by Starlin Alta Editora e Consultoria Eireli.

Todos os direitos estão reservados e protegidos por Lei. Nenhuma parte deste livro, sem autorização prévia por escrito da editora, poderá ser reproduzida ou transmitida. A violação dos Direitos Autorais é crime estabelecido na Lei nº 9.610/98 e com punição de acordo com o artigo 184 do Código Penal.

A editora não se responsabiliza pelo conteúdo da obra, formulada exclusivamente pelo(s) autor(es).

Marcas Registradas: Todos os termos mencionados e reconhecidos como Marca Registrada e/ou Comercial são de responsabilidade de seus proprietários. A editora informa não estar associada a nenhum produto e/ou fornecedor apresentado no livro.

Impresso no Brasil — 1ª Edição, 2020 — Edição revisada conforme o Acordo Ortográfico da Língua Portuguesa de 2009.

Produção Editorial	Produtor Editorial	Marketing Editorial	Editores de Aquisição	Ouvidoria
Editora Alta Books	Thiê Alves	Livia Carvalho marketing@altabooks.com.br	José Rugeri j.rugeri@altabooks.com.br	ouvidoria@altabooks.com.br
Gerência Editorial Anderson Vieira			Márcio Coelho marcio.coelho@altabooks.com.br	
Gerência Comercial Daniele Fonseca		**Coordenação de Eventos** Viviane Paiva comercial@altabooks.com.br		
Equipe Editorial Adriano Barros Ian Verçosa Illysabelle Trajano Juliana de Oliveira	Keyciane Botelho Laryssa Gomes Leandro Lacerda Maria de Lourdes Borges	Raquel Porto Rodrigo Dutra Thales Silva	**Equipe Design** Ana Carla Fernandes Larissa Lima Paulo Gomes	Thais Dumit Thauan Gomes
Tradução Gian Marco Converso	**Trad/Copi** Alberto G. Streicher	**Revisão Gramatical** Alessandro Thomé Eveline Machado	**Revisão Técnica** Cristiano Galvão Consultor de TI	**Diagramação** Joyce Matos

Publique seu livro com a Alta Books. Para mais informações envie um e-mail para autoria@altabooks.com.br

Obra disponível para venda corporativa e/ou personalizada. Para mais informações, fale com projetos@altabooks.com.br

Erratas e arquivos de apoio: No site da editora relatamos, com a devida correção, qualquer erro encontrado em nossos livros, bem como disponibilizamos arquivos de apoio se aplicáveis à obra em questão.

Acesse o site **www.altabooks.com.br** e procure pelo título do livro desejado para ter acesso às erratas, aos arquivos de apoio e/ou a outros conteúdos aplicáveis à obra.

Suporte Técnico: A obra é comercializada na forma em que está, sem direito a suporte técnico ou orientação pessoal/exclusiva ao leitor.

A editora não se responsabiliza pela manutenção, atualização e idioma dos sites referidos pelos autores nesta obra.

Ouvidoria: ouvidoria@altabooks.com.br

Dados Internacionais de Catalogação na Publicação (CIP) de acordo com ISBD

M946c   Mueller, John Paul
         Começando a programar em Python para leigos 2ª Edição / John Paul Mueller ; traduzido por Gian Marco Converso. - Rio de Janeiro : Alta Books, 2020.
         416 p. : il. ; 15,7cm x 23cm.

         Tradução de: Beginning Programming with Python® For Dummies 2nd Edition
         Inclui índice.
         ISBN: 978-85-508-1585-5

         1. Linguagem de programação. 2. Python. I. Converso, Gian Marco. II. Título.

2020-618   CDD 005.133
                                                        CDU 004.43

Elaborado por Odílio Hilario Moreira Junior - CRB-8/9949

Rua Viúva Cláudio, 291 — Bairro Industrial do Jacaré
CEP: 20.970-031 — Rio de Janeiro (RJ)
Tels.: (21) 3278-8069 / 3278-8419
ALTA BOOKS   www.altabooks.com.br — altabooks@altabooks.com.br
GRUPO EDITORIAL   www.facebook.com/altabooks — www.instagram.com/altabooks

Sobre o Autor

John Mueller é autor freelancer e editor técnico. Tendo a escrita em seu sangue, já produziu 104 livros e mais de 600 artigos até a presente data. Os assuntos variam de networking a inteligência artificial e de gerenciamento de banco de dados a programação avançada. Alguns de seus livros mais recentes incluem análises sobre data science, aprendizado de máquina e algoritmos — sempre com o Python como a linguagem de demonstração. A habilidade em edições técnicas de John ajudou mais de 70 autores no refinamento de conteúdo de seus trabalhos. Ele forneceu serviços de edição técnica para várias revistas, realizou vários tipos de consultoria e desenvolve exames de certificação. Não deixe de ler seu blog: `http://blog.johnmuellerbooks.com/`. Você também pode escrever para ele através do e-mail John@JohnMuellerBooks.com ou visitar seu site: `http://www.johnmuellerbooks.com/`, lembrando que o conteúdo está em inglês.

Dedicatória

Este livro é dedicado aos leitores que tiram um tempo para me escrever! Recebo vários e-mails diariamente; alguns com pedidos, uns poucos com reclamações, e há ainda aqueles bem poucos que apenas dizem "obrigado". Todas essas mensagens me encorajam e desafiam como autor — para melhorar meus livros e a mim mesmo. Obrigado!

Agradecimentos

Obrigado à minha esposa, Rebecca. Mesmo que ela tenha falecido, seu espírito está em cada livro que escrevo, em cada palavra que aparece na página. Ela acreditava em mim quando ninguém mais acreditava.

Russ Mullen merece um agradecimento por sua edição técnica deste livro. Ele somou muito à precisão e à profundidade do material que você vê aqui. Russ está sempre me mostrando importantes URLs para novos produtos e ideias. No entanto, é a verificação dele que mais me ajuda. Ele faz o controle de qualidade do meu trabalho. Russ também tem equipamentos de computação diferentes dos meus, então pode apontar falhas que eu provavelmente não observaria.

Matt Wagner, meu agente, merece créditos primeiramente por me ajudar a conseguir o contrato e por cuidar de todos os detalhes que a maioria dos autores não leva muito em consideração. Eu sempre gostei da sua assistência. É bom saber que alguém quer me ajudar.

Várias pessoas leram todo ou parte deste livro para me ajudar a refinar a abordagem, testar os exemplos de código e, no geral, fornecer informações que todos os leitores gostariam de ter. Esses voluntários, não pagos, ajudaram de tantas formas que nem poderia mencionar todos aqui. Eu aprecio especialmente os esforços de Eva Beattie, Glenn A. Russell, Emanuel Jonas e Michael Sasseen, que forneceram informações diversas, leram o livro inteiro e generosamente se dedicaram a este projeto.

Por fim, eu gostaria de agradecer a Kyle Looper, Susan Christophersen e ao restante da equipe editorial e de produção.

Sumário Resumido

Introdução..1

Parte 1: Iniciando com Python..5

CAPÍTULO 1: Falando com Seu Computador...............................7

CAPÍTULO 2: Obtendo Sua Própria Cópia do Python.....................23

CAPÍTULO 3: Interagindo com o Python................................41

CAPÍTULO 4: Escrevendo Sua Primeira Aplicação......................59

CAPÍTULO 5: Trabalhando com Anaconda...............................87

Parte 2: Mandando Ver...107

CAPÍTULO 6: Armazenando e Modificando Informações.................109

CAPÍTULO 7: Gerenciando Informações...............................121

CAPÍTULO 8: Tomando Decisões......................................143

CAPÍTULO 9: Executando Tarefas Repetitivas........................159

CAPÍTULO 10: Lidando com Erros....................................173

Parte 3: Realizando Tarefas Comuns.................................205

CAPÍTULO 11: Interagindo com Pacotes..............................207

CAPÍTULO 12: Trabalhando com Strings..............................235

CAPÍTULO 13: Gerenciando Listas...................................253

CAPÍTULO 14: Coletando Vários Tipos de Dados......................273

CAPÍTULO 15: Criando e Usando Classes.............................293

Parte 4: Realizando Tarefas Avançadas..............................317

CAPÍTULO 16: Armazenando Dados em Arquivos........................319

CAPÍTULO 17: Enviando um E-mail...................................339

Parte 5: A Parte dos Dez...357

CAPÍTULO 18: Dez Recursos Incríveis de Programação................359

CAPÍTULO 19: Dez Maneiras de Ganhar Seu Sustento com o Python.....371

CAPÍTULO 20: Dez Ferramentas para Aprimorar Sua Experiência com
o Python..381

Índice...393

Sumário

INTRODUÇÃO 1
    Sobre Este Livro. 1
    Penso que... 2
    Ícones Usados Neste Livro 3
    Além Deste Livro 3
    De Lá para Cá, Daqui para Lá 4

PARTE 1: INICIANDO COM PYTHON 5

CAPÍTULO 1:   **Falando com Seu Computador** 7
    Entendendo Por que Falar com Seu Computador 8
    Sabendo que uma Aplicação É uma Forma de Comunicação 9
        Pensando em procedimentos do dia a dia 9
        Escrevendo procedimentos. 10
        Vendo aplicações como se fossem qualquer outro
        procedimento 11
        Entendendo que os computadores entendem coisas
        literalmente 11
    Definindo as Aplicações 12
        Entendendo que os computadores usam uma linguagem
        especial. 12
        Ajudando os humanos a falar com o computador 13
    Entendendo Por que o Python É Tão Legal 14
        Descobrindo motivos para usar Python 15
        Beneficiando-se com o Python. 16
        Descobrindo quais empresas usam Python. 17
        Encontrando aplicações Python úteis 19
        Comparando o Python com outras linguagens 19

CAPÍTULO 2:   **Obtendo Sua Própria Cópia do Python** 23
    Baixando a Versão de que Você Precisa. .24
    Instalando o Python 26
        Trabalhando com o Windows 27
        Trabalhando com o Mac. 30
        Trabalhando com o Linux 31
    Acessando o Python em Sua Máquina 34
        Usando o Windows 34
        Usando o Mac 37
        Usando o Linux. 38
    Testando Sua Instalação 39

CAPÍTULO 3: ## Interagindo com o Python 41

Abrindo a Linha de Comando 42
    Iniciando o Python 42
    Usando a linha de comandoa seu favor 43
    Usando variáveis de ambientedo Python em seu favor 46
Digitando um Comando 47
    Dizendo ao computador o que fazer 48
    Dizendo ao computador que você terminou 49
    Vendo o resultado 49
Usando a Ajuda 50
    Entrando no modo ajuda................................51
    Pedindo ajuda 52
    Saindo do modo ajuda 54
    Obtendo ajuda diretamente 55
Fechando a Linha de Comando 56

CAPÍTULO 4: ## Escrevendo Sua Primeira Aplicação 59

Compreendendo Por que IDEs São Importantes...............60
    Criando códigos melhores...............................60
    Funcionalidade de depuração 61
    Definindo por que os notebooks são úteis................61
Obtendo Sua Cópia do Anaconda 62
    Obtendo o Analytics Anaconda 62
    Instalando o Anaconda no Linux 63
    Instalando o Anaconda no MacOS 64
    Instalando o Anaconda no Windows.....................66
Baixando o Conjunto de Dadose o Código de Exemplo 69
    Usando o Jupyter Notebook 69
    Definindo o repositório de código.......................70
Criando a Aplicação 76
    Compreendendo as células.............................76
    Adicionando células de documentação...................79
    Outros conteúdos da célula 80
Entendendo o Uso da Indentação 80
Adicionando Comentários 82
    Entendendo os comentários............................83
    Usando comentários para deixar lembretes para
    si mesmo 84
    Usando comentários para impedir a execução de um
    código 85
Fechando o Jupyter Notebook.............................86

xiv   **Começando a Programar em Python Para Leigos**

CAPÍTULO 5: **Trabalhando com Anaconda** 87

Fazendo o Download de Seu Código. 88

Trabalhando com Checkpoints 89

    Definindo os usos dos checkpoints. 90

    Salvando um checkpoint 91

    Restaurando um checkpoint. 91

Manipulando Células 91

    Adicionando vários tipos de células 91

    Dividindo e mesclando células 92

    Movendo as células 92

    Executando células 94

    Ativando saídas. 94

Alterando a Aparência doJupyter Notebook 95

    Encontrando comandos com Command Palette 96

    Trabalhando com números de linha. 97

    Usando os recursos da Cell Toolbar 98

Interagindo com o Kernel 99

Obtendo Ajuda. 100

Usando Funções Mágicas. 102

Vendo os Processos de Execução 106

PARTE 2: MANDANDO VER 107

CAPÍTULO 6: **Armazenando e Modificando Informações** 109

Armazenando Informações 110

    Vendo variáveis como caixas de armazenamento 110

    Usando a caixa certa para armazenar os dados. 110

Definindo Tipos de Dados Essenciais do Python 111

    Colocando informações dentro de variáveis 111

    Entendendo os tipos numéricos 112

    Entendendo os valores boolianos. 117

    Entendendo strings 117

Trabalhando com Datas e Horas 118

CAPÍTULO 7: **Gerenciando Informações** 121

Controlando como o PythonVê os Dados 122

    Fazendo comparações 122

    Entendendo como os computadores fazem
comparações 123

Trabalhando com Operadores 123

    Definindo os operadores. 124

    Entendendo a precedência do operador 131

Criando e Usando Funções 132

    Visualizando funções como pacotes de código. 132

    Entendendo a reutilização de códigos. 132

    Definindo uma função. 133

Sumário **XV**

Acessando funções 135
Enviando informações às funções. 135
Retornando informações das funções 139
Comparando a saída da função 141
Obtendo a Entrada do Usuário. 141

CAPÍTULO 8: Tomando Decisões 143
Tomando Decisões Simplescom a Instrução if. 144
Entendendo a instrução if 144
Usando a instrução if em uma aplicação. 145
Escolhendo Alternativas com a Instrução if...else 150
Entendendo a instrução if...else. 150
Usando a instrução if...else em uma aplicação 150
Usando a instrução if...elif em uma aplicação 152
Usando Instruções de Decisões Aninhadas 155
Usando múltiplas instruções if ou if...else. 155
Combinando outros tipos de decisões 157

CAPÍTULO 9: Executando Tarefas Repetitivas 159
Processando Dados com a Instrução for. 160
Entendendo a instrução for. 160
Criando um loop for básico. 161
Controlando execuções com a instrução break 161
Controlando execuções com ainstrução continue 164
Controlando execuções coma cláusula pass 165
Controlando execuções com a instrução else 166
Processando Dados com a Instrução while. 168
Entendendo a instrução while 168
Usando a instrução while em uma aplicação. 169
Aninhando Instruções de Loop. 170

CAPÍTULO 10: Lidando com Erros 173
Sabendo Por que o Python Não Entende Você 174
Examinando as Fontes de Erros. 176
Classificando a ocorrência de erros 176
Distinguindo os tipos de erros 177
Capturando as Exceções. 180
Manipulando exceções básicas 181
Manipulando exceções das mais específicas para as
menos específicas. 192
Manipulação de exceções aninhadas. 194
Gerando Exceções 198
Gerando exceções durante condições excepcionais. 198
Passando informação de erro ao chamador 199
Criando e Usando Exceções Customizadas. 200
Usando a Cláusula finally 202

xvi   Começando a Programar em Python Para Leigos

PARTE 3: REALIZANDO TAREFAS COMUNS 205

CAPÍTULO 11: Interagindo com Pacotes 207

Criando Agrupamentos de Código 208
  Compreendendo os tipos de pacotes 210
  Considerando o cache do pacote 211
Importando Pacotes 212
  Usando a instrução import 214
  Usando a instrução from...import 215
Encontrando Pacotes no Disco 218
Baixando Pacotes de Outras Fontes 220
  Abrindo o Prompt do Anaconda 220
  Trabalhando com pacotes conda 221
  Instalando pacotes com pip 226
Visualizando o Conteúdo do Pacote 227
Vendo a Documentação do Pacote 230
  Abrindo a aplicação Pydoc 230
  Usando links de acesso rápido 231
  Digitando um termo de pesquisa 233
  Visualizando os resultados 234

CAPÍTULO 12: Trabalhando com Strings 235

Entendendo que as Strings São Diferentes 236
  Definindo um caractere usando números 236
  Usando caracteres para criar strings 237
Criando Strings com Caracteres Especiais 239
Selecionando Caracteres Individuais 242
Detalhando Strings 243
Localizando um Valor em uma String 247
Formatando Strings 249

CAPÍTULO 13: Gerenciando Listas 253

Organizando Informações em uma Aplicação 254
  Definindo organização usando listas 254
  Entendendo como computadores veem as listas 255
Criando Listas 256
Acessando as Listas 258
Fazendo Loop nas Listas 260
Modificando Listas 261
Pesquisando em Listas 265
Ordenando Listas 266
Imprimindo Listas 268
Trabalhando com o Objeto Counter 270

Sumário xvii

CAPÍTULO 14: Coletando Vários Tipos de Dados 273

Entendendo as Coleções 274

Trabalhando com Tuplas 275

Trabalhando com Dicionários 279

　Criando e usando um dicionário 279

　Substituindo a instrução switch por um dictionary 283

Criando Pilhas com Listas........................... 286

Trabalhando com filas 288

Trabalhando com filas duplas 291

CAPÍTULO 15: Criando e Usando Classes................ 293

Entendendo a Classe como um Método de
　Empacotamento................................ 294

Analisando as Partes de uma Classe................. 296

　Criando a definição de classe 296

　Considerando os atributospredefinidos da classe 297

　Trabalhando com métodos....................... 299

　Trabalhando com construtores 301

　Trabalhando com variáveis 303

　Usando métodos com listas de argumentos variáveis 306

　Sobrecarregando operadores 307

Criando uma Classe 309

　Definindo a classe MyClass 309

　Salvando uma classe no disco 310

Usando a Classe em uma Aplicação 311

Estendendo Classes para Criar Novas Classes.......... 312

　Construindo a classe-filha 312

　Testando a classe em uma aplicação 314

PARTE 4: REALIZANDO TAREFAS AVANÇADAS 317

CAPÍTULO 16: Armazenando Dados em Arquivos 319

Entendendo Como o Armazenamento Permanente
　Funciona 320

Criando Conteúdo para o Armazenamento Permanente 322

Criando um Arquivo............................... 326

Lendo o Conteúdo do Arquivo 330

Atualizando o Conteúdo do Arquivo 332

Deletando um Arquivo............................. 337

CAPÍTULO 17: Enviando um E-mail 339

Entendendo o que AconteceQuando Você Envia um E-mail .. 340

　Vendo o e-mail como você vê uma carta............ 340

　Definindo as partes do envelope................. 342

　Definindo as partes da carta.................... 348

xviii　　**Começando a Programar em Python Para Leigos**

Criando a Mensagem de E-mail 353
    Trabalhando com uma mensagem detexto 353
    Trabalhando com uma mensagem HTML............... 355
Vendo a Saída do E-mail 356

PARTE 5: A PARTE DOS DEZ 357

CAPÍTULO 18: Dez Recursos Incríveis de Programação 359

Trabalhando com a Documentação Online do Python 360
Usando o Tutorial LearnPython.org........................ 361
Fazendo Programação Web com Python.................... 362
Obtendo Bibliotecas Adicionais.......................... 363
Criando Aplicações MaisRapidamente Usando um IDE....... 364
Checando Sua Sintaxe com Maior Facilidade 365
Usando o XML a Seu Favor................................ 365
Superando Erros Comuns de Principiantes do Python 367
Entendendo o Unicode 368
Tornando Sua Aplicação Python Mais Rápida............... 369

CAPÍTULO 19: Dez Maneiras de Ganhar Seu Sustento com o Python 371

Trabalhando com QA.................................... 373
Compondo a Equipe de TI de uma Pequena Empresa 373
Executando Scripts Especiais para Aplicações 374
Administrando uma Rede................................ 375
Ensinando Técnicas de Programação 375
Ajudando as Pessoas a Decidirem a Localização............ 376
Executando a Mineração de Dados........................ 377
Interagindo com Sistemas Integrados...................... 377
Realizando Tarefas Científicas............................ 378
Executando Análises de Dados em Tempo Real 379

CAPÍTULO 20: Dez Ferramentas para Aprimorar Sua Experiência com o Python 381

Procurando Erros com Roundup Issue Tracker 383
Criando um Ambiente Virtual com o VirtualEnv.............. 384
Instalando Sua Aplicação com o PyInstaller................. 385
Construindo a Documentação do Desenvolvedor com
    o pdoc 386
Desenvolvendo o Código da Aplicação com o Komodo
    Edit 387
Depurando Sua Aplicação com o pydbgr.................... 388
Entrando em um Ambiente Interativo com o IPython 389
Testando Aplicações Python com o PyUnit 390
Organizando Seu Código com o Isort 390
Fornecendo o Controle da Versão com o Mercurial.......... 391

ÍNDICE 393

XX   Começando a Programar em Python Para Leigos

Introdução

O Python é um exemplo de linguagem que faz tudo certo dentro do domínio das coisas que deve realizar. Não sou apenas eu que digo isso: os programadores votaram ao usar tanto o Python, que agora a linguagem é a quinta mais usada no mundo (confira mais detalhes https:// www.tiobe.com/tiobe-index/ [conteúdo em inglês]). O incrível sobre o Python é que você realmente consegue escrever uma aplicação em uma plataforma e usá-la em qualquer outra em que precise. Diferentemente de outras linguagens de programação que prometiam oferecer independência da plataforma, o Python realmente possibilita essa independência. Neste caso, o resultado obtido faz jus à promessa.

O Python tem como destaque a legibilidade do código e uma sintaxe concisa, que permite escrever aplicações usando menos linhas de código que outras linguagens de programação. Você também pode usar um estilo de código que atenda a suas necessidades, uma vez que ele suporta estilos de código que são funcionais, imperativos, orientados ao objeto e procedimentais (veja os detalhes no Capítulo 3). Além disso, pelo modo como o Python funciona, você pode vê-lo sendo utilizado em inúmeras áreas que estão cheias de não programadores. *Começando a Programar em Python Para Leigos*, 2ª Edição, tem o propósito de ajudar a todos, incluindo os não programadores, a fazer o Python funcionar rapidamente.

Algumas pessoas veem o Python como uma linguagem de script, mas ela é muito mais, realmente (o Capítulo 18 dará uma rápida ideia das aplicações que dependem do Python para funcionar). No entanto, ele de fato pode ser adaptado para usos educacionais ou áreas nas quais outras linguagens de programação podem deixar a desejar. Na verdade, este livro usa o Jupyter Notebook para os exemplos, que se baseia no paradigma altamente legível de programação literária desenvolvido pelo cientista da computação de Stanford, Donald Knuth (veja os detalhes no Capítulo 4). Seus exemplos acabam ficando com a aparência de relatórios altamente legíveis que quase todo mundo consegue entender facilmente.

Sobre Este Livro

Começando a Programar em Python Para Leigos, 2ª Edição, é um guia para iniciar e executar o Python em um instante. Você quer aprender a linguagem rapidamente para se tornar produtivo e usá-la para executar seu trabalho, que pode ser qualquer coisa. Diferentemente dos principais livros sobre o assunto, este mostra, logo no começo, o que diferencia o Python das outras linguagens e como ele pode ajudá-lo a executar bem um trabalho em um emprego que não seja de programação. Como resultado, desde o início você entende o que precisa, usando exemplos práticos e fazendo, em boa parte do tempo, tarefas realmente produtivas. Você até recebe ajuda na instalação do Python em seu sistema específico.

Com uma boa instalação, independentemente da plataforma usada, você começa com o básico e trabalha para incrementá-la. Depois de trabalhar com os exemplos deste livro, saberá escrever programas simples e executar tarefas, como enviar um e-mail usando o Python. Não, você não será um especialista, mas conseguirá usar o Python para suprir necessidades específicas em seu ambiente de trabalho. Para absorver os conceitos de forma mais fácil, este livro usa as seguintes convenções:

> » O texto que você deve digitar, assim como aparece neste livro, está em **negrito**. A exceção é quando há uma lista de etapas: como cada passo está em negrito, o texto a ser digitado não está.

> » Quando as palavras estiverem em *itálico* como parte de uma sequência, precisará trocá-las por informações válidas para você. Por exemplo, se vir "Digite ***Seu Nome*** e tecle Enter", você precisará trocar *Seu Nome* pelo seu nome real.

> » Endereços da Web e códigos de programação aparecem `nesta fonte`. Se estiver lendo a versão digital deste livro em um dispositivo conectado à internet, saiba que pode clicar no link para visitar aquele site, por exemplo: `www.altabooks.com.br`. O conteúdo da maioria dos sites está em inglês.

> » Quando precisar digitar sequências de comandos, você os verá separados por uma seta especial, assim: Arquivo ➪ Novo Arquivo. Neste caso, vá para o menu Arquivo primeiro e selecione a entrada Novo Arquivo nesse menu. O resultado será um novo arquivo criado.

Penso que...

Você deve achar difícil acreditar que eu imagine qualquer coisa sobre você — afinal, nem o conheci ainda! Mesmo considerando que boa parte dessa imaginação não seja verdade, criei uma imagem sua para estabelecer um ponto inicial para o livro.

É importante que esteja familiarizado com a plataforma que quer usar, pois este livro não dá nenhum direcionamento nesse sentido. (O Capítulo 2 fornece instruções de instalação do Python para várias plataformas e o Capítulo 4 mostra como instalar o Anaconda, que inclui o Jupyter Notebook — o Ambiente de Desenvolvimento Integrado, ou IDE, usado neste livro.) Para proporcionar o máximo de informações sobre o Python, este livro não discute nenhuma situação específica sobre plataformas. Você realmente precisa saber como instalar as aplicações, usá-las e trabalhar normalmente com a plataforma escolhida antes de começar a trabalhar com este material.

Este livro também supõe que você pode achar coisas na internet. Em todo lugar aqui, existem numerosas referências de material online que aprimorarão sua experiência de aprendizado. No entanto, essas fontes serão úteis somente se realmente as encontrar e usar.

Ícones Usados Neste Livro

Conforme sua leitura avançar neste livro, você verá ícones nas margens que indicam o material de interesse (ou não, dependendo do caso). Esta seção descreve brevemente cada ícone.

DICA

Dicas são boas porque o ajudam a economizar tempo ou executar alguma tarefa sem tomar muito tempo extra de trabalho. As dicas neste livro são técnicas para economizar tempo ou indicações de recursos que você deveria experimentar para tirar o máximo proveito do Python.

CUIDADO

Não quero parecer aqueles pais bravos ou aborrecidos, ou algum tipo de maníaco, mas você deve evitar fazer qualquer coisa marcada com o ícone Cuidado. Caso contrário, poderá descobrir que seu programa serve apenas para confundir os usuários, que, então, evitarão trabalhar com ele.

PAPO DE ESPECIALISTA

Sempre que vir esse ícone, pense em uma dica ou uma técnica avançada. Você pode achar essas pequenas informações úteis chatas demais, ou talvez elas possam conter a solução de que precisa para executar o programa. Pule-as sempre que quiser.

LEMBRE-SE

Se não se beneficiar de nada em um capítulo ou uma seção em particular, ao menos lembre-se do material sinalizado por esse ícone. Esse texto normalmente contém uma parte essencial ou um pouco de informação que você deve conhecer para escrever programas em Python com sucesso.

Além Deste Livro

Este livro não é o fim de sua experiência com programação Python — é somente o início. Eu forneço conteúdo online para tornar o livro mais flexível e melhor atingir suas necessidades. Dessa forma, quando eu receber um e-mail seu, poderei responder perguntas e lhe direi como as atualizações para o Python ou suas bibliotecas associadas afetam o conteúdo do livro. De fato, você ganha acesso a todas estas adições especiais:

» **Folha de cola:** Você se lembra de quando fazia resumos, na época da escola, para tirar notas melhores? Ainda os faz? Bem, uma folha de cola é mais ou menos isso. Ela sintetiza alguns pontos especiais sobre tarefas que você pode fazer com o Python que nem todos os desenvolvedores conhecem. Acesse `www.altabooks.com.br` e pesquise o título/ISBN deste livro. Ela contém informações importantes, como os quatro estilos comuns de programação em Python, seus operadores básicos e regras de precedência.

» **Acompanhamentos:** Fala sério! Quem realmente quer digitar todo o código presente neste livro? A maioria dos leitores preferiria passar seu tempo trabalhando por meio dos exemplos de códigos, em vez de digitar. Sorte a sua! Os exemplos que usamos estão disponíveis para download, então tudo o que você precisa fazer é ler o livro para aprender as técnicas de codificação Python. Cada exemplo do livro diz precisamente qual projeto de exemplo usar. Em `www.altabooks.com.br`, você encontra esses arquivos, procurando pelo título/ISBN do livro.

De Lá para Cá, Daqui para Lá

É hora de iniciar sua aventura em Programação com Python! Caso seja totalmente novato em programação, deve iniciar pelo Capítulo 1 e progredir com o livro em um ritmo que lhe permita absorver o máximo possível do material.

Se você é novato e está na correria para entrar no mundo do Python o mais rápido possível, pode pular para o Capítulo 2, mas sabendo que pode achar alguns tópicos um pouco confusos depois. Ir para o Capítulo 3 é possível se você já tem o Python instalado, mas pelo menos folheie o Capítulo 2 para ter uma ideia dos assuntos que foram abordados.

Os leitores que têm alguma vivência com o Python podem economizar tempo e pular diretamente para o Capítulo 4. É essencial que instale o Anaconda para ter acesso ao Jupyter Notebook, que é o IDE usado neste livro. Caso contrário, não conseguirá usar tão facilmente os códigos-fonte baixados. O Anaconda é gratuito, então sobram uns trocos para se divertir!

Caso já tenha o Jupyter Notebook instalado e saiba usá-lo, pode pular lá para o Capítulo 6. Você sempre pode voltar aos capítulos anteriores quando for necessário ou tiver dúvidas. No entanto, é importante que entenda como cada exemplo funciona antes de ir para o próximo. Cada um contém uma lição importante, e você poderá perder um conteúdo essencial se começar a pular muita informação.

1

Iniciando com Python

NESTA PARTE...

Comunique-se com seu computador.

Instale o Python em seu sistema Linux, Mac ou Windows.

Interaja com as ferramentas oferecidas pelo Python.

Instale e use o Anaconda para escrever sua primeira aplicação.

Use o Anaconda para realizar trabalhos úteis.

NESTE CAPÍTULO

» Falando com seu computador

» Criando programas para conversar com seu computador

» Entendendo os programas e sua criação

» Considerando por que usar Python

Capítulo **1**

Falando com Seu Computador

Ter uma conversa com seu computador pode parecer um roteiro de filme de ficção científica. Afinal, os membros da *Enterprise* em *Star Trek* normalmente falavam com seus computadores. De fato, o computador frequentemente falava de volta. No entanto, com o crescimento dos aplicativos Siri da Apple (http://www.apple.com/ios/siri/), Echo da Amazon (https://www.amazon.com/dp/B00X4WHP5E/) [todos com conteúdo em inglês neste capítulo] e outros softwares interativos, talvez você realmente não ache que uma conversa desse tipo seja tão espantosa.

LEMBRE-SE

Perguntar ao computador uma informação é uma coisa, porém, dar instruções a ele é outra bem diferente. Este capítulo analisa por que pode ser importante instruir seu computador e os benefícios disso. Você também descobre a necessidade de uma linguagem especial quando executa esse tipo de comunicação e por que usar o Python para isso. No entanto, o principal a se extrair deste capítulo é que programação é simplesmente uma forma de comunicação semelhante às outras formas que você já teve em seu computador

Entendendo Por que Falar com Seu Computador

Falar com a máquina pode parecer estranho no início, mas isso é necessário, porque um computador não pode ler sua mente — ainda. Mesmo que o computador realmente lesse sua mente, ele ainda estaria se comunicando com você. Nada pode ocorrer sem uma troca de informação entre a máquina e você. Atividades como

- » Ler seu e-mail
- » Escrever sobre suas férias
- » Achar o melhor presente no mundo

são todas exemplos de comunicação que ocorrem entre o computador e você. Que o computador, além disso, se comunica com outras máquinas ou pessoas para encaminhar tarefas de que você precisa, simplesmente estende a ideia básica de que a comunicação é necessária para produzir qualquer resultado.

Na maioria dos casos, a comunicação acontece de uma maneira quase invisível, a não ser que você realmente pense sobre isso. Por exemplo, quando visita uma sala de bate-papo online, pode pensar que está se comunicando com outra pessoa. No entanto, você está se comunicando com o seu computador, o seu computador está se comunicando com o computador de outra pessoa por meio da sala de bate-papo (não importa qual seja) e o computador da outra pessoa está se comunicando com ela. A Figura 1-1 dá uma ideia do que realmente está acontecendo.

FIGURA 1-1: A comunicação com o seu computador pode ser invisível, a não ser que você realmente pense sobre isso.

Observe a nuvem no centro da Figura 1-1. Ela pode conter qualquer coisa, mas você sabe que, pelo menos, ela contém outros computadores executando outras aplicações. Esses computadores possibilitam que você e seus amigos batam papo. Agora, pense como todo o processo parece fácil quando você está usando a aplicação de conversa. Apesar de todas essas coisas estarem acontecendo no plano de fundo, parece que você está simplesmente conversando com seu amigo, e o processo em si é invisível.

Sabendo que uma Aplicação É uma Forma de Comunicação

A comunicação entre computadores ocorre mediante o uso de aplicações. Você usa uma aplicação para responder a um e-mail, outra para comprar mercadorias e outra para criar uma apresentação. Uma *aplicação*, ou *aplicativo* (às vezes chamado de *app*), fornece o meio para expressar ideias humanas ao computador de forma que ele possa definir as ferramentas necessárias para dar formato aos dados usados para a comunicação de maneiras específicas. Os dados usados para expressar o conteúdo de uma apresentação são diferentes daqueles usados para comprar um presente para sua mãe. A forma como vê, usa e entende os dados é diferente para cada tarefa, então você deve usar diferentes aplicações para interagir com eles, de modo que o computador e você possam se entender.

Hoje é possível obter aplicações para atender a qualquer necessidade que se possa imaginar. Na verdade, você provavelmente tem acesso a aplicações sobre as quais ainda não pensou a respeito. Os programadores estiveram ocupados criando milhões de aplicações de todos os tipos por muitos anos, então deve ser difícil entender o que se pode realizar criando algum novo método para falar com seu computador através de uma aplicação. A resposta se resume a pensar nos dados e em como você quer interagir com eles. Alguns dados simplesmente não são comuns o suficiente para atrair a atenção de um programador ou você pode precisar dos dados em um formato que a aplicação normalmente não suporta. Então não tem nenhuma forma de dizer ao computador sobre o que você precisa, a não ser que crie uma aplicação customizada.

As próximas seções mostrarão aplicações a partir de uma perspectiva de trabalhos com dados únicos de uma maneira, de certa forma, especial. Por exemplo, você pode ter acesso ao banco de dados da biblioteca de vídeos, mas não existe uma forma confortável de acesso para você. Os dados são únicos, e suas necessidades de acesso são especiais, então você pode querer criar uma aplicação que atenda tanto os dados quanto suas necessidades.

Pensando em procedimentos do dia a dia

Procedimento é simplesmente um conjunto de passos que você segue para executar uma tarefa. Por exemplo, para fazer uma torrada, provavelmente deve usar este procedimento:

1. Pegar o pão e a manteiga da geladeira.
2. Abrir o pacote de pão e pegar duas fatias.
3. Tirar a tampa da torradeira.
4. Colocar cada fatia de pão em seu compartimento.
5. Descer a alavanca da torradeira para começar a torrar do pão.
6. Esperar que o processo termine.
7. Tirar a torrada da torradeira.
8. Colocar a torrada no prato.
9. Passar manteiga na torrada.

Seu procedimento pode variar do apresentado aqui, mas é pouco provável que você coloque manteiga na torrada antes de colocá-la na torradeira. É claro que realmente se deve tirar o pão da embalagem antes de torrá-lo (colocar o pão, a embalagem e tudo dentro da torradeira produziria resultados indesejados). A maioria das pessoas realmente nunca pensou sobre o procedimento de fazer torrada. Porém, um procedimento como esse é usado, mesmo que não pense a respeito.

LEMBRE-SE

Os computadores não conseguem executar tarefas sem um procedimento. Você deve dizer a ele quais passos seguir e a ordem em que devem ser executados. Quaisquer exceções à regra podem causar falhas. Todas essas informações (e mais) aparecem dentro de uma aplicação. Resumindo, uma aplicação é simplesmente um procedimento escrito usado para dizer ao computador o que, quando e como fazer. Como você tem usado procedimentos a vida toda, o que realmente precisa fazer é aplicar o conhecimento que já possui, de forma que o computador saiba realizar as tarefas específicas.

Escrevendo procedimentos

Quando eu estava no ensino fundamental, nossa professora pediu que escrevêssemos uma redação sobre fazer torradas. Depois de entregarmos nossas redações, ela levou uma torradeira e alguns pães para a sala. Cada redação foi lida e demonstrada. Nenhum de nossos procedimentos funcionou como esperado, mas todos renderam resultados hilários. No meu caso, esqueci de dizer à professora para retirar o pão da embalagem, então ela tentou, com entusiasmo, enfiar o pedaço de pão, com embalagem e tudo, dentro da torradeira. Aquilo me paralisou. Escrever sobre procedimentos pode ser um tanto difícil, pois sabemos exatamente o que queremos fazer, porém, muitas vezes deixamos passos de fora — supomos que a outra pessoa também saiba precisamente o que fazer.

Muitas experiências na vida giram em torno de procedimentos. Considere o checklist usado pelos pilotos antes de o avião decolar. Sem um bom procedimento, o avião poderia cair. Aprender a escrever um bom procedimento leva tempo, mas é viável. Você deve tentar várias vezes antes de chegar a um procedimento que funcione completamente, mas um dia criará um. Porém, escrever procedimentos não é o suficiente — você também precisará testá-los com alguém que não está familiarizado com a tarefa envolvida. Ao trabalhar com computadores, o computador é sua cobaia no assunto.

Vendo aplicações como se fossem qualquer outro procedimento

Um computador age como a professora do ensino fundamental em meu exemplo da seção anterior. Ao usar usa uma aplicação, você está usando um procedimento que define a série de passos que o computador deve executar para realizar tarefas que você tem em mente. Se deixar um passo de fora, os resultados não serão o esperado. O computador não saberá o que você quer dizer, nem que pretendia que ele executasse certas tarefas automaticamente. A única coisa que o computador saberá é que você forneceu um procedimento específico e que ele precisa executá-lo.

Entendendo que os computadores entendem coisas literalmente

As pessoas acabam se acostumam aos procedimentos que você cria. Elas automaticamente compensam as deficiências de seu procedimento ou fazem anotações sobre coisas que você deixou de fora. Em outras palavras, elas estabilizam os problemas dos procedimentos que você escreve.

LEMBRE-SE

Quando começar a escrever programas de computador, você ficará frustrado, porque ele, o computador, executa as tarefas precisamente e lê suas instruções literalmente. Por exemplo, se você diz ao computador que certo valor deve ser igual a 5, ele procurará exatamente um valor 5. Um humano pode ver 4,9 e achar que o valor é bom o suficiente, mas o computador não enxerga dessa forma. Ele vê o valor de 4,9 e decide que não é igual a 5. Resumindo, os computadores são inflexíveis, não intuitivos e sem imaginação. Quando você escreve um procedimento para um computador, ele executa o que foi pedido de forma precisa, absolutamente todas as vezes, e nunca modifica seu procedimento ou nota que você queria que ele fizesse uma outra tarefa.

Definindo as Aplicações

Como mencionado anteriormente, as aplicações fornecem a forma de interpretar expressões de ideias humanas de maneira que o computador possa entender. Para tanto, a aplicação depende de um ou mais procedimentos que dizem ao computador como executar as tarefas relacionadas à manipulação de dados e sua apresentação. O que é visto na tela é o texto do seu editor de texto, mas para ver essa informação, o computador passa por procedimentos para obter dados no disco, colocando-os de forma que você possa entender e então, apresentando-os para você. As próximas seções definem a especificação de uma aplicação em mais detalhes.

Entendendo que os computadores usam uma linguagem especial

A linguagem humana é complexa e difícil de entender. Mesmo aplicações como Siri e Alexa têm limites sérios de entendimento do que você está dizendo. Ao longo dos anos, os computadores ganharam a capacidade de captar o discurso humano no formato de dados e entender certas palavras como comandos, mas eles ainda não entendem completamente o discurso humano em um grau significativo. A dificuldade do discurso humano é exemplificada na forma como os advogados trabalham. Quando você lê um jargão jurídico, as palavras são quase incompreensíveis. No entanto, o objetivo é interpretar ideias e conceitos de forma que não fiquem abertas a interpretações. Os advogados raramente têm sucesso em atingir com precisão seus objetivos devido à imprecisão do discurso humano.

Considerando o que você aprendeu nas seções anteriores deste capítulo, conclui-se que os computadores nunca podem confiar no discurso humano para entender os procedimentos escritos. Eles sempre entendem de forma literal, então os resultados acabariam sendo imprevisíveis se você usasse a linguagem humana para escrever aplicações. É por isso que humanos usam linguagens especiais, chamadas de *linguagens de programação,* para se comunicar com os computadores. Essas linguagens especiais nos possibilitam escrever procedimentos que são específicos e completamente compreensíveis, tanto pelos humanos quanto pelos computadores.

PAPO DE ESPECIALISTA

Os computadores realmente não falam nenhuma língua. Eles usam códigos binários para efetuar processos internos e executar cálculos matemáticos. Eles não entendem nem letras — entendem somente números. Uma aplicação especial transforma em códigos binários a linguagem específica do computador que você usa para escrever um procedimento. Para os propósitos deste livro, você realmente não precisa se preocupar muito sobre as especificações de como os computadores trabalham no nível binário. No entanto, é interessante saber que os computadores falam matemática e números, e não uma língua.

Ajudando os humanos a falar com o computador

É importante manter o propósito de uma aplicação em mente enquanto você a escreve. Uma aplicação está lá para, de certa forma, ajudar os humanos a falar com o computador. Cada aplicação trabalha com alguns tipos de dados, que são inseridos, armazenados, manipulados e exibidos, para que os humanos que usam a aplicação obtenham o resultado desejado. Mesmo que a aplicação seja um jogo ou uma planilha, a ideia básica é a mesma. Os computadores trabalham com os dados fornecidos pelos humanos para obter um resultado desejado.

Ao criar uma aplicação, você está criando um novo método para os humanos falarem com o computador. A abordagem nova que você criou possibilitará que os humanos vejam os dados de novas formas. A comunicação entre humano e computador deve ser fácil o suficiente para que a aplicação realmente desapareça de vista. Pense sobre os tipos de aplicações que você já usou no passado. As melhores são aquelas que permitiam que se concentrasse nos dados com os quais estava interagindo, não importa quais fossem. Por exemplo, uma aplicação de jogo é considerada imersiva somente se você consegue focar o planeta que está tentando salvar ou a aeronave que está tentando fazer voar, em vez de focar a aplicação que permite fazer essas coisas.

DICA

Uma das melhores formas para começar a pensar em como se deve criar uma aplicação é olhar para o modo como outras pessoas as criam. Anotar aquilo de que você gosta ou não sobre outras aplicações é uma forma útil de começar a descobrir como quer que suas aplicações sejam e funcionem. Estas são algumas perguntas que pode fazer a si mesmo enquanto trabalha com aplicações:

- » O que acho que distrai na aplicação?
- » Quais funcionalidades foram fáceis de usar?
- » Quais funcionalidades foram difíceis de usar?
- » Como a aplicação facilitou a interação com meus dados?
- » Como poderia fazer com que fosse mais fácil trabalhar com os dados?
- » O que gostaria de conseguir com minha aplicação que esta aplicação não proporciona?

Desenvolvedores profissionais fazem muitas outras perguntas como parte da criação de uma aplicação, mas essas listadas são um bom ponto de partida, pois o ajudam a pensar nas aplicações como uma forma de humanos falarem com computadores. Se você já se sentiu frustrado com uma aplicação

CAPÍTULO 1 **Falando com Seu Computador**   13

que usou, sabe como outras pessoas se sentirão, caso não faça as perguntas adequadas ao criá-la. A comunicação é o elemento mais importante de cada aplicação que você cria.

Você também pode começar a pensar sobre as formas como trabalha. Comece a escrever procedimentos para as coisas que faz. É uma boa ideia realizar o processo um passo por vez e escrever tudo em que puder pensar sobre aquele passo. Quando terminar, peça a alguém para testar seu procedimento e ver como ele realmente funciona. Você pode se surpreender ao perceber que, mesmo com muito esforço, é fácil esquecer a inclusão de passos.

CUIDADO

A pior aplicação do mundo normalmente começa com um programador que não sabe o que ela deve fazer, por qual motivo é especial, qual necessidade ela endereça ou para quem é. Quando decidir criar uma aplicação, tenha certeza de saber por que a está criando e o que espera atingir. Ter um plano em mente ajuda a tornar a programação divertida. Você pode trabalhar em sua nova aplicação e ver seus objetivos concluídos um por vez, até obter uma aplicação completa para usar e mostrar aos seus amigos (todos pensarão que você é realmente talentoso por tê-la criado).

Entendendo Por que o Python É Tão Legal

Muitas linguagens de programação estão disponíveis hoje. Na verdade, um aluno pode passar um semestre inteiro na faculdade estudando linguagens de computador e, ainda assim, não saber sobre todas elas (era assim quando eu estava na faculdade). Você pode achar que os programadores estão felizes com todas essas linguagens de programação e apenas escolhem uma para falar com o computador, mas eles continuam inventando outras.

LEMBRE-SE

Os programadores continuam criando novas linguagens por boas razões. Cada linguagem tem algo especial a oferecer, algo que ela faz excepcionalmente bem. E mais: como a tecnologia dos computadores, as linguagens de programação também evoluem para ficar atualizadas. Considerando que criar uma aplicação tem como objetivo principal uma comunicação eficiente para que a linguagem certa possa ser escolhida para uma tarefa particular, muitos programadores conhecem múltiplas linguagens de programação. Uma linguagem pode trabalhar melhor para obter dados de um banco de dados e outra pode criar elementos de interface do usuário especialmente bem.

Como em toda outra linguagem de programação, o Python realiza algumas tarefas excepcionalmente bem e você precisa saber quais são antes de começar a usar. Você ficará surpreso com as coisas legais que se pode fazer com o Python. Saber os pontos fortes e fracos das linguagens de programação o ajuda a usá-las melhor e evita frustrações por não usar a linguagem para tarefas que ela não faz bem. As seções a seguir o ajudam a tomar essas decisões sobre o Python.

Descobrindo motivos para usar Python

A maioria das linguagens de programação é criada com objetivos específicos em mente. Esses objetivos ajudam a definir as características da linguagem e determinar o que você pode fazer com ela. Não existe uma forma de criar uma linguagem de programação que faça tudo, porque as pessoas têm necessidades e objetivos específicos ao criar aplicações. No caso do Python, o objetivo principal foi criar uma linguagem de programação que tornasse os programadores eficientes e produtivos. Com isso em mente, aqui estão as razões para usar o Python ao criar uma aplicação.

» **Menor tempo de desenvolvimento da aplicação:** O código Python é, normalmente, de duas a dez vezes mais curto, em comparação aos códigos escritos em linguagens como C/C++ e Java, o que significa que você gasta menos tempo escrevendo sua aplicação e mais tempo usando-a.

» **Leitura fácil:** Uma linguagem de programação é como qualquer outra linguagem — você precisa ser capaz de ler e entender o que ela faz. O código Python tende a ser mais fácil de ser lido do que o código escrito em outras linguagens, portanto, você gasta menos tempo interpretando e mais tempo fazendo trocas essenciais.

» **Tempo reduzido de aprendizado:** Os criadores do Python quiseram fazer uma linguagem de programação com menos regras estranhas que dificultam seu aprendizado. Afinal, os programadores querem criar aplicações, e não aprender linguagens obscuras e difíceis.

DICA

Embora o Python seja uma linguagem popular, não é a mais popular por aí (dependendo do site que você usa como base de comparação). De fato, ela ocupa a quinta posição em sites como TIOBE (`http://www.tiobe.com/index.php/content/paperinfo/tpci/index.html`), uma organização que acompanha estatísticas de uso (entre outras coisas). No entanto, caso veja sites como IEEE Spectrum (`https://spectrum.ieee.org/computing/software/the-2017-top-programming-languages`), verá que o Python é, de fato, a linguagem número um na perspectiva deles. Já o site Tech Rapidly tem o Python na terceira posição (acesse `http://techrapidly.com/top-10-best-programming-languages-learn-2018/`).

Se está procurando uma linguagem com o propósito único de obter um emprego, o Python é uma boa opção, mas Java, C/C++ ou C# seriam escolhas melhores, dependendo do tipo de trabalho que quer conseguir. O Visual Basic também é uma ótima escolha, mesmo que não seja tão popular quanto o

CAPÍTULO 1 **Falando com Seu Computador** 15

Python no momento. Escolha uma linguagem de que goste e que vá atender às necessidades de desenvolvimento de sua aplicação, mas também escolha com base no que pretende atingir. O Python foi a linguagem do ano em 2007 e 2010, e chegou ao quarto lugar como linguagem mais popular em fevereiro de 2011. Então, realmente é uma boa escolha, caso esteja procurando por um emprego, mas não necessariamente a melhor. Contudo, você pode ficar surpreso ao saber que muitas faculdades agora usam o Python para ensinar codificação, tornando-o a linguagem mais popular nesse sentido. Verifique meu post no blog `http://blog.johnmuellerbooks.com/2014/07/14/python-as-a-learning-tool` para obter mais detalhes.

Beneficiando-se com o Python

No fim das contas, é possível usar qualquer linguagem de programação para escrever qualquer tipo de aplicação. Se usar a linguagem de programação errada, o processo será lento, propenso a erros, executado com bugs e simplesmente irá odiar, mas conseguirá terminar o trabalho. É claro que a maioria de nós preferiria evitar experiências horríveis e dolorosas, então é importante conhecer quais tipos de aplicações as pessoas normalmente criam com o Python. Aqui está uma lista dos usos mais comuns (mesmo sendo para outros propósitos):

» **Criar amostras brutas de aplicação:** Desenvolvedores frequentemente precisam criar um *protótipo*, uma amostra bruta de uma aplicação, antes de conseguir recursos para criar a aplicação real. O Python enfatiza a produtividade, então você pode usá-lo para criar protótipos de uma aplicação rapidamente.

» **Aplicações baseadas em codificação para navegador:** Mesmo que o JavaScript seja, provavelmente, a linguagem mais popular usada em aplicações baseadas em codificação para navegador, o Python é quase tão popular quanto. Ele oferece funcionalidades que o JavaScript não tem (veja a comparação em `https://blog.glyphobet.net/essay/2557` para obter os detalhes) e a sua alta eficiência faz com que seja possível criar aplicações baseadas em codificação para navegador mais rapidamente (uma grande vantagem no mundo corrido de hoje).

» **Projetar aplicações matemáticas, científicas e de engenharia:** De forma muito interessante, o Python fornece acesso a algumas bibliotecas muito boas que facilitam a criação de aplicações matemáticas, científicas e de engenharia. As duas bibliotecas mais populares são: NumPy (`http://www.numpy.org/`) e SciPy (`http://www.scipy.org/`). Essas bibliotecas reduzem muito o tempo que você gastaria escrevendo códigos especializados para executar tarefas matemáticas, científicas e de engenharia comuns.

» **Trabalhar com XML:** A linguagem eXtensible Markup Language (XML) é a base da maioria das necessidades de armazenamento de dados na internet e de muitas aplicações nos computadores atuais. Ao contrário da maioria das linguagens, em que o XML é somente uma forma de acréscimo, o Python o torna um cidadão de primeira classe. Se você precisar trabalhar com um serviço Web, o método principal de troca de informação na internet (ou qualquer outra aplicação com muito XML), o Python será uma ótima escolha.

» **Interagir com bancos de dados:** Os negócios dependem profundamente de bancos de dados. O Python não é exatamente uma linguagem de pesquisas, como Structured Query Language (SQL) ou Language Integrated Query (LINQ), mas faz um grande trabalho interagindo com bancos de dados, fazendo com que a criação de conexões e manipulações de dados seja relativamente sem esforço.

» **Desenvolver interfaces de usuário:** O Python não é como algumas linguagens como C#, em que você tem uma ferramenta de design embutida e pode arrastar e soltar itens de uma caixa de ferramentas para dentro da interface do usuário. No entanto, ele tem uma extensa gama de frameworks de interfaces gráficas de usuários (GUI) — extensões que fazem com que os gráficos sejam bem mais fáceis de criar (veja mais detalhes em `https://wiki.python.org/moin/ GuiProgramming`). Alguns desses frameworks vêm com ferramentas que tornam o processo de criação da interface mais fácil. O principal é que o Python não é dedicado somente a um método de criação de interface do usuário, você pode usar o método que melhor atenda às suas necessidades.

Descobrindo quais empresas usam Python

O Python realmente é muito bom nas tarefas para as quais foi projetado. De fato, é por isso que muitas grandes empresas o utilizam para executar ao menos uma tarefa de criação de aplicação (desenvolvimento).É importante que você use uma linguagem de programação que tenha um bom apoio dessas grandes organizações, pois elas tendem a gastar dinheiro para tornar a linguagem melhor. A Tabela 1–1 lista as grandes organizações que mais usam o Python:

TABELA 1-1 Grandes Organizações que Usam o Python

Organização	URL	Tipo de Aplicação
Alice Educational Software – Carnegie Mellon University	(https://www.alice.org/)	Aplicações educacionais
Fermilab	(https://www.fnal.gov/)	Aplicações científicas
Go.com	(http://go.com/)	Aplicações baseadas em navegadores
Google	(https://www.google.com/)	Mecanismo de pesquisa
Industrial Light & Magic	(http://www.ilm.com/)	Quase todos os requisitos de programação
Lawrence Livermore National Library	(https://www.llnl.gov/)	Aplicações científicas
National Space and Aeronautics Administration (NASA)	(http://www.nasa.gov/)	Aplicações científicas
New York Stock Exchange	(https://nyse.nyx.com/)	Aplicações baseadas em navegadores
Redhat	(http://www.redhat.com/)	Ferramentas de instalação do Linux
Yahoo!	(https://www.yahoo.com/)	Partes do e-mail do Yahoo!
YouTube	(http://www.youtube.com/)	Mecanismo gráfico
Zope – Digital Creations	(http://www.zope.org/en/latest/)	Aplicação de publicação

DICA

São só algumas das muitas empresas que usam o Python extensivamente. Você pode ver uma lista mais completa de organizações em http://www.python.org/about/success/. O número de histórias de sucesso aumentou tanto que essa lista provavelmente não está completa e as pessoas que a mantêm tiveram de criar categorias para melhor organizá-la.

Encontrando aplicações Python úteis

Você pode ter uma aplicação escrita em Python na sua máquina neste instante e nem saber. O Python é usado em várias aplicações no mercado hoje. As aplicações variam de utilitários que funcionam em consoles até pacotes completos de CAD/CAM. Algumas aplicações funcionam em dispositivos móveis, enquanto outras são executadas em grandes serviços utilizados por empresas. Em resumo, não existe limite do que você pode fazer com o Python, mas vale a pena ver o que os outros já fizeram. Você pode achar vários sites que listam aplicações escritas em Python, mas o melhor lugar é `https://wiki.python.org/moin/Applications`.

Como programador Python, também será importante saber que as ferramentas de desenvolvimento estão disponíveis para facilitar sua vida. Uma *ferramenta de desenvolvimento* fornece certo nível de automação na escrita de procedimentos necessários para dizer ao computador o que fazer. Ter mais ferramentas de desenvolvimento significa que você tem menos trabalho ao fazer com que a aplicação funcione. Desenvolvedores adoram compartilhar suas listas de ferramentas favoritas, mas você pode achar uma lista grande de ferramentas organizadas por categorias em `http://www.python.org/about/apps/`.

LEMBRE-SE

Este capítulo descreve várias outras ferramentas, como NumPy e SciPy (duas bibliotecas científicas). Você também verá algumas outras ferramentas conforme avança sua leitura; lembre-se de anotar suas favoritas para usá-las depois.

Comparando o Python com outras linguagens

Comparar uma linguagem de programação a outra é um pouco perigoso, porque a escolha é uma questão de gosto e preferências pessoais, como qualquer forma quantificável de fatos científicos. Então, antes de eu ser atacado pelos ferozes protetores das linguagens a seguir, é importante reconhecer que também uso várias linguagens e encontro coincidências entre elas. Não existe a melhor linguagem no mundo, apenas a linguagem que trabalha da melhor forma para uma aplicação em particular. Com essa ideia em mente, as seções seguintes dão uma visão geral comparativa do Python e de outras linguagens (você pode achar comparações com outras linguagens em `https://wiki.python.org/moin/LanguageComparisons`).

C#

Muitas pessoas afirmam que a Microsoft simplesmente copiou o Java para criar o C#. Com isso posto, o C# tem algumas vantagens (e desvantagens) quando comparado com o Java. A intenção principal (e incontestável) por atrás do C# é criar um tipo melhor de linguagens C/C++ — uma que seja mais fácil de aprender e usar. Entretanto, estamos aqui para falar sobre C# e Python. Quando comparado ao C#, o Python tem estas vantagens:

» Significativamente mais fácil de aprender.

» Código menor (mais conciso).

» Amplamente suportado como open source (software livre).

» Melhor suporte multiplataforma.

» Permite facilmente o uso de múltiplos ambientes de desenvolvimento.

» Mais fácil de estender usando Java e C/C++.

» Suporte científico e de engenharia avançados.

Java

Durante anos, os programadores procuraram uma linguagem que pudessem usar para escrever uma aplicação somente uma vez e executá-la em qualquer lugar. O Java é projetado para funcionar bem em qualquer plataforma. Ele depende de alguns truques para realizar essa mágica, que você descobrirá mais tarde no livro. Por enquanto, tudo o que realmente precisa saber é que o Java foi tão exitoso em funcionar bem em qualquer lugar que outras linguagens procuraram emulá-lo (com vários níveis de sucesso). Mesmo assim, o Python tem algumas vantagens importantes sobre o Java, como mostrado nesta lista:

» Significativamente mais fácil de aprender.

» Código menor (mais conciso).

» Variáveis melhoradas (caixas de armazenamento na memória do computador) que podem armazenar diferentes tipos de dados baseados nas necessidades da aplicação durante a execução (tipagem dinâmica).

» Mais rápido para desenvolver.

Perl

O PERL era originalmente um acrônimo para Practical Extraction and Report Language (Linguagem de Extração Prática e Relatório). Hoje, é simplesmente chamado de Perl, dessa forma. No entanto, ele ainda mostra suas raízes na excelente obtenção de dados em bancos de dados e os apresentando em formato de relatório. É claro, o Perl foi expandido para fazer muito mais do que isso; você pode usá-lo para escrever todos os tipos de aplicações (eu até o usei para uma aplicação de serviço da Web). Comparando, você verá que o Python tem estas vantagens sobre o Perl:

» Mais fácil de aprender.

» Mais fácil de ler.

» Proteção de dados reforçada.

» Melhor integração com o Java.

» Menos problemas específicos da plataforma.

R

Os cientistas de dados frequentemente batem cabeça para escolher entre R ou Python, pois as duas linguagens são boas para análises estatísticas e todos aqueles gráficos de que os cientistas de dados precisam para compreender os padrões de dados. Ambas as linguagens também são open source e suportam uma grande variedade de plataformas. No entanto, o R é um pouco mais especializado do que o Python e tende mais para o mercado acadêmico. Assim, o Python apresenta as seguintes vantagens sobre o R:

» Ênfase na produtividade e na legibilidade do código.

» Foi projetado para ser usado por organizações.

» Debugging mais fácil.

» Usa técnicas consistentes de codificação.

» Maior flexibilidade.

» Mais fácil de aprender.

22   PARTE 1 **Iniciando com Python**

> **NESTE CAPÍTULO**
>
> » Obtendo uma cópia do Python para seu sistema
>
> » Fazendo a instalação do Python
>
> » Encontrando e usando o Python em seu sistema
>
> » Garantindo que sua instalação funcione como o planejado

Capítulo **2**

Obtendo Sua Própria Cópia do Python

Criar aplicações requer que você tenha outra aplicação, a não ser que realmente queira "começar do zero" e escrever aplicações em código de máquina — certamente uma experiência difícil que mesmo os programadores experientes evitam ao máximo. Se quiser escrever uma aplicação usando a linguagem de programação Python, você precisa das aplicações necessárias para fazê-lo. Elas o ajudam a trabalhar criando o código Python, fornecendo informações de auxílio quando você precisa e permitindo que execute o código que escreveu. Este capítulo o ajuda a obter uma cópia da aplicação Python, instalá-la em seu disco rígido, localizar as aplicações instaladas para usar e testar sua instalação para que veja como ela funciona.

Baixando a Versão de que Você Precisa

Toda *plataforma* (combinação de hardware do computador e software do sistema operacional) possui regras especiais a serem seguidas ao executar aplicações. A aplicação Python esconde esses detalhes de você. Você digita um código que é executado em qualquer plataforma suportada pelo Python e as aplicações Python traduzem aquele código em algo que a plataforma possa entender. No entanto, para que a tradução aconteça, é preciso ter uma versão do Python que funcione em sua plataforma particular. O Python suporta as seguintes plataformas (e possivelmente outras):

» Advanced IBM Unix (AIX)

» Android

» BeOS

» Berkeley Software Distribution (BSD)/FreeBSD

» Hewlett-Packard Unix (HP-UX)

» IBM i (antigamente chamada de Application System 400 ou AS/400, iSeries e System i)

» iPhone Operating System (iOS)

» Linux

» Mac OS X (vem pré-instalado com o SO)

» Microsoft Disk Operating System (MS-DOS)

» MorphOS

» Operating System 2 (OS/2)

» Operating System 390 (OS/390) e z/OS

» PalmOS

» PlayStation

» Psion

» QNX

» RISC OS (originalmente Acorn)

» Series 60

» Solaris

24   PARTE 1 **Iniciando com Python**

» Virtual Memory System (VMS)

» Windows 32 bits (XP e posteriores)

» Windows 64 bits

» Windows CE/Pocket PC

DICA

Nossa, existem muitas plataformas diferentes! Este livro é testado com as plataformas Windows, Mac OS X e Linux. No entanto, os exemplos podem muito bem funcionar com outras plataformas também, porque não dependem de um código específico de plataforma. Avise-me se funcionou em sua plataforma que não seja Windows, Mac ou Linux, escrevendo para John@JohnMuellerBooks.com. No momento da escrita deste livro, a versão do Python é 3.6.2. Informarei sobre qualquer atualização do Python em meu blog http://blog.johnmuellerbooks.com. Lá você também pode encontrar as respostas a perguntas específicas deste livro.

Para obter a versão correta para sua plataforma, acesse https://www.python.org/downloads/release/python-362/ [todos com conteúdo em inglês neste capítulo]. Inicialmente, não é possível ver a seção de download, então você precisará rolar a página para baixo. Você verá uma página similar à Figura 2-1. A parte principal da página contém links de downloads para Windows, Mac OS X e Linux. Esses links lhe fornecem a configuração padrão que é usada neste livro. Os links de plataforma específica, no lado esquerdo da página, mostram configurações alternativas do Python, que você pode usar conforme sua necessidade. Por exemplo, talvez queira usar um editor mais avançado do que o fornecido no pacote padrão do Python, e essas configurações alternativas podem lhe fornecer um.

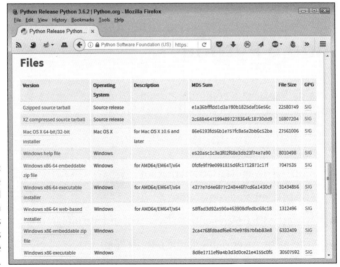

FIGURA 2-1: A página de download do Python contém links para todos os tipos de versões.

CAPÍTULO 2 **Obtendo Sua Própria Cópia do Python** 25

Se quiser trabalhar com outra plataforma, acesse https://www.python.org/download/other/. Você verá a lista das instalações Python para outras plataformas, como mostra a Figura 2-2. Muitas dessas instalações são mantidas por voluntários, e não pelas pessoas que criaram as versões do Python para Windows, Mac OS X e Linux. Contate essas pessoas quando tiver perguntas de instalação, porque elas sabem como ajudá-lo a ter uma boa instalação em sua plataforma.

FIGURA 2-2: Voluntários disponibilizaram o Python em todos os tipos de plataformas.

Instalando o Python

Depois de baixar sua cópia do Python, é hora de instalá-la no sistema. O arquivo baixado contém tudo para você iniciar:

» Interpretador Python.

» Arquivos de ajuda (documentação).

» Acesso à linha de comandos.

» Aplicação IDLE (Ambiente de Desenvolvimento Integrado).

» Sistema de gerenciamento de pacotes (pip).

» Desinstalador (somente em plataformas que o requerem).

Este livro presume que você está usando uma das configurações padrão disponíveis em https://www.python.org/downloads/release/python-362/. Caso use outra versão, que não seja a 3.6.2, alguns exemplos não funcionarão como o previsto. As seções a seguir descrevem como instalar o Python nas três plataformas diretamente suportadas por este livro: Windows, Mac OS X e Linux.

Trabalhando com o Windows

O processo de instalação em um sistema Windows segue o mesmo procedimento de outros tipos de aplicação. A diferença principal está em encontrar o arquivo que você baixou para que possa começar o processo de instalação. O procedimento a seguir deve funcionar bem em qualquer sistema Windows, usando o Python versão 32 bits ou 64 bits.

1. **Localize a cópia do Python baixada em seu sistema.**

O nome desse arquivo varia, mas normalmente ele aparece como `python-3.6.2.exe` para sistemas de 32 bits e `python-3.6.2-amd64.exe` para sistemas de 64 bits. O número da versão é incluído como parte do nome do arquivo. Neste caso, o nome do arquivo se refere à versão 3.6.2, que é a usada neste livro.

2. **Clique duas vezes no arquivo de instalação.**

(Pode ser que você veja a caixa de diálogo Abrir arquivo — Aviso de Segurança, que pergunta se quer executar esse arquivo. Clique em Run se essa caixa de diálogo aparecer.) Você verá a caixa de diálogo Python Setup, similar à mostrada na Figura 2-3. A caixa de diálogo exata que verá depende de qual versão de instalação do Python foi baixada.

FIGURA 2-3: O processo de configuração começa perguntando quem deve ter acesso ao Python.

CAPÍTULO 2 **Obtendo Sua Própria Cópia do Python** 27

3. **Escolha uma opção de instalação de usuário (o livro usa a configuração padrão de Instalar para Todos os Usuários).**

   Usar uma instalação personalizada pode facilitar a gestão dos sistemas que têm múltiplos usuários. Em alguns casos, esse tipo de instalação também reduz o número de caixas de diálogo Aviso de Segurança que você verá.

4. **Selecione Add Python 3.6 to PATH.**

DICA

   Adicionar essa configuração permite que você acesse o Python a partir de qualquer lugar do seu disco rígido. Caso não selecione essa opção, deverá adicionar o Python ao caminho (path) manualmente depois.

5. **Clique em Customize Installation.**

   A instalação pede que você escolha quais recursos usar de sua cópia do Python, como mostrado na Figura 2-4. Para os exemplos deste livro, marque todas as opções. No entanto, talvez não precise de todas para sua própria instalação.

FIGURA 2-4: Escolha quais recursos do Python você quer instalar.

6. **Clique em Next.**

   Você verá a caixa de diálogo Advanced Options, mostrada na Figura 2-5. Observe que a opção Install for All Users não está selecionada, mesmo o recurso tendo sido solicitado anteriormente. É solicitado que você forneça o nome de um diretório para a instalação do Python. Usar o destino padrão economizará seu tempo e esforço posteriormente. No entanto, você pode instalar o Python onde desejar.

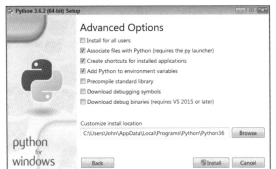

FIGURA 2-5:
Escolha o local de instalação de sua cópia do Python.

CUIDADO

Usar a pasta do Windows \Program Files ou \Program Files (x86) é problemático por duas razões. Primeiro, o nome da pasta contém um espaço, o que dificulta o acesso de dentro da aplicação. Segundo, a pasta normalmente requer acesso de administrador, então você constantemente se deparará com o Controle de Conta de Usuário do Windows se usar o Python em qualquer uma dessas pastas.

7. **Selecione a opção Install for All Users para garantir que a instalação disponibilize o Python para todos os usuários.**

    Observe que ao escolher essa opção, ela automaticamente seleciona a opção Precompile Standard Library, que você deve manter marcada.

8. **Digite o nome da pasta de destino, se necessário.**

    Este livro usa uma pasta de instalação em C:\Python36.

9. **Clique em Install.**

    Você verá o processo de instalação se iniciar. Em algum momento, pode ser que veja a caixa de diálogo Controle de Conta de Usuário, perguntando se quer executar a instalação. Se vir essa caixa de diálogo, clique em Yes. A instalação continuará, e você verá uma caixa de diálogo Installation Complete.

10. **Clique em Close.**

    O Python está pronto para usar.

CAPÍTULO 2 **Obtendo Sua Própria Cópia do Python** 29

Trabalhando com o Mac

O seu sistema Mac provavelmente já tem o Python instalado. No entanto, normalmente essa instalação é de alguns anos atrás — ou qualquer que seja a idade do seu sistema. Para os propósitos deste livro, a instalação provavelmente funcionará bem. Você não testará os limites da tecnologia da programação Python, somente terá uma grande iniciação no uso do Python.

PAPO DE ESPECIALISTA

A versão Leopard do OS X (10.5) usa uma versão bastante antiga do Python 2.5.1. Essa versão em particular não dispõe de acesso direto para a aplicação IDLE. Portanto, você poderá perceber que alguns exercícios do livro não funcionarão corretamente. O artigo em `https://wiki.python.org/moin/MacPython/Leopard` explica como resolver esse problema específico. O código apresentado neste livro é testado com a versão 10.12 do OS X, que vem com o Python 2.7.10, bom o suficiente para trabalhar com os exemplos. Versões mais antigas do OS X e do Python também funcionarão bem, mas talvez apareçam avisos sobre o uso da biblioteca ou haja outros possíveis problemas de compatibilidade.

Dependendo de como você usa o Python, talvez queira atualizar sua instalação em algum momento. Parte desse processo envolve instalar a ferramenta GNU Compiler Collection (GCC), para que o Python tenha acesso aos recursos mais básicos necessários. Siga estes passos para começar a instalação da versão mais nova do Python em seu sistema Mac OS X 10.6 ou superior.

1. **Acesse** `https://www.python.org/downloads/release/python-362/` **em seu navegador.**

    Você verá informações sobre a última versão do Python, como mostrado anteriormente na Figura 2-1.

2. **Clique no link de instalação para Mac OS X 64-bits/32-bits.**

    O disco de imagem Python começa a ser baixado. Seja paciente: ele requer vários minutos para ser baixado. Os principais navegadores fornecem um método de monitoramento do processo de download, de forma que se possa ver com facilidade quanto tempo o download levará.

3. **Clique duas vezes em** `python-3.6.2-macosx10.6.pkg` **na pasta de download.**

    Você verá uma caixa de diálogo Welcome, mostrando essa versão em particular.

4. **Clique em Continue três vezes.**

    O programa de instalação mostra as últimas novidades sobre o Python, informações de licenciamento (clique em Agree quando perguntado sobre as informações de licenciamento) e, finalmente, a caixa de diálogo de destino

5. **Clique em Install.**

    O instalador pode pedir sua senha de administrador. Se exigido, digite o nome do administrador e a senha dentro da caixa de diálogo e clique em OK. Você verá uma caixa de diálogo de instalação do Python. O conteúdo dessa caixa mudará de acordo com a sequência do processo de instalação, para que se saiba em qual parte o instalador do Python está trabalhando.

    Depois que a instalação estiver completa, verá a caixa de diálogo Install Succeeded.

6. **Clique em Close.**

    O Python está pronto para usar (neste ponto, você pode fechar o disco de imagem e removê-lo do sistema).

Trabalhando com o Linux

Algumas versões do Linux vêm com o Python instalado. Por exemplo, se você tem uma distribuição baseada no Red Hat Package Manager (RPM) (como SUSE, Red Hat, Yellow Dog, Fedora Core e CentOS), provavelmente já tem o Python em seu sistema e não precisa fazer mais nada.

PAPO DE ESPECIALISTA

Dependendo da versão do Linux usada, a versão do Python varia e alguns sistemas não incluem a aplicação IDLE. Caso tenha uma versão mais antiga do Python (2.5.1 ou anterior), talvez queira instalar a mais nova para ter acesso ao IDLE. Muitos exercícios no livro requerem o uso do IDLE.

Há duas técnicas para instalar o Python no Linux e as seções a seguir explica ambas. A primeira técnica funciona com qualquer distribuição do Linux; a segunda tem um critério especial que você deve atender.

CAPÍTULO 2 **Obtendo Sua Própria Cópia do Python** 31

Usando a instalação padrão do Linux

A instalação padrão do Linux funciona em qualquer sistema. No entanto, ela requer que você trabalhe no Terminal e digite comandos para completá-la. Alguns dos comandos podem variar, dependendo da versão do Linux. As informações em `http://docs.python.org/3/install/` fornecem algumas dicas úteis que podem ser usadas além do seguinte procedimento:

1. **Acesse** `https://www.python.org/downloads/release/ python-362/` **em seu navegador.**

   Você verá informações sobre a última versão do Python, como mostrado anteriormente na Figura 2-1.

2. **Clique no link apropriado da sua versão do Linux:**

   a. Gzipped source tarball (qualquer versão do Linux)

   b. XZ compressed source tarball (melhor compressão e download mais rápido)

3. **Quando perguntado se quer abrir ou salvar o arquivo, escolha Save.**

   Os arquivos-fonte do Python começarão a ser baixados. Seja paciente: eles levam um minuto ou dois para baixar.

4. **Clique duas vezes no arquivo baixado.**

   A janela Gerenciador de Arquivos abrirá. Depois que os arquivos forem extraídos, você verá a pasta Python 3.6.2 na janela Gerenciador de Arquivos.

5. **Clique duas vezes na** pasta Python 3.6.2.

   O Gerenciador de Arquivos extrai os arquivos para a subpasta Python 3.6.2 de sua pasta principal.

6. **Abra uma cópia do Terminal.**

   A janela Terminal aparece. Se você nunca construiu qualquer software em seu sistema, deve primeiro instalar os arquivos essenciais, como SQLite e bzip2, ou a instalação do Python falhará. Caso contrário, pule para o passo 10 e comece a trabalhar com o Python imediatamente.

7. **Digite** sudo apt-get install build-essential **e tecle Enter.**

   O Linux instala o arquivo de construção essencial requerido para criar pacotes (veja mais detalhes em `https://packages.debian.org/ squeeze/build-essential`).

8. **Digite** sudo apt-get install libsqlite3-dev **e tecle Enter.**

   O Linux instala o suporte SQLite requerido pelo Python para a manipulação de bancos de dados (veja mais detalhes em `https://packages. debian.org/squeeze/libsqlite3-dev`).

32   PARTE 1 **Iniciando com Python**

9. **Digite** sudo apt-get install libbz2-dev **e tecle Enter.**

O Linux instala o suporte do bzip2 requerido pelo Python para a manipulação de arquivos (veja mais detalhes em `https://packages.debian.org/sid/libbz2-dev`).

10. **Digite** CD Python 3.6.2 **na janela Terminal e tecle Enter.**

O Terminal troca os diretórios para a pasta Python 3.6.2 em seu sistema.

11. **Digite** ./configure **e tecle Enter.**

O script começa checando a versão do sistema e executa uma série de tarefas baseadas no sistema usado. Esse processo pode levar um minuto ou dois, pois há uma lista grande de itens a serem checados.

12. **Digite** make **e tecle Enter.**

O Linux executa o script make para criar o software da aplicação Python. O processo make pode levar até um minuto, depende da velocidade de processamento de seu sistema.

13. **Digite** sudo make altinstall **e tecle Enter.**

O sistema pode pedir a senha de administrador. Digite sua senha e tecle Enter. Nesse momento, várias tarefas entram em ação enquanto o Python é instalado no sistema.

Usando a instalação gráfica do Linux

Todas as versões do Linux suportam a instalação padrão vista na seção "Usando a instalação padrão do Linux" deste capítulo. No entanto, algumas versões das distribuições do Linux baseado no Debian, como o Ubuntu 12.x ou posteriores, fornecem uma técnica de instalação gráfica também. Você precisa da senha do grupo administrador (sudo) para usar esse procedimento, então, se tiver isso em mãos, poupará tempo. Os próximos passos destacam a técnica de instalação gráfica para o Ubuntu, mas a técnica é similar para as outras instalações do Linux:

1. **Abra a pasta** Ubuntu Software Center **(em outras plataformas, pode ter o nome** Synaptics**).**

Você verá uma lista dos programas mais populares disponíveis para download e instalação.

2. **Selecione Developer Tools (ou Development) da lista suspensa All Software.**

Você verá uma lista de ferramentas de desenvolvedor, incluindo o Python.

3. **Clique duas vezes em Python 3.6.2.**

O Ubuntu Software Center fornece detalhes sobre a entrada do Python 3.6.2 e oferece para instalá-lo para você.

4. **Clique em Install.**

O Ubuntu começa o processo de instalação do Python. Uma barra de progresso mostra o status de download e instalação. Quando a instalação estiver completa, o botão Install é trocado pelo botão Remove.

5. **Feche a pasta** Ubuntu Software Center.

Um ícone do Python será adicionado à área de trabalho. O Python está pronto para ser usado.

Acessando o Python em Sua Máquina

Depois de instalar o Python no sistema, você precisa saber onde encontrá-lo. Em certos aspectos, o Python faz tudo que pode para facilitar esse processo, executando certas tarefas, como adicionar o caminho do Python à informação path da máquina durante a instalação. Mesmo assim, você precisa saber como acessar a instalação, como descrito nas próximas seções.

Usando o Windows

A instalação do Windows cria uma nova pasta no menu Iniciar que contém a sua instalação do Python. Você pode acessá-la escolhendo Iniciar ⇨ Todos os Programas ⇨ Python 3.6. Os dois itens de interesse nessa pasta ao criar aplicações novas são IDLE (GUI do Python) e Python (linha de comando). (O Capítulo 4 traz instruções sobre a instalação, configuração e uso do Anaconda para criar sua primeira aplicação real, mas é necessário saber usar o IDLE e a versão de linha comando do Python.)

Clicar em IDLE (GUI do Python) cria um ambiente gráfico interativo, como na Figura 2-6. Quando você abre esse ambiente, o IDLE mostra automaticamente alguma informação para que você saiba que abriu a aplicação certa. Por exemplo, você vê o número da versão do Python (que nesse caso é 3.6.2). Também mostra que tipo de sistema você está usando para executar o Python.

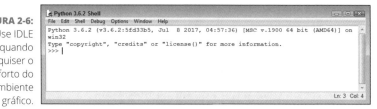

FIGURA 2-6:
Use IDLE
quando
quiser o
conforto do
ambiente
gráfico.

A linha de comando do Python abre o prompt e executa o comando do Python, como mostra a Figura 2-7. Novamente, o ambiente automaticamente mostra informações como a versão do Python e a plataforma de host.

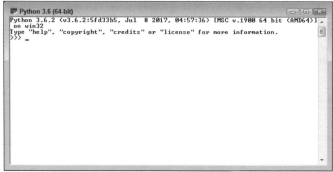

FIGURA 2-7:
Use o
prompt de
comando
quando
quiser a velocidade e a
flexibilidade
da interface
da linha de
comando.

Um terceiro método de acesso ao Python é abrir o prompt de comando, digitar **Python** e teclar Enter. Faça isso quando quiser ganhar flexibilidade adicional sobre o ambiente Python, carregar itens automaticamente ou executar o Python em um ambiente de privilégio maior (em que você ganha direitos de segurança adicionais). O Python fornece uma variedade significativa de opções de linhas de comando que você pode ver digitando **Python /?** no prompt e pressionando Enter. A Figura 2-8 mostra o que normalmente vê. Não se preocupe muito com essas opções; você não precisará delas para este livro, mas é útil saber que existem.

CAPÍTULO 2 **Obtendo Sua Própria Cópia do Python** 35

FIGURA 2-8: Usar uma linha de comando padrão oferece a flexibilidade do uso de switches para alterar como o Python funciona.

LEMBRE-SE

Para usar esse terceiro método de execução do Python, você deve incluir Python no caminho do Windows. É por isso que deve escolher a opção Add python.exe to PATH quando instala o Python no Windows. Se não adicionou o caminho durante a instalação, pode adicioná-lo depois usando as instruções encontradas no artigo *Adding a Location to the Windows Path* no meu blog `http://blog.johnmuellerbooks.com/2014/02/17/adding-a-location-to-the-windows-path/`. Essa mesma técnica funciona na adição das variáveis específicas de ambiente Python, como:

» PYTHONSTARTUP

» PYTHONPATH

» PYTHONHOME

» PYTHONCASEOK

» PYTHONIOENCODING

» PYTHONFAULTHANDLER

» PYTHONHASHSEED

Nenhuma dessas variáveis de ambiente é usada neste livro. No entanto, você pode achar mais sobre elas em `https://docs.python.org/3.6/using/cmdline.html#environment-variables`.

Usando o Mac

Ao trabalhar com o Mac, você provavelmente tem o Python instalado, e não precisa instalá-lo para usar este livro. No entanto, ainda precisa saber onde encontrá-lo. As seções a seguir mostram como acessar o Python, dependendo do tipo de instalação feita.

Localizando a instalação padrão

A instalação padrão OS X não inclui uma pasta específica do Python, na maioria dos casos. Então você deve abrir o Terminal escolhendo Applications ⇨ Utilities ⇨ Terminal. Depois de abrir o Terminal, digite **Python** e pressione Enter para acessar a versão da linha de comando do Python. A janela exibida é parecida com a mostrada na Figura 2-7. Como no Windows (veja a seção "Usando o Windows" deste capítulo), usar o Terminal para abrir o Python tem a vantagem de utilizar switches da linha de comando para modificar como o Python funciona.

Localizando a versão atualizada do Python que você instalou

Depois de ter feito a instalação em seu sistema Mac, abra a pasta `Applications`. Dentro dela, você achará a pasta `Python 3.6`, que contém o seguinte:

>> Pasta `Extras`

>> Aplicação IDLE (desenvolvimento da GUI)

>> Python Launcher (comando interativo de desenvolvimento)

>> Comando Update Sh...

Clicar duas vezes na aplicação IDLE abrirá um ambiente interativo gráfico similar ao mostrado na Figura 2-6. Existem pequenas diferenças, mas o conteúdo da janela é o mesmo. Clicar duas vezes no Python Launcher abre um ambiente da linha de comando similar ao mostrado na Figura 2-7. Esse ambiente usa todos os padrões do Python para fornecer um ambiente de execução padrão.

UMA PALAVRA SOBRE OS PRINTS DE TELA

Ao utilizar o livro, você usará IDLE ou a linha de comando do shell do Python para trabalhar com ele no início. Posteriormente usará o Anaconda, pois ele fornece um método bem mais aprimorado e fácil de usar para interagir com o Python. O nome do ambiente gráfico (GUI), IDLE ou Anaconda é exatamente o mesmo para todas as três plataformas, e você não verá grandes diferenças na apresentação. As diferenças que notará são mínimas e você deverá ignorá-las ao longo de seu trabalho com o livro. Com isso em mente, o livro usa muitos prints de tela do Windows. Por questões de consistência, todos foram obtidos do sistema Windows.

A linha de comando do shell também funciona precisamente da mesma forma nas três plataformas. A apresentação pode variar um pouco mais que o IDLE ou o Anaconda, simplesmente porque o shell usado para cada plataforma varia um pouco também. No entanto, os comandos digitados para uma plataforma são precisamente os mesmos nas outras. A saída é a mesma também. Ao ver o print, atente-se ao conteúdo e não se preocupe com as diferenças específicas na apresentação do shell.

LEMBRE-SE

Mesmo que instale a nova versão do Python em seu Mac, você não tem de ajustá-la para usar o ambiente padrão. Ainda é possível abrir o Terminal para ter acesso aos switches da linha de comando do Python. No entanto, quando acessar o Python a partir da aplicação Terminal do Mac, verifique se não está acessando a instalação padrão. Adicione `/usr/local/bin/Python3.6` ao campo de busca do shell.

Usando o Linux

Depois que o processo de instalação estiver completo, você encontrará uma subpasta `Python 3.6` em sua pasta principal. A localização física do Python 3.6 em seu sistema Linux é, normalmente, a pasta `/usr/local/bin/Python3.6`. É uma informação importante, porque você pode precisar modificar o caminho do seu sistema manualmente. Os desenvolvedores Linux precisam digitar **Python3.6**, em vez de somente **Python**, ao trabalhar na janela Terminal para ter acesso à instalação do Python 3.6.2.

Testando Sua Instalação

Para ter certeza de que sua instalação é utilizável, você precisa testá-la. É importante ter certeza de que a instalação funcionará como o esperado quando precisar. Claro que isso significa escrever a sua primeira aplicação Python. Para começar, abra uma cópia do IDLE. Como mencionado, o IDLE automaticamente mostra a versão Python e a informação do host quando você o abre (consulte a Figura 2-6).

Para ver o Python funcionar, digite **print("This is my first Python program.")** e pressione Enter. O Python mostra a mensagem que você acabou de digitar, como na Figura 2-9. O comando `print()` mostra na tela qualquer coisa que você pedir. Você verá o comando `print()` bastante usado neste livro para mostrar os resultados das tarefas que pediu para o Python efetuar. É um dos comandos usados com frequência.

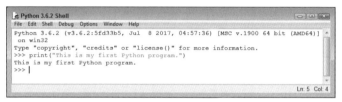

FIGURA 2-9: O comando `print()` mostra qualquer informação que você instrui.

Observe que o IDLE diferencia as cores dos códigos de entradas diferentes para que fiquem mais fáceis de ver e entender. Os códigos coloridos são o indicador de que você fez algo certo. Códigos de quatro cores são mostrados na Figura 2-9 (apesar de as cores não serem exibidas neste livro):

» **Roxo:** Indica que você digitou um comando.

» **Verde:** Especifica o conteúdo enviado para um comando.

» **Azul:** Mostra a saída de um comando.

» **Preto:** Define as entradas de não comando.

Você agora sabe que o Python funciona porque conseguiu dar um comando e ele respondeu reagindo. Será interessante ver outro comando. Digite **3 + 4** e pressione Enter. O Python responde gerando a saída 7, como mostra a Figura 2-10. Observe que 3 + 4 aparece digitado em preto, porque não é um comando. No entanto, 7 fica em azul, porque é a saída.

FIGURA 2-10:
O Python aceita operações matemáticas diretamente como parte do ambiente interativo.

Está na hora de terminar sua sessão IDLE. Digite **quit( )** e pressione Enter. O IDLE pode mostrar uma mensagem como na Figura 2-11. Bem, você nunca teve a intenção de matar nada, mas agora o fará. Clique em OK e a sessão morre.

FIGURA 2-11:
O IDLE parece ser um pouco dramático ao terminar a sessão!

Observe que o comando `quit()` tem parênteses, assim como o comando `print()`. Todos os comandos têm parênteses como esses dois. É assim que você sabe que são comandos. No entanto, não precisa dizer nada ao comando `quit()`, então simplesmente deixe o espaço entre parênteses em branco.

> **NESTE CAPÍTULO**
>
> » **Acessando a linha de comando**
>
> » **Usando comandos para executar tarefas**
>
> » **Obtendo ajuda sobre o Python**
>
> » **Terminando uma sessão da linha de comando**

Capítulo **3**

Interagindo com o Python

B asicamente, qualquer aplicação que você cria interage com o computador e os dados que ele contém. O foco são os dados, porque sem eles não se tem uma boa razão para ter uma aplicação. Qualquer aplicação usada (mesmo uma simples, como Paciência) manipula dados de alguma forma. De fato, o acrônimo CRUD representa o que a maioria das aplicações faz:

» Create — Criar

» Read — Ler

» Update — Atualizar

» Delete — Apagar

Se você se lembrar de CRUD, será capaz de resumir o que as principais aplicações fazem com os dados no computador (e algumas aplicações realmente são bastante "cruddy" — expressão em inglês para algo de baixa qualidade). No entanto, antes de sua aplicação acessar o computador, você tem de interagir com uma linguagem de programação que cria uma lista de tarefas a serem executadas em uma linguagem que o computador entenda. Esse é o propósito deste capítulo. Você começará a interagir com o Python. Ele pega a lista de passos que você quer executar nos dados do computador e os traduz em bits, que a máquina entende.

CAPÍTULO 3 **Interagindo com o Python** 41

Abrindo a Linha de Comando

O Python oferece inúmeras formas de interagir com a linguagem subjacente. Por exemplo, no Capítulo 2, você trabalhou um pouco com o IDLE (Ambiente de Desenvolvimento Integrado), que facilita a criação de aplicações bem desenvolvidas (no Capítulo 4, começa a ver como usar um IDE cheio de recursos, chamado Anaconda). No entanto, algumas vezes você simplesmente quer experimentar ou executar uma aplicação existente. Com frequência, usar a versão da linha de comando do Python funciona melhor nesses casos. Ela oferece melhor controle sobre o ambiente Python por meio de opções da linha de comando, usa menos recursos e se apoia em uma interface minimalista para que possa tentar focar o teste dos códigos, em vez de lidar com a Interface Gráfica (GUI).

Iniciando o Python

Dependendo da plataforma, você terá múltiplas formas de iniciar uma linha de comando. Aqui estão os métodos geralmente disponíveis:

» Selecione a opção (linha de comando) do Python encontrada na pasta `Python36`. Essa opção inicia a sessão da linha de comando que usa configurações padrões.

» Abra o prompt ou o terminal de comando, digite **Python** e pressione Enter. Use essa opção quando quiser maior flexibilidade ao configurar o ambiente Python, usando opções da linha de comando.

» Localize a pasta Python `C:\Python36` no Windows e abra o arquivo Python.exe. Essa opção também abre uma sessão da linha de comando que usa as configurações padrões, mas você pode fazer coisas como abri-la com privilégios aumentados (para aplicações que requerem acesso a recursos seguros) ou modificar as propriedades dos arquivos executáveis (para adicionar opções da linha de comando).

Não importa como o Python é iniciado na linha de comando, você acabará tendo um prompt similar ao mostrado na Figura 3-1. (Sua tela pode ser um pouco diferente da mostrada na Figura 3-1, se utiliza plataformas diferentes do Windows, usa o IDLE, em vez da versão linha da comando do Python, se seu sistema está configurado de forma diferente do meu ou se tem uma versão diferente do Python.) Esse prompt mostra qual é a versão do Python, o sistema operacional do host e como obter informações adicionais.

42   PARTE 1 **Iniciando com Python**

ENTENDENDO A IMPORTÂNCIA DO ARQUIVO README

Muitas aplicações incluem um arquivo README, que normalmente fornece informações atualizadas não incluídas na documentação antes de a aplicação ser colocada no status de produção. Infelizmente, a maioria das pessoas ignora o arquivo README e algumas até desconhecem sua existência. Como consequência, as pessoas que deveriam saber algo interessante sobre seu produto novinho em folha nunca descobriram isso. O Python tem o arquivo NEWS.txt no diretório \Python36. Ao abri-lo, você achará vários tipos de informações realmente interessantes, sendo que a maioria fala sobre atualizações do Python que você realmente precisa saber.

Abrir e ler o arquivo README (com o nome NEWS.txt, pois, aparentemente, as pessoas estavam ignorando o outro arquivo) ajudará você a se tornar um gênio em Python. As pessoas ficarão surpresas por realmente saber algo interessante sobre Python e farão todos os tipos de pergunta (se rendendo aos seus conhecimentos). É claro que você também pode nunca abrir o README, achando que ele é muito cansativo.

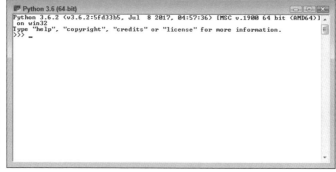

FIGURA 3-1: O prompt de comando do Python mostra um pouco do ambiente do Python.

Usando a linha de comando a seu favor

Esta seção parecerá um pouco complicada no início, e normalmente você não precisa dessas informações ao usar o livro. No entanto, elas ainda são boas e mais adiante precisará delas. Por enquanto, dê uma olhada para saber o que está disponível e volte mais tarde, quando realmente precisar.

Para iniciar o Python no prompt de comando, digite **Python** e tecle Enter. Entretanto, isso não é tudo que dá para fazer. Você também pode fornecer informações adicionais para mudar a forma como o Python funciona:

» **Opções:** Uma opção, ou switch da linha de comando, começa com um sinal de menos, acompanhado de uma ou mais letras. Por exemplo, se você quer obter ajuda sobre o Python, digite **Python -h** e pressione Enter. Verá informações adicionais sobre como trabalhar com o Python na linha de comando. As opções são descritas mais tarde nesta seção.

» **Nome de arquivo:** Fornecer um nome de arquivo como uma entrada diz ao Python para carregar aquele arquivo e executá-lo. Você pode executar qualquer um dos exemplos de aplicações do código disponível para download ao fornecer o nome de arquivo que contém o exemplo como entrada. Por exemplo, vamos supor que um exemplo seja `SayHello.py`. Para executá-lo, digite **Python SayHello.py** e tecle Enter.

» **Argumentos:** Uma aplicação pode aceitar informações adicionais como uma entrada para controlar como é executada. Essas informações são chamadas de argumento. Não se preocupe muito com os argumentos neste momento — eles aparecerão depois no livro.

A maioria das opções não fará sentido agora. Elas estão aqui para que você possa achá-las depois, quando precisar (este é o local mais lógico de incluí-las neste livro). Dar uma lida nelas irá ajudá-lo a saber o que está disponível, mas você também pode pular esse material até precisar dele.

O Python diferencia caracteres maiúsculos e minúsculos. Por exemplo, -s é completamente diferente de -S. As opções são:

» `-b`: Adiciona avisos à saída quando sua aplicação usa certos recursos do Python, que incluem: `str(bytes_instance)`, `str(bytearray_instance)` e a comparação de `bytes` ou `bytearray` com `str()`.

» `-bb`: Adiciona erros à saída quando sua aplicação usa certos recursos do Python, que incluem: `str(bytes_instance)`, `str(bytearray_instance)` e a comparação de `bytes` ou `bytearray` com `str()`.

» `-B`: Não escreve arquivos `.py` ou `.pyco` quando executa a importação do módulo.

» `-c` *cmd*: Usa a informação fornecida pelo *cmd* para iniciar um programa. Essa opção também diz ao Python para parar de processar o resto da informação como opções (é tratado como parte do comando).

» `-d`: Inicia o depurador (usado para localizar erros na aplicação).

» `-E`: Ignora todas as variáveis de ambiente do Python, como PYTHONPATH, que são usadas para configurar o Python para ser usado.

» -h: Mostra ajuda sobre as opções e variáveis de ambiente básicas na tela. O Python sempre termina depois de executar essa tarefa, sem fazer nada mais, para que você possa ver a informação de ajuda.

» -i: Força o Python a permitir que você inspecione o código interativamente, depois de executar um script. Isso força o prompt, mesmo que `stdin` (o dispositivo de entrada padrão) não pareça ser um terminal.

» -m *mod*: Executa o módulo de biblioteca especificado por *mod* como um script. Essa opção também diz ao Python para parar de processar o resto das informações como opções (o resto é tratado como parte do comando).

» -O: Otimiza levemente o código de byte gerado (o faz executar mais rápido).

» -OO: Executa uma otimização adicional removendo as strings de documentação.

» -q: Diz ao Python para não imprimir a versão e mensagens de copyright na inicialização interativa.

» -s: Força o Python a não adicionar o diretório do site do usuário a `sys.path` (uma variável que informa ao Python onde achar os módulos).

» -S: Não executa `'import site'` na inicialização. Usar essa opção significa que o Python não procurará por caminhos que podem conter módulos de que ele precisa.

» -u: Permite uma entrada binária não armazenada em buffer para os dispositivos `stdout` (saída padrão) e `stderr` (erro padrão). O dispositivo `stdin` está sempre no buffer.

» -v: Coloca o Python no modo detalhado para que você possa ver todas as declarações importadas. Usar essa opção múltiplas vezes aumenta o nível de detalhe.

» -V: Mostra o número da versão do Python e sai.

» --version: Mostra o número da versão do Python e sai.

» -W *arg*: Modifica o nível de advertências para que o Python mostre mais ou menos advertências. Os valores válidos de *arg* são

- `action`
- `message`
- `category`
- `module`
- `lineno`

CAPÍTULO 3 **Interagindo com o Python** 45

- » `-x`: Pula a primeira linha de um arquivo de código-fonte, o que permite o uso de formas não Unix do `#!cmd`.

- » `-X` *opt*: Configura uma opção específica da implementação (a documentação para sua versão do Python verifica essas opções, caso existam).

Usando variáveis de ambiente do Python em seu favor

Variáveis de ambiente são configurações especiais que fazem parte da linha de comando ou do ambiente terminal de seu sistema operacional. Servem para configurar o Python de maneira consistente. Essas variáveis executam muitas das mesmas tarefas realizadas pelas opções fornecidas na inicialização do Python, mas você pode tornar as variáveis de ambiente permanentes para que possa configurar o Python da mesma forma sempre que inicializá-lo, sem ter de fornecer a opção manualmente.

PAPO DE ESPECIALISTA

Assim como as opções, a maioria das variáveis de ambiente não fará sentido nesse momento. Você pode lê-las para verificar o que está disponível. Mais tarde, achará algumas variáveis de ambiente neste livro. Sinta-se à vontade para pular o restante desta seção e voltar depois, quando necessitar.

A maioria dos sistemas operacionais fornece uma forma de configurar as variáveis de ambiente temporariamente, configurando-as em uma sessão particular, ou permanentemente como parte da configuração do sistema operacional. Como você executa essa tarefa depende do sistema operacional. Por exemplo, quando trabalhar com Windows, poderá usar o comando `Set` (veja mais detalhes no post do meu blog em `http://blog.johnmuellerbooks.com/2014/02/24/using-the-set-command-to-your-advantage/`) ou contar com uma funcionalidade especial de configuração do Windows (veja um exemplo no post em `http://blog.johnmuellerbooks.com/2014/02/17/adding-a-location-to-the-windows-path/` [todos com conteúdo em inglês neste capítulo] para configurar a variável de ambiente `Path`).

LEMBRE-SE

Usar variáveis de ambiente faz sentido quando você precisa configurar o Python da mesma forma regularmente. A lista a seguir descreve as variáveis de ambiente:

- » `PYTHONCASEOK`=*x*: Força o Python a ignorar as letras maiúsculas e minúsculas ao analisar as declarações `import`. É uma variável de ambiente somente do Windows.

- » `PYTHONDEBUG`=*x*: Executa a mesma tarefa que a opção `-d`.

- » `PYTHONDONTWRITEBYTECODE`=*x*: Executa a mesma tarefa que a opção `-B`.

» `PYTHONFAULTHANDLER=`*x*: Força o Python a despejar o rastreamento (lista de chamadas que chegaram a um erro) em erros fatais.

» `PYTHONHASHSEED=`*arg*: Determina o valor seed usado para gerar valores hash de vários tipos de dados. Quando essa variável é configurada para `random`, o Python usa um valor aleatório para alimentar os hashes de `str`, `bytes` e os objetos `datetime`. A faixa válida de inteiros é de 0 a 4294967295. Use um valor específico do valor seed para obter valores hash previsíveis para fazer testes.

» `PYTHONHOME=`*arg*: Define o caminho de pesquisa padrão que o Python usa para procurar por módulos.

» `PYTHONINSPECT=`*x*: Executa a mesma tarefa que a opção `-i`.

» `PYTHONIOENCODING=`*arg*: Especifica a codificação `encoding[:errors]` (como `utf-8`) usada para os dispositivos `stdin`, `stdout` e `stderr`.

» `PYTHONNOUSERSITE`: Executa a mesma tarefa que a opção `-s`.

» `PYTHONOPTIMIZE=`*x*: Executa a mesma tarefa que a opção `-O`.

» `PYTHONPATH=`*arg*: Fornece uma lista de diretórios separada por ponto e vírgula (;) para pesquisar módulos. Esse valor é armazenado na variável `sys.path` no Python.

» `PYTHONSTARTUP=`*arg*: Define o nome do arquivo a executar quando o Python inicia. Não existe valor padrão para essa variável de ambiente.

» `PYTHONUNBUFFERED=`*x*: Executa a mesma tarefa que a opção `-u`.

» `PYTHONVERBOSE=`*x*: Executa a mesma tarefa que a opção `-v`.

» `PYTHONWARNINGS=`*arg*: Executa a mesma tarefa que a opção `-W`.

Digitando um Comando

Depois de iniciar a versão da linha de comando do Python, você pode começar a digitar comandos. Usar comandos possibilita executar tarefas, testar ideias que você tem para escrever sua aplicação e descobrir mais sobre o Python. Usar a linha de comando faz você ganhar experiência prática de como o Python, de fato, funciona — detalhes que poderiam ter sido escondidos por um IDE como o IDLE. As seções a seguir dão início ao uso da linha de comando.

CAPÍTULO 3 **Interagindo com o Python** 47

ESTILOS DE CODIFICAÇÃO EM PYTHON

A maioria das linguagens de programação é dedicada a usar apenas um estilo de código, reduzindo a flexibilidade para o programador. Com o Python, seus problemas acabaram! Você pode usar vários estilos diferentes de codificação para conseguir efeitos diferentes. Os quatro estilos mais usados são:

- **Funcional:** Cada instrução é um tipo de equação matemática. Esse estilo se adapta bem para ser usado em atividades de processamento paralelo.

- **Imperativo:** As computações ocorrem como mudanças no estado do programa. Esse estilo é quase sempre usado para manipular estruturas de dados.

- **Orientado ao objeto:** Esse estilo é comumente usado com outras linguagens para simplificar o ambiente de codificação ao usar objetos para modelar o mundo real. O Python não implementa totalmente esse estilo de codificação, pois não tem suporte para recursos como ocultar dados, mas você ainda pode usar essa abordagem até que bastante. Ela será usada mais adiante neste livro.

- **Procedural:** Todo o código que você escreveu até o momento (e uma boa parte do código contido neste livro) é procedural, o que significa que as tarefas são processadas uma de cada vez. Esse estilo é mais usado para iteração, sequenciamento, seleção e modularização. É a forma mais simples de codificação que você pode usar.

Embora este livro não trate de todos esses estilos de codificação (e outros suportados pelo Python), é útil saber que você não precisa ficar preso usando apenas um estilo específico. Como o Python suporta múltiplos estilos de códigos e você pode misturá-los em uma única aplicação, há a vantagem de poder usá-lo da melhor maneira possível para sua necessidade em particular. Uma boa leitura sobre estilos de codificação pode ser encontrada em `https://blog.newrelic.com/2015/04/01/python-programming-styles/`.

Dizendo ao computador o que fazer

O Python, como qualquer outra linguagem de programação, se baseia em comandos. *Comando* é simplesmente um passo em um procedimento. No Capítulo 1, você viu que "Pegar o pão e a manteiga da geladeira" é um passo no procedimento de se fazer uma torrada. Ao trabalhar com o Python, um comando como `print()` é simplesmente a mesma coisa: um passo em um procedimento.

Para dizer ao computador o que fazer, você envia um ou mais comandos que o Python entenda. Ele traduz esses comandos em instruções que o computador entende, então você vê o resultado. Um comando como `print()` pode mostrar resultados na tela para que você tenha um resultado instantâneo. No entanto, o Python suporta todos os tipos de comandos, muitos dos quais não mostram nenhum resultado na tela, mas, mesmo assim, fazem algo importante.

Ao progredir no livro, você usará comandos para executar todos os tipos de tarefas. Cada uma o ajudará a atingir sua meta, por exemplo, seguir os passos de um procedimento. Quando parecer que todos os comandos do Python estão muito complicados, apenas lembre-se de vê-los como passos de um procedimento. Até mesmo os procedimentos humanos ficam complexos algumas vezes, mas se os seguirmos passo a passo, começaremos a ver como funcionam. Os comandos do Python são a mesma coisa. Não fique sobrecarregado com eles. Em vez disso, veja um de cada vez e foque exatamente aquele passo de seu procedimento.

Dizendo ao computador que você terminou

Em algum momento, o procedimento que você criou termina. Ao fazer torradas, o procedimento termina quando você acaba de colocar a manteiga na torrada. Procedimentos de computador funcionam precisamente da mesma forma. Eles têm um ponto de início e um ponto final. Ao digitar comandos, o ponto final de um passo em particular é a tecla Enter. Você tecla Enter para dizer ao computador que acabou de digitar o comando. Ao longo do livro, você verá que o Python fornece diversas formas de dizer que o passo, o grupo de passos ou até uma aplicação inteira terminou. Não importa como a tarefa é alcançada, os programas de computador sempre têm um início e um ponto de parada distintos.

Vendo o resultado

Agora você sabe que um comando é um passo em um procedimento, e que cada comando tem um ponto inicial e um final distintos. Além disso, grupos de comandos e aplicações inteiras também têm um ponto distinto de início e fim. Então, preste atenção em como funciona. O procedimento a seguir ajuda a ver o resultado de usar um comando:

1. **Inicie uma cópia da versão da linha de comando do Python.**

Você vê o prompt de comando onde pode digitar comandos, como na Figura 3-1.

2. **Digite** print("This is a line of text.") **na linha de comando.**

Observe que nada acontece. Sim, você digitou um comando, mas não sinalizou que o comando está completo.

3. **Tecle Enter.**

O comando está completo, então você vê o resultado como na Figura 3-2.

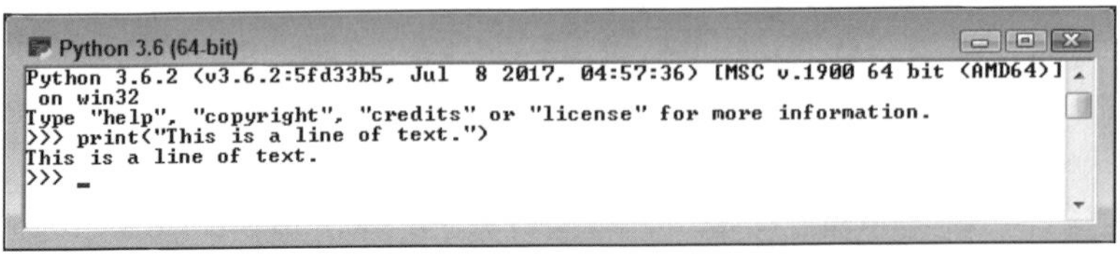

FIGURA 3-2:
Enviar comandos informa ao Python o que dizer ao computador para fazer.

```
Python 3.6 (64-bit)
Python 3.6.2 (v3.6.2:5fd33b5, Jul  8 2017, 04:57:36) [MSC v.1900 64 bit (AMD64)]
 on win32
Type "help", "copyright", "credits" or "license" for more information.
>>> print("This is a line of text.")
This is a line of text.
>>>
```

Este exercício mostra a você como tudo funciona com o Python. Cada comando que você digita executa alguma tarefa, mas somente após informar ao Python que o comando terminou de alguma forma. O comando `print()` exibe dados na tela. Nesse caso, você forneceu um texto para ser exibido. Observe que a saída mostrada na Figura 3-2 vem logo após o comando, porque esse é um ambiente interativo — um ambiente em que você vê o resultado de qualquer comando dado imediatamente após o Python executá-lo. Mais tarde, quando começar a criar aplicações, notará que, algumas vezes, o resultado não aparece imediatamente porque o ambiente da aplicação o retarda. Mesmo assim, o comando é executado pelo Python imediatamente depois de a aplicação informar a ele que o comando terminou.

Usando a Ajuda

O Python é uma linguagem de computador, não uma linguagem humana. Portanto, você não irá falá-la com fluência, no início. Se pensar por um momento, faz sentido o fato de você não falar Python fluentemente (e como as principais linguagens humanas, você não saberá todos os comandos, mesmo depois de ficar fluente). Ter de descobrir os comandos do Python aos poucos é igual a aprender a se comunicar em outra linguagem humana. Se você normalmente fala português e tenta falar algo em inglês, percebe que precisa de alguma ajuda, como um guia. Caso contrário, qualquer coisa que falar poderá ser uma besteira e as pessoas o olharão de modo estranho. Mesmo que consiga falar algo que faça sentido, pode ser que não seja o que gostaria. Você pode participar de uma entrevista de emprego em inglês e dizer que pretende fazer um bom trabalho, mas usar o verbo "pretend" que, em inglês, significa "fingir". Não pegaria bem dizer que fingirá fazer um bom trabalho, não é mesmo?

50   PARTE 1 **Iniciando com Python**

Do mesmo modo, precisa de um guia para ajudá-lo quando tenta falar Python. Por sorte, o Python é receptivo e providencia ajuda imediata para evitar a solicitação de algo que você realmente não quer. A ajuda fornecida pelo Python funciona em dois níveis:

» **Help mode** (modo ajuda), em que você pode procurar pelos comandos disponíveis.

» **Direct help** (ajuda direta), em que pergunta sobre um comando específico.

Não existe um jeito certo de usar a ajuda — só o método que funciona melhor para você em um momento específico. As seções a seguir descrevem como obter ajuda.

Entrando no modo ajuda

Ao iniciar o Python, você vê uma janela similar à Figura 3-1. Observe que o Python fornece quatro comandos no início (que é, de fato, a sua primeira parte da informação de ajuda):

» `help`

» `copyright`

» `credits`

» `license`

Todos os quatro comandos lhe oferecem ajuda sobre o Python. Por exemplo, o comando `copyright()` diz quem tem o direito para copiar, licenciar ou distribuir o Python. O comando `credits()` diz quem preparou o Python. O comando `license()` descreve o acordo de uso entre você e o titular do copyright. No entanto, o comando que você mais quer conhecer é simplesmente o `help()`.

Para entrar no modo ajuda, digite **help()** e pressione Enter. Observe que será necessário incluir parênteses depois do comando, mesmo que não apareçam no texto de ajuda. Todos os comandos Python têm parênteses associados a eles. Depois que entrar com esse comando, o Python irá para o modo ajuda e você verá uma janela similar à mostrada na Figura 3-3.

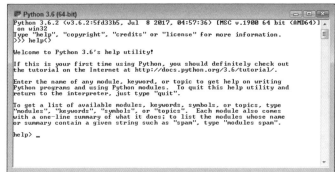

FIGURA 3-3: Você pergunta ao Python sobre outros comandos no modo ajuda.

LEMBRE-SE

É possível perceber que você está no modo ajuda pelo prompt `help>` visto na janela Python. Enquanto o prompt `help>` aparecer, você estará no modo ajuda.

Pedindo ajuda

Para obter ajuda, é preciso saber qual pergunta fazer. A mensagem inicial de ajuda que aparece quando você entra no modo ajuda (consulte a Figura 3-3) dá algumas dicas sobre os tipos de perguntas que podem ser feitos. Se quiser explorar o Python, os três tópicos básicos são

- » modules
- » keywords
- » symbols
- » topics

Os dois primeiros tópicos não lhe dirão muito por agora. Você não precisará do tópico `modules` até o Capítulo 10. O tópico `keywords` começará a dar informações úteis no Capítulo 4. No entanto, as palavras-chave `symbols` e `topics` já são úteis porque o auxiliam a entender por onde começar a sua aventura Python. Ao digitar **symbols** e teclar Enter, você verá uma lista de símbolos usados no Python. Para ver quais tópicos estão disponíveis, digite **topics** e tecle Enter. Verá uma lista de tópicos similares aos mostrados na Figura 3-4.

52 PARTE 1 **Iniciando com Python**

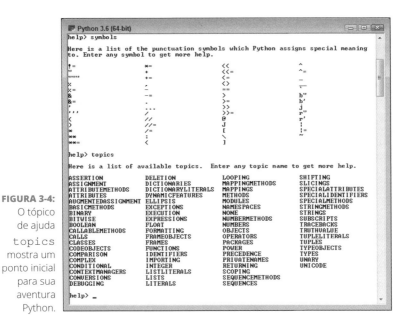

FIGURA 3-4:
O tópico de ajuda `topics` mostra um ponto inicial para sua aventura Python.

LEMBRE-SE

O Capítulo 7 começa a análise do tópico `symbols` ao explorar o uso dos operadores no Python. Ao ver um tópico de que goste, como FUNCTIONS, basta digitar aquele tópico e pressionar Enter. Para ver como funciona, digite **FUNCTIONS** e pressione Enter (você deve digitar a palavra em caixa-alta — não se preocupe, o Python não pensará que está gritando). Você verá informações parecidas com aquelas da Figura 3-5.

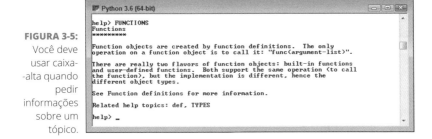

FIGURA 3-5:
Você deve usar caixa-alta quando pedir informações sobre um tópico.

À medida que avançar com os exemplos deste livro, usará comandos que parecem interessantes, e possivelmente irá querer mais informações sobre eles. Por exemplo, na seção "Vendo o resultado", deste capítulo, você usa o comando `print()`. Para ver mais informações sobre ele, digite **print** e tecle Enter (observe que você não incluiu os parênteses dessa vez, porque está pedindo ajuda sobre `print()`, não usando o comando em si). A Figura 3-6 mostra uma informação típica de ajuda para o comando `print()`.

CAPÍTULO 3 **Interagindo com o Python** 53

FIGURA 3-6:
Solicite informações de ajuda sobre comandos digitando o comando com caixa-alta ou baixa, de acordo com cada caso.

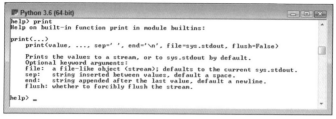

DICA

Infelizmente, é provável que ler a informação de ajuda não ajude muito ainda, pois você precisa saber mais sobre o Python. No entanto, é possível solicitar mais informações. Por exemplo, pode ficar pensando o que `sys.stdout` quer dizer — e o tópico de ajuda certamente não lhe diz nada sobre isso. Digite **sys.stdout** e pressione Enter. Você verá a informação na Figura 3-7.

FIGURA 3-7:
Você pode pedir ajuda sobre a ajuda que recebe.

```
In [5]:  List1[1:]
Out[5]:  [1, 'Two', True]
```

Pode ainda não achar a informação tão útil quanto precisa, mas pelo menos conhece um pouco mais. Nesse caso, a ajuda tem muita explicação e pode não caber tudo em uma tela. Observe a entrada seguinte na parte de baixo da tela:

```
-- More --
```

Para ver informações adicionais, pressione a barra de espaço. A próxima página de ajuda aparece. Conforme lê até a parte de baixo de cada página de ajuda, você pode pressionar a barra de espaço para ver a próxima página. As páginas não somem — você pode rolar para cima e ver o material anterior.

Saindo do modo ajuda

Em algum momento você precisará sair do modo ajuda para fazer algum trabalho. Tudo o que precisa fazer é pressionar Enter, sem digitar nada. Ao fazer isso, verá uma mensagem sobre sair da ajuda, então o prompt muda para o prompt padrão do Python, como mostra a Figura 3-8.

FIGURA 3-8:
Saia do modo ajuda pressionando somente Enter.

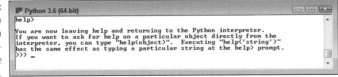

Obtendo ajuda diretamente

Entrar no modo ajuda não é necessário, a não ser que queira dar uma olhada, o que é sempre uma boa ideia, ou que realmente não saiba o que precisa descobrir. Se tem uma boa ideia do que precisa, é só pedir ajuda diretamente (uma ótima coisa para o Python fazer). Então, em vez de ficar trabalhando com o modo ajuda, basta digitar a palavra *help*, colocar o parêntese esquerdo, aspa simples, o que quer achar, outra aspa simples e o parêntese direito. Por exemplo, se quiser saber mais sobre o comando `print()`, digite **help('print')** e pressione Enter. A Figura 3-9 mostra uma saída típica quando você acessa a ajuda dessa forma.

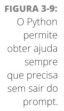

FIGURA 3-9:
O Python permite obter ajuda sempre que precisa sem sair do prompt.

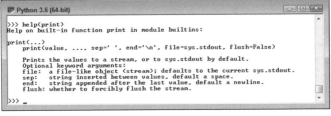

Você também pode navegar no prompt do Python. Por exemplo, ao digitar **help('topics')** e teclar Enter, verá a lista de tópicos que aparece na Figura 3-10. Você pode comparar essa lista com a mostrada na Figura 3-4. As duas são idênticas, mesmo tendo digitado uma no modo ajuda e a outra no prompt do Python.

FIGURA 3-10:
É possível navegar no prompt do Python se realmente quiser.

CAPÍTULO 3 **Interagindo com o Python** 55

DICA

Talvez você esteja se perguntando por que o Python tem o modo ajuda se pode ter os mesmos resultados no prompt. A resposta é comodidade. É mais fácil consultar no modo ajuda. Além disso, mesmo que não faça muita digitação extra no prompt, você digita menos no modo ajuda, que também fornece ajudas adicionais, como uma lista de comandos que você pode digitar, mostrada na Figura 3-3. Portanto, tem todas as boas razões possíveis para entrar no modo ajuda quando planeja fazer muitas perguntas ao Python.

LEMBRE-SE

Não importa onde pede ajuda, você precisa observar a correta capitalização dos tópicos. Por exemplo, se quiser informações gerais sobre funções, deve digitar **help('FUNCTIONS')**, e não `help('Functions')` ou `help('functions')`. Quando a capitalização errada é utilizada, o Python informa que não sabe o que você quer dizer ou não consegue achar o tópico de ajuda. Ele não saberá dizer que você usou a capitalização errada. Um dia os computadores saberão o que você queria digitar, em vez do que digitou. Mas isso não aconteceu ainda.

Fechando a Linha de Comando

Em algum momento você terá de deixar o Python. Sim, é difícil de acreditar, mas as pessoas têm outras coisas a fazer além de brincar com o Python o dia inteiro. Você tem dois métodos padrões para fazer isso e muitos outros não padrões. Geralmente, é importante usar um dos métodos padrões para garantir que o Python se comporte como é esperado, mas os métodos não padrões funcionam bem quando você só quer brincar com Python, e não executar um trabalho produtivo. Os dois métodos são

» `quit()`
» `exit()`

Qualquer um fechará a versão interativa do Python. O *shell* (o programa Python) é projetado para permitir qualquer um desses comandos.

Os dois comandos podem aceitar um argumento opcional. Por exemplo, você pode digitar **quit(5)** ou **exit(5)** e teclar Enter para sair do shell. O argumento numérico define a variável de ambiente ERRORLEVEL do prompt de comando, a qual você pode interceptar na linha de comando ou como uma parte de um arquivo batch — em lote. A prática padrão é simples: use `quit()` ou `exit()` quando a aplicação funcionou sem erros. Para ver essa forma de sair em ação, você deve:

1. **Abrir um prompt de comando ou terminal.**

   Você verá um prompt.

2. **Digitar** Python **e teclar Enter para iniciar o Python.**

   Verá o prompt do Python.

3. **Digitar** quit(5) **e teclar Enter.**

   Verá o prompt de novo

4. **Digitar** echo %ERRORLEVEL% **e teclar Enter.**

   Você verá o código de erro, como mostra a Figura 3-11. Ao trabalhar com outras plataformas diferentes do Windows, talvez precise digitar algo diferente de echo %ERRORLEVEL%. Por exemplo, quando trabalhar com um script bash, digite **echo $** no lugar.

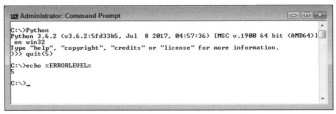

FIGURA 3-11: Adicione um código de erro quando necessário para informar aos outros o status de saída do Python.

Um dos métodos de saída não padrões mais comuns é simplesmente clicar no botão Close do prompt de comando ou do terminal. Usar essa abordagem significa que sua aplicação pode não ter tempo de executar qualquer limpeza necessária, o que pode resultar em comportamentos estranhos. É sempre melhor fechar o Python usando uma abordagem esperada se você estava fazendo algo além de simplesmente consultar.

PAPO DE ESPECIALISTA

Você também tem de acessar vários outros comandos para fechar o prompt quando necessário. Na maioria dos casos, esses comandos especiais não serão necessários, portanto, pode pular o resto desta seção se quiser.

Ao usar quit() ou exit(), o Python executa várias tarefas para garantir que tudo está correto antes de encerrar a sessão. Caso suspeite que a sessão talvez não tenha terminado de forma adequada, pode sempre usar um destes dois comandos para fechar o comando prompt:

» sys.exit()

» os._exit()

CAPÍTULO 3 **Interagindo com o Python** 57

Esses dois comandos são usados somente em situações de emergência. O primeiro, `sys.exit()`, fornece recursos especiais de tratamento de erro, que você descobrirá no Capítulo 9. O segundo, `os._exit()`, sai do Python sem executar nenhuma tarefa comum de limpeza. Em ambos os casos, você deve importar o módulo requerido, `sys` ou `os`, antes de usar o comando associado. Consequentemente, para usar o comando `sys.exit()`, você usa este código:

```
import sys
sys.exit()
```

É preciso fornecer um código de erro ao usar `os._exit()`, porque esse comando é usado somente quando um erro extremo ocorre. A chamada para esse comando falhará se você não fornecer um código de erro. Para usar o comando `os._exit()`, use o seguinte código (em que o código de erro é 5):

```
import os
os._exit(5)
```

O Capítulo 10 analisará em mais detalhes os módulos de importação. Por enquanto, saiba que esses dois comandos são somente para uso especial e, normalmente, você não irá usá-los em uma aplicação.

NESTE CAPÍTULO

» Acessando a linha de comando

» Usando comandos para executar tarefas

» Obtendo ajuda sobre o Python

» Terminando uma sessão da linha de comando

Capítulo **4**

Escrevendo Sua Primeira Aplicação

Muitas pessoas veem o desenvolvimento de aplicações como um tipo de mágica praticada por magos chamados nerds que mexem seu teclado para produzir ótimos e compactos softwares. No entanto, a realidade é bem mais trivial.

O desenvolvimento de aplicações segue uma variedade de processos. É mais que um procedimento rigoroso, mas não é, definitivamente, uma mágica. Como Arthur C. Clark disse certa vez: "Qualquer tecnologia suficientemente avançada é indistinguível da magia." Este capítulo remove a mágica desse cenário e introduz a tecnologia. No momento em que terminá-lo, você também estará apto a desenvolver uma aplicação simples (e sem ter de usar mágica).

Como em qualquer outra tarefa, as pessoas usam ferramentas para escrever aplicações. No caso do Python, não é preciso usar uma ferramenta, mas isso facilita tanto a tarefa que você realmente vai querer usar uma. Neste capítulo, você usará uma ferramenta de Ambiente de Desenvolvimento Integrado (IDE) normalmente disponível chamada Jupyter Notebook, que aparece como parte da coleção de ferramentas Anaconda. *IDE* é um tipo especial de aplicação que facilita muito a escrita, teste e depuração de códigos. No capítulo anterior, você usou a ferramenta da linha de comando para brincar um pouco com o Python. No entanto, o que o Anaconda tem a oferecer vai além da ferramenta de linha de comando, trazendo muito mais facilidade para escrever aplicações.

DICA

Há muitas outras ferramentas disponíveis para escrever aplicações Python. Este livro não informa muito sobre elas porque o Anaconda executa cada tarefa necessária, estando facilmente disponível e de graça. No entanto, à medida que sua habilidade for aumentando, talvez acabe gostando mais de ferramentas como Komodo Edit (http://www.activestate.com/komodo-edit/downloads). Você encontrará uma ótima lista dessas ferramentas em https://wiki.python.org/moin/IntegratedDevelopmentEnvironments [todos com conteúdo em inglês neste capítulo].

Compreendendo Por que IDEs São Importantes

Uma boa pergunta a ser feita é: por que precisamos de um IDE para trabalhar com Python, quando a ferramenta da linha de comando funciona bem? Bem, na verdade o Python vem com um IDE limitado chamado IDLE. A maioria das pessoas provavelmente questiona a necessidade de qualquer outra coisa durante o processo de aprendizado e talvez para desenvolver aplicações completas. Infelizmente, as ferramentas que vêm com o Python são interessantes e até ajudam no começo, mas não o ajudarão na criação de aplicações úteis com facilidade. Caso escolha trabalhar com o Python em longo prazo, realmente precisará de uma ferramenta melhor, pelos motivos descritos nas seções a seguir.

Criando códigos melhores

Um bom IDE tem certa inteligência. Por exemplo, o IDE pode sugerir alternativas quando você digita a palavra-chave incorreta ou pode lhe dizer que certa linha de código simplesmente não funcionará da maneira como está escrita. Quanto mais inteligência um IDE tiver, menos você terá de se esforçar para escrever códigos melhores. E isso é essencial, pois ninguém quer ficar horas e horas procurando erros, chamados de *bugs*.

DICA

Os IDEs variam bastante em nível e tipo de inteligência que oferecem, e isso justifica a existência de tantos. Talvez você ache o nível de ajuda obtida a partir de um IDE insuficiente para suas necessidades, sendo que outro lhe cubra de benefícios, como uma mamãe galinha. Cada desenvolvedor tem necessidades diferentes e, portanto, precisa de IDEs diferentes. A questão é conseguir um que o ajude a escrever códigos limpos e eficientes de forma rápida e fácil.

PARTE 1 **Iniciando com Python**

Funcionalidade de depuração

Encontrar bugs (erros) em seu código é um processo chamado de *depuração [debugging]*. Até mesmo os desenvolvedores mais experientes do mundo passam tempo fazendo isso. É praticamente impossível escrever um código perfeito logo de cara. Quando isso ocorre, é motivo de grande festa, pois não será algo rotineiro. Dessa forma, os recursos de depuração de seu IDE são cruciais. Infelizmente, os recursos de depuração das ferramentas nativas do Python são quase inexistentes. Caso você chegue a passar algum tempo fazendo a depuração, perceberá rápido que as ferramentas nativas dão nos nervos pelas coisas que não mostram sobre seu código.

DICA

Os melhores IDEs funcionam como ferramentas de treinamento. Com recursos suficientes, um IDE pode ajudá-lo a explorar códigos escritos por verdadeiros especialistas. Pesquisar as aplicações é o método consagrado para aprender novas habilidades e potencializar as que você já tem. Um avanço aparentemente pequeno em conhecimento pode, não raro, tornar-se uma enorme economia de tempo depois. Quando estiver procurando um IDE, não se prenda aos recursos de depuração apenas como uma maneira de remover erros — veja-os também como uma forma de aprender coisas novas sobre o Python.

Definindo por que os notebooks são úteis

A maioria dos IDEs lembra sofisticados editores de textos, e é precisamente isso. Sim, há um monte de recursos inteligentes, dicas, sugestões, cores de código e outros, mas, no fim das contas, são todos editores de texto. Não há nada de errado com eles, e este capítulo não está lhe dizendo nada nesse sentido. No entanto, uma vez que os desenvolvedores de Python geralmente colocam sua atenção em aplicações científicas que exigem algo a mais do que uma pura apresentação de texto, usar notebooks pode ajudar.

LEMBRE-SE

Um *notebook* se diferencia de um editor de texto, pois seu foco é em uma técnica desenvolvida por Donald Knuth, cientista de computação de Stanford, chamada *programação literária*. Essa técnica é usada para criar um tipo de apresentação de código, anotações, equações matemáticas e gráficos. Resumindo, você acaba tendo em mãos um caderno (notebook) de cientista, repleto de coisas necessárias para compreender o código completamente. As técnicas de programação literária são encontradas mais frequentemente em pacotes mais caros, como Mathematica e MATLAB. O desenvolvimento com notebook tem sua excelência em:

- » Demonstração
- » Colaboração
- » Pesquisa

CAPÍTULO 4 **Escrevendo Sua Primeira Aplicação** 61

» Objetivos educacionais

» Apresentação

Este livro usa a coleção de ferramentas Anaconda, pois ela fornece uma ótima experiência de codificação em Python, mas também ajuda a descobrir o enorme potencial das técnicas de programação literária. Se você passa bastante tempo realizando tarefas científicas, o Anaconda e produtos similares são essenciais. Além disso, o Anaconda é gratuito, então você pode desfrutar dos benefícios do estilo de programação literária sem o custo de outros pacotes.

Obtendo Sua Cópia do Anaconda

Como mencionado na seção anterior, o Anaconda não vem com a instalação do Python. Você pode seguir os exemplos principais do livro usando o IDLE, se preferir, mas será muito importante experimentar o Anaconda, caso seja possível. Com isso em mente, as seções a seguir o ajudam a obter e instalar o Anaconda nas três principais plataformas que este livro atende.

Obtendo o Analytics Anaconda

O pacote básico do Anaconda pode ser baixado gratuitamente em `https://store.continuum.io/cshop/anaconda/`. É só clicar em Download Anaconda para obter seu livre acesso ao produto. É necessário fornecer um endereço de e-mail para obter a cópia. Depois, você irá para outra página, onde poderá escolher a plataforma e o instalador apropriado. O Anaconda suporta as seguintes plataformas:

» Windows 32 bits e 64 bits (o instalador pode oferecer apenas a versão 64 bits ou a 32 bits, dependendo da versão do Windows detectada)

» Linux 32 bits e 64 bits

» Mac OS X 64 bits

CUIDADO

Este livro usa a versão 4.4.0 do Anaconda, que suporta o Python 3.6.2. Caso você não use essa versão, é possível que alguns exemplos não funcionem bem e o que aparece em sua tela não seja exatamente igual ao que está no livro, mesmo que trabalhando com o Windows. Os prints neste livro foram feitos usando um sistema Windows 64 bits, mas devem ser muito parecidos com o que aparece em outras plataformas ao usar o Anaconda 4.4.0.

DICA

Você pode obter o Anaconda em versões mais antigas do Python. Caso esse seja seu caso, clique no link de arquivo de instalador, na parte inferior da página. Use uma versão mais antiga do Python apenas sob estrita necessidade.

O instalador Miniconda pode economizar bastante tempo ao limitar o número de recursos que você decide instalar. No entanto, tentar definir exatamente de quais pacotes você precisa é um processo propenso a erros e consome muito tempo. Em geral, é importante realizar uma instalação completa para garantir ter tudo de que precisa para seus projetos. Mesmo uma instalação completa não precisa de muito tempo ou esforço para ser baixada e instalada na maioria dos sistemas.

O produto gratuito é tudo de que você precisa para este livro. No entanto, ao observar o site, você verá que há muitos produtos adicionais disponíveis. Eles podem ajudá-lo a criar aplicações robustas. Por exemplo, ao adicionar o Accelerate ao seu pacote, você terá os recursos para realizar operações multitarefa e habilitadas por GPU. O uso desses complementos está fora do escopo deste livro, mas o site Anaconda fornece detalhes sobre como usá-los.

Instalando o Anaconda no Linux

Para instalar o Anaconda no Linux, você precisa da linha de comando; não há a opção de instalação gráfica. Antes de realizar a instalação, deve baixar uma cópia do software Linux no site Continuum Analytics. Você pode encontrar as informações necessárias para o download na seção "Obtendo o Analytics Anaconda", anteriormente neste capítulo. O procedimento a seguir deve funcionar bem em qualquer sistema Linux, usando a versão do Anaconda 32 bits ou 64 bits:

1. **Abra uma cópia do Terminal.**

    A janela do Terminal aparece.

2. **Mude os diretórios para a cópia do Anaconda baixada em seu sistema.**

    O nome do arquivo varia, mas normalmente aparece como `Anaconda3-4.4.0-Linux-x86.sh` para os sistemas 32 bits e `Anaconda-3-4.4.0-Linux-x86_64.sh` para 64 bits. O número da versão está incorporado como parte do nome do arquivo. Nesse caso, o nome do arquivo se refere à versão 4.4.0, que é a usada aqui neste livro. Se estiver usando outra, pode ser que tenha problemas com o código-fonte e precise fazer ajustes quando trabalhar com ele.

3. **Digite** bash Anaconda3-4.4.0-Linux-x86.sh **(para a versão 32 bits) ou** bash Anaconda3-4.4.0-Linux-x86_64.sh **(para a versão 64 bits) e tecle Enter.**

Um assistente de instalação será aberto e lhe pedirá para aceitar os termos de licença de uso do Anaconda.

4. **Leia o contrato de licença e aceite os termos através do método necessário para sua versão do Linux.**

O assistente pede que você forneça um local para a instalação do Anaconda. O livro presume que você está usando o local padrão ~/anaconda. Caso queira escolher outro, talvez tenha de modificar alguns procedimentos mais adiante no livro para trabalhar com sua configuração.

5. **Forneça o local de instalação (caso necessário) e tecle Enter (ou clique em Next).**

A extração da aplicação começará. Após o término, você verá uma mensagem informando que a extração está completa.

6. **Adicione o caminho da instalação à instrução** PATH **usando o método necessário para sua versão do Linux.**

Tudo pronto para usar o Anaconda.

Instalando o Anaconda no MacOS

A instalação Mac OS X vem apenas em um formato: 64 bits. Antes de realizar a instalação, você deve baixar uma cópia do software do Mac no site Continuum Analytics. Você pode ver as informações necessárias para o download na seção "Obtendo o Analytics Anaconda", anteriormente neste capítulo.

Os arquivos de instalação têm duas versões. A primeira precisa de um instalador gráfico; a segunda precisa de uma linha de comando. A versão da linha de comando funciona de forma muito parecida com a versão do Linux descrita na seção "Usando a instalação padrão do Linux" no Capítulo 2. Os passos a seguir o ajudam a instalar o Anaconda 64 bits em um sistema Mac usando o instalador gráfico:

1. **Localize a cópia do Anaconda baixada em seu sistema.**

O nome desse arquivo varia, mas normalmente aparece como Anaconda3-4.4.0-MacOSX-x86_64.pkg. O número da versão está incorporado como parte do nome do arquivo. Nesse caso, o nome do arquivo se refere à versão 4.4.0, que é a usada neste livro. Caso esteja usando outra, pode ser que tenha problemas com o código-fonte e precise fazer ajustes quando trabalhar com ele.

64   PARTE 1 **Iniciando com Python**

2. **Clique duas vezes no arquivo de instalação.**

   Uma caixa de diálogo de introdução aparecerá.

3. **Clique em Continue.**

   O assistente pergunta se você quer ler os materiais Read Me. Você poderá lê-los mais tarde. Nesse momento, pode pular a informação, sem qualquer risco.

4. **Clique em Continue.**

   O assistente mostra um contrato de licença. Não deixe de ler tudo para que conheça os termos de uso.

5. **Clique em I Agree se concordar com o contrato de licença.**

   O assistente pede que você forneça um destino para a instalação. O destino controla se a instalação será para um usuário individual ou um grupo.

CUIDADO

Pode ser que você veja uma mensagem de erro informando que não pode instalar o Anaconda no sistema. Isso ocorre por causa de um bug no instalador e não tem nada a ver com seu sistema. Para fazê-la desaparecer, escolha a opção Install Only for Me. Não é possível instalar o Anaconda para um grupo de usuários no sistema Mac.

6. **Clique em Continue.**

   O instalador mostra uma caixa de diálogo com opções para mudar o tipo de instalação. Clique em Change Install Location se quiser modificar o local onde o Anaconda será instalado em seu sistema (o livro presume que você usa o caminho padrão ~/anaconda). Clique em Customize se quiser mudar a forma de funcionamento do instalador. Por exemplo, pode escolher não adicionar o Anaconda à sua instrução PATH. No entanto, o livro presume que você escolheu as opções padrão de instalação, e não há motivos para não fazê-lo, a menos que tenha outra cópia do Python 3.6.2 instalada em algum outro lugar.

7. **Clique em Install.**

   A instalação começará. Uma barra de progresso informa o andamento da instalação. Quando estiver completa, aparecerá uma caixa de diálogo informando.

8. **Clique em Continue.**

   Você está pronto para começar a usar o Anaconda.

CAPÍTULO 4 **Escrevendo Sua Primeira Aplicação**   65

Instalando o Anaconda no Windows

O Anaconda vem com uma aplicação de instalação gráfica para o Windows, então obter uma boa instalação quer dizer usar um assistente, como você faria com qualquer outra instalação. Obviamente, é preciso ter uma cópia do arquivo de instalação antes de começar e as informações necessárias para o download estão na seção "Obtendo o Analytics Anaconda", anteriormente neste capítulo. O procedimento a seguir (que pode levar um tempinho para terminar) deve funcionar bem em qualquer sistema do Windows, não importa se esteja usando a versão 32 bits ou 64 bits do Anaconda:

1. **Localize a cópia do Anaconda baixada em seu sistema.**

    O nome deste arquivo varia, mas normalmente aparece como Anaconda3-4.4.0-Windows-x86.exe, para os sistemas 32 bits, e Anaconda3-4.4.0-Windows-x86_64.exe, para os sistemas 64 bits. O número da versão está incorporado como parte do nome do arquivo. Nesse caso, o nome do arquivo se refere à versão 4.4.0, que é a usada neste livro. Caso esteja usando outra, pode ser que tenha problemas com o código-fonte e precise fazer ajustes quando trabalhar com ele.

2. **Clique duas vezes no arquivo de instalação.**

    (Pode ser que apareça uma caixa de diálogo Abrir Arquivo — Aviso de Segurança, perguntado se quer executar o arquivo. Clique em Run, caso isso ocorra.) Você verá uma caixa de diálogo Anaconda3 4.4.0 Setup similar à mostrada na Figura 4-1. A caixa de diálogo exata que aparecerá depende da versão do programa de instalação do Anaconda que você baixou. Caso tenha um sistema operacional 64 bits, a melhor opção sempre será usar a versão 64 bits do Anaconda para ter o melhor desempenho possível. A primeira caixa de diálogo informa se você tem a versão 64 bits do produto.

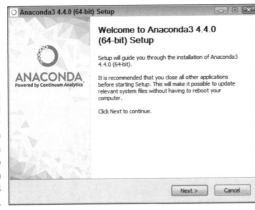

FIGURA 4-1: O processo de configuração começa informado se você tem a versão 64 bits.

3. **Clique em Next.**

   O assistente mostra um contrato de licença. Não deixe de ler tudo para que conheça os termos de uso.

4. **Clique em I Agree se concordar com o contrato.**

   Será perguntado sobre o tipo de instalação que você quer realizar, como mostra a Figura 4-2. Na maioria dos casos, é importante instalar o produto apenas para você mesmo. A exceção é quando houver várias pessoas usando seu sistema que precisam de acesso ao Anaconda.

FIGURA 4-2: Informe ao assistente como instalar o Anaconda em seu sistema.

5. **Escolha um dos tipos de instalação e clique em Next.**

   O assistente pergunta onde instalar o Anaconda em seu disco, como mostra a Figura 4-3. O livro presume que você usará a configuração padrão. Caso escolha outro local, talvez seja necessário mudar alguns procedimentos posteriormente no livro para trabalhar com sua configuração.

CAPÍTULO 4 **Escrevendo Sua Primeira Aplicação** 67

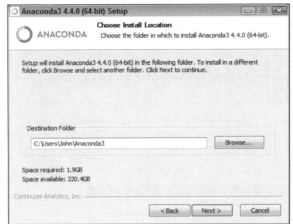

FIGURA 4-3:
Defina um local de instalação.

6. **Escolha um local de instalação (se necessário) e clique em Next.**

   Você verá Advanced Installation Options, como na Figura 4-4. Essas opções avançadas são selecionadas por padrão e, na maioria dos casos, não há bons motivos para mudá-las. Talvez você tenha de mudá-las se o Anaconda não fornecer sua configuração padrão do Python 3.6 (ou Python 2.7). Porém, o livro presume que você configurou o Anaconda usando as opções padrão.

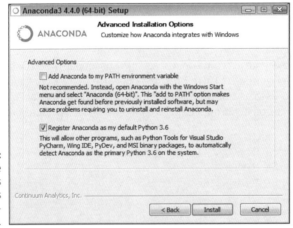

FIGURA 4-4:
Configure as opções avançadas de instalação.

7. **Mude as opções avançadas de instalação (se necessário) e clique em Install.**

   Você verá uma caixa de diálogo de instalação com uma barra de progresso. Pode levar alguns minutos, então faça um bom café e leia seu livro favorito por alguns momentos. Ao término da instalação, verá o botão Next ativado.

8. **Clique em Next.**

   O assistente informará quando a instalação estiver completa.

9. **Clique em Finish.**

   Tudo pronto para começar a usar o Anaconda.

Baixando o Conjunto de Dados e o Código de Exemplo

A ideia deste livro é usar o Python para realizar tarefas básicas de programação. Obviamente, você pode passar o tempo que quiser criando o código de exemplo do zero, fazendo a depuração e só então descobrir como ele está relacionado com a descoberta das maravilhas do Python; ou pode pegar o caminho fácil e baixar o código pré-escrito no site da Alta Books (www.altabooks.com.br), como descrito na introdução, para ir direto ao trabalho. As próximas seções mostrarão como trabalhar com o Jupyter Notebook, o nome do IDE do Anaconda. Elas enfatizam os recursos para gerenciar o código de aplicação, incluindo a importação do código-fonte que você pode baixar e a exportação de suas aplicações maravilhosas, para mostrar aos amigos.

Usando o Jupyter Notebook

Para facilitar o trabalho com o código neste livro, você usará o Jupyter Notebook. Essa interface permite criar facilmente arquivos notebook do Python que podem conter muitos exemplos, sendo que cada um pode ser executado individualmente. O programa funciona em seu navegador, então não importa qual plataforma você usa para o desenvolvimento; desde que tenha um navegador, não terá dificuldades.

Iniciando o Jupyter Notebook

A maioria das plataformas fornece um ícone de acesso ao Jupyter Notebook. É só clicar nele para acessar a aplicação. Por exemplo, em um sistema Windows, vá em Iniciar ⬥ Todos os Programas ⬥ Anaconda 3 ⬥ Jupyter Notebook. A Figura 4-5 mostra a aparência da interface em um navegador Firefox. A aparência precisa em seu sistema depende de qual navegador você usa e de que tipo de plataforma instalou.

CAPÍTULO 4 **Escrevendo Sua Primeira Aplicação** 69

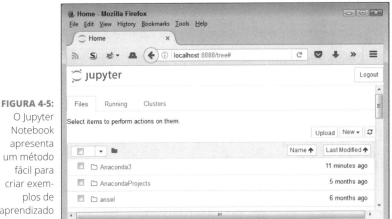

FIGURA 4-5:
O Jupyter Notebook apresenta um método fácil para criar exemplos de aprendizado de máquina.

Interrompendo o servidor Jupyter Notebook

Independentemente de como você inicia o Jupyter Notebook (ou só Notebook, como aparecerá daqui em diante), o sistema geralmente abre um prompt de comando ou uma janela de terminal para hospedar o Notebook. Essa janela contém um servidor que faz com que a aplicação funcione. Após fechar a janela do navegador no término de uma sessão, selecione a janela do servidor e tecle Ctrl+C ou Ctrl+Break para interromper o servidor.

Definindo o repositório de código

O código que você criar e usar neste livro ficará em um repositório em seu disco rígido. Pense em um *repositório* como um tipo de armário onde você guarda seu código. O Notebook abre uma gaveta, tira a pasta e mostra o código. Você pode modificá-lo, executar exemplos individuais dentro da pasta, adicionar novos exemplos e simplesmente interagir com seu código de forma natural. As seções a seguir apresentarão o Notebook a você para que possa ver como funciona todo esse conceito de repositório.

Definindo a pasta do livro

Vale a pena organizar seus arquivos para que possa acessá-los mais facilmente depois. Este livro mantém seus arquivos na pasta BPPD (Beginning Programming with Python For Dummies — Começando a Programar em Python Para Leigos). Para criar uma nova pasta dentro do Notebook, faça o seguinte:

1. **Escolha New ⇨ Folder.**

    O Notebook cria uma nova pasta nomeada Untitled Folder, como na Figura 4-6. O arquivo aparece em ordem alfanumérica, então talvez você não o veja logo de cara. Role a página para baixo até ver o local correto.

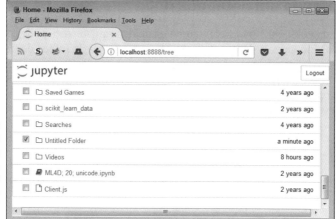

FIGURA 4-6:
As novas pastas aparecem nomeadas como Untitled Folder.

2. **Selecione o box ao lado da pasta Untitled Folder.**

3. **Clique em Rename no topo da página.**

   Aparecerá uma caixa de diálogo Rename Directory, como na Figura 4-7.

FIGURA 4-7:
Renomeie a pasta para que se lembre dos tipos de entradas que ela contém.

4. **Digite BPPD e clique em Rename.**

   O Notebook mudará o nome da pasta para você.

5. **Clique na nova entrada BPPD da lista.**

   O Notebook mudará o local para a nova pasta BPPD, na qual você realizará as tarefas relacionadas aos exercícios deste livro.

CAPÍTULO 4 **Escrevendo Sua Primeira Aplicação** 71

Criando um notebook novo

Cada notebook novo é como uma pasta de arquivo. Você pode colocar exemplos individuais dentro dele, assim como colocaria folhas de papel em uma pasta física. Cada exemplo aparece em uma célula. Você pode colocar muitas outras coisas na pasta também, mas verá como isso tudo funciona conforme vai progredindo neste livro. Use os passos a seguir para criar um notebook novo:

1. **Clique em New ⇨ Python 3.**

    Uma nova aba é aberta no navegador com o novo notebook, como na Figura 4-8. Perceba que o notebook contém uma célula e que o Notebook a destacou para que você possa começar a digitar seu código nela. O título do notebook é Untitled no momento. Não é um título muito bom, então vamos mudá-lo.

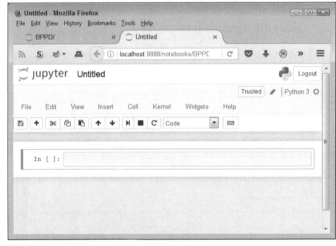

FIGURA 4-8: Um notebook contém células que você usa para manter o código.

2. **Clique em Untitled na página.**

    O Notebook perguntará qual será o novo nome, como mostra a Figura 4-9.

3. **Digite BPPD_04_Sample e tecle Enter.**

    O nome lhe diz que é um arquivo do *Beginning Programming with Python For Dummies*, Capítulo 4, `Sample.ipynb`. Usar essa convenção para nomear facilita a diferenciação de cada arquivo em seu repositório.

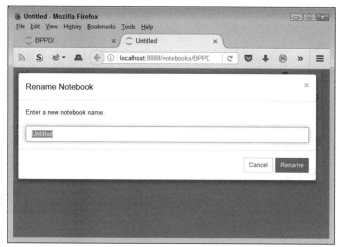

FIGURA 4-9:
Forneça um novo nome para seu notebook.

Obviamente, o notebook Sample não contém nada ainda. Posicione o cursor na célula, digite **print('Python is really cool!')** e clique no botão Run (aquele com a seta para a direita na barra de ferramentas). Você pode ver a saída na Figura 4-10. A saída faz parte da mesma célula do código (o código fica em um box quadrado e a saída fica fora dele, porém ambos estão dentro da célula). No entanto, o Notebook separa visualmente a saída e o código para que você saiba qual é qual e, além disso, cria uma nova célula.

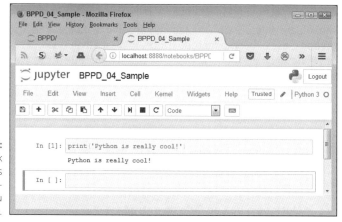

FIGURA 4-10:
O Notebook usa células para armazenar seu código.

Quando terminar seu trabalho em um notebook, é importante fechá-lo. Para isso, selecione File ⇨ Close e Halt. Você voltará à página Home, onde verá que o notebook que acabou de criar foi adicionado à lista, como mostra a Figura 4-11.

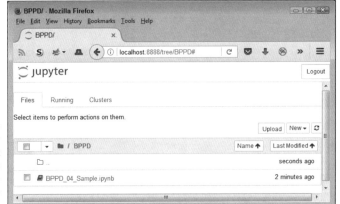

FIGURA 4-11:
Qualquer notebook que você cria aparece na lista de repositórios.

Exportando um notebook

Só criar notebooks e mantê-los com você não é tão legal assim. Em algum momento desejará querer compartilhá-los com outras pessoas. Para tanto, você deve exportá-lo do repositório para um arquivo. Depois, poderá enviar o arquivo para outra pessoa, que o importará para seu repositório.

A seção anterior mostra como criar um notebook nomeado BPPD_04_Sample.ipynb. Você pode abrir esse notebook clicando nele na lista de repositórios. O arquivo reabre para que veja o código novamente. Para exportar esse código, selecione File ⇨ Download As ⇨ Notebook (.ipynb). O que aparece na sequência depende do navegador usado, mas geralmente será uma caixa de diálogo para salvar o notebook como arquivo. Para salvar o arquivo Jupyter Notebook, use o mesmo método utilizado para salvar qualquer outro arquivo através de seu navegador. Lembre-se de escolher File ⇨ Close e Halt quando terminar, para que a aplicação seja encerrada.

Removendo um notebook

Vez ou outra os notebooks ficam ultrapassados ou você simplesmente não quer mais trabalhar com eles. Em vez de deixar seu repositório entupido de arquivos desnecessários, pode removê-los da lista. Siga estes passos para fazer isso:

1. **Selecione o box ao lado da entrada** BPPD_04_Sample.ipynb.

2. **Clique no ícone da lixeira (Delete) no topo da página.**

Você verá uma mensagem de aviso do notebook Delete, como o mostrado na Figura 4-12.

3. **Clique em Delete.**

   O arquivo será removido da lista.

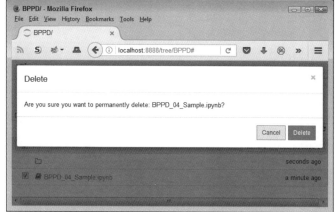

FIGURA 4-12:
O Notebook o avisa antes de remover arquivos do repositório.

Importando um notebook

Para usar o código-fonte deste livro, é preciso importar os arquivos para seu repositório. O código-fonte vem compactado e você deve extraí-lo para algum local em seu disco rígido. O arquivo compactado contém uma lista de arquivos .ipynb (IPython Notebook) com o código-fonte deste livro (veja mais detalhes sobre como baixar o código-fonte na Introdução). Os passos a seguir mostram como importar esses arquivos para seu repositório:

1. **Clique em Upload no topo da página.**

   O que aparecerá em seguida depende do navegador usado, mas será um tipo de caixa de diálogo File Upload que dá acesso aos arquivos em seu disco rígido.

2. **Vá para o diretório que contém os arquivos que quer importar para o Notebook.**

3. **Selecione um ou mais arquivos para importar e clique no botão Open (ou outro similar) para começar o processo de upload.**

   Você verá o arquivo adicionado a uma lista de uploads, como mostra a Figura 4-13. O arquivo ainda não faz parte de seu repositório; você apenas o selecionou para upload.

4. **Clique em Upload.**

   O Notebook coloca o arquivo no repositório para que possa começar a usá-lo.

CAPÍTULO 4 **Escrevendo Sua Primeira Aplicação** 75

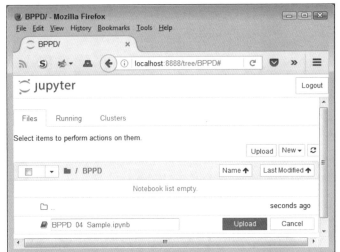

FIGURA 4-13: Os arquivos que você quer adicionar ao repositório aparecem como parte de uma lista de uploads que consiste em um ou mais nomes de arquivo.

Criando a Aplicação

Na verdade, você já criou sua primeira aplicação Anaconda quando seguiu os passos da seção "Criando um notebook novo", anteriormente neste capítulo. O método `print()` pode não parecer muita coisa, mas você o usará bastante. No entanto, a abordagem de programação literária fornecida pelo Anaconda exige um pouco mais de conhecimento do que você tem no momento. As próximas seções não mostram tudo sobre essa abordagem, mas o ajudam a ter uma compreensão sobre o que a programação literária pode oferecer na forma de funcionalidade. Porém, antes de começar, verifique se tem o arquivo `BPPD_04_Sample.ipynb` aberto para usar, pois é necessário para explorar o Notebook.

Compreendendo as células

Se o Notebook fosse um IDE padrão, não haveria células. O que teríamos seria um documento contendo uma única série contígua de declarações. Para separar os diferentes elementos de código, é necessário separar os arquivos. As células são diferentes, porque cada uma é separada. Sim, os resultados das coisas que você faz nas células anteriores são importantes, mas se uma célula deve trabalhar sozinha, você pode simplesmente ir para ela e executá-la. Para ver como funciona, digite o código a seguir na próxima célula do arquivo `BPPD_04_Sample` file:

```
myVar = 3 + 4
print(myVar)
```

Agora clique em Run (a seta para a direita). O código é executado e você vê a saída, como mostrado na Figura 4-14. A saída é 7, como se esperava. Porém, observe a entrada In [1]:. Ela lhe diz que é a primeira célula executada.

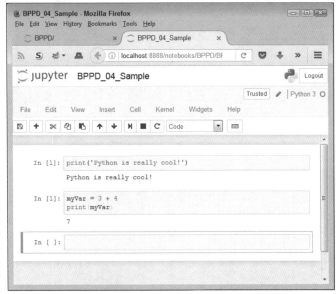

FIGURA 4-14: As células são executadas individualmente no Notebook.

Perceba que a primeira célula também tem uma entrada In [1]:. Essa entrada ainda é da sessão anterior. Posicione o cursor naquela célula e clique em Run. Agora a célula contém In [2]:, como mostra a Figura 4-15. No entanto, observe que a próxima célula não foi selecionada e ainda contém a entrada In [1]:.

Agora posicione o cursor na terceira célula, a que está vazia no momento, e digite print("This is myVar: ", myVar). Clique em Run. A saída na Figura 4-16 mostra que as células não foram executadas em uma ordem rígida, mas myVar é global para o notebook. Tudo que você fizer nas outras células afetará todas as outras, não importa em qual ordem aconteça a execução.

CAPÍTULO 4 **Escrevendo Sua Primeira Aplicação** 77

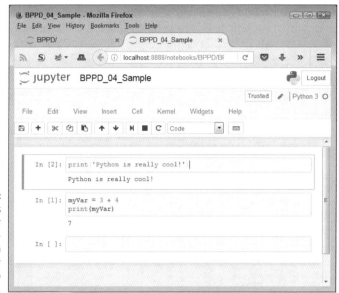

FIGURA 4-15: As células podem ser executadas em qualquer ordem no Notebook.

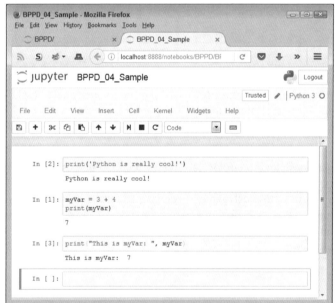

FIGURA 4-16: A mudança de dados afeta todas as células que usam a variável modificada.

Adicionando células de documentação

As células têm várias formas diferentes. Este livro não usa todas. No entanto, saber como usar as células de documentação pode ser útil. Selecione a primeira célula (a que está marcada com um número 2). Selecione Insert ⇨ Insert Cell Above. Você verá uma nova célula adicionada ao notebook. Observe a lista suspensa que têm Code no momento. Essa lista permite escolher o tipo de célula que você quer criar. Selecione Markdown na lista e digite **# This is a level 1 heading**. Clique em Run (que pode parecer algo muito estranho para fazer, mas tente). Você verá o texto se transformar em um título [heading], como na Figura 4-17.

FIGURA 4-17: Adicionar títulos o ajuda a separar e documentar seu código.

A essa altura, talvez você esteja pensando que essas células especiais funcionam exatamente como as páginas HTML, e está certo. Selecione Insert ⇨ Insert Cell Below, clique em Markdown na lista suspensa e digite **## This is a level 2 heading**. Clique em Run. Como se pode ver na Figura 4-18, o número de hashtags (#) que você adiciona ao texto afeta o nível do título, mas não aparecem no título em si.

CAPÍTULO 4 **Escrevendo Sua Primeira Aplicação** 79

FIGURA 4-18: Usar níveis de títulos enfatiza o conteúdo da célula.

Outros conteúdos da célula

Este capítulo (e livro) não demonstra todos os tipos de conteúdo da célula que você pode ver ao usar o Notebook. No entanto, também é possível adicionar coisas, como gráficos, aos seus notebooks. Quando chegar a hora, poderá gerar (imprimir) a saída do notebook como um relatório e usá-lo em qualquer tipo de apresentação. A técnica de programação literária é diferente do que talvez tenha usado no passado, mas tem vantagens concretas, como você verá nos próximos capítulos.

Entendendo o Uso da Indentação

À medida que for trabalhando com os exemplos deste livro, você verá que certas linhas são indentadas. Na verdade, os exemplos também proporcionam uma boa quantidade de espaços em branco (como linhas extras entre as linhas de código). O Python ignora qualquer indentação em sua aplicação. A principal razão para adicionar indentação é fornecer dicas visuais sobre o código. Da mesma forma como é usada para destaques no livro, a indentação no código mostra as relações entre os vários elementos do código.

Os vários usos da indentação se tornarão mais familiares ao longo do livro. No entanto, é importante saber, desde o início, o porquê de a indentação ser usada e como é colocada. Então, é hora de outro exemplo. Os próximos passos ajudam a criar um exemplo novo que usa indentação para deixar a relação entre os elementos da aplicação muito mais aparente e mais fácil de entender depois.

1. **Escolha New ⇨ Python3.**

    O Jupyter Notebook criará um novo notebook para você. A fonte disponível para download usa o nome de arquivo `BPPD_04_Indentation.ipynb`, mas você pode usar qualquer outro nome, se desejar.

2. **Digite** print("This is a really long line of text that will" +.

    Você vê o texto mostrado normalmente na tela, como esperado. O sinal de mais (+) informa ao Python que há texto adicional a ser exibido. Adicionar textos de múltiplas linhas juntas em um único pedaço de texto longo é chamado de *concatenação*. Você aprenderá mais sobre o uso desse recurso posteriormente neste livro, então não precisa se preocupar com isso agora.

3. **Tecle Enter.**

    O ponto de inserção não volta ao início da linha, como você esperava. Em vez disso, ele vai diretamente para baixo da primeira aspa dupla, como mostra a Figura 4-19. Esse recurso é chamado indentação automática e é um dos recursos que diferenciam um editor de textos normal de um editor projetado para escrever código.

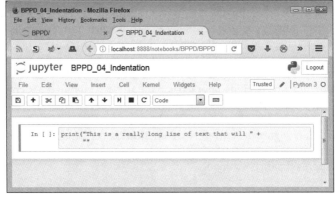

FIGURA 4-19: A janela Edit faz a indentação automática de alguns tipos de texto.

4. **Digite** "appear on multiple lines in the source code file.") **e tecle Enter.**

    Observe que o ponto de inserção volta para o início da linha. Quando o Notebook percebe que você chegou ao final do código, ele automaticamente recoloca o texto em sua posição inicial.

5. Clique em Run.

Você verá a saída mostrada na Figura 4-20. Mesmo que o texto apareça em múltiplas linhas no arquivo do código-fonte, na saída ele aparece em somente uma linha. A linha quebra devido ao tamanho da janela, mas está, de fato, em apenas uma linha.

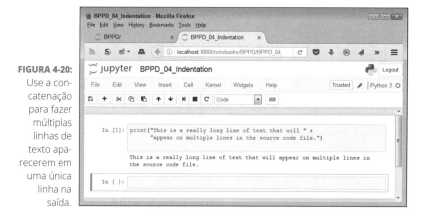

FIGURA 4-20: Use a concatenação para fazer múltiplas linhas de texto aparecerem em uma única linha na saída.

Adicionando Comentários

As pessoas criam anotações para si mesmas o tempo todo. Quando precisa fazer compras, você olha em seus armários, verifica o que precisa e faz a lista. Quando chega ao mercado, revê a lista para se lembrar do que precisa. Usar anotações é útil para muitas situações, como seguir o andamento da conversa entre parceiros de negócio ou lembrar pontos essenciais de uma palestra. Os humanos precisam de anotações para ativar a memória. Os comentários no código-fonte são apenas outra forma de anotação. Você os insere no código para que possa se lembrar de qual tarefa o código executará mais tarde. As seções a seguir descrevem os comentários com mais detalhes. Você pode encontrar esses exemplos no arquivo BPPD_04_Comments.ipynb na fonte disponível para download.

TÍTULOS X COMENTÁRIOS

Talvez de início você ache que os títulos e os comentários são um pouco confusos. Os títulos aparecem em células diferentes, os comentários aparecem com o código-fonte, e ambos servem a propósitos diferentes. Os títulos informam sobre um agrupamento inteiro de código e os comentários individuais lhe dizem sobre os passos individuais do código ou até as linhas do código. Mesmo que use os dois para documentação, cada um tem um propósito diferente. Os comentários geralmente são mais detalhados que os títulos.

Entendendo os comentários

Os computadores precisam de uma forma especial para especificar se o texto que você está escrevendo é um comentário, e não um código a ser executado. O Python tem dois métodos de definição de texto como comentário, e não como código. O primeiro método é o comentário de única linha. Ele usa o símbolo hashtag (#), assim:

```
# This is a comment.
print("Hello from Python!") #This is also a comment.
```

LEMBRE-SE

Um comentário de única linha pode aparecer em uma linha isolada ou depois de um código executável. Ele aparece em somente uma linha. Você geralmente usa uma única linha de comentário para uma descrição curta, como uma explicação de um pequeno trecho de código. O Notebook mostra os comentários em uma cor diferente (geralmente azul) e em itálico.

De fato, o Python não suporta um comentário com multilinhas diretamente, mas é possível criar um usando uma linha com três aspas. O comentário multilinha começa e termina com três aspas duplas (""") ou simples ('''), assim:

```
"""
    Application: Comments.py
    Written by: John
    Purpose: Shows how to use comments.
"""
```

LEMBRE-SE

Essas linhas não são executadas. O Python não mostrará uma mensagem de erro quando elas aparecerem no código. No entanto, o Notebook as trata de forma diferente, como mostra a Figura 4-21. Observe que os reais comentários do Python, precedidos por uma hashtag (#) na célula 1, não geram qualquer saída. Porém, as linhas com três aspas geram, sim. Caso planeje gerar a saída de seu notebook como um relatório, é preciso evitar o uso de linhas com três aspas (alguns IDEs, como o IDLE, ignoram completamente as linhas com três aspas).

CAPÍTULO 4 **Escrevendo Sua Primeira Aplicação** 83

Diferentemente dos comentários padrão, o texto com três aspas aparece em vermelho, e não em azul, e o texto não fica em itálico. Você geralmente usa comentários multilinhas para explicações maiores, por exemplo, sobre quem criou a aplicação, por que ela foi criada e quais tarefas executa. É claro, não existem regras rígidas sobre como usar exatamente comentários. O objetivo principal é dizer ao computador o que é e o que não é um comentário para que ele não fique confuso.

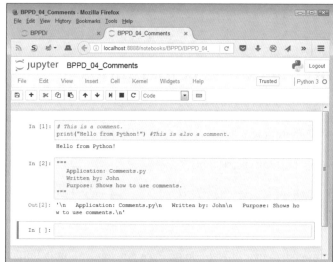

FIGURA 4-21: Os comentários multilinhas funcionam, mas também geram uma saída.

Usando comentários para deixar lembretes para si mesmo

Muitas pessoas não entendem muito bem os comentários — não sabem muito bem o que fazer com as anotações no código. Tenha em mente que você pode escrever um trecho de código hoje e não olhar para ele por anos. Você precisa de anotações para ativar sua memória, para que se lembre de qual tarefa o código executa e por que o escreveu. De fato, existem algumas razões comuns para usar comentários em seu código:

» Relembrar o que o código faz e por que você o escreveu.

» Mostrar aos outros como manter seu código.

» Fazer com que seu código fique acessível a outros desenvolvedores.

» Listar ideias para futuras atualizações.

» Providenciar uma lista de fontes de documentação que você usou para escrever o código.

» Manter a lista das melhorias feitas.

Você pode usar comentários de muitas outras formas também, mas essas são as principais. Perceba como os comentários são usados nos exemplos do livro, especialmente à medida que chegar aos capítulos mais adiante, onde o código se torna mais complexo. Conforme o código fica mais complicado, você precisa adicionar mais comentários e fazer com que eles sejam pertinentes àquilo de que precisa se lembrar.

Usando comentários para impedir a execução de um código

Algumas vezes, os desenvolvedores também usam o recurso de comentário para impedir a execução das linhas de código (chamado de *commenting out*). Você pode precisar fazer isso para determinar se a linha de código está causando falhas em sua aplicação. Como acontece com qualquer outro comentário, podemos usar linhas únicas ou multilinhas. Porém, ao usar multilinhas, você verá o código que não está sendo executado como parte da saída (e isso, na realidade, pode ser útil para ver onde o código afeta a saída). A Figura 4-22 mostra um exemplo das técnicas de comentário do código.

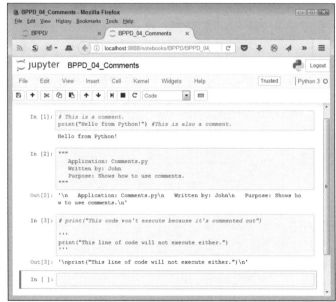

FIGURA 4-22: Use comentários para impedir que o código seja executado.

CAPÍTULO 4 **Escrevendo Sua Primeira Aplicação** 85

Fechando o Jupyter Notebook

Após ter usado o comando File ➪ Close e Halt para fechar todos os notebooks que estavam abertos, você pode simplesmente fechar a janela do navegador e encerrar a sessão. No entanto, o servidor continua rodando em segundo plano. Normalmente, aparece uma janela do Jupyter Notebook, como na Figura 4-23. Ela fica aberta até você interromper o servidor. Apenas tecle Ctrl+C para encerrar a sessão do servidor e a janela fechará.

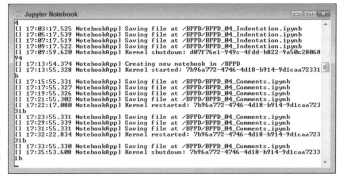

FIGURA 4-23: Feche a janela do servidor.

PAPO DE ESPECIALISTA

Veja a Figura 4-23 novamente e observe o número de comandos. Eles informam o que a interface de usuário está fazendo. Ao monitorar essa janela, é possível determinar o que pode dar errado durante uma sessão. Mesmo que não vá usar esse recurso com muita frequência, é bom saber.

> **NESTE CAPÍTULO**
>
> » Interagindo com arquivos de código
>
> » Tornando as células úteis
>
> » Configurando a interface de usuário
>
> » Mudando a aparência do código

Capítulo 5

Trabalhando com Anaconda

O Anaconda oferece um Ambiente de Desenvolvimento Integrado (IDE) na forma do Jupyter Notebook. Na verdade, é possível realizar qualquer tarefa deste livro usando apenas esse utilitário. É por isso que este capítulo foca o Jupyter Notebook (chamado apenas de Notebook em grande parte dos lugares). Diferentemente da maioria dos IDEs, o Notebook usa um princípio chamado de programação literária, descrito na seção "Definindo por que os notebooks são úteis", no Capítulo 4. Este capítulo o ajuda a compreender como a programação literária pode ajudá-lo a ser mais produtivo ao escrever códigos Python.

Como parte da descoberta sobre o Notebook, você verá como fazer o download do código de muitas maneiras e como criar pontos de verificação do código para facilitar a recuperação de erros. Trabalhar com arquivos de modo eficaz é uma parte importante do processo de desenvolvimento. O Capítulo 4 mostra apenas o básico do trabalho com arquivos de código; este capítulo fornece os detalhes.

O Capítulo 4 também mostra coisas sobre as células. É provável que você já acha que elas certamente facilitam certos tipos de esforços de codificação porque é possível mover blocos de código sem problemas. No entanto, as células podem fazer muito mais, e neste capítulo você verá essas técnicas.

O capítulo também o ajuda a entender a mecânica do uso eficiente do Notebook. Por exemplo, talvez você não goste de como o Notebook está configurado, então este capítulo informa como mudar a configuração. Você também precisa saber como reiniciar o kernel quando as coisas travam e como obter ajuda. Além disso, o Notebook tem recursos chamados de *funções mágicas*, que realmente parecem ser mágicas. Usar essas funções não afeta seu código, porém afeta como você o vê no Notebook e como certos recursos, como os gráficos, são apresentados. Por fim, é importante saber como interagir com os processos em andamento. Em alguns casos, precisa saber o que um processo está fazendo, de modo a tomar uma decisão sobre como interagir com ele.

Fazendo o Download de Seu Código

O Notebook oferece um tipo específico de ambiente de codificação, que não é baseado em texto, em comparação com muitos outros IDEs. Se você abrisse um arquivo IPython Notebook (`.ipynb`, que é a mesma extensão usada pelo Jupyter Notebook), encontraria algo meio que legível, mas que não estaria pronto para uso. Para obter os recursos especiais fornecidos pelo Notebook, o arquivo deve conter informações adicionais que não se encontram em um arquivo normal de texto. Assim, você percebe que deve fazer o download de seu código para usá-lo em outros ambientes.

LEMBRE-SE

A seção "Exportando um notebook", no Capítulo 4, informa como exportar seu notebook de modo que o Notebook entenda. No entanto, talvez você queira fazer o download do código em outros formatos para que outras aplicações possam usá-lo. Na verdade, o menu File ⇨ Download As tem opções para fazer o download de seu código nos seguintes formatos:

- » Python (`.py`)
- » HTML (`.html`)
- » Markdown (`.md`)
- » reST (`.rst`)
- » LaTeX (`.tex`)
- » PDF via LaTeX (`.pdf`)

88 PARTE 1 **Iniciando com Python**

CUIDADO

Nem todos os formatos estão disponíveis o tempo todo. Por exemplo, se deseja criar um PDF usando LaTeX, você deve instalar XeTeX seguindo as instruções disponíveis em `https://nbconvert.readthedocs.io/en/latest/install.html#installing-tex` [todos com conteúdo em inglês neste capítulo]. O XeTeX tem um mecanismo de apresentação para gerar PDF.

Dependendo da configuração, alguns dos formatos podem, de fato, abrir diretamente em seu navegador. Por exemplo, a Figura 5-1 mostra como um dos exemplos do Capítulo 4 pode ficar quando é apresentado no formato HTML. Observe que a saída aparecerá precisamente como no arquivo, então o que você acaba tendo é um tipo de impressão eletrônica. Além disso, o conteúdo nem sempre pode ser modificado, como no uso do formato HTML.

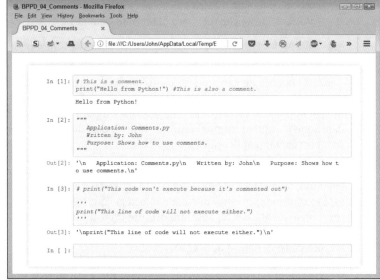

FIGURA 5-1: Alguns formatos de saída podem abrir diretamente no navegador.

Trabalhando com Checkpoints

Os checkpoints (pontos de verificação) são um recurso específico do Notebook que pode poupar muito tempo e evitar situações embaraçosas quando usado corretamente. *Checkpoint* é um tipo de salvamento interino e controle de fonte em um só pacote. O que você obtém é uma foto de sua aplicação em determinado ponto no tempo.

Definindo os usos dos checkpoints

Diferentemente de muitos salvamentos de aplicações, um checkpoint é uma entrada individual. Cada vez que você cria um checkpoint, um arquivo oculto também é criado. Esse arquivo permanece em uma pasta especial de sua pasta do projeto. Por exemplo, ao analisar o código deste livro, você encontrará checkpoints na pasta `\BPPD\.ipynb_checkpoints`. É possível retornar a esse checkpoint específico mais tarde, se necessário, para voltar o relógio de seu trabalho de desenvolvimento. Os salvamentos de checkpoint acontecem nos seguintes momentos:

» **Automático:** O Notebook cria automaticamente um salvamento a cada 120 segundos, por padrão, a menos que você altere esse intervalo usando a função mágica `%autosave` (veja a seção "Usando Funções Mágicas" deste capítulo para obter mais detalhes).

» **Manual:** Gera um arquivo separado de salvamento criado manualmente.

Todas as opções de salvamento usam um único arquivo. Dessa forma, cada salvamento sobrescreve o arquivo anterior. Qualquer salvamento é útil para um backup geral, garantindo uma alternativa para você caso uma entidade danifique o arquivo original entre as ocorrências de eventos maiores (como rodar ou fechar a aplicação).

O checkpoint manual o ajuda a criar um tipo especial de salvamento. Por exemplo, talvez você obtenha um ponto estável para sua aplicação, onde tudo está executando, mesmo que ela não esteja com todos os recursos completos. Consequentemente, será importante criar um salvamento manual, um checkpoint, para garantir que consiga retornar a esse ponto, caso as futuras edições causem dano à aplicação.

Os checkpoints também podem ser muito úteis em outros momentos. Por exemplo, você pode acrescentar um recurso mais arriscado à sua aplicação e quer protegê-la dos danos, caso a adição acabe se mostrando fatal. Usamos checkpoints sempre que queremos voltar a um ponto específico no tempo durante o desenvolvimento da aplicação. É como se fosse um seguro que funciona além dos salvamentos automáticos.

DICA

Embora o Notebook não apresente checkpoints múltiplos, é possível tê-los, caso deseje. Apenas renomeie o checkpoint existente e crie um novo. Por exemplo, se o checkpoint atual tem o nome `BPPD_04_Comments--checkpoint.ipynb`, talvez você queira renomeá-lo como `BPPD_04_Comments-checkpoint1.ipynb` antes de criar um novo salvamento. Para usar um checkpoint mais antigo, você deve renomeá-lo de novo com o nome original, `checkpoint.ipynb`.

Salvando um checkpoint

Para salvar um checkpoint, selecione File ⇨ Save and Checkpoint. O Notebook automaticamente salva uma cópia do notebook existente na pasta `.ipynb_checkpoints` usando o mesmo nome e acrescentando `-checkpoint`. A menos que você renomeie o checkpoint especificamente, o salvamento manual ou automático irá sobrescrever o arquivo existente. Assim, você sempre verá apenas um arquivo de checkpoint, a menos que renomeie manualmente os arquivos mais antigos.

Restaurando um checkpoint

Para restaurar um checkpoint, selecione a entrada no menu File ⇨ Revert to Checkpoint. Esse menu faz parecer que você pode ter mais de um arquivo de checkpoint, mas nunca há mais de uma entrada no menu. A entrada contém a data e a hora em que criou o checkpoint.

Manipulando Células

As células são o que diferenciam o Notebook consideravelmente de outros IDEs. Ao usar suas funcionalidades, você pode realizar todos os tipos de manipulações de aplicação que, de outro modo, seriam difíceis ou propensas a erros com o uso de outros IDEs, como movimentar códigos relacionados como blocos, em vez de linha por linha. O Capítulo 4 mostra alguns truques para trabalhar com as células. As próximas seções trazem técnicas adicionais que você pode usar para deixar as células realmente úteis.

Adicionando vários tipos de células

O Notebook lhe dá acesso a diversos tipos de células. Os dois usados neste livro são encontrados no Capítulo 4. Veja a seguir um resumo de todos os tipos que podem ser usados no Notebook:

» **Código:** Contém o código do Python interpretado que fornece uma área de entrada e saída.

» **Formatação:** Apresenta textos de documentação especial usando a técnica de formatação GitHub, descrita em `https://help.github.com/categories/writing-on-github/`. Este livro usa principalmente as células de formatação para títulos, mas é possível incluir muitos tipos de informações em células desse tipo.

CAPÍTULO 5 **Trabalhando com Anaconda** 91

» **Raw NBConvert:** Fornece um método para incluir conteúdo não interpretado em um notebook que afeta certos tipos de saídas baixadas, como LaTeX. Este livro não usa esse tipo de células porque é uma saída especial. Você pode ler mais sobre este tópico em `https://ipython.org/ipython-doc/3/notebook/nbconvert.html#nbconvert`.

» **Título (obsoleto):** É um método antigo para criar títulos, e você não deve mais usá-lo.

Sempre que executar o conteúdo de uma célula usando o botão Run Cell ou selecionando Cell ⇨ Run Cells and Select Below, e o ponto de inserção estiver na última célula, o Notebook automaticamente adicionará uma nova célula. No entanto, essa não é a única maneira de adicionar uma nova célula. Por exemplo, talvez você queira adicionar uma no meio do notebook. Para tanto, selecione Insert ⇨ Insert Cell Above ou Insert ⇨ Insert Cell Below, dependendo de onde quer inserir uma célula, acima ou abaixo da atual.

Dividindo e mesclando células

O Notebook trata as células como entidades distintas. Qualquer coisa feita em uma célula afetará a aplicação inteira. No entanto, é possível executar ou manipular a célula individual sem mudar outras. Além disso, você pode executar as células em qualquer ordem, e algumas com mais frequência que outras. É por isso que precisa se concentrar na construção de células: é necessário determinar se ela é independente o suficiente, mas completa o bastante, para realizar a tarefa desejada. Tendo isso em mente, talvez você precise dividir e mesclar as células.

Dividir uma célula significa criar duas células a partir de uma. A divisão ocorre no local em que o cursor se encontra dentro da célula. Para realizar a divisão, selecione Edit ⇨ Split Cell.

Mesclar uma célula significa criar uma única célula a partir de outras duas. Elas são mescladas na ordem em que aparecem no notebook, então tenha certeza de que estejam na ordem correta antes de mesclá-las. Para realizar a mescla, selecione Edit ⇨ Merge Cell Above ou Edit ⇨ Merge Cell Below.

Movendo as células

As células não precisam ficar na ordem em que originalmente foram criadas. Talvez você descubra que precisa realizar uma tarefa em particular mais cedo ou mais tarde no processo. A maneira mais simples de mover uma célula é selecioná-la e escolher a opção Edit ⇨ Move Cell Up ou Edit ⇨ Move Cell Down. Porém, esses dois comandos apenas as movem. Talvez você decida fazer algo completamente diferente.

92   PARTE 1 **Iniciando com Python**

CUIDADO

CONFIANDO EM SEU NOTEBOOK

No canto superior direito do Notebook, há um pequeno box com as palavras *Not Trusted (Não confiável)*. Na maioria das vezes, isso não importa, devido ao modo como o Python funciona. No entanto, quando estiver trabalhando com recursos locais ou seguros em um site, talvez seja necessário confiar em seu notebook.

A maneira mais rápida e fácil de resolver o problema de confiança é clicar no botão Not Trusted. Você verá uma caixa de diálogo com a opção de confiar em seu notebook. Infelizmente, é também uma boa maneira de criar problemas de segurança para si mesmo e não é recomendado, a menos que você saiba que pode confiar naquela fonte.

O Anaconda fornece várias outras maneiras de garantir um acesso com segurança para fontes seguras. Realizar a configuração estendida está fora do escopo deste livro, porém você pode ler a respeito em https://jupyter-notebook.readthedocs.io/en/latest/security.html. Nenhum dos exemplos deste livro exige que você rode no modo confiável, então, por hora, pode ignorar o botão Not Trusted sem problemas.

Como a maioria dos editores, o Notebook vem com uma seleção completa de comandos de edição. Todos eles aparecem no menu Edit. A seguir você encontra os comandos de edição fornecidos pelo Notebook, além dos comandos de movimentação padrão:

- » **Cut Cells:** Remove a célula selecionada, mas a coloca na Área de transferência para um uso posterior.
- » **Copy Cells:** Coloca uma cópia da célula selecionada na Área de transferência sem removê-la.
- » **Paste Cells Above:** Insere uma cópia da célula que aparece na Área de transferência acima da célula selecionada.
- » **Paste Cells Below:** Insere uma cópia da célula que aparece na Área de transferência abaixo da célula selecionada.
- » **Delete Cells:** Remove a célula selecionada sem criar qualquer cópia.
- » **Undo Delete Cells:** Retorna uma célula excluída ao notebook (há apenas um nível de cancelamento da exclusão, então essa tarefa deve ser feita imediatamente após tal célula ter sido apagada).

Executando células

Para ver o resultado da interpretação de uma célula, mesmo as de formatação, é necessário executá-la. A maneira mais comum de fazer isso é clicar em Run Cell na barra de ferramentas (com uma seta para a direita). No entanto, talvez você não queira executar suas células da maneira padrão. Nesse caso, há várias opções no menu Cell:

- » **Run Cells:** Executa a célula selecionada enquanto mantém a seleção atual.

- » **Run Cells and Select Below (default):** Executa a célula selecionada e seleciona a célula abaixo dela. Caso seja a última, o Notebook cria uma nova para selecionar.

- » **Run Cells and Insert Below:** Executa a célula selecionada e insere uma nova célula abaixo. É uma boa opção se você está adicionando novas células no meio de uma aplicação, pois obtém uma nova célula, não importa se é a última.

- » **Run All:** Inicia no topo e executa todas as células no notebook. Ao chegar na parte de baixo, a última célula é selecionada, sem a inserção de uma nova.

- » **Run All Above:** Começa na célula atual e executa todas as que estão acima dela, em ordem inversa. Essa opção não está disponível na maioria dos outros IDEs!

- » **Run All Below:** Começa da célula atual e executa todas as que estão abaixo dela, em ordem. Quando o Notebook chega à parte de baixo, seleciona a última célula, mas sem inserir uma nova.

Ativando saídas

Às vezes é útil ver a saída de uma célula, mas em outras ela só atrapalha. Além disso, podem surgir situações que pedem iniciar com uma saída limpa, então talvez seja importante limpar as informações antigas. O menu Cell ⇨ Current Outputs tem opções que afetam apenas a célula selecionada, enquanto o menu Cell ⇨ All Output apresenta opções que afetam todas as células no notebook. Veja a seguir as opções de controle da saída:

» **Toggle:** Ativa ou desativa a saída, com base em uma condição prévia. A saída ainda está presente em sua totalidade.

» **Toggle Scrolling:** Reduz o tamanho das saídas longas para o tamanho exato do número padrão de linhas. Dessa forma, você pode ver informações suficientes para saber como a célula funcionou, mas sem obter todos os detalhes.

» **Clear:** Remove a saída atual. Você deve executar a célula novamente para gerar uma nova saída após usar essa opção.

Alterando a Aparência do Jupyter Notebook

É possível alterar a aparência do Notebook até certo ponto. Nesse aspecto, não há tanta flexibilidade com o Notebook como você teria com outros IDEs, mas é o suficiente para deixar a interface utilizável na maioria dos casos. As várias opções disponíveis estão no menu View:

» **Toggle Header:** O cabeçalho fica no topo da exibição e contém o nome do notebook (você aprende a trocar o nome do notebook na seção "Criando um notebook novo", no Capítulo 4). Ele também fornece acesso ao painel do Notebook ao clicar em Jupyter no canto superior esquerdo, mostra o status atual de salvamento e permite que você se desconecte do Notebook ao clicar em Logout.

» **Toggle Toolbar:** A barra de ferramentas contém uma série de ícones que permitem realizar tarefas rapidamente. A lista a seguir descreve cada ícone conforme aparecem da esquerda para a direita:

- **Save and Checkpoint:** Salva o notebook atual e cria um checkpoint para ele.

- **Insert Cell Below:** Adiciona uma nova célula abaixo da selecionada.

- **Cut Selected Cells:** Remove a célula atual e a coloca na Área de transferência.

- **Copy Selected Cells:** Coloca uma cópia da célula selecionada no Clipboard, sem removê-la.

- **Paste Cells Below:** Cria uma cópia da célula na Área de transferência e a coloca abaixo da que está selecionada.

- **Move Selected Cells Up:** Move a célula selecionada uma posição para cima.

- **Move Selected Cells Down:** Move a célula selecionada uma posição para baixo.

- **Run Cell:** Interpreta o conteúdo da célula atual e seleciona a próxima. Caso seja a última, o Notebook cria uma nova abaixo dela. O Notebook não interpreta as células Raw NBConvert, então, nesse caso, nada acontece.

- **Interrupt Kernel:** Impede o kernel de completar as instruções na célula atual.

- **Restart the Kernel:** Interrompe e inicia o kernel. Todos os dados variáveis são perdidos no processo.

- **Cell Type Selection:** Seleciona um dos tipos de célula descritos na seção "Adicionando vários tipos de células", anteriormente neste capítulo.

- **Open the Command Palette:** Mostra a caixa de diálogo Command Palette, na qual você pode pesquisar um comando específico. A seção "Encontrando comandos com Command Palette", na sequência, explica esse recurso em mais detalhes.

» **Toggle Line Numbers:** Adiciona ou remove números de linha das listagens do código. A configuração não afeta outras células. A seção "Trabalhando com números de linha", na sequência, explica esse recurso em mais detalhes.

» **Cell Toolbar:** Adiciona um comando específico à barra de ferramentas da célula. Esses comandos o ajudam a interagir de modos específicos com as células individuais. A seção "Usando os recursos da Cell Toolbar", na sequência, explica esse recurso em mais detalhes.

Encontrando comandos com Command Palette

A caixa de diálogo Command Palette fornece acesso aos comandos do modo comando suportando pelo Notebook. Clique no ícone Open the Command Palette na barra de ferramentas para ver a caixa de diálogo da Figura 5-2.

Para localizar o comando necessário, apenas comece a digitar uma frase que você acha que define o comando. Por exemplo, pode digitar **cell** para localizar comandos relacionados a células. Após encontrar o comando necessário, clique nele para executá-lo.

96   PARTE 1 **Iniciando com Python**

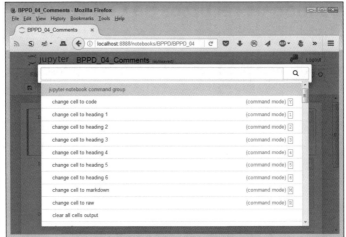

FIGURA 5-2: Use a caixa de diálogo Command Palette para localizar comandos necessários.

Trabalhando com números de linha

Às vezes é mais difícil trabalhar com listagens maiores, e quando você está colaborando com outras pessoas, pode ser útil ter uma referência. Para mostrar os números de linha, selecione View ⇨ Toggle Line Numbers. Você verá números de linha adicionados a todas células do código de entrada, como mostra a Figura 5-3. Observe que eles não aparecem na saída.

FIGURA 5-3: Os números de linha facilitam a colaboração com outras pessoas.

CAPÍTULO 5 **Trabalhando com Anaconda** 97

Usando os recursos da Cell Toolbar

Cada célula tem recursos específicos associados. Você pode adicionar um botão de célula da barra de ferramentas para tornar esses recursos acessíveis através do menu View ⇨ Cell Toolbar. A Figura 5-4 mostra como uma célula fica com o botão Edit Metadata.

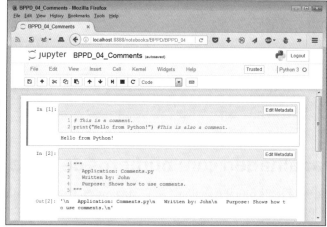

FIGURA 5-4: Use botões de célula da barra de ferramentas para modificar o conteúdo do código subjacente.

Os metadados afetam o funcionamento das células. As configurações padrão controlam se a célula é confiável e se o Notebook fará a rolagem de conteúdos longos. Algumas dessas configurações afetam apenas certos tipos de células. Por exemplo, a configuração Raw Cell Format afeta apenas as células Raw NBConvert.

É possível mostrar apenas um botão por vez da Cell Toolbar. Assim, não há como configurar as células para uma apresentação de slide enquanto ainda também adiciona tags. Você deve selecionar um recurso ou outro. Selecionar View ⇨ Cell Toolbar ⇨ None remove todos os botões da exibição. Veja as opções do menu Cell Toolbar menu:

» **None:** Remove todos os botões da Cell Toolbar do notebook.

» **Edit Metadata:** Permite a configuração da funcionalidade da célula usando metadados padrão e customizados.

» **Raw Cell Format:** Seleciona o tipo de dados que uma célula Raw NTConvert contém. As opções incluem None, LaTeX, reST, HTML, Markdown, Python e Custom.

- » **Slideshow:** Define o tipo de slide que a célula contém. As opções são Slide, Sub-slide, Fragment, Skip e Notes.

- » **Attachments:** Apresenta uma lista de anexos para a célula atual. Por exemplo, você pode adicionar imagens ou fotos para células de formatação.

DICA

- » **Tags:** Gerencia as tags associadas a cada célula. *Tag* é uma informação fornecida por você que o ajuda a entender e classificar a célula. As tags são para seu uso; elas não significam nada para o Notebook. Usadas corretamente, permitem que você interaja com as células de novas maneiras, mas use-as com consistência para permitir que funcionem adequadamente.

Interagindo com o Kernel

O *kernel* é o servidor que permite executar as células dentro do Notebook. Geralmente você vê os comandos kernel em uma janela separada de comandos ou do terminal, como a apresentada na Figura 5-5.

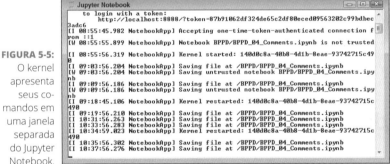

FIGURA 5-5: O kernel apresenta seus comandos em uma janela separada do Jupyter Notebook.

Cada entrada mostra o momento em que o kernel executou a tarefa, qual aplicação o comando executou, a tarefa realizada e quaisquer recursos afetados. Na maioria dos casos, você não precisa fazer nada com essa janela, mas analisá-la pode ser útil para encontrar problemas, pois geralmente verá mensagens de erro que podem ajudá-lo a resolver uma dificuldade.

Há várias maneiras de controlar o kernel. Por exemplo, salvar um arquivo gera um comando para o kernel, que realiza a tarefa para você. No entanto, também há alguns comandos específicos para o kernel no menu Kernel, que estão descritos na lista a seguir:

» **Interrupt:** Faz o kernel parar de executar a tarefa atual sem de fato fechá-lo. Você pode usar essa opção quando deseja fazer algo como interromper o processamento de um conjunto grande de dados.

» **Restart:** Interrompe o kernel e o inicia novamente. Essa opção leva à perda de todos os dados variáveis. No entanto, em alguns casos, é precisamente isso que você precisa fazer quando o ambiente fica sujo com dados antigos.

» **Restart & Clear Output:** Interrompe o kernel, o inicia novamente e limpa todas as saídas de células existentes.

» **Restart & Run All:** Interrompe o kernel, o inicia novamente, então executa todas as células, começando de cima para baixo, terminando na última. Ao chegar à parte de baixo, o Notebook seleciona a última célula sem inserir uma nova.

» **Reconnect:** Recria a conexão com o kernel. Em alguns casos, problemas de ambiente ou outro tipo podem fazer com que a aplicação perca a conexão, então essa opção é usada para restabelecê-la sem ser perder dados variáveis.

» **Shutdown:** Encerra o kernel. Você pode usar esse passo na preparação de uso de um kernel diferente.

» **Change Kernel:** Seleciona um kernel diferente da lista de kernels que você tem instalada. Por exemplo, talvez queira testar uma aplicação usando várias versões do Python e para garantir que funcione em todas elas.

Obtendo Ajuda

O sistema de ajuda no Notebook é projetado para fornecer certo nível de interatividade. Por exemplo, ao selecionar Help ⇨ User Interface Tour, um assistente de fato indica vários elementos de seu notebook atual e informa o que cada um é. Dessa forma, você vê precisamente como cada elemento é usado, de modo que isso também o ajuda em sua tarefa atual.

O comando Help ⇨ Keyboard Shortcuts apresenta uma tabela listando vários atalhos de comando. Para entrar no modo de comando, pressione Esc primeiro, depois digite o que for necessário para executar um comando. Por exemplo, Esc ⇨ F apresenta a caixa de diálogo Find and Replace. Como parte de usar atalhos no teclado, você pode selecionar Help ⇨ Edit Keyboard Shortcuts para ver a caixa de diálogo Edit Command Mode Shortcuts, mostrada na Figura 5-6. Essa caixa é usada para mudar como o Notebook reage no modo de comando.

100   PARTE 1 **Iniciando com Python**

CONSIDERANDO A ALTERNATIVA IPYTHON

Os três primeiros capítulos do livro dão insights sobre o uso da versão de comando do Python. O comando shell IPython tem uma aparência e um funcionamento muito semelhantes à linha de comando fornecida pelo Python, mas com alguns add-ons interessantes. O que mais se destaca é o uso de cores no código enquanto digita (reduzindo suas chances de cometer um erro). Por exemplo, os comandos aparecem em verde e o texto, em amarelo. A interface também destaca os parênteses correspondentes e outros elementos de bloco, para que você possa de fato ver qual elemento do bloco está encerrando.

O sistema de ajuda é outra diferença entre a linha de comando do Python e do IPython. Você terá acessos adicionais à ajuda e as informações são mais detalhadas. Um dos recursos mais interessantes nesse caso é o uso do ponto de interrogação após o nome de qualquer objeto Python. Por exemplo, se digitar **print?** e teclar Enter, terá uma breve visão geral do comando `print()`. Digite **?** e tecle Enter para ter uma visão geral da ajuda específica do IPython.

Em contraste com a linha de comando do Python, o IPython também suporta muitos recursos avançados do Notebook, como as funções mágicas, analisadas na seção "Usando Funções Mágicas" deste capítulo. Essas funções especiais permitem mudar como o IPython e o Notebook apresentam vários tipos de saída do Python, entre outras coisas. Resumindo, quando precisar usar uma linha de comando, use o IPython, em vez da linha de comando fornecida pelo Python, para ter mais funcionalidades.

O menu Help tem duas outras entradas de ajuda específicas da interface do usuário. A primeira, Notebook Help, oferece ajuda online extensiva em `http://nbviewer.jupyter.org/github/ipython/ipython/blo-b/3.x/examples/Notebook/Index.ipynb`. Esse site contém tutoriais e outras ajudas para usar o Notebook com mais eficiência. A segunda, Mark-down, o encaminha para `https://help.github.com/articles/get-ting-started-with-writing-and-formatting-on-github/`, onde você pode descobrir mais sobre como formatar o conteúdo das células de formatação.

CAPÍTULO 5 **Trabalhando com Anaconda** 101

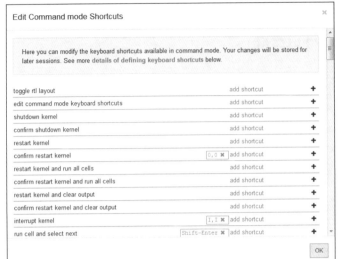

FIGURA 5-6:
Modifique os atalhos no modo de comando para atender a suas necessidades específicas.

DICA

Na parte de baixo do menu Help, há a famosa entrada About. Ela mostra uma caixa de diálogo informando tudo sobre sua instalação. Em alguns casos, essa informação é necessária para que se obtenha ajuda de outros usuários do Anaconda. As informações mais importantes são a versão do Python e do Anaconda que está sendo usada no momento.

O restante das entradas do menu Help dependerá do que você já instalou até o momento. Cada uma se refere a um recurso específico do Python (começando pela linguagem Python em si). Geralmente você vê todas as bibliotecas comuns também, como NumPy e SciPy. Todas essas entradas de ajuda são projetadas para facilitar sua obtenção de ajuda ao criar ótimos códigos.

Usando Funções Mágicas

O Notebook e seu equivalente, IPython, oferecem algumas funcionalidades especiais na forma de funções mágicas. É meio que surpreendente pensar que essas aplicações nos oferecem mágica, mas é precisamente o que obtemos com essas funções. A mágica está na saída. Por exemplo, em vez de apresentar uma saída gráfica em uma janela separada, você pode escolher apresentá-la dentro da célula, como se fosse mágica (porque as células aparentemente suportam apenas texto). Ou você pode usar a mágica para verificar a performance de sua aplicação, sem todos os códigos costumeiramente adicionais que essas verificações exigem.

Uma *função mágica* começa com um sinal % ou %%. As que têm % funcionam dentro do ambiente e as com o sinal %% funcionam no nível da célula. Por exemplo, se quiser obter uma lista de funções mágicas, digite **%lsmagic** e tecle Enter no IPython (ou execute o comando no Notebook) para vê-las, como mostra a Figura 5-7 (observe que o IPython usa os mesmos prompts de entrada [In] e saída [Out] do Notebook).

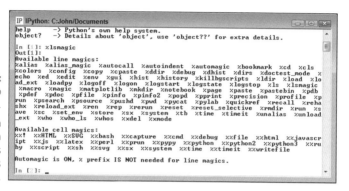

FIGURA 5-7: A função %lsmagic mostra uma lista de funções mágicas para você.

LEMBRE-SE

Nem todas as funções mágicas funcionam com o IPython. Por exemplo, a função `%autosave` não tem serventia no IPython, pois não salva nada automaticamente.

A Tabela 5-1 lista algumas das funções mágicas mais comuns e para que servem. Para obter uma lista completa, digite **%quickref** e tecle Enter no Notebook (ou no console IPython) ou confira a lista completa em https://damontallen.github.io/IPython-quick-ref-sheets/.

TABELA 5-1 Funções Mágicas Comuns do Notebook e do IPython

Função Mágica	Apenas Digitar Fornece Status?	Descrição
`%alias`	Sim	Atribui ou mostra um alias para um comando do sistema.
`%autocall`	Sim	Permite chamar funções sem incluir parênteses. As configurações são Off, Smart (padrão) e Full. A configuração Smart aplica parênteses apenas se você inclui um argumento com a chamada.
`%automagic`	Sim	Permite chamar a linha de funções mágicas sem incluir o sinal de porcentagem (%). As configurações são False (padrão) e True.
`%autosave`	Sim	Mostra ou modifica os intervalos entre os salvamentos automáticos do Notebook. A configuração padrão é a cada 120 segundos.

(continua)

(continuação)

Função Mágica	Apenas Digitar Fornece Status?	Descrição
`%cd`	Sim	Muda o diretório para um novo local de armazenamento. Você também pode usar esse comando para se mover no histórico do diretório ou mudar os diretórios para um bookmark.
`%cls`	Não	Limpa a tela.
`%colors`	Não	Especifica as cores usadas para mostrar textos associados aos prompts, ao sistema de informações e aos manipuladores de exceção. Você pode escolher NoColor (preto e branco), Linux (padrão) e LightBG.
`%config`	Sim	Permite configurar o IPython.
`%dhist`	Sim	Mostra uma lista de diretórios visitados durante a sessão atual.
`%file`	Não	Apresenta uma saída com o nome do arquivo que contém o código-fonte do objeto.
`%hist`	Sim	Apresenta uma lista de comandos de funções mágicas emitidos durante a sessão atual.
`%install_ext`	Não	Instala a extensão especificada.
`%load`	Não	Carrega o código da aplicação de outra fonte, como de um exemplo online.
`%load_ext`	Não	Carrega uma extensão Python usando seu nome de módulo.
`%lsmagic`	Sim	Mostra uma lista das funções mágicas atualmente disponíveis.
`%magic`	Sim	Apresenta uma tela de ajuda mostrando informações sobre as funções mágicas.
`%matplotlib`	Sim	Define o processador de back-end usado para plotagens. Usar o valor inline mostra a plotagem dentro da célula para um arquivo IPython Notebook. Os valores possíveis são: `'gtk'`, `'gtk3'`, `'inline'`, `'nbagg'`, `'osx'`, `'qt'`, `'qt4'`, `'qt5'`, `'tk'` e `'wx'`.

104   PARTE 1 **Iniciando com Python**

Função Mágica	Apenas Digitar Fornece Status?	Descrição
`%paste`	Não	Cola o conteúdo da Área de transferência no ambiente IPython.
`%pdef`	Não	Mostra como chamar o objeto (presumindo que possa ser chamado).
`%pdoc`	Não	Mostra a `docstring` de um objeto.
`%pinfo`	Não	Apresenta informações detalhadas sobre o objeto (geralmente mais do que as fornecidas apenas pela ajuda).
`%pinfo2`	Não	Apresenta informações extras detalhadas sobre o objeto (quando disponíveis).
`%reload_ext`	Não	Recarrega uma extensão previamente instalada.
`%source`	Não	Mostra o código-fonte do objeto (presumindo que a fonte esteja disponível).
`%timeit`	Não	Calcula o melhor tempo de performance para uma instrução.
`%%timeit`	Não	Calcula o melhor tempo de performance para todas as instruções em uma célula, exceto a que está localizada na mesma linha da célula mágica (que poderia, portante, ser uma instrução de inicialização).
`%unalias`	Não	Remove um alias previamente criado da lista.
`%unload_ext`	Não	Descarrega a extensão especificada.
`%%writefile`	Não	Grava o conteúdo de uma célula no arquivo especificado.

Vendo os Processos de Execução

A página principal do Notebook, onde você seleciona quais notebooks abrir, na verdade, tem três abas. Geralmente você interage com a aba Files. A aba Clusters não é mais usada, então não se preocupe com ela. No entanto, a aba Running, mostrada na Figura 5-8, contém informações úteis na forma de terminais e notebooks abertos.

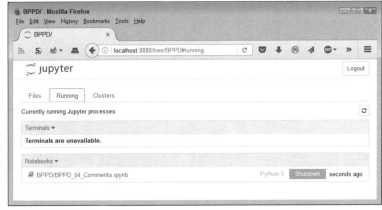

FIGURA 5-8: Veja os terminais conectados ao seu sistema e os notebooks abertos.

A participação do terminal começa apenas quando você configura seu servidor para permitir múltiplos usuários. Você não usará esse recurso neste livro, portanto, ele não será analisado. Mas é possível obter informações sobre o uso de terminais em sites como https://software.intel.com/en-us/dl-training-tool-devguide-using-jupyter-notebook-terminal-console e http://jupyter-notebook.readthedocs.io/en/latest/examples/Notebook/Connecting%20with%20the%20Qt%20Console.html.

Outro elemento na aba Running é a lista de Notebooks, mostrada na Figura 5-8. Sempre que quiser executar um novo notebook, veja sua entrada adicionada à lista. Neste exemplo, apenas um está sendo executado. Você pode ver que ele usa um kernel Python 3.

CUIDADO

Também há a opção de encerrar o notebook. Geralmente, é importante usar o comando File ⇨ Close and Halt para fazer isso, em vez de fechar dessa maneira, para evitar a perda de dados, mas essa opção pode ser útil quando o notebook, por algum motivo, não está respondendo.

106 PARTE 1 **Iniciando com Python**

Mandando Ver

2

NESTA PARTE...

Armazene e gerencie dados na memória.

Interaja com os dados e use funções.

Determine qual caminho usar.

Realize tarefas mais de uma vez.

Localize, compreenda e reaja aos erros das aplicações.

> **NESTE CAPÍTULO**
>
> » Entendendo o armazenamento de dados
>
> » Considerando os tipos de armazenamento de dados
>
> » Adicionando datas e horas às aplicações

Capítulo **6**

Armazenando e Modificando Informações

O Capítulo 3 apresentou o CRUD, Create (Criar), Read (Ler), Update (Atualizar) e Delete (Apagar) — não que esse capítulo contenha material cruddy [expressão em inglês que significa "de baixa qualidade"]. Esse acrônimo fornece um método fácil de lembrar precisamente quais tarefas todos os programas de computadores executam com as informações que você quer gerenciar. É claro, os geeks usam um termo especial para informação, ou seja, dados, mas tanto informação quanto dados dão certo neste livro.

LEMBRE-SE

No intuito de tornar uma informação útil, você tem de ter meios para armazená-la permanentemente. Caso contrário, cada vez que desligasse o computador, toda sua informação se perderia e o computador teria um valor limitado. E mais, o Python deve fornecer algumas regras para modificar as informações. Se não, teríamos aplicações rodando de forma descontrolada e trocando informações de qualquer forma possível. Este capítulo trata do controle da informação, definindo como ela é armazenada permanentemente e manipulada pelas aplicações que você criar. O código-fonte para este capítulo pode ser encontrado no arquivo BPPD_06_Storing_And_Modifying_Information.ipynb, disponível para download, como descrito na Introdução.

CAPÍTULO 6 **Armazenando e Modificando Informações**   109

Armazenando Informações

Uma aplicação requer acesso rápido à informação, caso contrário, levará muito tempo para completar as tarefas. Como consequência, as aplicações armazenam informações na memória. No entanto, a memória é temporária. Quando você desliga a máquina, a informação deve ser armazenada permanentemente de alguma forma, em seu disco rígido (HD), pen drive (USB), cartão de memória (SD) ou na internet, usando algum recurso como o Anaconda Cloud. Além disso, você também deve considerar o formato da informação, se ela é um número ou um texto. As seções a seguir discutem em detalhes o armazenamento da informação como parte de uma aplicação.

Vendo variáveis como caixas de armazenamento

Ao trabalhar com aplicações, você armazena as informações em variáveis. *Variável* é uma forma de caixa de armazenamento. Sempre que quiser trabalhar com a informação, você a acessa usando a variável. Se tiver novas informações que queira armazenar, você as colocará em uma variável. Trocar informações significa acessar a variável primeiro, então armazenar um novo valor nela. Assim como armazena coisas em caixas no mundo real, você armazenará coisas em variáveis (um tipo de caixa) ao trabalhar com aplicações.

LEMBRE-SE

Os computadores são bem organizados. Cada variável armazena só uma informação. Usar essa técnica facilita encontrar uma informação em particular de que você precisa — ao contrário do seu armário, onde artefatos do Egito antigo poderiam estar escondidos. Mesmo que os exemplos com os quais trabalhou nos capítulos anteriores não usassem variáveis, a maioria das aplicações depende muito delas para facilitar o trabalho com a informação.

Usando a caixa certa para armazenar os dados

As pessoas tendem a armazenar coisas no tipo errado de caixa. Por exemplo, você pode achar um par de sapatos em uma sacola de roupa e canetas em uma caixa de sapatos. No entanto, o Python gosta de ser organizado. Assim, você encontrará números armazenados em um tipo de variável e texto armazenado em uma variável completamente diferente. Sim, você usará variáveis em ambos os casos, mas a variável é projetada para armazenar um tipo específico de informação. Usar variáveis especializadas possibilita trabalhar com a informação contida nelas de modos específicos. Você não precisa se preocupar com os detalhes por enquanto — só tenha em mente que cada tipo de informação é armazenado em um tipo especial de variável.

PAPO DE ESPECIALISTA

O Python usa variáveis especializadas para armazenar informação e facilitar as coisas para o programador e também para se certificar de que a informação fique segura. No entanto, os computadores, na verdade, não conhecem os tipos de informação. Tudo que ele sabe são zeros e uns, que é a ausência ou a presença de uma voltagem. Em um nível mais alto, os computadores trabalham com números, mas é só isso que eles fazem. Números, letras, datas, horas e qualquer outro tipo de informação que você pense a respeito, todas se resumem a zeros e uns no sistema do computador. Por exemplo, a letra A é, de fato armazenada como 01000001, ou o número 65. O computador não tem o conceito da letra *A* ou de uma data como 31/8/2017.

Definindo Tipos de Dados Essenciais do Python

Cada linguagem de programação define variáveis que armazenam tipos específicos de informação, e o Python não é exceção. O tipo específico de variável é chamado de *tipo de dado*. Saber o tipo de dado de uma variável é importante porque mostra qual tipo de informação você encontrará. Além disso, quando quer armazenar informação em uma variável, é preciso uma variável do tipo de dados correto. O Python não permite armazenar texto em uma variável projetada para armazenar informações numéricas. Isso danificaria o texto e causaria problemas na aplicação. No geral, você pode classificar os tipos de dados do Python como numérico, string e booliano, no entanto, não existe um limite na forma como podemos vê-los. As próximas seções descrevem cada um dos tipos de dados padrões do Python, nessas classificações.

Colocando informações dentro de variáveis

Para colocar um valor em uma variável, você faz uma atribuição usando o operador de atribuição (=). O Capítulo 7 discute vários operadores básicos do Python em mais detalhes; mas você precisa saber como usar esse operador específico nesse momento. Por exemplo, para colocar o número 5 em uma variável chamada `myVar`, digita **myVar = 5** e tecla Enter no prompt do Python. Mesmo que o Python não forneça qualquer informação adicional, você pode sempre digitar o nome da variável e teclar Enter para ver o valor que ela contém, como mostra a Figura 6-1.

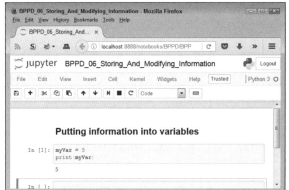

FIGURA 6-1: Use o operador de atribuição para colocar informações em uma variável.

Entendendo os tipos numéricos

Os humanos tendem a pensar sobre números em termos gerais. Nós vemos 1 e 1,0 como sendo o mesmo número — um deles simplesmente tem uma casa decimal. Até onde sabemos, os dois números são iguais e poderíamos facilmente usá-los de forma alternada. No entanto, o Python os vê como sendo diferentes tipos de números, porque cada forma requer um tipo de processamento diferente. As seções a seguir descrevem o número inteiro, o valor de ponto flutuante e números complexos de dados que o Python suporta.

Números inteiros

Qualquer número, que não tenha casas decimais, é um *inteiro*. Por exemplo, o valor 1 é um número completo, então é um inteiro. Por outro lado, 1,0 não é um número completo; tem uma parte decimal, então, não é um inteiro. Os números inteiros são representados pelo tipo de dados `int`.

LEMBRE-SE

Como as caixas de armazenamento, as variáveis têm limites de capacidade. Tentar colocar um valor que é muito grande em uma caixa de armazenamento resulta em um erro. Na maioria das plataformas, você pode armazenar números entre -9.223.372.036.854.775.808 e 9.223.372.036.854.775.807 dentro de um `int` (que é o valor máximo que cabe em uma variável de 64 bits). Embora seja realmente um número grande, não é infinito.

Ao trabalhar com o tipo `int`, você tem acesso a vários recursos interessantes. Muitos deles aparecem mais tarde neste livro, mas um recurso é a habilidade de usar diferentes bases numéricas:

» **Base 2:** Usa somente 0 e 1 como números.

» **Base 8:** Usa números de 0 a 7.

112   PARTE 2 **Mandando Ver**

» **Base 10:** Usa o sistema numérico comum.

» **Base 16:** É também chamado *hex* e usa os números 0 a 9 e letras A até F, para criar 16 valores possíveis diferentes.

Para informar ao Python quando usar bases diferentes da base 10, você adiciona um zero e uma letra especial ao número. Por exemplo, 0b100 é o valor "um zero zero" na base 2. Aqui estão as letras que você normalmente usa:

» **b:** Base 2

» **o:** Base 8

» **x:** Base 16

Também é possível converter valores numéricos em outras bases usando os comandos bin(), oct() e hex(). Então, agrupando tudo, você pode ver como converter entre as bases usando os comandos mostrados na Figura 6-2. Tente realizar o comando mostrado na figura para ver como as várias bases funcionam. Na realidade, em várias situações, usar uma base diferente facilita as coisas e você encontrará essas situações mais tarde neste livro. Por enquanto, tudo de que realmente precisa é saber que os números inteiros suportam diferentes bases numéricas.

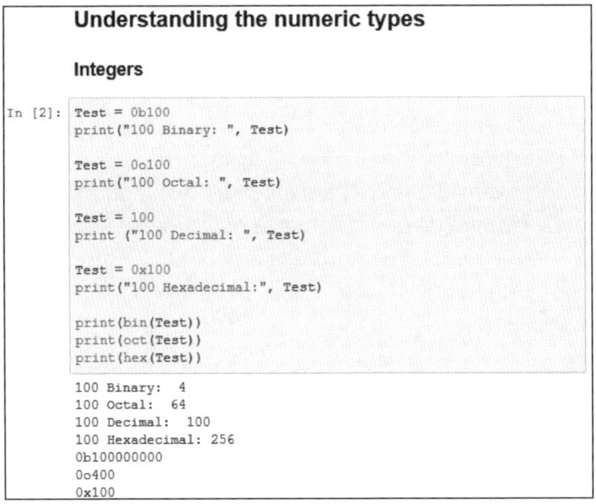

FIGURA 6-2: Números inteiros têm muitos recursos interessantes, incluindo a capacidade de usar diferentes bases numéricas.

CAPÍTULO 6 **Armazenando e Modificando Informações** 113

ENTENDENDO A NECESSIDADE DE MÚLTIPLOS TIPOS NUMÉRICOS

Muitos dos novos desenvolvedores (e também alguns mais velhos) têm dificuldade em entender por que existe a necessidade de mais de um tipo numérico. Afinal, as pessoas podem usar só um tipo de número. Para entender a necessidade de múltiplos tipos numéricos, você tem de entender um pouco sobre como os computadores trabalham com números.

Um número inteiro é armazenado em um computador simplesmente como uma série de bits que ele lê diretamente. Um valor 0100 em binário equivale ao 4 em decimal. Por outro lado, números que têm casas decimais são armazenados de forma totalmente diferente. Lembra-se daquelas aulas sobre expoentes nas quais você dormiu? Pois então, elas são úteis algumas vezes. Um número de ponto flutuante é armazenado como um sinal de bit (mais ou menos), *mantissa* (a parte fracionária do número) e *expoente* (a potência de 2). (Alguns textos usam o termo *significando* no lugar de mantissa — os termos podem ser trocados.) Para obter o valor de ponto flutuante, use a equação:

```
Value = Mantissa * 2^Exponent
```

Houve um tempo em que todos os computadores usavam representações diferentes do ponto flutuante, mas agora todos usam o padrão IEEE-754. Você pode ler mais sobre esse padrão em `http://grouper.ieee.org/groups/754/` [todos com conteúdo em inglês neste capítulo]. A explicação completa de como os números de ponto flutuante funcionam está fora do escopo deste livro, mas você pode ler uma descrição bem fácil de entender em `http://www.cprogramming.com/tutorial/floating_point/understanding_floating_point_representation.html`. Nada melhor que brincar com os valores para entender os conceitos. É possível achar um conversor de número de ponto flutuante muito interessante em `http://www.h-schmidt.net/FloatConverter/IEEE754.html`, onde você pode clicar nos bits individuais (para desligá-los ou ligá-los) e ver os números de ponto flutuantes resultantes.

Como deve imaginar, os números de ponto flutuante tendem a consumir mais espaço em memória devido à sua complexidade. Além disso, eles usam uma área muito diferente do processador, uma parte que funciona mais lentamente do que a parte usada com números inteiros da matemática. Por fim, os números inteiros são precisos se comparados com os números de ponto flutuante, que não podem representar alguns números com precisão, então obtêm apenas uma aproximação. No entanto, as variáveis de pontos flutuante podem armazenar números muito maiores. A conclusão é que os decimais são inevitáveis no mundo real, então você precisa de números de ponto flutuante, mas usar números inteiros, quando puder, reduz a quantidade de memória que sua aplicação consome e faz com que ela funcione mais rápido. Existem alguns conflitos em sistemas de computação que são inevitáveis.

Valores de ponto flutuante

Qualquer número que inclui uma porção decimal é um valor de ponto flutuante. Por exemplo, 1,0 tem uma parte decimal, então é um valor de ponto flutuante. Muitas pessoas ficam confusas sobre números inteiros e números de ponto flutuante, mas a diferença é fácil de lembrar: caso veja um decimal em um número, então é um valor de ponto flutuante. O Python armazena valores de ponto flutuante no tipo de dados `float`.

LEMBRE-SE

Os valores de ponto flutuante têm uma vantagem sobre os inteiros, pois você pode armazenar valores imensamente grandes ou incrivelmente pequenos neles. Como as variáveis de números inteiros, as variáveis de ponto flutuante têm uma capacidade de armazenamento. Nesse caso, o valor máximo que uma variável pode conter é ±1,7976931348623157 × 10^{308} e o valor mínimo que a variável pode conter é ±2,2250738585072014 × 10^{-308} na maioria das plataformas.

Ao trabalhar com valores de ponto flutuante, você pode atribuir a informação à variável de diversas formas. Os dois métodos mais comuns são fornecer o número diretamente e usar a notação científica. Ao usar notação científica, a letra e separa o número do seu expoente. A Figura 6-3 mostra as duas maneiras de fazer uma atribuição. Observe que usar um expoente negativo resulta em um valor fracionário.

FIGURA 6-3:
Os valores de ponto flutuante fornecem múltiplas técnicas de atribuições.

```
Floating-point values
In [3]:  Test = 255.0
         print("Direct Assignment: ", Test)

         Test = 2.55e2
         print("Scientific Notation: ", Test)

         Test = 2.55e-2
         print("Negative Exponent: ", Test)
         Direct Assignment:    255.0
         Scientific Notation:  255.0
         Negative Exponent:    0.0255
```

CAPÍTULO 6 **Armazenando e Modificando Informações** 115

DETERMINANDO O TIPO DE UMA VARIÁVEL

Algumas vezes você pode querer saber qual é o tipo da variável. Talvez o tipo não esteja óbvio a partir do código ou você recebeu a informação de uma fonte cujo código não está acessível. Sempre que quiser ver o tipo de uma variável, use o método `type()`. Por exemplo, se começar colocando um valor 5 em `myInt` digitando **myInt = 5** e teclando Enter, poderá achar o tipo de `myInt` ao digitar **type(myInt)** e teclar Enter. A saída será `<class 'int'>`, que significa que `myInt` contém um valor `int`.

Números complexos

Você pode ou não se lembrar dos números complexos da escola. Um *número complexo* consiste em um número real e um imaginário que são agrupados. Caso tenha se esquecido completamente, você pode ler sobre eles em `http://www.mathsisfun.com/numbers/complex-numbers.html`. Os usos de números complexos, no mundo real, incluem:

» Engenharia elétrica

» Dinâmica dos fluidos

» Mecânica quântica

» Computação gráfica

» Sistemas dinâmicos

Os números complexos têm outros usos também, mas essa lista deve lhe dar algumas ideias. Em geral, se não lida com uma dessas disciplinas, você provavelmente nunca encontrará números complexos. No entanto, o Python é uma das poucas linguagens que fornecem tipos de dados predefinidos para suportá-los. À medida que avançar no livro, você verá outros modos de como o Python se aplica especialmente bem na ciência e na engenharia.

A parte imaginária de um número complexo sempre aparece com um *j* depois. Então, se quiser criar um número complexo com 3 sendo a parte real e 4 a parte imaginária, você faz a atribuição desta forma:

```
myComplex = 3 + 4j
```

Se quiser ver a parte real da variável, basta digitar **myComplex.real** no prompt do Python e teclar Enter. Do mesmo modo, se quiser ver a parte imaginária, digite **myComplex.imag** no prompt do Python e tecle Enter.

Entendendo os valores boolianos

Pode parecer incrível, mas os computadores sempre dão uma resposta direta! Ele nunca fornecerá uma saída como "talvez". A resposta que você recebe é `True` ou `False`. Na verdade, há uma ramificação na matemática chamada álgebra booliana que foi inicialmente definida por George Boole (um supernerd em sua época) e que os computadores usam para tomar decisões. Ao contrário da crença comum, a álgebra booliana existe desde 1854; bem antes dos computadores.

Ao usar o valor booliano no Python, você utiliza o tipo `bool`. Uma variável desse tipo pode conter somente dois valores: `True` ou `False`. Você pode atribuir um valor usando as palavras-chave `True` ou `False` ou criar uma expressão que defina uma ideia lógica que se iguale a verdadeiro ou falso. Por exemplo, pode dizer que `myBool = 1 > 2`, que seria igual a `False` porque 1 definitivamente não é maior que 2. Você verá o tipo `bool` usado amplamente no livro, então não se preocupe em entender esse conceito agora.

Entendendo strings

De todos os tipos de dados, as strings são as mais facilmente entendidas pelos humanos e não entendidas completamente pelos computadores. Se leu os capítulos anteriores deste livro, você já viu algumas strings usadas. Por exemplo, todo o código de exemplo no Capítulo 4 se baseia em strings. *String* é simplesmente qualquer agrupamento de caracteres que você coloca entre aspas duplas. Por exemplo, `myString = "Python is a great language."` atribui uma string de caracteres a `myString`.

O computador não vê letras. Cada letra que você usa é representada por um número na memória. Por exemplo, a letra *A* é, na verdade, o número 65. Para ver por si mesmo, digite **print(ord("A"))** no prompt do Python e pressione Enter. Você verá 65 como saída. É possível converter qualquer letra em seu equivalente numérico usando o comando `ord()`.

Como o computador realmente não entende as strings e elas são muito úteis ao escrever aplicações, algumas vezes você precisará converter uma string em um número. Você pode usar os comandos `int()` e `float()` para fazer essa conversão. Por exemplo, se digitar **myInt = int("123")** e teclar Enter no prompt do Python, criará um `int` chamado `myInt`, que contém o valor `123`. A Figura 6-4 mostra como executar essa tarefa e validar o conteúdo e o tipo de `myInt`.

FIGURA 6-4:
Converter uma string em um número é fácil usando os comandos `int()` e `float()`.

```
Understanding strings
In [6]:  print(ord("A"))

         myInt = int("123")
         print(myInt)

         print(type(myInt))
         65
         123
         <class 'int'>
```

Também pode converter números em uma string usando o comando `str()`. Por exemplo, se digitar **myStr = str(1234.56)** e teclar Enter, criará uma string contendo o valor `"1234.56"` e a atribuirá a `myStr`. A Figura 6-5 mostra esse tipo de conversão e o teste que pode ser feito. A questão é que você pode alternar entre strings e números com grande facilidade. Os capítulos posteriores demonstrarão como essas conversões podem executar muitas tarefas aparentemente impossíveis.

FIGURA 6-5:
Também é possível converter números em strings.

```
In [7]:  myStr = str(1234.56)
         print(myStr)
         print(type(myStr))
         1234.56
         <class 'str'>
```

Trabalhando com Datas e Horas

Datas e horas são itens com os quais a maioria das pessoas trabalha bastante. A sociedade baseia quase tudo na hora e na data em que uma tarefa deve ser ou foi completada. Marcamos compromissos e planejamos eventos com datas e horas específicas. A maior parte do nosso dia gira em torno do relógio. Por causa da natureza orientada pelo tempo do homem, é uma boa ideia ver como o Python lida com a interação de datas e horas (sobretudo ao armazenar esses valores para um uso posterior). E como vimos antes, os computadores entendem somente números; a data e a hora realmente não existem para eles.

LEMBRE-SE

Para trabalhar com datas e horas, você precisa executar uma tarefa especial no Python. Ao escrever livros de computação, questões filosóficas sempre surgem, e esta é uma delas. Para usar datas e horas, você deve utilizar um comando especial: `import datetime`. Tecnicamente, isso chamado de *importar um módulo*, e você aprenderá mais sobre ele no Capítulo 10. Não se preocupe sobre como o comando funciona no momento, apenas o utilize quando precisar usar data e hora.

Os computadores têm relógios internos, mas esses relógios são para os humanos que usam os computadores. Alguns programas também usam um relógio, mas, novamente, a ênfase está na necessidade humana, não em algo de que o computador precise. Para ver a hora atual, você pode simplesmente digitar **datetime.datetime.now()** e teclar Enter. Verá a informação de data e hora completa, como exibida no relógio do computador (veja a Figura 6-6).

FIGURA 6-6:
Obtenha a data e a hora atuais usando o comando `now()`.

Você pode ter notado que a data e a hora são um pouco difíceis de ler no formato existente. Vamos supor que queira somente a data atual em formato legível. É hora de combinar algumas coisas que aprendeu nas seções anteriores para realizar essa tarefa. Digite **str(datetime.datetime.now().date())** e pressione Enter. A Figura 6-7 mostra que, agora, você tem um dado mais útil.

FIGURA 6-7:
Torne a data e a hora mais legíveis usando o comando `str()`.

Curiosamente, o Python tem também o comando `time()`, que você pode usar para obter a hora atual. Você pode obter valores separados para cada um dos componentes de data e hora usando os valores `day`, `month`, `year`, `hour`, `minute`, `second` e `microsecond`. Os capítulos posteriores o ajudarão a entender como usar as várias modalidades de data e hora para manter os usuários da aplicação informados sobre a data e a hora atuais em seu sistema.

120   PARTE 2 **Mandando Ver**

NESTE CAPÍTULO

» Entendendo a visão do Python sobre dados

» Usando operadores para atribuir, modificar e comparar dados

» Organizando o código com funções

» Interagindo com o usuário

Capítulo **7**

Gerenciando Informações

Mesmo que use o termo *informação* ou *dado* para se referir ao conteúdo que as aplicações gerenciam, o fato é que você deve fornecer meios de trabalhar com isso, caso contrário, sua aplicação não terá um propósito. Ao longo do restante do livro, você verá os termos *informação* e *dado* sendo usados com o mesmo significado e em situações do mundo real, encontrará ambos, então se acostumar aos dois é uma boa ideia. Não importa qual termo use, você precisa de alguns meios para atribuir os dados às variáveis, modificar o conteúdo delas para alcançar objetivos específicos e comparar o resultado recebido com os resultados desejados. Este capítulo aborda todos esses três recursos para que possa iniciar o controle de dados em suas aplicações.

Também é essencial começar a trabalhar com métodos para deixar seu código compreensível. Sim, é possível escrever sua aplicação como um longo procedimento, mas tentar entender esse procedimento é incrivelmente difícil, e você perceberia a repetição de alguns passos, porque eles precisam ser executados mais de uma vez. As funções são uma forma de juntar o código para facilitar o entendimento e as reutilizações, quando necessário.

As aplicações também precisam interagir com o usuário. Sim, existem algumas aplicações perfeitamente utilizáveis que realmente não interagem com o usuário, mas são muito raras e, em sua maioria, não fazem muita coisa. A fim de fornecer um serviço útil, a maioria das aplicações interage com o usuário para descobrir como ele gostaria de gerenciar os dados. Você terá uma visão geral desse processo neste capítulo. É claro que voltará ao tópico de interação do usuário com frequência ao longo do livro, porque é importante.

Controlando como o Python Vê os Dados

Como vimos no Capítulo 6, todos os dados em seu computador são armazenados como zeros e uns. Ele não entende o conceito de letras, valores boolianos, datas, horas ou qualquer outro tipo de informação, exceto números. Além disso, a capacidade do computador de trabalhar com números é inflexível e relativamente simplista. Ao trabalhar com uma string no Python, é necessário que ele traduza o conceito de uma string de forma que o computador possa entender. Os contêineres de armazenamento que sua aplicação cria e usa em formato de variáveis dizem ao Python como tratar os zeros e uns que o computador armazenou. Então, é importante entender que a forma como o Python vê os dados não é a mesma que você vê, nem a mesma que o computador vê — o Python age como um intermediário para tornar suas aplicações funcionais.

LEMBRE-SE

Para gerenciar os dados em uma aplicação, ela deve controlar a forma como o Python os vê. O uso de operadores, métodos de empacotamento, como as funções, e a introdução da entrada do usuário ajudam a aplicação a controlar os dados. Todas essas técnicas baseiam-se, em parte, em fazer comparações. Determinar o que fazer depois significa entender em qual estado os dados estão no momento, se comparados com outros estados. Se a variável contém o nome John agora, mas você realmente quer que ela contenha Mary, então precisa saber se, de fato, ela contém John. Só depois pode tomar a decisão de mudar o conteúdo da variável para Mary.

Fazendo comparações

O principal método do Python para fazer comparações é usando operadores. Na verdade, os operadores fazem a maior parte do trabalho na manipulação de dados. A seção adiante, "Trabalhando com Operadores", explica como os operadores funcionam e como você pode usá-los em aplicações para controlar dados de várias formas. Os capítulos posteriores usarão muito os operadores à medida que você descobre técnicas para criar aplicações que tomam decisões, executa tarefas repetitivamente e interage com o usuário de maneira interessante. No entanto, a ideia básica dos operadores é ajudar as aplicações a executar várias comparações.

Em alguns casos, você usa alguns métodos complexos para executar comparações em uma aplicação. Por exemplo, é possível comparar a saída de duas funções (como descrito na seção "Comparando a saída da função", mais à frente neste capítulo). Com o Python, você pode executar comparações em vários níveis, de modo a gerenciar dados sem causar problemas na aplicação. O uso dessas técnicas faz com que os detalhes fiquem ocultos, para que você possa focar a comparação e decidir como reagir a ela, em vez de ficar preso ao detalhe. Sua escolha de técnicas para efetuar comparações afeta a maneira como o Python vê os dados e determina o que você pode fazer para gerenciá-los depois que a comparação é feita. Toda essa funcionalidade pode parecer absurdamente complexa no momento, mas o importante a lembrar é que as aplicações pedem comparações a fim de interagir corretamente com os dados.

Entendendo como os computadores fazem comparações

Os computadores não entendem o empacotamento, como funções, nem nenhuma outra estrutura que você cria com o Python. Todo esse empacotamento é para o seu benefício, não para os computadores. No entanto, os computadores dão suporte direto ao conceito de operadores. A maioria dos operadores do Python tem uma ligação direta com o comando que o computador entende. Por exemplo, quando você pergunta se um número é maior que outro, o computador pode executar essa computação diretamente usando um operador (a seção a seguir explica os operadores em detalhes).

LEMBRE-SE

Algumas comparações não são diretas. Os computadores trabalham somente com números. Então, quando você pede ao Python para comparar duas strings, o que ele faz, na verdade, é comparar o valor numérico de cada caractere na string. Por exemplo, a letra *A* é o número 65 no computador. A letra *a* em caixa-baixa tem um valor numérico diferente, 97. Portanto, mesmo que você veja ABC como sendo igual a abc, o computador não concorda — ele as vê diferente, porque os valores numéricos das letras, individualmente, são diferentes.

Trabalhando com Operadores

Operadores são a base para o controle e o gerenciamento de dados nas aplicações. Você usa operadores para definir como uma parte do dado é comparada à outra e modificar a informação em uma variável única. Na verdade, os operadores são essenciais para executar qualquer tipo de tarefa relacionada à matemática e atribuir dados a variáveis em um primeiro momento.

LEMBRE-SE

Ao usar um operador, você deve fornecer uma variável ou uma expressão. Você já sabe que a variável é um tipo de caixa de armazenamento usada para guardar dados. *Expressão* é uma equação ou uma fórmula que fornece uma descrição do conceito matemático. Na maioria dos casos, o resultado da avaliação de uma expressão é um valor booliano (True ou False). As seções a seguir descrevem os operadores em detalhes, porque você os usará no restante do livro.

ENTENDENDO O OPERADOR TERNÁRIO DO PYTHON

Um operador ternário requer três elementos. O Python suporta apenas um operador desse tipo, e ele é usado para determinar o valor True de uma expressão. Esse operador tem a seguinte forma (aparentemente, ele não tem um nome, mas você pode chamá-lo de if... else, caso deseje):

```
TrueValue if Expression else FalseValue
```

Quando `Expression` é true, o operador gera a saída `TrueValue`. Quando a expressão é false, ele gera a saída `FalseValue`. Por exemplo, se você digita

```
"Hello" if True else "Goodbye"
```

o operador exibe como saída a resposta `'Hello'`. No entanto, se digita

```
"Hello" if False else "Goodbye"
```

o operador gera como saída a resposta `'Goodbye'`. É um operador prático para quando você precisa tomar uma decisão rápida e não quer escrever muito código.

Uma das vantagens de usar o Python é que ele normalmente tem mais de uma forma para executar tarefas. Há uma forma alternativa desse operador ternário — um atalho ainda mais curto. Ele tem a seguinte forma:

```
(FalseValue, TrueValue)[Expression]
```

Como antes, quando `Expression` é True, o operador gera a saída `TrueValue`; caso contrário, gera a saída `FalseValue`. Observe que os elementos `TrueValue` e `FalseValue` são inversos nesse caso. Um exemplo dessa versão é

```
("Hello", "Goodbye")[True]
```

Nesse caso, a saída do operador é `'Goodbye'`, porque é o valor na posição `True Value`. Das duas formas, a primeira é um pouco mais clara e a segunda é mais curta.

Definindo os operadores

Um *operador* aceita uma ou mais entradas na forma de variáveis ou expressões, executa uma tarefa (como comparação ou adição) e fornece uma saída consistente para essa tarefa. Eles são classificados em parte por seus efeitos e em parte pelos números de elementos que exigem. Por exemplo, um operador unário trabalha com uma variável ou uma expressão. Um operador binário requer duas.

LEMBRE-SE

Os elementos fornecidos como entrada a um operador são chamados *operandos*. O operando do lado esquerdo do operador é chamado de operando esquerdo e o do lado direito, de operando direito. A lista a seguir mostra as categorias dos operadores usadas no Python:

- » Unário
- » Aritmético
- » Comparação
- » Lógico
- » Bitwise
- » Atribuição
- » Associação
- » Identidade

Cada uma dessas categorias executa uma tarefa específica. Por exemplo, os operadores aritméticos executam tarefas baseadas em matemática, enquanto os operadores relacionais executam comparações. As próximas seções descrevem os operadores baseados na categoria em que aparecem.

Unário

Operadores unários precisam de uma variável ou uma expressão como entrada. Você frequentemente usa esses operadores como parte do processo de tomada de decisão. Por exemplo, talvez queira encontrar alguma coisa que não seja parecida com outra. A Tabela 7-1 mostra os operadores unários.

TABELA 7-1   Operadores Unários do Python

Operador	Descrição	Exemplo
~	Inverte os bits em um número, fazendo com que todos os bits 0 se tornem 1 e vice-versa.	~4 resulta em um valor –5
–	Nega o valor original, fazendo com que positivo se torne negativo e vice-versa.	–(–4) resulta em 4 e –4 resulta em –4
+	É fornecido puramente por uma questão de completude. Esse operador retorna o mesmo valor que você insere como entrada.	+4 resulta em um valor 4

CAPÍTULO 7 **Gerenciando Informações**   125

Aritmético

Os computadores são conhecidos por suas capacidades de executar cálculos matemáticos complexos. No entanto, as tarefas complexas por eles executadas são frequentemente baseadas em tarefas matemáticas muito mais simples, como adição. O Python fornece acesso às bibliotecas que ajudam a executar tarefas matemáticas complexas, mas você sempre pode criar as suas próprias bibliotecas de funções matemáticas usando operadores simples, como na Tabela 7-2.

TABELA 7-2 **Operadores Aritméticos do Python**

Operador	Descrição	Exemplo
+	Soma dois valores.	5 + 2 = 7
–	Subtrai o operando da direita do operando da esquerda.	5 – 2 = 3
*	Multiplica o operando da direita pelo operando da esquerda.	5 * 2 = 10
/	Divide o operando da esquerda pelo operando da direita.	5 / 2 = 2,5
%	Divide o operando da esquerda pelo operando da direita e retorna o resto.	5 % 2 = 1
**	Calcula o valor exponencial do operando da direita pelo operando da esquerda.	5 ** 2 = 25
//	Executa a divisão inteira, na qual o operando da esquerda é dividido pelo operando da direita, e somente o número inteiro é retornado (também chamado de floor division).	5 // 2 = 2

Comparação

Os operadores de comparação, ou relacionais, comparam um valor a outro e informam se a relação que você forneceu é verdadeira. Por exemplo, 1 é menor que 2, mas 1 nunca é maior que 2. Frequentemente o valor das relações é usado para tomar decisões em suas aplicações, assegurando a condição de executar uma tarefa específica. A Tabela 7-3 descreve os operadores relacionais.

TABELA 7-3 **Operadores de Comparação do Python**

Operador	Descrição	Exemplo
==	Determina se dois valores são iguais. Observe que o operador de comparação usa dois sinais de igual. Um erro que muitos desenvolvedores cometem é usar somente um sinal de igual, o que resulta em um valor sendo atribuído a outro.	1 == 2 é False

Operador	Descrição	Exemplo
!=	Determina se dois valores não são iguais. Algumas versões mais antigas do Python permitiam usar o operador <> no lugar do operador !=. Usar o operador <> resulta em um erro nas versões atuais do Python.	1 != 2 é True
>	Verifica se o valor do operando esquerdo é maior que o valor do operando direito.	1 > 2 é False
<	Verifica se o valor do operando esquerdo é menor que o valor do operando direito.	1 < 2 é True
>=	Verifica se o valor do operando esquerdo é maior ou igual ao valor do operando direito.	1 >= 2 é False
<=	Verifica se o valor do operando esquerdo é menor ou igual ao valor do operando direito.	1 <= 2 é True

Lógico

Os operadores lógicos combinam os valores Verdadeiro (True) ou Falso (False) das variáveis ou das expressões para que você possa determinar seus valores True resultantes. Você usa operadores lógicos para criar expressões boolianas que ajudam a determinar quais tarefas executar. A Tabela 7-4 descreve os operadores lógicos.

TABELA 7-4   ## Operadores Lógicos do Python

Operador	Descrição	Exemplo
and (e)	Determina se ambos os operandos são True.	True and True é True
		True and False é False
		False and True é False
		False and False é False
or (ou)	Determina quando um dos dois operadores é True.	True or True é True
		True or False é True
		False or True é True
		False or False é False
not (não)	Nega o valor True de um único operando. Um valor True se torna False e um valor False se torna True.	not True é False
		not False é True

CAPÍTULO 7 **Gerenciando Informações**   127

Bitwise

Os operadores bitwise (bit a bit) interagem com os bits individuais em um número. Por exemplo, o número 6 é, na verdade, 0b0110, em binário.

DICA

Se seu conhecimento de binários estiver um pouco enferrujado, você pode usar o prático Conversor Binário para Decimal para Hexadecimal disponível em `http://www.mathsisfun.com/binary-decimal-hexadecimal--converter.html` [conteúdo em inglês]. Você precisa habilitar o JavaScript para o site funcionar.

Um operador bitwise interagirá com cada bit do número de forma específica. Ao trabalhar com um operador bitwise lógico, um valor 0 conta como False e um valor de 1 conta como True. A Tabela 7-5 descreve os operadores bitwise.

TABELA 7-5 Operadores Bitwise do Python

Operador	Descrição	Exemplo
`& (e)`	Determina se os bits individuais, nos dois operadores, são True e define o bit resultante para True quando eles são.	0b1100 & 0b0110 = 0b0100
`| (ou)`	Determina se um dos bits individuais, nos dois operadores, é True e define o bit resultante para True, quando um deles é.	0b1100	0b0110 = 0b1110
`^ (ou exclusivo)`	Determina se somente um dos bits individuais, nos dois operadores, é True e define o bit resultante para True, quando um é. Quando os dois bits são True, ou ambos Falses, o resultado é False.	0b1100 ^ 0b0110 = 0b1010
`~ (complemento bit a bit)`	Calcula o valor de complemento de um número.	~0b1100 = -0b1101 ~0b0110 = -0b0111
`<< (desloca bits à esquerda)`	Desloca os bits no operando esquerdo pelo valor do operando direito. Todos os bits novos são definidos para 0 e todos os bits que sobram são perdidos.	0b00110011 << 2 = 0b11001100
`>> (desloca bits à direita)`	Desloca os bits do operando direito pelo valor do operando esquerdo. Todos os bits novos são definidos para 0 e todos os bits que sobram são perdidos.	0b00110011 >> 2 = 0b00001100

Atribuição

Os operadores de atribuição colocam dados em variáveis. O operador de atribuição simples aparece nos capítulos anteriores deste livro, mas o Python oferece vários outros operadores de atribuição que você pode usar. Esses outros podem executar tarefas matemáticas durante o processo, o que possibilita combinar uma atribuição com uma operação matemática. A Tabela 7-6 descreve os operadores de atribuição. Para essa tabela, especificamente, o valor inicial de MyVar na coluna Exemplo é 5.

TABELA 7-6 Operadores de Atribuição do Python

Operador	Descrição	Exemplo
=	Atribui o valor encontrado no operando da direita ao operando da esquerda.	MyVar = 5 resulta em MyVar contendo 5
+=	Adiciona o valor encontrado no operando da direita ao valor encontrado no operando da esquerda e coloca o resultado no operando da esquerda.	MyVar += 2 resulta em MyVar contendo 7
-=	Subtrai o valor encontrado no operando da direita do valor encontrado no operando da esquerda e coloca o resultado no operando da esquerda.	MyVar -= 2 resulta em MyVar contendo 3
*=	Multiplica o valor encontrado no operando da direita pelo valor encontrado no operando da esquerda e coloca o resultado no operando da esquerda.	MyVar *= 2 resulta em MyVar contendo 10
/=	Divide o valor encontrado no operando da esquerda pelo valor encontrado no operando da direita e coloca o resultado no operando da esquerda.	MyVar /= 2 resulta em MyVar contendo 2,5
%=	Divide o valor encontrado no operando da esquerda pelo valor encontrado no operando da direita e coloca o resto no operando da esquerda.	MyVar %= 2 resulta em MyVar contendo 1
**=	Determina o valor exponencial encontrado no operando da esquerda quando elevado à potência do valor encontrado no operando da direita e coloca o resultado no operando da esquerda.	MyVar **= 2 resulta em MyVar contendo 25
//=	Divide o valor encontrado no operando da esquerda pelo valor encontrado no operando da direita e coloca o número inteiro resultante no operando da esquerda.	MyVar //= 2 resulta em MyVar contendo 2

CAPÍTULO 7 **Gerenciando Informações** 129

Associação

Os operadores de associação detectam o surgimento de um valor dentro de uma lista ou uma sequência e geram como saída o valor True daquele surgimento. Pense sobre os operadores de associação como se você fosse uma rotina de pesquisa em um banco de dados. Você insere um valor que acha que deveria aparecer em um banco de dados e a rotina de pesquisa o encontra para você ou relata que o valor não existe no banco de dados. A Tabela 7-7 descreve os operadores de associação.

TABELA 7-7   Operadores de Associação do Python

Operador	Descrição	Exemplo
In	Determina se o valor no operando da esquerda aparece na sequência encontrada no operando da direita.	"Hello" in "Hello Goodbye" é True
not in	Determina se o valor no operando da esquerda está faltando na sequência encontrada no operando da direita.	"Hello" not in "Hello Goodbye" é False

Identidade

Os operadores de identidade determinam se o valor ou a expressão pertence a certa classe ou tipo. Você usa operadores de identidade para garantir que está realmente trabalhando com o tipo de informação que acha que está. Usar operadores de identidade pode ajudar a evitar erros em sua aplicação ou determinar o tipo de processamento que o valor requer. A Tabela 7-8 descreve os operadores de identidade.

TABELA 7-8   Operadores de Identidade do Python

Operador	Descrição	Exemplo
Is	Avalia como True quando o tipo do valor ou da expressão no operando da direita aponta para o mesmo tipo no operando da esquerda.	type(2) is int é True
is not	Avalia como True quando o tipo do valor ou da expressão no operando da direita aponta para um tipo diferente do valor ou da expressão no operando da esquerda.	type(2) is not int é False

130   PARTE 2 **Mandando Ver**

Entendendo a precedência do operador

Ao criar afirmações simples que contenham somente um operador, a ordem para determinar a saída daquele operador é simples. No entanto, quando você começa a trabalhar com múltiplos operadores, é necessário determinar qual operador será avaliado primeiro. Por exemplo, é importante saber se 1 + 2 * 3 resulta em 7 (quando a multiplicação é feita primeiro) ou 9 (quando a adição é feita primeiro). A ordem de precedência do operador lhe informa que a resposta é 7, a não ser que você use parênteses para anular a ordem padrão. Nesse caso, (1 + 2) * 3 resultará em 9, porque os parênteses têm ordem de precedência maior que a multiplicação. A Tabela 7-9 define a ordem de precedência dos operadores do Python.

TABELA 7-9 Precedência dos Operadores do Python

Operador	Descrição
()	Os parênteses são usados para agrupar expressões e anular a precedência padrão para que você force uma operação de precedência menor (como adição) antes de uma operação de precedência maior (como multiplicação).
**	A exponenciação eleva o valor do operando da esquerda à potência do operando da direita.
~ + -	Os operadores unários interagem com uma variável ou uma expressão.
* / % //	Multiplicação, divisão, módulo e divisão inteira.
+ -	Adição e subtração
>> <<	Deslocamento bitwise à esquerda e à direita.
&	E bitwise.
^ |	OU exclusivo Bitwise e OU padrão.
<= < > >=	Operadores de comparação.
== !=	Operadores de igualdade.
= %= /= //= -= += *= **=	Operadores de atribuição.
Is is not	Operadores de identidade.
In not in	Operadores de associação.
not or and	Operadores lógicos.

Criando e Usando Funções

Para gerenciar as informações corretamente, você precisa organizar as ferramentas usadas para executar as tarefas exigidas. Cada linha de código criada executa uma tarefa específica e você combina essas linhas de código para obter um resultado desejado. Algumas vezes, é necessário repetir instruções com dados diferentes, em outras, seu código fica tão grande, que é difícil de rastrear qual parte faz o quê. As funções servem como ferramentas de organização que mantêm seu código arrumado. Além disso, elas facilitam a reutilização de instruções que você criou conforme a necessidade com dados diferentes. Esta seção do capítulo conta tudo sobre funções. Mais importante, nela você começa para valer a criação de sua primeira aplicação, como um desenvolvedor profissional faria.

Visualizando funções como pacotes de código

Você vai ao seu armário, abre a porta e tudo cai. Na verdade, é uma avalanche, e tem sorte de ter sobrevivido. Aquela bola de boliche na prateleira de cima poderia ter feito um estrago grande. No entanto, você tem caixas de armazenamento e logo tudo estará organizado no armário. Os sapatos vão em uma caixa, jogos, em outra, cartões e cartas antigas, em outra caixa. Depois que acabar, você pode encontrar qualquer coisa que quiser no armário, sem medo de se machucar. As funções são assim — elas pegam um código bagunçado e o colocam em pacotes que facilitam ver o que você tem e entender como funciona.

LEMBRE-SE

Há inúmeros comentários sobre o que são funções e o porquê de elas serem necessárias, mas quando todos são agrupados, se resumem a uma única ideia: as funções fornecem um tipo de empacotamento de código para ficar mais fácil achá-lo e acessá-lo. Se você pensar em funções como organizadores, verá que trabalhar com elas ficará muito mais fácil. Por exemplo, você pode evitar problemas que muitos desenvolvedores têm ao colocar itens errados em uma função. Todas as suas funções terão um propósito único, como aquelas caixas de armazenamento no armário.

Entendendo a reutilização de códigos

Você vai ao seu armário, pega calça e camisa novas, remove as etiquetas e veste. No final do dia, tira tudo e joga no lixo. Hmmm... Não é isso o que a maioria das pessoas faz. A maioria tira as roupas, as lavam e as colocam de volta no armário para reutilizá-las. As funções também são reutilizáveis. Ninguém quer ficar repetindo a mesma tarefa, porque é monótono e chato. Ao criar uma função, você define um pacote de código que pode ser usado várias vezes para executar a mesma tarefa. Tudo o que precisa ser feito é dizer ao computador qual função usar para executar uma tarefa específica. O computador executa fielmente cada instrução na função, toda vez que você pede.

LEMBRE-SE

Quando você trabalha com funções, o código que precisa dos serviços da função é conhecido como *chamador*, pois ele chama a função para executar tarefas. Muitas das informações que você vê sobre funções referem-se ao chamador, que deve fornecer informações à função e ela as retorna para o chamador.

Até algum tempo atrás, os programas de computador não incluíam o conceito de reutilização de código. Logo, os desenvolvedores tinham de continuar reinventando o mesmo código. Não demorou muito para alguém ter a ideia de funções, e o conceito evoluiu ao longo dos anos, até que elas se tornassem bastante flexíveis. Você pode fazer com que as funções executem o que quiser. A reutilização de código é a parte necessária das aplicações para:

- » Reduzir o tempo de desenvolvimento.
- » Reduzir erros do programador.
- » Aumentar a confiabilidade da aplicação.
- » Permitir que grupos inteiros se beneficiem do trabalho de um programador.
- » Facilitar a compreensão do código.
- » Melhorar a eficiência da aplicação.

De fato, as funções fazem muitas coisas para as aplicações na forma de reutilização. Ao trabalhar com os exemplos deste livro, você verá como a reutilização facilita sua vida. Se não fosse por ela, você ainda programaria plugando manualmente zeros e uns no computador.

Definindo uma função

Criar uma função não requer muito trabalho. O Python tende a fazer as coisas ficarem mais rápidas e fáceis para você. Os passos a seguir mostram o processo de criação da função, que você pode acessar mais tarde:

1. **Crie um novo notebook no Notebook.**

    O livro usa o arquivo `BPPD_07_Managing_Information.ipynb`, no qual você encontra todo o código-fonte deste capítulo. Veja mais informações na Introdução sobre como usar a fonte que está disponível para download.

CAPÍTULO 7 **Gerenciando Informações** 133

2. **Digite** def Hello(): **e tecle Enter.**

   Este passo diz ao Python para definir uma função chamada Hello. Os parênteses são importantes porque definem quaisquer requisitos para usar a função (não existem requisitos, nesse caso). Os dois pontos no final dizem ao Python que você acabou de definir o caminho pelo qual as pessoas acessarão a função. Observe que o ponteiro de inserção está, agora, indentado, como mostra a Figura 7-1. Essa indentação é um lembrete informando sobre a necessidade de dar uma tarefa para a função executar.

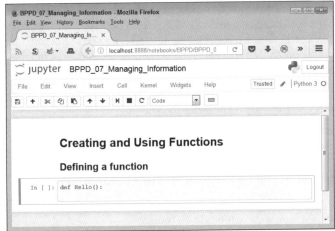

FIGURA 7-1: Defina o nome da função.

3. **Digite** print("This is my first Python function!") **e tecle Enter.**

   Você deve perceber algo especial, como mostra a Figura 7-2. O ponteiro de inserção ainda está indentado porque o Notebook está aguardando você fornecer o próximo passo na função.

FIGURA 7-2: O Notebook está esperando sua próxima instrução.

4. **Clique em Run Cell.**

   Agora a função está completa.

Apesar de ser uma função realmente simples, ela demonstra o padrão que você usará ao criar funções em Python. Você define um nome, fornece quaisquer requisitos para usar a função (nenhum, nesse caso) e uma série de passos para usá-la. Uma função termina quando o ponto de inserção está do lado esquerdo ou quando você passa para a próxima célula.

Acessando funções

Depois de definir uma função, provavelmente irá usá-la para executar alguma ação. É claro, para isso você deve saber como acessar a função. Na seção anterior, você criou uma nova função chamada Hello(). Para acessá-la, digite **Hello()** e clique em Run Cell. A Figura 7-3 mostra a saída que verá ao executar essa função.

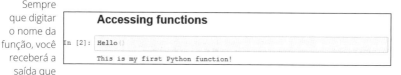

FIGURA 7-3: Sempre que digitar o nome da função, você receberá a saída que ela fornece.

Cada função criada fornecerá um padrão similar de uso. Você digita o nome da função, um parêntese aberto, qualquer entrada necessária, fecha o parêntese e tecla Enter. Nesse caso, como não há entrada, você apenas digita **Hello()**. À medida que o capítulo progredir, verá outros exemplos nos quais a entrada é necessária.

Enviando informações às funções

O exemplo Hello() na seção anterior é bom, pois você não precisa continuar digitando aquela string longa toda vez que quer dizer Hello(). No entanto, é também um pouco limitado, porque pode usá-lo para dizer somente uma coisa. As funções devem ser flexíveis e permitir que você realize mais do que somente uma ação. Caso contrário, acaba escrevendo muitas funções que variam segundo os dados que elas usam, e não pela funcionalidade que fornecem. Usar argumentos ajuda a criar funções que são flexíveis e podem usar vários dados.

Entendendo os argumentos

O termo *argumento* não quer dizer que você terá uma discussão com a função; significa que fornecerá informações para que a função as utilize ao processar uma solicitação. Talvez uma palavra melhor para isso seja entrada, mas o termo *entrada* é usado para tantos outros propósitos que os desenvolvedores decidiram usar algo um pouco diferente: argumento. Mesmo que o propósito de um argumento possa não estar claro com esse nome, entender o que ele faz é relativamente simples. Um argumento possibilita que você envie dados para uma função para que ela possa usá-los ao executar uma tarefa. O uso de argumentos faz com que sua função fique mais flexível.

A função `Hello()` é, no momento, inflexível, pois imprime somente uma string. Adicionar um argumento à função pode torná-la bem mais flexível, porque você pode enviar strings para a função para dizer qualquer coisa que deseja. Para ver como os argumentos funcionam, crie uma nova função no notebook. Esta versão do `Hello()`, `Hello2()`, necessita de um argumento:

```
def Hello2( Greeting ):
    print(Greeting)
```

Observe que os parênteses não estão mais vazios. Há uma palavra, `Greeting`, que é o argumento para `Hello2()`. O argumento `Greeting` é, na verdade, a variável que você pode passar para `print()` para vê-lo na tela.

Enviando argumentos necessários

Você tem uma nova função, `Hello2()`. Ela requer que você forneça um argumento para usá-la. Pelo menos, é o que aprendeu até aqui. Digite **Hello2()** e clique em Run Cell. Você verá uma mensagem de erro, como mostra a Figura 7-4, informando que `Hello2()` precisa de um argumento.

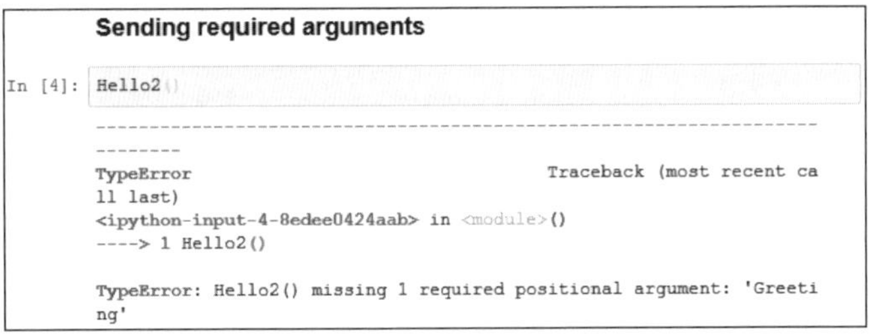

FIGURA 7-4: Você deve fornecer um argumento, ou receberá uma mensagem de erro.

O Python não só mostra que o argumento está faltando, mas também o nome dele. Para criar uma função como vem fazendo, deve fornecer um argumento. Digite **Hello2("This is an interesting function.")** e clique em Run Cell. Desta vez, verá a saída esperada. No entanto, você ainda não sabe se `Hello2()` é flexível o suficiente para imprimir múltiplas mensagens. Digite **Hello2("Another message...")** e clique em Run Cell. Verá a saída esperada novamente, como mostra a Figura 7-5, então `Hello2()` é, realmente, uma melhoria de `Hello()`.

136   PARTE 2 **Mandando Ver**

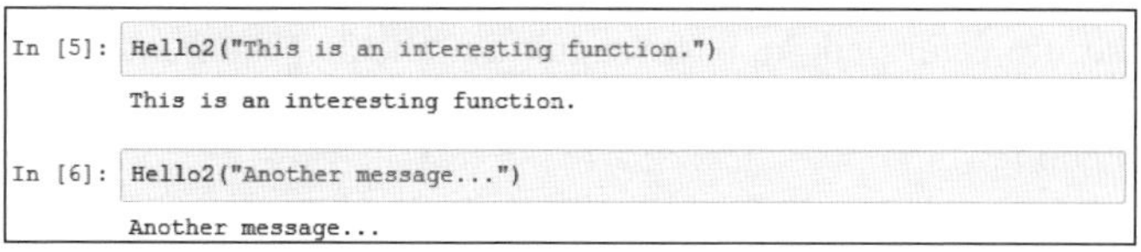

FIGURA 7-5:
Use
Hel-
lo2()
para
imprimir
qualquer
mensagem
desejada.

```
In [5]: Hello2("This is an interesting function.")

        This is an interesting function.

In [6]: Hello2("Another message...")

        Another message...
```

É fácil presumir que `Greeting` aceitará somente uma string a partir dos testes feitos até então. Digite **Hello2(1234)**, clique em Run Cell e verá 1234 como saída. Do mesmo modo, digite **Hello2(5 + 5)** e clique em Run Cell. Desta vez, verá o resultado da expressão, que é 10.

Enviando argumentos por palavras-chave

À medida que suas funções se tornam mais complexas, assim como os métodos para usá-las, talvez você queira controlar um pouco mais como chama a função e fornece argumentos para ela. Até agora você teve *argumentos posicionais*, o que significa que forneceu valores na ordem em que eles aparecem na lista de argumentos para a definição da função. No entanto, o Python também tem um método para enviar argumentos por palavras-chave. Nesse caso, você fornece o nome do argumento seguido de um sinal de igual (=) e o valor do argumento. Para ver como funciona, digite a seguinte função no notebook:

```
def AddIt(Value1, Value2):
    print(Value1, " + ", Value2, " = ", (Value1 + Value2))
```

Observe que o argumento da função `print()` inclui uma lista de itens para imprimir e os itens estão separados por vírgulas. Além disso, os argumentos são de tipos diferentes. É dessa maneira que o Python facilita a mistura e o agrupamento de argumentos.

Hora de testar `AddIt()`. É claro que você quer testar a função usando um argumento posicional primeiro, então digite **AddIt(2, 3)** e clique em Run Cell. Você verá a saída esperada 2 + 3 = 5. Agora digite **AddIt(Value2 = 3, Value1 = 2)** e clique em Run Cell. Novamente, você recebe a saída 2 + 3 = 5, mesmo que a posição dos argumentos tenha sido revertida.

Atribuindo um valor padrão aos argumentos da função

Mesmo que você faça uma chamada usando argumentos posicionais ou argumentos de palavras-chave, até agora as funções exigiram que fornecesse um valor. Algumas vezes, uma função pode usar valores padrões quando

CAPÍTULO 7 **Gerenciando Informações** 137

disponíveis. Tais valores fazem a função ficar mais fácil de usar e menos propícia a causar erros quando um desenvolvedor não fornece uma entrada. Para criar um valor padrão, basta seguir o nome do argumento com um símbolo de igual e o valor padrão. Para ver como funciona, digite a função a seguir no notebook:

```
def Hello3(Greeting = "No Value Supplied"):
    print(Greeting)
```

É outra versão das funções original `Hello()` e atualizada `Hello2()`, mas `Hello3()` automaticamente compensa os usuários que não fornecem um valor. Quando alguém tenta chamar `Hello3()` sem um argumento, nenhum erro é gerado. Digite **Hello3()** e tecle Enter para ver por si mesmo. Digite **Hello3("This is a string.")** para ver a resposta normal. Para que não pense que a função não está mais disponível para utilizar outros dados, digite **Hello3(5)** e tecle Enter; depois, **Hello3(2 + 7)** e tecle Enter. A Figura 7-6 mostra a saída de todos esses testes.

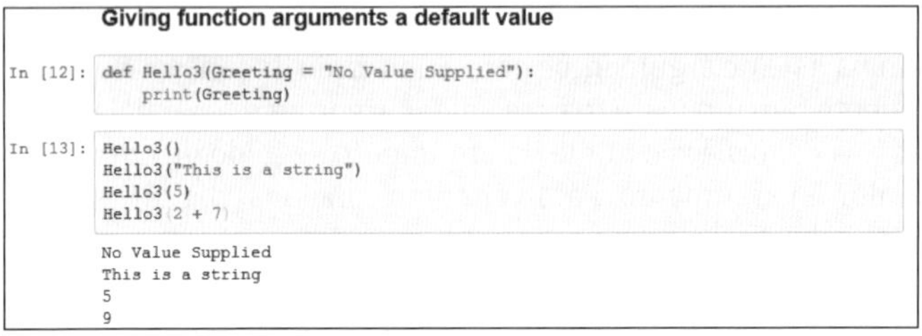

FIGURA 7-6:
Quando possível, forneça argumentos padrões para que suas funções fiquem mais fáceis de usar.

Criando funções com um número variável de argumentos

Na maioria dos casos, você sabe precisamente quantos argumentos fornecer com sua função. Sempre que possível, vale a pena trabalhar com esse objetivo, porque é mais fácil de detectar problemas em funções com um número fixo de argumentos. No entanto, algumas vezes você simplesmente não pode determinar quantos argumentos a função receberá desde o início. Por exemplo, quando cria uma aplicação Python que funciona na linha de comando, o usuário pode não fornecer nenhum argumento, o número máximo de argumentos (presumindo que haja mais de um) ou qualquer número de argumentos entre esses limites.

Por sorte, o Python fornece uma técnica para enviar um número variável de argumentos para uma função. Você simplesmente cria um argumento com um asterisco na frente, como `*VarArgs`. A técnica usual é fornecer um segundo argumento que contém o número de argumentos passados como entrada. Aqui

138   PARTE 2 **Mandando Ver**

está o exemplo de uma função que pode imprimir um número variável de elementos (não se preocupe muito caso não entenda completamente agora; você ainda não viu algumas dessas técnicas sendo usadas).

```
def Hello4(ArgCount, *VarArgs):
    print("You passed ", ArgCount, " arguments.")
    for Arg in VarArgs:
        print(Arg)
```

Esse exemplo utiliza algo chamado loop `for`. Você encontrará essa estrutura no Capítulo 9. Por enquanto, tudo que realmente precisa saber é que ele pega os argumentos de `VarArgs`, um de cada vez, coloca o argumento individual dentro de `Arg` e imprime `Arg` usando `print()`. Seu foco de interesse deve ser como um número variável de argumentos funciona.

Depois de inserir a função no notebook, digite **Hello4(1, "A Test String.")** e clique em Run Cell. Você deve ver o número de argumentos e a string de teste como saída, nada de mais até aí. Porém, digite agora **Hello4(3, "One", "Two", "Three")** e clique em Run Cell. Como mostra a Figura 7-7, a função lida com a quantidade variada de argumentos sem nenhum problema.

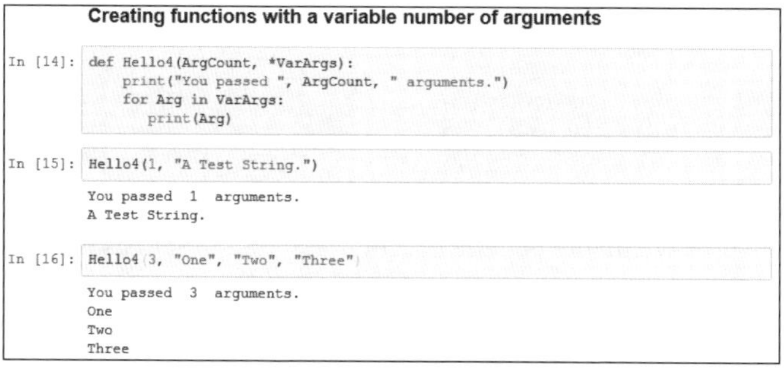

FIGURA 7-7:
Funções de argumentos variáveis podem tornar sua aplicação mais flexível.

Retornando informações das funções

As funções podem mostrar os dados diretamente ou retorná-los ao chamador para que ele possa trabalhar um pouco mais com eles. Em alguns casos, uma função tanto mostra os dados diretamente como os retorna para o chamador, porém é mais comum que ela mostre os dados diretamente ou os retorne. A forma como as funções trabalham depende do tipo de tarefa que devem executar. Por exemplo, é mais provável que uma função que executa uma tarefa relacionada à matemática retorne os dados para o chamador do que outras funções.

CAPÍTULO 7 **Gerenciando Informações** 139

Para retornar dados para o chamador, uma função precisa incluir a palavra-chave `return`, seguida dos dados para retornar. Não há um limite do que você pode retornar para o chamador. Aqui estão alguns tipos de dados que geralmente são retornados para o chamador através de uma função:

>> **Valores:** Qualquer valor é aceito. Você pode retornar números, como 1 ou 2,5; strings, como "Hello There!"; ou valores boolianos, como True ou False.

>> **Variáveis:** O conteúdo de qualquer variável funciona tão bem quanto um valor direto. O chamador recebe qualquer dado que esteja armazenado na variável.

>> **Expressões:** Muitos desenvolvedores usam expressões como atalhos. Por exemplo, você pode simplesmente retornar A + B, em vez de executar o cálculo, colocar o resultado em uma variável e retornar a variável para o chamador. Usar a expressão é mais rápido e realiza a mesma tarefa.

>> **Resultados de outras funções:** Na verdade, você pode retornar dados de outra função como parte do retorno de sua função.

É hora de ver como os valores de retorno funcionam. Digite o código a seguir no notebook:

```
def DoAdd(Value1, Value2):
    return Value1 + Value2
```

Essa função aceita dois valores como entrada e retorna a soma deles. Sim, você provavelmente poderia executar essa tarefa sem usar uma função, mas é assim que muitas funções começam. Para testar, digite **print("The sum of 3 + 4 is ", DoAdd(3, 4))** e clique em Run Cell. Você verá a saída mostrada na Figura 7-8.

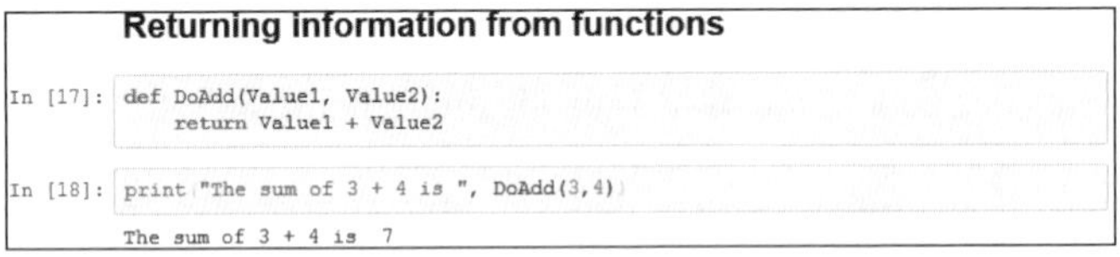

FIGURA 7-8:
Os valores de retorno podem tornar suas funções ainda mais úteis.

```
Returning information from functions

In [17]: def DoAdd(Value1, Value2):
             return Value1 + Value2

In [18]: print "The sum of 3 + 4 is ", DoAdd(3,4)

         The sum of 3 + 4 is  7
```

Comparando a saída da função

Você usa as funções com valores de retorno de diversas formas. Por exemplo, a seção anterior deste capítulo mostra como pode usar funções para fornecer entrada para outra função. As funções são usadas para executar todos os tipos de tarefas. Uma das formas de usá-las é para fazer comparações. Na verdade, você pode criar expressões a partir delas para definir uma saída lógica.

Para ver como funciona, use a função `DoAdd()` da seção anterior. Digite **print("3 + 4 equals 2 + 5 is ", (DoAdd(3, 4) == DoAdd(2, 5)))** e clique em Run Cell. Você verá o valor True da instrução informando que 3 + 4 é igual a 2 + 5, como mostra a Figura 7-9. O principal é que as funções não precisam fornecer somente um uso e você não os vê apenas de uma forma. Elas podem tornar seu código bastante versátil e flexível.

FIGURA 7-9:
Use suas funções para executar muitas tarefas.

```
Comparing function output
In [19]: print("3 + 4 equals 2 + 5 is ", (DoAdd(3,4)==DoAdd(2,5)))
3 + 4 equals 2 + 5 is  True
```

Obtendo a Entrada do Usuário

Pouquíssimas aplicações existem em seu próprio mundo, isto é, sem o usuário. Na verdade, a maioria interage com os usuários, porque os computadores são destinados a atender às necessidades deles. Para tanto, uma aplicação deve fornecer algumas formas de obter a entrada. Felizmente, a técnica mais comumente usada para obter a entrada é também bem fácil de implementar. É só usar a função `input()`.

LEMBRE-SE

A função `input()` sempre exibe uma string como saída. Mesmo que o usuário digite um número, a saída da função `input()` será uma string. Isso quer dizer que se você estiver esperando um número, precisa convertê-lo depois de receber a entrada. A função `input()` também permite que forneça um prompt de string. Esse prompt é mostrado para dizer ao usuário o que fornecer em forma de informação. O exemplo a seguir mostra como usar a função `input()` de maneira bem simples:

```
Name = input("Tell me your name: ")
print("Hello ", Name)
```

Nesse caso, a função `input()` pede um nome ao usuário. Depois de o usuário digitar um nome e teclar Enter, o exemplo exibe a saída de uma saudação customizada para o usuário. Tente executar esse exemplo. A Figura 7-10 mostra os resultados comuns quando você coloca John como nome de usuário.

FIGURA 7-10:
Forneça um nome de usuário e veja uma saudação como saída.

```
Getting User Input

In [20]:  Name = input("Tell me your name: ")
          print("Hello ", Name)

          Tell me your name: John
          Hello  John
```

Você pode usar `input()` para outros tipos de dados; tudo de que precisa é a função correta de conversão. Por exemplo, o código no próximo exemplo fornece uma técnica para executar essa conversão, como mostrada aqui:

```
ANumber = float(input("Type a number: "))
print("You typed: ", ANumber)
```

Quando você executa esse exemplo, a aplicação pede uma entrada numérica. A chamada para `float()` converte a entrada em um número. Depois da conversão, `print()` exibe o resultado como saída. Quando você executa um exemplo usando um valor como 5,5, obtém o resultado desejado.

CUIDADO

É importante entender que não há conversão de dados sem riscos. Se você tentar digitar algo que não seja um número, receberá uma mensagem de erro, como mostra a Figura 7-11. O Capítulo 10 ajudará você a entender como detectar e corrigir erros antes que eles causem uma falha do sistema.

FIGURA 7-11:
A conversão de dados troca o tipo de entrada para o que você precisa, mas pode causar erros.

```
In [21]:  ANumber = float(input("Type a number: "))
          print("You typed: ", ANumber)

          Type a number: Hello
          ---------------------------------------------------------------------------
          ValueError                                Traceback (most recent call last)
          <ipython-input-21-5b050a92debd> in <module>()
          ----> 1 ANumber = float(input("Type a number: "))
                2 print("You typed: ", ANumber)

          ValueError: could not convert string to float: 'Hello'
```

142 PARTE 2 **Mandando Ver**

> **NESTE CAPÍTULO**
>
> » Usando a instrução `if` para tomar decisões simples
>
> » Tomando decisões mais avançadas usando a instrução `if...else`
>
> » Aninhando instruções

Capítulo 8
Tomando Decisões

A habilidade de tomar uma decisão, de escolher um caminho ou outro, é um elemento essencial para a realização de um trabalho proveitoso. A matemática dá ao computador a capacidade de obter informações úteis. As tomadas de decisões possibilitam a realização de alguma ação com a informação depois de obtê-la. Sem a capacidade de tomar decisões, o computador não teria nenhuma utilidade. Então, qualquer linguagem que você use incluirá essa capacidade, de alguma maneira. Este capítulo explorará as técnicas que o Python usa para a tomada de decisões. O código-fonte usado neste capítulo é o arquivo `BPPD_08_Making_Decisions.ipynb`, disponível para download, como descrito na Introdução do livro.

LEMBRE-SE

Pense sobre o processo pelo qual você passa ao tomar uma decisão. Você obtém o valor real de algo, compara com um valor desejado, então age de acordo. Por exemplo, ao ver que um semáforo está vermelho, compara a luz vermelha com a luz verde desejada, decide que a luz não está verde, então para. A maioria das pessoas não pensa nesse processo, pois elas o utilizam várias vezes durante o dia. A tomada de decisões é natural para os seres humanos, porém os computadores devem executar as seguintes tarefas todas as vezes:

1. Obter o valor atual ou real de algo.
2. Comparar o valor atual ou real com o valor desejado.
3. Executar uma ação que corresponda à saída desejada da comparação.

CAPÍTULO 8 **Tomando Decisões** 143

Tomando Decisões Simples com a Instrução if

A instrução if (se) é o método mais fácil para tomadas de decisão no Python. Ela simplesmente declara que algo é verdadeiro e o Python deve executar os passos seguintes. As próximas seções explicam como usar a instrução if para tomar decisões de vários tipos no Python. Talvez se surpreenda com o tanto que essa simples instrução pode fazer por você.

Entendendo a instrução if

Usamos instruções if regularmente em nosso cotidiano. Por exemplo, você pode dizer a si mesmo: "Se for quarta-feira, comerei salada de atum no almoço." A instrução if do Python é um pouco menos prolixa, mas segue precisamente o mesmo padrão. Digamos que você crie uma variável, TestMe, e coloque um valor 6 nela, assim:

```
TestMe = 6
```

Pode então pedir ao computador para checar o valor 6 na variável TestMe da seguinte forma:

```
if TestMe == 6:
    print("TestMe does equal 6!")
```

Cada instrução if do Python começa, muito curiosamente, com a palavra *if*. Quando o Python vê essa palavra, sabe que você quer que ele tome uma decisão. Depois da palavra *if* vem uma condição. Uma *condição* simplesmente declara que tipo de comparação você quer que o Python faça. Nesse caso, quer que o Python verifique se TestMe contém o valor 6.

LEMBRE-SE

Observe que a condição usa o operador de igualdade, ==, e não o operador de atribuição, =. Um erro comum que os desenvolvedores cometem é usar o operador de atribuição, em vez do operador de igualdade. Você pode ver uma lista desses operadores no Capítulo 7.

A condição sempre termina com dois pontos (:). Caso não os utilize, o Python não saberá que a condição terminou e continuará procurando por condições adicionais para basear sua decisão. Depois dos dois pontos vem qualquer tarefa que você quer que o Python execute. Nesse caso, o Python imprime uma instrução dizendo que TestMe é igual a 6.

Usando a instrução if em uma aplicação

É possível usar a instrução `if` de diversas formas no Python. No entanto, você precisa saber, por ora, três formas de usá-la:

» Utilize uma condição única para executar uma instrução única quando a condição for verdadeira.

» Utilize uma condição única para executar instruções múltiplas quando a condição for verdadeira.

» Combine condições múltiplas em uma decisão única e execute uma ou mais instruções quando a condição combinada for verdadeira.

As seções a seguir exploram essas três possibilidades e dão exemplos de seu uso. Você verá exemplos adicionais de como usar a instrução `if` ao longo do livro, porque é um método muito importante de tomada de decisões.

Trabalhando com operadores de comparação

Um *operador de comparação* determina como um valor do lado esquerdo da expressão é comparado com o valor do lado direito. Depois de determinar, ele exibe o valor `true` ou `false` que reflete o valor verdadeiro da expressão. Por exemplo, `6 == 6` é `true`, enquanto `5 == 6` é `false`. A Tabela 7-3, no Capítulo 7, tem uma lista de operadores de comparação. Os passos a seguir mostram como criar e usar uma instrução `if`.

1. **Abra um novo notebook.**

   Você também pode usar o arquivo-fonte `BPPD_08_Making_Deci-sions.ipynb`, disponível para download.

2. **Digite TestMe = 6 e tecle Enter.**

   Este passo atribui o valor 6 a `TestMe`. Observe que ele usa o operador de atribuição, e não o operador de igualdade.

3. **Digite if TestMe == 6: e tecle Enter.**

   Este passo cria uma instrução `if` que testa o valor de `TestMe` usando um operador de igualdade. Você deve notar dois recursos do Notebook nesta altura:

   • A palavra *if* é destacada com uma cor diferente do resto da instrução.

   • A próxima linha fica automaticamente indentada.

4. **Digite** print("TestMe does equal 6!") **e tecle Enter.**

   Observe que o Python não executa a instrução if ainda. Ele indenta a próxima linha. A palavra *print* aparece em uma cor especial, porque é o nome de uma função. Além disso, o texto aparece em outra cor para mostrar que tem valor de string. A codificação com cores torna mais fácil ver como o Python funciona.

5. **Clique em Run Cell.**

   O Notebook executa a instrução if, como na Figura 8-1. A saída fica ainda em outra cor (que não dá para perceber no livro impresso). Como TestMe contém um valor 6, a instrução if funciona como esperado.

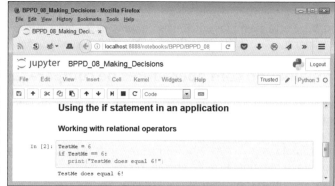

FIGURA 8-1: Instruções if simples podem ajudar sua aplicação a saber o que fazer em certas condições.

Executando tarefas múltiplas

Algumas vezes, você quer executar mais de uma tarefa depois de tomar uma decisão. O Python depende da indentação para determinar quando parar de executar tarefas como parte de uma instrução if. Enquanto a próxima linha estiver indentada, ela ainda faz parte da instrução if. Quando a próxima linha não está indentada, ela se torna a primeira linha do código fora do bloco if. Um *bloco de código* consiste em uma instrução e tarefas associadas. O mesmo termo é usado, não importa com qual tipo de instrução você está trabalhando, mas, nesse caso, está trabalhando com uma instrução if, que é parte do bloco de código. Os passos a seguir mostram como usar a indentação para executar tarefas múltiplas como parte de uma instrução if.

1. **Digite o seguinte código no notebook, teclando Enter depois de cada linha:**

   ```
   TestMe = 6
   if TestMe == 6:
       print("TestMe does equal 6!")
       print("All done!")
   ```

   Observe que o shell continuará a indentar linhas enquanto você continuar a digitar o código. Cada linha que digita é parte da instrução `if` atual do bloco de código.

LEMBRE-SE

   Ao trabalhar no shell, você cria um bloco digitando uma linha de código depois da outra. Se pressionar Enter duas vezes seguidas sem digitar nenhum texto, o bloco de código será encerrado e o Python executará o bloco inteiro de uma vez. Obviamente, quando estiver trabalhando no Notebook, precisará clicar em Run Cell para executar o código dentro daquela célula.

2. **Clique em Run Cell.**

   O Python executa o bloco de código inteiro. Você verá a saída mostrada na Figura 8-2.

FIGURA 8-2:
Um bloco de código pode conter múltiplas linhas de código, uma para cada tarefa.

```
Performing multiple tasks
In [3]: TestMe = 6
        if TestMe == 6:
            print("TestMe does equal 6!")
            print("All done!")
        TestMe does equal 6!
        All done!
```

Fazendo comparações múltiplas com operadores lógicos

Até agora, os exemplos mostraram uma comparação simples. A vida real, muitas vezes, requer que você faça múltiplas comparações para dar conta das diversas solicitações. Por exemplo, ao fazer cookies, se o timer apita e as bordas estão marrons, está na hora de tirá-los do forno.

LEMBRE-SE

Para fazer múltiplas comparações, criamos múltiplas condições, usando operadores de comparação, e os combinamos usando operadores lógicos (veja a Tabela 7-4 no Capítulo 7). Um *operador lógico* descreve como combinar condições. Por exemplo, você pode dizer `x == 6 and y == 7` como duas condições para executar uma ou mais tarefas. A palavra-chave `and` é um operador lógico que declara que ambas as condições devem ser verdadeiras.

CAPÍTULO 8 **Tomando Decisões** 147

Um dos usos mais comuns de fazer múltiplas comparações é determinar quando o valor está dentro de certo intervalo. De fato, a *checagem de intervalo*, o ato de determinar se um dado está entre dois valores, é uma parte importante para deixar sua aplicação segura e fácil de ser usada pelo usuário. Os passos a seguir mostram como executar essa tarefa. Nesse caso, você cria um arquivo para que possa rodar a aplicação múltiplas vezes.

1. **Digite o seguinte código no notebook, teclando Enter depois de cada linha:**

```
Value = int(input("Type a number between 1 and 10: "))
if (Value > 0) and (Value <= 10):
    print("You typed: ", Value)
```

O exemplo começa obtendo um valor de entrada. Você não tem nenhuma ideia do que o usuário digitou, somente que é algum tipo de valor. O uso da função `int()` significa que o usuário deve digitar um número inteiro (um número sem decimal). Caso contrário, a aplicação mostrará uma *exceção* (uma indicação de erro; o Capítulo 10 descreve as exceções). Essa primeira checagem garante que a entrada seja, pelo menos, do tipo correto.

A instrução `if` contém duas condições. A primeira declara que `Value` deve ser maior que zero. Você também poderia apresentar essa condição como `Value >= 1`. A segunda condição declara que `Value` deve ser menor ou igual a 10. Somente quando `Value` atende a ambas as condições a instrução `if` funciona e imprime o valor que o usuário digitou.

2. **Clique em Run Cell.**

O Python mostra um prompt para você digitar um número entre 1 e 10.

3. **Digite 5 e tecle Enter.**

A aplicação determina que o número está dentro do intervalo correto e exibe como saída a mensagem mostrada na Figura 8-3.

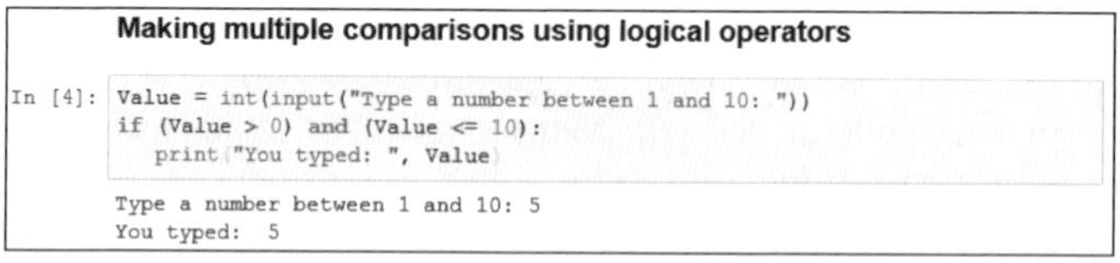

FIGURA 8-3:
A aplicação verifica se o valor está dentro do intervalo correto e gera uma mensagem.

```
Making multiple comparisons using logical operators

In [4]:  Value = int(input("Type a number between 1 and 10: "))
         if (Value > 0) and (Value <= 10):
             print("You typed: ", Value)

         Type a number between 1 and 10: 5
         You typed:  5
```

148   PARTE 2 **Mandando Ver**

4. **Selecione a célula novamente. Repita os Passos 3 e 4, mas digite 22, em vez de 5.**

   A aplicação não exibe nada como saída nesse caso, pois o número está no intervalo errado. Sempre que você digitar um valor fora do intervalo programado, as instruções que são parte do bloco if não serão executadas.

LEMBRE-SE

   Observe que o valor de entrada se atualiza em um. Cada vez que uma célula é executada, o valor de entrada muda. Considerando que o valor de entrada é 4 na Figura 8-3, agora você vê In [5]: na margem do Notebook.

5. **Selecione a célula novamente. Repita os Passos 3 e 4, mas digite 5.5, em vez de 5.**

   O Python mostra uma mensagem de erro, como na Figura 8-4. Mesmo que você possa pensar que tanto 5,5 como 5 sejam números, o Python vê o primeiro número como um valor de ponto flutuante e o segundo como um inteiro (perceba também que o valor de entrada agora é 6).

FIGURA 8-4: Digitar um tipo errado de informação resulta em uma mensagem de erro.

```
In [6]: Value = int(input("Type a number between 1 and 10: "))
        if (Value > 0) and (Value <= 10):
            print("You typed: ", Value)
Type a number between 1 and 10: 5.5
--
ValueError                                Traceback (most recent call las
t)
<ipython-input-6-2a1fe76bbdd9> in <module>()
----> 1 Value = int(input("Type a number between 1 and 10: "))
      2 if (Value > 0) and (Value <= 10):
      3     print("You typed: ", Value)

ValueError: invalid literal for int() with base 10: '5.5'
```

6. **Repita os Passos 3 e 4, mas digite Hello, em vez de 5.**

   O Python mostra a mesma mensagem de erro de antes. Ele não faz diferença entre os tipos de entrada errada, somente sabe que o tipo está incorreto e, portanto, inútil.

DICA

As melhores aplicações usam vários tipos de checagem de intervalo para assegurar que a aplicação se comporte de uma forma previsível. Quanto mais previsível uma aplicação se tornar, menos o usuário pensará nela e mais tempo investirá na execução de um trabalho útil. Usuários produtivos tendem a ser bem mais felizes do que aqueles que brigam constantemente com suas aplicações.

CAPÍTULO 8 **Tomando Decisões**

Escolhendo Alternativas com a Instrução if...else

Muitas das decisões que você toma em uma aplicação caem em uma categoria de escolha de uma entre duas opções baseadas em condições. Por exemplo, ao olhar para a luz do semáforo, você escolhe uma das opções: pisa no freio para parar ou pisa no acelerador para continuar. A opção que você escolhe depende das condições. A luz verde sinaliza que pode continuar; já a luz vermelha sinaliza que deve parar. As seções a seguir descrevem como o Python possibilita a escolha entre duas alternativas.

Entendendo a instrução if...else

Com o Python, você escolhe uma de duas alternativas usando a cláusula `else` da instrução `if`. *Cláusula* é uma adição ao bloco de código que modifica a forma como ele funciona. A maioria dos blocos de código suporta cláusulas múltiplas. Nesse caso, a cláusula `else` permite executar uma tarefa alternativa que aumenta a utilidade da instrução `if`. A maioria dos desenvolvedores se refere à forma da instrução `if`, que tem uma cláusula `else` incluída, como sendo a instrução `if...else`, com os três pontos deixando a entender que alguma coisa acontece entre o `if` e o `else`.

CUIDADO

Algumas vezes, os desenvolvedores encontram problemas com a instrução `if...else` porque se esquecem de que a cláusula `else` sempre é executada quando as condições da instrução `if` não são atendidas. É importante pensar sobre as consequências de sempre executar um conjunto de tarefas quando as condições são falsas. Algumas vezes, isso pode resultar em consequências indesejadas.

Usando a instrução if...else em uma aplicação

O exemplo na seção anterior é um pouco menos útil do que poderia ser quando um usuário coloca como entrada um valor que está fora do intervalo pretendido. Inserir dados do tipo errado produz uma mensagem de erro, mas inserir o tipo correto de dado fora do intervalo não significa nada para o usuário. Neste exemplo, você descobrirá o modo de corrigir esse problema usando a cláusula `else`. Os passos a seguir demonstram apenas uma razão para fornecer uma ação alternativa quando a condição de uma instrução `if` é falsa:

1. **Digite o seguinte código no notebook, teclando Enter depois de cada linha:**

   ```
   Value = int(input("Type a number between 1 and 10: "))
   if (Value > 0) and (Value <= 10):
       print("You typed: ", Value)
   else:
       print("The value you typed is incorrect!")
   ```

   Como antes, o exemplo obtém a entrada do usuário e determina se a entrada está no intervalo correto. No entanto, nesse caso, a cláusula `else` exibe uma mensagem de saída alternativa quando o usuário entra com dados fora do intervalo desejado.

LEMBRE-SE

   Observe que a cláusula `else` termina com dois pontos, como a instrução `if`. A maioria das cláusulas que você usa com as instruções Python tem dois pontos associados para que o Python saiba quando a cláusula terminou. Se você recebe um erro de codificação de sua aplicação, verifique a presença dos dois pontos quando necessário.

2. **Clique em Run Cell.**

   O Python mostra um prompt para você digitar um número entre 1 e 10.

3. **Digite 5 e tecle Enter.**

   A aplicação determina que o número está no intervalo certo e exibe a mensagem de saída mostrada anteriormente na Figura 8-3.

4. **Repita os Passos 3 e 4, mas digite 22, em vez de 5.**

   Dessa vez, a aplicação exibe como saída a mensagem de erro que mostra a Figura 8-5. O usuário agora sabe que a entrada está fora do intervalo desejado e deve tentar inserir os dados novamente.

FIGURA 8-5:
É sempre uma boa ideia dar retorno para a entrada incorreta.

CAPÍTULO 8 **Tomando Decisões** 151

Usando a instrução if...elif em uma aplicação

Você vai a um restaurante e olha o menu. O restaurante oferece ovos, panquecas, waffles e aveia para o café da manhã. Depois de escolher um dos itens, o garçom traz o que você pediu. Criar uma seleção de menu requer algo como uma instrução if...else, mas com um pouco mais de vigor. Nesse caso, você usa a cláusula elif para criar outro conjunto de condições. Essa cláusula é uma combinação da cláusula else com uma instrução if em separado. Os passos a seguir descrevem como usar a instrução if...elif para criar um menu.

1. **Digite o seguinte código no notebook, teclando Enter depois de cada linha:**

```python
print("1. Red")
print("2. Orange")
print("3. Yellow")
print("4. Green")
print("5. Blue")
print("6. Purple")
Choice = int(input("Select your favorite color: "))
if (Choice == 1):
    print("You chose Red!")
elif (Choice == 2):
    print("You chose Orange!")
elif (Choice == 3):
    print("You chose Yellow!")
elif (Choice == 4):
    print("You chose Green!")
elif (Choice == 5):
    print("You chose Blue!")
elif (Choice == 6):
    print("You chose Purple!")
else:
    print("You made an invalid choice!")
```

O exemplo começa mostrando um menu. O usuário vê uma lista de escolhas para a aplicação. Então, pede ao usuário que faça uma seleção, que é colocada dentro de Choice. O uso da função int() garante que o usuário não possa digitar nada além de um número.

Depois que o usuário faz a escolha, a aplicação procura por ela na lista de valores em potencial. Em cada caso, Choice é comparado com um valor em particular para criar uma condição para aquele valor. Quando o usuário digita 1, a aplicação exibe a mensagem "You chose Red!". Se nenhuma das opções estiver correta, a cláusula else será executada por padrão para informar ao usuário que a entrada é inválida.

152   PARTE 2 **Mandando Ver**

2. Clique em Run Cell.

O Python mostra o menu. A aplicação pede que você selecione sua cor favorita.

3. Digite 1 e tecle Enter.

A aplicação exibe a mensagem de saída apropriada, como na Figura 8-6.

4. Repita os Passos 3 e 4, mas digite 5, em vez de 1.

A aplicação exibe uma mensagem de saída diferente, associada à cor escolhida.

5. Repita os Passos 3 e 4, mas digite 8, em vez de 1.

A aplicação informa que você fez uma escolha inválida.

6. Repita os Passos 3 e 4, mas digite Red, em vez de 1.

A aplicação mostra a mensagem de erro esperada, como mostra a Figura 8-7. Qualquer aplicação criada deve estar apta a detectar erros e entradas incorretas. O Capítulo 10 mostra como abordar os erros para que o usuário possa lidar mais facilmente com eles.

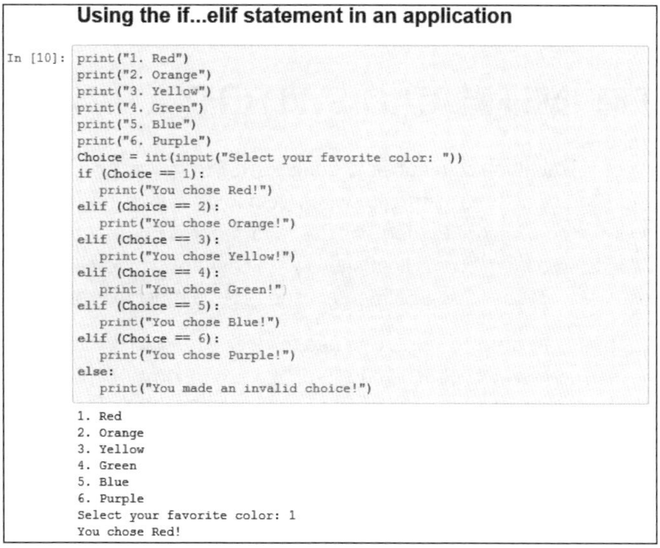

Using the if...elif statement in an application

```
In [10]: print("1. Red")
         print("2. Orange")
         print("3. Yellow")
         print("4. Green")
         print("5. Blue")
         print("6. Purple")
         Choice = int(input("Select your favorite color: "))
         if (Choice == 1):
             print("You chose Red!")
         elif (Choice == 2):
             print("You chose Orange!")
         elif (Choice == 3):
             print("You chose Yellow!")
         elif (Choice == 4):
             print("You chose Green!")
         elif (Choice == 5):
             print("You chose Blue!")
         elif (Choice == 6):
             print("You chose Purple!")
         else:
             print("You made an invalid choice!")

         1. Red
         2. Orange
         3. Yellow
         4. Green
         5. Blue
         6. Purple
         Select your favorite color: 1
         You chose Red!
```

FIGURA 8-6: Os menus permitem escolher uma opção na lista.

CAPÍTULO 8 **Tomando Decisões** 153

```
In [13]: print("1. Red")
         print("2. Orange")
         print("3. Yellow")
         print("4. Green")
         print("5. Blue")
         print("6. Purple")
         Choice = int(input("Select your favorite color: "))
         if (Choice == 1):
             print("You chose Red!")
         elif (Choice == 2):
             print("You chose Orange!")
         elif (Choice == 3):
             print("You chose Yellow!")
         elif (Choice == 4):
             print("You chose Green!")
         elif (Choice == 5):
             print("You chose Blue!")
         elif (Choice == 6):
             print("You chose Purple!")
         else:
             print("You made an invalid choice!")

         1. Red
         2. Orange
         3. Yellow
         4. Green
         5. Blue
         6. Purple
         Select your favorite color: Red
         --------------------------------------------------------------------
         ---
         ValueError                                Traceback (most recent call la
         st)
         <ipython-input-13-7f8bcfa1e0ea> in <module>()
             5 print("5. Blue")
             6 print("6. Purple")
         ----> 7 Choice = int(input("Select your favorite color: "))
             8 if (Choice == 1):
             9     print("You chose Red!")

         ValueError: invalid literal for int() with base 10: 'Red'
```

FIGURA 8-7: Cada aplicação criada deve incluir alguma forma de detectar uma entrada errada.

SEM INSTRUÇÃO SWITCH?

Se você já trabalhou com outras linguagens, talvez tenha observado que o Python carece de uma instrução switch (se não trabalhou, não precisa se preocupar com isso no Python). Os desenvolvedores normalmente usam a instrução switch em outras linguagens para criar aplicações baseadas em menu. A instrução `if...elif` é, geralmente, usada com o mesmo propósito no Python.

No entanto, a instrução `if...elif` não fornece a mesma funcionalidade de uma instrução switch, porque não reforça o uso de uma única variável para propósitos de comparação. Logo, alguns desenvolvedores dependem da funcionalidade do dicionário do Python para substituir a instrução switch. O Capítulo 14 descreve como trabalhar com dicionários.

154   PARTE 2 **Mandando Ver**

Usando Instruções de Decisões Aninhadas

O processo de tomada de decisão frequentemente acontece em níveis. Por exemplo, quando você vai a um restaurante e escolhe ovos para o café da manhã, tomou uma decisão de primeiro nível. Agora o garçom lhe pergunta qual tipo de torrada quer com os ovos. Ele não teria feito essa pergunta se você tivesse pedido panquecas, então a seleção da torrada se torna uma decisão de segundo nível. Quando seu pedido chega, você decide se quer passar geleia na torrada. Essa é a decisão de terceiro nível. Se tivesse escolhido um tipo de torrada que não cai bem com geleia, nem teria que tomar essa decisão. Esse processo de tomada de decisões em níveis, onde cada nível depende da decisão feita no nível anterior, é chamado de *aninhamento*. Muitas vezes os desenvolvedores usam técnicas de aninhamento para criar aplicações que podem tomar decisões complexas baseadas em várias entradas. As próximas seções descreverão vários tipos de aninhamentos que você pode usar no Python para tomar decisões complexas.

Usando múltiplas instruções if ou if...else

A técnica de seleções múltiplas mais usada é uma combinação de instruções `if` e `if...else`. Essa forma de seleção é frequentemente chamada de *árvore de seleção*, por causa de sua semelhança com os galhos de uma árvore. Nesse caso, você segue um caminho específico para obter o resultado desejado. Os passos a seguir mostram como criar uma árvore de seleção:

1. **Digite o seguinte código no notebook, teclando Enter depois de cada linha:**

```python
One = int(input("Type a number between 1 and 10: "))
Two = int(input("Type a number between 1 and 10: "))
if (One >= 1) and (One <= 10):
    if (Two >= 1) and (Two <= 10):
        print("Your secret number is: ", One * Two)
    else:
        print("Incorrect second value!")
else:
    print("Incorrect first value!")
```

É simplesmente uma extensão do exemplo encontrado na seção "Usando a instrução if...else em uma aplicação" deste capítulo. No entanto, observe que a indentação é diferente. A segunda instrução `if...else` está indentada dentro da primeira instrução `if...else`. A indentação diz ao Python que essa é uma instrução de segundo nível.

CAPÍTULO 8 **Tomando Decisões** 155

2. **Clique em Run Cell.**

   Você verá a janela Python Shell abrir com um prompt para digitar um número entre 1 e 10.

3. **Digite 5 e tecle Enter.**

   O shell pedirá outro número entre 1 e 10.

4. **Digite 2 e tecle Enter.**

   Você verá a combinação dos dois números como saída, como na Figura 8-8.

FIGURA 8-8: Adicionar múltiplos níveis permite executar tarefas com maior complexidade.

```
Using Nested Decision Statements

Using multiple if or if...else statements

In [14]: One = int(input("Type a number between 1 and 10: "))
         Two = int(input("Type a number between 1 and 10: "))
         if (One >= 1) and (One <= 10):
             if (Two >= 1) and (Two <= 10):
                 print("Your secret number is: ", One * Two)
             else:
                 print("Incorrect second value!")
         else:
             print("Incorrect first value!")
Type a number between 1 and 10: 5
Type a number between 1 and 10: 2
Your secret number is:  10
```

Esse exemplo tem os mesmos recursos de entrada do exemplo anterior de if...else. Por exemplo, se você tentar fornecer um valor fora do intervalo requisitado, verá uma mensagem de erro. Essa mensagem é adaptada para o primeiro ou o segundo valor de entrada, para que o usuário saiba qual valor estava incorreto.

LEMBRE-SE

Fornecer mensagens de erro específicas é sempre útil, porque os usuários tendem a ficar confusos e frustrados sem elas. Além disso, uma mensagem de erro específica ajuda a achar erros na aplicação mais rapidamente.

Combinando outros tipos de decisões

É possível usar qualquer combinação de instruções if, if...else e if...elif para produzir um resultado desejado. Você pode aninhar os blocos de código em quantos níveis de profundidade precisar para executar as checagens requeridas. Por exemplo, a Listagem 8-1 mostra o que você pode conseguir em um menu de café da manhã.

LISTAGEM 8-1: Criando um Menu de Café da Manhã

```python
print("1. Eggs")
print("2. Pancakes")
print("3. Waffles")
print("4. Oatmeal")
MainChoice = int(input("Choose a breakfast item: "))
if (MainChoice == 2):
    Meal = "Pancakes"
elif (MainChoice == 3):
    Meal = "Waffles"
if (MainChoice == 1):
    print("1. Wheat Toast")
    print("2. Sour Dough")
    print("3. Rye Toast")
    print("4. Pancakes")
    Bread = int(input("Choose a type of bread: "))
    if (Bread == 1):
        print("You chose eggs with wheat toast.")
    elif (Bread == 2):
        print("You chose eggs with sour dough.")
    elif (Bread == 3):
        print("You chose eggs with rye toast.")
    elif (Bread == 4):
        print("You chose eggs with pancakes.")
    else:
        print("We have eggs, but not that kind of
    bread.")
elif (MainChoice == 2) or (MainChoice == 3):
    print("1. Syrup")
    print("2. Strawberries")
    print("3. Powdered Sugar")
    Topping = int(input("Choose a topping: "))
    if (Topping == 1):
        print ("You chose " + Meal + " with syrup.")
    elif (Topping == 2):
        print ("You chose " + Meal + " with
    strawberries.")
```

CAPÍTULO 8 **Tomando Decisões** 157

```
elif (Topping == 3):
    print ("You chose " + Meal + " with powdered
sugar.")
  else:
    print ("We have " + Meal + ", but not that
topping.")
elif (MainChoice == 4):
  print("You chose oatmeal.")
else:
  print("We don't serve that breakfast item!")
```

Esse exemplo tem algumas características interessantes. Para começar, você pode supor que uma instrução `if...elif` sempre precisa de uma cláusula `else`. O exemplo mostra uma situação que não requer tal cláusula. Você usa uma instrução `if...elif` para garantir que `Meal` contenha o valor correto, mas não tem outras opções a considerar.

A técnica de seleção é a mesma vista nos exemplos anteriores. O usuário insere um número no intervalo certo para obter o resultado desejado. Três das seleções requerem uma segunda escolha, então você verá o menu para essa escolha. Por exemplo, ao pedir ovos (Eggs), não é necessário escolher a cobertura, mas sim quando a escolha for para panquecas (Pancakes) ou waffles.

Observe que esse exemplo também combina variáveis e texto de forma específica. Devido à cobertura poder ser aplicada igualmente a waffles e panquecas (Pancakes), você precisa de algum método para definir qual refeição está sendo servida como parte da saída. A variável `Meal` que a aplicação definiu mais cedo é usada como parte da saída, depois de a escolha da cobertura ser feita.

A melhor forma de entender esse exemplo é lidar com ele. Tente várias combinações de menus para ver como a aplicação funciona.

> **NESTE CAPÍTULO**
>
> » Executando uma tarefa um número específico de vezes
>
> » Executando uma tarefa até sua conclusão
>
> » Colocando um loop de tarefa dentro de outro

Capítulo 9

Executando Tarefas Repetitivas

Todos os exemplos no livro, até agora, têm executado uma série de passos somente uma vez, então, param. No entanto, o mundo real não funciona assim. Muitas tarefas que os humanos executam são repetitivas. Por exemplo, o médico pode determinar que você precisa de mais exercício e lhe recomendar 100 flexões de braço todos os dias. Se você fizer somente uma, não se beneficiará muito do exercício e não estará seguindo a ordem médica. É claro que, como sabe precisamente quantas flexões de braço fazer, você pode executar a tarefa um número determinado de vezes. O Python permite o mesmo tipo de repetições usando a instrução `for`.

Infelizmente, nem sempre você sabe quantas vezes executar uma tarefa. Por exemplo, imagine a necessidade de checar uma pilha de moedas para encontrar uma extremamente rara. Pegar somente a primeira moeda do topo, examiná-la e decidir se é ou não a moeda rara não completa a tarefa. Em vez disso, você deve examinar uma moeda de cada vez, procurando a rara. Sua pilha pode conter mais de uma. Somente depois de ter olhado cada moeda na pilha poderá dizer que a tarefa está concluída. Entretanto, como não sabe quantas moedas estão na pilha, não sabe quantas vezes a tarefa deve ser executada, a princípio. Você somente saberá que a tarefa está concluída quando a pilha acabar. O Python executa esse tipo de repetição usando a instrução `while`.

LEMBRE-SE

A maioria das linguagens de programação chama qualquer tipo de sequência repetitiva de eventos de *loop*. A ideia é descrever a repetição como um círculo, com o código circulando, executando as tarefas até que o loop termine. Os loops são uma parte essencial dos elementos da aplicação, como os menus. Na verdade, escrever as aplicações mais modernas sem usá-los seria impossível.

Em alguns casos, você deve criar loops dentro de loops. Por exemplo, para criar uma tabela de multiplicação, é necessário fazer isso. O loop interno calcula o valor da coluna e o loop externo se move entre as linhas. Você verá esse exemplo mais tarde neste capítulo, então não se preocupe muito em entender precisamente como tudo funciona neste momento. O código-fonte para este capítulo está no arquivo `BPPD_09_Performing_Repetitive_Tasks.ipynb`, disponível para download, como descrito na Introdução do livro.

Processando Dados com a Instrução for

O primeiro bloco de código de loop que a maioria dos desenvolvedores encontra é a instrução `for`. É difícil imaginar a criação de uma linguagem de programação convencional que não tenha tal instrução. Nesse caso, o loop executa um número fixo de vezes, e você sabe o número de vezes que ele executará antes mesmo de começar. Como tudo sobre o loop `for` é conhecido desde o início, ele tende a ser o tipo mais fácil de usar. No entanto, para utilizá-lo, é preciso saber quantas vezes executar o loop. As seções a seguir descreverão o loop `for` em maiores detalhes.

Entendendo a instrução for

Um loop `for` começa com uma instrução `for`. Ela descreve como executar o loop. O loop `for` no Python funciona por meio de um tipo de sequência. Não importa se a sequência é uma série de letras em uma string ou itens dentro de uma coleção. Você pode até especificar um intervalo de valores para usar, especificando a função `range()`. Veja uma instrução `for` simples.

```
for Letter in "Howdy!":
```

A instrução começa com a palavra-chave `for`. O próximo item é uma variável que armazena um elemento único de uma sequência. Nesse caso, o nome da variável é `Letter`. A palavra-chave `in` diz ao Python qual sequência vem a seguir. Nesse caso, a sequência é a string `"Howdy"`. A instrução `for` sempre termina com dois pontos, como as instruções de tomada de decisão descritas no Capítulo 8.

As tarefas que você quer executadas dentro do loop `for` estão indentadas pela instrução `for`. O Python considera toda instrução indentada a seguir como parte do bloco de código que compõe o loop `for`. De novo, o loop `for` funciona como as instruções de tomada de decisão no Capítulo 8.

Criando um loop for básico

A melhor forma de ver como um loop `for` funciona é criando um. Nesse caso, o exemplo usa uma string para a sequência. O loop `for` processa os caracteres na string, um por vez, até que eles acabem.

1. **Abra um novo notebook.**

Você também pode usar o arquivo com o código-fonte, `BPPD_09_Performing_Repetitive_Tasks.ipynb`, disponível para download.

2. **Digite o seguinte código no notebook, teclando Enter após cada linha:**

```
LetterNum = 1
for Letter in "Howdy!":
    print("Letter ", LetterNum, " is ", Letter)
    LetterNum+=1
```

Este exemplo começa criando uma variável, `LetterNum`, para rastrear o número de letras que foram processadas. Cada vez que o loop completa, `LetterNum` é atualizado em 1.

A instrução `for` percorre a sequência de letras na string `"Howdy!"`. Ele coloca cada letra, uma de cada vez, em `Letter`. O código a seguir mostra o valor atual de `LetterNum` e seu caractere associado encontrado em `Letter`.

3. **Clique em Run Cell.**

A aplicação mostra a sequência de letras junto do número da letra correspondente, como mostra a Figura 9-1.

Controlando execuções com a instrução break

Muitas vezes, a vida é direcionada pelas exceções à regra. Por exemplo, você pode querer uma linha de montagem para produzir relógios. No entanto, em algum ponto, a linha de montagem precisa de uma peça. Se essa peça não está disponível, a linha de montagem deve parar no meio do processo. A contagem não acabou ainda, mas a linha deve parar de qualquer forma até que a peça que falta seja disponibilizada novamente.

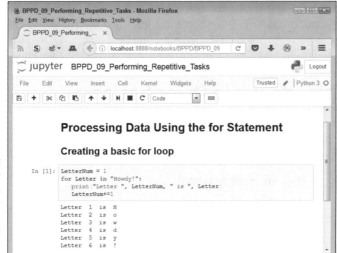

FIGURA 9-1:
Use o loop `for` para processar os caracteres em uma string, um de cada vez.

Também ocorrem interrupções nos computadores. Você pode estar transmitindo dados de uma fonte online quando uma falha ocorre na rede e interrompe a conexão; a transmissão para de funcionar temporariamente, então a aplicação fica sem ter o que fazer, mesmo que o número de tarefas não esteja completo.

LEMBRE-SE

A cláusula `break` faz com que um loop possa ser interrompido. No entanto, você não a coloca simplesmente no código, mas a cerca com uma instrução `if` que define a condição para emitir o `break`. A instrução pode dizer algo parecido com isto: se a transmissão parar, então pare com o loop.

Neste exemplo, você verá o que acontece quando o contador chega a certo nível ao processar uma string. Este exemplo é um pouco forçado na intenção de manter tudo simples, mas reflete o que pode acontecer no mundo real quando um elemento de dados é longo demais para ser processado (possivelmente indicando uma condição de erro).

1. **Digite o seguinte código no notebook, teclando Enter após cada linha:**

```
Value = input("Type less than 6 characters: ")
LetterNum = 1
for Letter in Value:
    print("Letter ", LetterNum, " is ", Letter)
    LetterNum+=1
    if LetterNum > 6:
        print("The string is too long!")
        break
```

Esse exemplo é baseado no exemplo visto na seção anterior. No entanto, ele permite ao usuário fornecer uma string de comprimento variável. Quando a string tem mais de seis caracteres, a aplicação para o processamento.

A instrução `if` contém o código condicional. Quando `LetterNum` é maior que 6, significa que a string é muito grande. Observe o segundo nível de indentação usado pela instrução `if`. Nesse caso, o usuário verá uma mensagem de erro declarando que a string é muito grande, então, o código executará `break` para terminar o loop.

2. **Clique em Run Cell.**

O Python abrirá um prompt pedindo a entrada.

3. **Digite** Hello **e tecle Enter.**

A aplicação lista cada caractere na string, como mostra a Figura 9-2.

FIGURA 9-2:
Uma string curta é processada com sucesso pela aplicação.

```
Controlling execution with the break
statement

In [2]:  Value = input("Type less than 6 characters: ")
         LetterNum = 1
         for Letter in Value:
             print("Letter ", LetterNum, " is ", Letter)
             LetterNum+=1
             if LetterNum > 6:
                 print("The string is too long!")
                 break

         Type less than 6 characters: Hello
         Letter  1  is  H
         Letter  2  is  e
         Letter  3  is  l
         Letter  4  is  l
         Letter  5  is  o
```

4. **Execute os Passos 3 e 4 de novo, mas digite** I am too long, **em vez de Hello.**

A aplicação mostra a mensagem de erro esperada e para o processamento da string no caractere 6, como na Figura 9-3.

FIGURA 9-3:
As strings longas são cortadas para garantir que permaneçam com certo tamanho.

```
In [3]:  Value = input("Type less than 6 characters: ")
         LetterNum = 1
         for Letter in Value:
             print("Letter ", LetterNum, " is ", Letter)
             LetterNum+=1
             if LetterNum > 6:
                 print("The string is too long!")
                 break

         Type less than 6 characters: I am too long.
         Letter  1  is  I
         Letter  2  is
         Letter  3  is  a
         Letter  4  is  m
         Letter  5  is
         Letter  6  is  t
         The string is too long!
```

CAPÍTULO 9 **Executando Tarefas Repetitivas** 163

DICA

Esse exemplo adiciona a *checagem de comprimento* ao seu repertório de checagem de erros de dados da aplicação. O Capítulo 8 mostra como executar a checagens de intervalo, que garante que o valor atenda aos limites especificados. A checagem de comprimento é necessária para garantir que os dados, especialmente as strings, não ultrapassem o tamanho dos campos de dados. Além disso, um tamanho pequeno de entrada dificulta que hackers executem alguns tipos de invasão em seu sistema, o que o torna mais seguro.

Controlando execuções com a instrução continue

Algumas vezes, você quer checar todos os elementos em uma sequência, mas não quer processar certos elementos. Por exemplo, pode decidir que quer processar toda a informação sobre todos os carros em um banco de dados, exceto os marrons. Talvez simplesmente não precise da informação sobre aquela cor específica de carro. A cláusula break simplesmente finaliza o loop, então você não pode usá-la nessa situação. Caso contrário, não verá os elementos restantes na sequência.

LEMBRE-SE

A cláusula break alternativa, que muitos desenvolvedores usam, é a continue. Como break, continue aparece como parte de uma instrução if. No entanto, o processamento continua com o próximo elemento na sequência, em vez de terminar completamente.

Os passos a seguir ajudam a ver como a cláusula continue se diferencia da cláusula break. Nesse caso, o código se recusa a processar a letra *w*, mas processará todas as outras letras do alfabeto.

1. **Digite o seguinte código no notebook, teclando Enter após cada linha:**

    ```
    LetterNum = 1
    for Letter in "Howdy!":
       if Letter == "w":
          continue
          print("Encountered w, not processed.")
       print("Letter ", LetterNum, " is ", Letter)
       LetterNum+=1
    ```

    É baseado no exemplo encontrado na seção "Criando um loop for básico", anteriormente neste capítulo. No entanto, ele adiciona uma instrução if com a cláusula continue no bloco de código if. Observe a função print(), que é parte do bloco de código if. Você nunca verá essa string impressa, porque a atual iteração do loop termina imediatamente.

2. **Clique em Run Cell.**

O Python mostra a sequência de letras com o número da letra, como mostra a Figura 9-4. No entanto, observe o efeito da cláusula `continue` — a letra *w* não é processada.

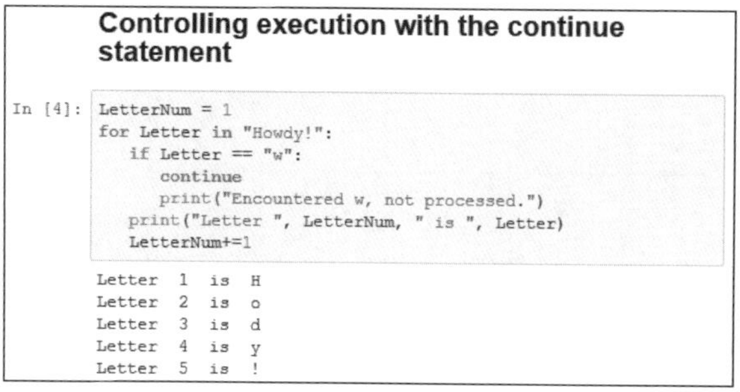

FIGURA 9-4: Utilize a cláusula `continue` para não processar elementos específicos.

```
Controlling execution with the continue
statement

In [4]:  LetterNum = 1
         for Letter in "Howdy!":
             if Letter == "w":
                 continue
                 print("Encountered w, not processed.")
             print("Letter ", LetterNum, " is ", Letter)
             LetterNum+=1

         Letter  1  is  H
         Letter  2  is  o
         Letter  3  is  d
         Letter  4  is  y
         Letter  5  is  !
```

Controlando execuções com a cláusula pass

A linguagem Python inclui algo não muito comum em outras linguagens: um segundo tipo de cláusula `continue`. A cláusula `pass` funciona quase da mesma forma como a cláusula `continue`, exceto que permite completar o código no bloco de código `if` em que aparece. Os passos a seguir mostram um exemplo que é exatamente igual ao visto na seção anterior, "Controlando execuções com a instrução continue", porém usando a cláusula `pass`.

1. **Digite o código a seguir no notebook, teclando Enter após cada linha:**

```
LetterNum = 1
for Letter in "Howdy!":
    if Letter == "w":
        pass
        print("Encountered w, not processed.")
    print("Letter ", LetterNum, " is ", Letter)
    LetterNum+=1
```

2. **Clique em Run Cell.**

Você verá a janela Python Shell abrir. A aplicação exibe a sequência de letras com o número da letra, como na Figura 9-5. No entanto, observe o efeito da cláusula `pass` — a letra *w* não é processada. Além disso, o exemplo mostra a string que não foi mostrada para o exemplo da cláusula `continue`.

CAPÍTULO 9 **Executando Tarefas Repetitivas** 165

FIGURA 9-5:
Usar a cláusula pass permite o pós-processamento de uma entrada indesejada.

```
Controlling execution with the pass
clause
In [5]: LetterNum = 1
        for Letter in "Howdy!":
            if Letter == "w":
                pass
                print("Encountered w, not processed.")
            print("Letter ", LetterNum, " is ", Letter)
            LetterNum+=1
Letter 1 is H
Letter 2 is o
Encountered w, not processed.
Letter 3 is w
Letter 4 is d
Letter 5 is y
Letter 6 is !
```

LEMBRE-SE

A cláusula continue possibilita que se evitem elementos específicos em uma sequência e que se execute qualquer código adicional para aquele elemento. Use a cláusula pass quando precisar executar algum tipo de pós-processamento no elemento, como registrar um elemento em um log de erro, mostrar uma mensagem para o usuário ou lidar com o elemento do problema de outra forma. As cláusulas continue e pass fazem a mesma coisa, mas são usadas em situações diferentes.

Controlando execuções com a instrução else

O Python tem outra cláusula de loop que você não encontrará em outras linguagens: else. A cláusula else possibilita a execução do código mesmo que você não tenha elementos para processar em sequência. Por exemplo, você pode precisar informar ao usuário que simplesmente não há nada a fazer. Na verdade, é isso o que o exemplo a seguir faz; ele também está no código-fonte (disponível para download), com o nome ForElse.py.

1. Digite o código a seguir no notebook, teclando Enter após cada linha:

```
Value = input("Type less than 6 characters: ")
LetterNum = 1
for Letter in Value:
    print("Letter ", LetterNum, " is ", Letter)
    LetterNum+=1
else:
    print("The string is blank.")
```

É baseado no exemplo da seção "Criando um loop for básico", anteriormente neste capítulo. No entanto, quando um usuário tecla Enter sem digitar nada, a cláusula else é executada.

2. **Clique em Run Cell.**

   O Python abre o prompt e solicita uma entrada.

3. **Digite** Hello **e tecle Enter.**

   A aplicação lista cada caractere na string, como mostramos na Figura 9-2. No entanto, observe que também aparece uma instrução informando que a string está vazia, algo aparentemente sem lógica. Ao usar uma cláusula else com um loop for, a cláusula else sempre é executada. Mesmo que o iterador não seja válido, a cláusula else ainda é executada, então é sempre possível usá-la como uma instrução de término para qualquer loop for. Veja mais detalhes no artigo disponível em http://python--notes.curiousefficiency.org/en/latest/python_con-cepts/break_else.html [conteúdo em inglês] para obter mais detalhes.

4. **Repita os Passos 2 e 3. No entanto, basta teclar Enter, em vez de entrar com qualquer tipo de texto.**

   Você verá a mensagem alternativa, como na Figura 9-6, informando que a string está vazia.

FIGURA 9-6:
A cláusula else possibilita executar tarefas baseadas em uma sequência vazia.

```
In [7]: Value = input("Type less than 6 characters: ")
        LetterNum = 1
        for Letter in Value:
            print("Letter ", LetterNum, " is ", Letter)
            LetterNum+=1
        else:
            print("The string is blank.")
Type less than 6 characters:
The string is blank.
```

CUIDADO

É fácil usar indevidamente a cláusula else, porque uma sequência vazia nem sempre significa falta de entrada. Uma sequência vazia pode também sinalizar um erro de aplicação ou outras condições que precisam ser trabalhadas de modo diferente daquele usado em uma simples omissão de dados. Tenha certeza de que você entendeu como a aplicação trabalha com dados para assegurar que a cláusula else não termine escondendo potenciais condições de erro, em vez de torná-los visíveis para que possam ser consertados.

CAPÍTULO 9 **Executando Tarefas Repetitivas** 167

Processando Dados com a Instrução while

A instrução `while` é usada para situações em que você não tem certeza de quantos dados a aplicação terá de processar. Em vez de instruir o Python para processar um número estático de itens, você usa a instrução `while` para dizer a ele para continuar processando os itens até terminá-los. Esse tipo de loop é útil quando é preciso executar tarefas, como baixar arquivos de tamanho desconhecido, ou transmitir dados de uma fonte, como uma estação de rádio. Qualquer situação em que você não pode definir, desde o início, quantos dados a aplicação processará é uma boa candidata para a instrução `while`, que é descrita nas seções a seguir.

Entendendo a instrução while

A instrução `while` trabalha com uma condição, em vez de uma sequência. A condição declara que a instrução `while` deve executar uma tarefa até que a condição não seja mais verdadeira. Por exemplo, imagine uma mercearia com clientes em frente ao balcão. O vendedor continua a atender os clientes até que a fila acabe. A fila poderia (e provavelmente vai) aumentar à medida que outros clientes estão sendo atendidos, então é impossível saber, no início, quantos serão atendidos. O vendedor apenas sabe que é importante continuar atendendo até que não haja mais ninguém na fila. É assim que uma instrução `while` deve ser:

```
while Sum < 5:
```

A instrução começa com a palavra-chave `while`. Então, adiciona-se a condição. Nesse caso, a variável `Sum`, deve ser menor que 5 para o loop continuar. Nada especifica o valor atual de `Sum` e o código também não define como o valor de `Sum` mudará. A única coisa que se sabe quando o Python executa a instrução é que `Sum` deve ser menor que 5 para o loop continuar executando tarefas. A instrução termina com dois pontos e as tarefas são indentadas abaixo da instrução.

CUIDADO

Como a instrução `while` não executa uma série de tarefas um determinado número de vezes, criar um *loop infinito* é possível, significando que o loop nunca termina. Por exemplo, digamos que `Sum` foi definida para 0 quando o loop inicia e que a condição final é a de que `Sum` deva ser menor que 5. Se o valor de `Sum` nunca aumentar, o loop continuará executando para sempre (ou, ao menos, até o computador ser desligado). Os loops infinitos podem causar muitos tipos de problemas bizarros nos sistemas, como lentidões, e até travamentos nos computadores, então é melhor evitá-los. Você deve sempre fornecer um meio para o loop terminar ao usar um loop `while` (ao contrário do loop `for`, em que o final da sequência determina o final do loop). Então, ao trabalhar com a instrução `while`, você deve executar três tarefas:

1. **Criar um ambiente para a condição (definindo** `Sum` **para 0).**

2. **Declarar a condição da instrução** `while` **(como** `Sum < 5`**).**

3. **Atualizar a condição, conforme necessário, para assegurar que o loop termine em algum momento (adicionando** `Sum+=1` **ao bloco de código** `while`**).**

LEMBRE-SE

Assim como a instrução `for`, é possível modificar o comportamento padrão da instrução `while`. Na verdade, você tem acesso às mesmas quatro cláusulas para modificar o comportamento da instrução `while`:

» `break`: Termina o loop atual.

» `continue`: Termina imediatamente o processamento do elemento atual.

» `pass`: Termina o processo do elemento atual depois de completar a instrução no bloco `if`.

» `else`: Fornece uma técnica de processamento alternativo quando as condições não são atendidas pelo loop.

Usando a instrução while em uma aplicação

Você pode usar a instrução `while` de muitas formas, mas este primeiro exemplo é simples e direto. Ele apenas mostra uma contagem baseada na condição de início e fim de uma variável chamada `Sum`. Os próximos passos o ajudam a criar e testar o código de exemplo.

1. **Digite o seguinte código no notebook, teclando Enter após cada linha:**

```
Sum = 0
while Sum < 5:
    print(Sum)
    Sum+=1
```

O código de exemplo demonstra as três tarefas que você deve executar ao trabalhar com um loop `while` de maneira clara. Ele começa definindo `Sum` para 0, que é o primeiro passo ao definir a condição do ambiente. A

CAPÍTULO 9 **Executando Tarefas Repetitivas** 169

condição em si aparece como parte da instrução `while`. O final do bloco de código `while` efetua o terceiro passo. É claro, o código mostra o valor atual de `Sum` antes de sua atualização.

LEMBRE-SE

Uma instrução `while` fornece uma flexibilidade que você não consegue com a instrução `for`. Este exemplo mostra uma forma bem simples de como atualizar `Sum`. No entanto, é possível usar qualquer método necessário para atingir os objetivos da aplicação. Nada diz que você deve atualizar `Sum` de maneira específica. Além disso, a condição pode ser tão complexa quanto queira. Por exemplo, pode-se rastrear o valor atual de três ou quatro variáveis, se desejar. É claro, quanto mais complexa for a condição criada, maior será a probabilidade de criar um loop infinito, então você tem um limite prático para a complexidade da condição do loop `while`.

2. **Clique em Run Cell.**

   O Python executa o loop `while` e exibe a sequência numérica, como na Figura 9-7.

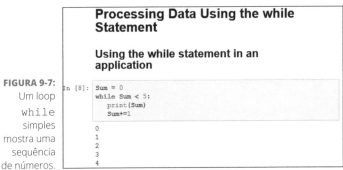

FIGURA 9-7: Um loop `while` simples mostra uma sequência de números.

Aninhando Instruções de Loop

Em alguns casos, você pode usar um loop `for` ou `while` para conseguir o mesmo efeito. As instruções funcionam de forma diferente, mas o resultado é igual. Neste exemplo, você criará um gerador de tabela de multiplicação aninhando um loop `while` dentro de um loop `for`. Como quer que a saída fique bonita, usará um pouco de formatação também (o Capítulo 12 tem os detalhes).

1. **Digite o código a seguir no notebook, teclando Enter após cada linha:**

```
X = 1
Y = 1
print ('{:>4}'.format(' '), end= ' ')
for X in range(1, 11):
   print('{:>4}'.format(X), end=' ')
print()
for X in range(1,11):
   print('{:>4}'.format(X), end=' ')
   while Y <= 10:
      print('{:>4}'.format(X * Y), end=' ')
      Y+=1
   print()
   Y=1
```

Esse exemplo começa criando duas variáveis, X e Y, para armazenar valores de linha e coluna na tabela. X é a variável linha e Y é a variável coluna.

Para deixar a tabela legível, o exemplo deve criar um cabeçalho no topo e outro na lateral. Quando os usuários veem 1 no topo e 1 ao lado, e seguem esses valores até a interseção na tabela, podem ver os dois números quando multiplicados.

A primeira instrução `print()` adiciona um espaço (porque nada aparece no canto da tabela; veja a Figura 9-8 para acompanhar essa explicação mais facilmente). Toda a instrução de formatação diz para criar um espaço com largura de quatro caracteres e colocar um espaço dentro dele. A parte do código `{:>4}` determina o tamanho da coluna. A função `format (' ')` determina o que aparece no espaço. O atributo final da instrução `print()` muda o caractere final de mudança de linha para um espaço simples.

O primeiro loop for mostra os números de 1 a 10 no topo da tabela. A função `range()` cria uma sequência de números. Ao usar a função `range()`, você especifica o valor inicial, que é 1 nesse caso, e mais o valor final, que é 11.

Nesse ponto, o cursor está aguardando no fim da linha do cabeçalho. Para movê-lo para a próxima linha, o código emite uma chamada `print()` sem outras informações.

Mesmo que a próxima parte do código pareça ser um pouco complexa, você pode entendê-la se olhar, linha a linha. A tabela de multiplicação mostra os valores de 1*1 a 10*10, então você precisa de 10 linhas e 10 colunas para mostrar a informação. A instrução for diz ao Python para criar dez linhas

CAPÍTULO 9 **Executando Tarefas Repetitivas** 171

Olhe de novo para a Figura 9-8 para observar o cabeçalho da linha. A primeira chamada `print()` mostra o valor da linha do cabeçalho. É claro que você tem que formatar essa informação e o código usa um espaço de quatro caracteres que terminam com um espaço, em vez da mudança de linha, no intuito de continuar imprimindo informações naquela linha.

O loop `while` vem depois. Ele imprime as colunas em uma linha individual. Os valores da coluna são os valores multiplicados de X * Y. Novamente, a saída é formatada para ocupar quatro espaços. O loop `while` termina quando Y é implementado com o próximo valor, usando Y+=1.

Agora você está novamente dentro do loop `for`. A instrução `print()` finaliza a linha atual. Além disso, Y deve ser redefinido para 1, para que fique pronto para o início da próxima linha, que começa com 1.

2. **Clique em Run Cell.**

Você verá a tabela de multiplicação como mostra a Figura 9-8.

FIGURA 9-8: A tabela de multiplicação é agradável aos olhos, graças à sua formatação.

NESTE CAPÍTULO

» **Entendendo as fontes de erro**

» **Manipulando as condições de erro**

» **Especificando que um erro ocorreu**

» **Desenvolvendo seus próprios indicadores de erro**

» **Executando tarefas mesmo depois da ocorrência de um erro**

Capítulo **10**

Lidando com Erros

A maioria dos códigos de aplicações de quaisquer complexidades tem erros. Quando sua aplicação trava de repente sem qualquer razão aparente, isso é um erro. Ver uma daquelas mensagens indecifráveis na caixa de diálogo é outro tipo de erro. No entanto, os erros podem ocorrer sem dar nenhum tipo de notificação. Uma aplicação pode executar um cálculo errado em uma série de números que você forneceu, resultando em uma saída incorreta sobre a qual nunca saberá, a não ser que alguém lhe diga que algo está errado ou que você mesmo verifique. Os erros não precisam ser consistentes. É possível vê-los em algumas ocasiões e em outras, não. Por exemplo, um erro pode ocorrer somente quando o tempo está ruim ou a rede está sobrecarregada. Resumindo, eles ocorrem em todos os tipos de situações e por muitas razões diferentes. Este capítulo mostra vários tipos de erros e o que fazer quando sua aplicação os encontra.

Não deve ser uma surpresa que os erros ocorram — as aplicações são escritas por humanos, e estes cometem erros. A maioria dos desenvolvedores chama os erros da aplicação de *exceções*, significando que são uma exceção à regra. Considerando que exceções ocorrem em aplicações, você precisa detectá-las e fazer algo a respeito, quando possível. O ato de detectar e processar uma exceção é chamado de *manipulação de erro* ou *manipulação de exceção*. A fim de detectar os erros corretamente, você precisa conhecer, em primeiro lugar, as fontes de erros e por que eles ocorrem. Ao detectar, você deve processá-lo *capturando* a exceção, que significa examiná-la e possivelmente fazer algo com ela. Outra parte deste capítulo é sobre aprender a manipular a exceção em sua aplicação.

Algumas vezes, seu código detecta um erro na aplicação. Quando isso acontece, é preciso *gerar* ou *levantar* uma exceção. Os dois termos são usados para o mesmo assunto, que significa simplesmente que seu código encontrou um erro que não pôde ser solucionado, então passou a informação para outra parte do código para *manipulá-lo* (interpretar, processar e, com sorte, corrigir a exceção). Em alguns casos, você usa objetos customizados de mensagem de erro para passar a informação para a frente. Mesmo que o Python tenha vários objetos de mensagens genéricas para cobrir a maioria das situações, algumas são especiais. Por exemplo, você pode querer fornecer suporte especial para uma aplicação de banco de dados e o Python normalmente não cobrirá essa contingência com um objeto de mensagem genérica. É importante saber quando manipular as exceções localmente, quando encaminhá-las para o código que chamou seu código e quando criar exceções especiais para que cada parte de sua aplicação saiba como lidar com a exceção — todos esses tópicos são abordados neste capítulo.

Também há vezes em que há necessidade de garantir que sua aplicação manipule uma exceção com elegância, mesmo que isso signifique finalizar a aplicação. Felizmente, o Python fornece a cláusula `finally`, que sempre é executada, mesmo que uma exceção ocorra. Você pode colocar o código para fechar arquivos ou executar outras tarefas essenciais no bloco de código associado a essa cláusula. Mesmo que não execute essa tarefa todas as vezes, é o último tópico discutido neste capítulo. O código-fonte para este capítulo está no arquivo `BPPD_10_Dealing_with_Errors.ipynb`, disponível para download, como descrito na Introdução do livro.

Sabendo Por que o Python Não Entende Você

Muitas vezes, os desenvolvedores ficam frustrados com as linguagens de programação e os computadores, porque, aparentemente, estes fazem de tudo para causar problemas de comunicação. É claro, linguagens de programação e computadores são inanimados, eles não "desejam" nada. Eles também não pensam, mas literalmente aceitam qualquer coisa que o desenvolvedor tem a dizer. Aí está o problema.

LEMBRE-SE

Nem o Python nem o computador "saberão o que você quer dizer" quando digita instruções como código. Ambos seguem quaisquer instruções, ao pé da letra e literalmente, conforme você as fornece. Você pode não ter a intenção de dizer ao Python para apagar arquivos de dados a menos que alguma condição absurda ocorra. No entanto, se não tornar as condições claras, o Python apagará o arquivo, existindo a condição ou não. Quando um erro desse tipo ocorre, as pessoas normalmente dizem que a aplicação tem um *bug*. Bugs são simplesmente erros de codificação que podem ser removidos usando-se um depurador (que é um tipo especial de ferramenta que permite parar ou pausar a execução da aplicação, examinar o conteúdo das variáveis e detalhar a aplicação para ver o que a faz ter problema).

Os erros ocorrem em muitos casos em que o desenvolvedor faz pressuposições que simplesmente não são verdadeiras. É claro que isso inclui premissas sobre o usuário da aplicação, que provavelmente não se importa com o extremo cuidado que você teve quando a projetou. O usuário entrará com dados errados. Novamente, o Python não saberá nem importará se os dados estão errados e os processará mesmo que sua intenção fosse a de desabilitar a entrada ruim. O Python não entende os conceitos de dados bons ou ruins; somente processa os dados que entram de acordo com as regras estabelecidas, o que quer dizer que você deve criar regras para proteger os usuários deles mesmos.

O Python não é proativo ou criativo — essas qualidades existem somente no desenvolvedor. Quando um erro de rede ocorre ou o usuário faz alguma coisa inesperada, o Python não cria a solução para resolver o problema. Ele somente processa o código. Se você não fornecer um código para lidar com o erro, a aplicação estará sujeita a falhar ou parar de maneira brusca, possivelmente levando todos os dados do usuário com ela. É claro, o desenvolvedor tampouco pode antecipar todas as situações de erro em potencial, o que explica a existência de erros nas aplicações mais complexas — erros de omissão, nesse caso.

CUIDADO

Alguns desenvolvedores pensam que podem criar códigos infalíveis, apesar de ser inacreditável até mesmo pensar que tal código seja possível. Os desenvolvedores espertos supõem que alguns bugs passarão pelo processo de rastreamento de código, a natureza e os usuários continuarão a executar ações inesperadas e mesmo o desenvolvedor mais inteligente não pode antecipar cada possível condição de erro. Sempre suponha que sua aplicação está sujeita a erros que causarão exceções; dessa forma, terá o pensamento necessário para, de fato, tornar sua aplicação mais confiável. Lembrar-se da Lei de Murphy será mais útil do que se possa imaginar: "Se algo pode dar errado, dará." (Veja mais sobre a Lei de Murphy em `http://www.murphys--laws.com/` — todos com conteúdo em inglês neste capítulo)

CAPÍTULO 10 **Lidando com Erros** 175

Examinando as Fontes de Erros

Talvez você consiga adivinhar as fontes de erro em sua aplicação lendo folhas de chá, mas dificilmente será um modo eficiente. Os erros, na verdade, entram em categorias bem definidas que auxiliam você a prevenir (até certo ponto) quando e onde eles acontecerão. Ao pensar nessas categorias à medida que vai trabalhando, você estará mais apto a descobrir as fontes de erros antes que ocorram e causem possíveis estragos. As duas principais categorias são:

>> Erros que ocorrem em um momento específico.

>> Erros que são de um tipo específico.

As seções a seguir tratam dessas duas categorias em mais detalhes. O conceito principal é que você precisa pensar sobre classificações de erro para começar a procurar e corrigir os erros em potencial em sua aplicação antes de eles se tornarem um problema.

Classificando a ocorrência de erros

Erros ocorrem em momentos específicos. Os dois principais momentos são:

>> Durante a compilação.

>> Durante a execução.

Não importa quando um erro ocorre, ele faz sua aplicação se comportar indevidamente. As próximas seções descrevem cada momento.

Durante a compilação

Um erro durante a compilação ocorre quando você solicita que o Python rode a aplicação. Antes de o Python poder rodar a aplicação, ele deve interpretar o código e colocá-lo de forma que o computador possa entender. O computador é baseado em um código de máquina específico daquele processador e daquela arquitetura. Se as instruções que você escreve estão mal formadas ou carecem de informação necessária, o Python não pode executar a conversão requerida. Ele apresenta um erro que você deve resolver antes que a aplicação possa rodar.

Por sorte, os erros de compilação são os mais fáceis de localizar e resolver. O usuário nunca vê essa categoria de erro, pois a aplicação não rodará com um erro durante a compilação. Você corrige esse tipo de erro enquanto escreve o código.

176 PARTE 2 **Mandando Ver**

DICA

O aparecimento de um erro de compilação deve significar que outros tipos ou omissões podem existir no código. É sempre interessante revisar todo o código para garantir que nenhum outro problema em potencial, que pode não aparecer como parte do ciclo da compilação, exista.

Durante a execução

Um erro durante a execução ocorre depois de o Python compilar o código que você escreveu e o computador começar a executá-lo. Os erros de execução ocorrem de vários modos diferentes, e alguns são mais difíceis de achar do que outros. Você percebe que existe um erro de execução quando ela para de rodar de repente e mostra na tela uma caixa de diálogo de exceção ou quando o usuário reclama de saídas erradas (ou, ao menos, de instabilidade).

LEMBRE-SE

Nem todos os erros de execução produzem exceções. Alguns causam instabilidade (a aplicação para), erros de saída ou danos nos dados. Esses erros podem afetar outras aplicações ou criar danos inesperados na plataforma em que a aplicação está rodando. Resumindo, os erros de execução podem causar um pouco de desgosto, dependendo precisamente do tipo de erro com o qual você está lidando no momento.

Muitos erros de execução são causados por códigos errados. Por exemplo, você pode escrever errado um nome de variável, impedindo o Python de colocar a informação na variável correta durante a execução. Omitir um argumento opcional, mas necessário, ao chamar um método pode também causar problemas. Esses são exemplos de *erros de concessão*, que são erros específicos associados ao seu código. Em geral, você pode achar esses tipos de erros usando um depurador ou simplesmente lendo seu código linha por linha para checar erros.

Os erros de execução também podem ser causados por fontes externas, não associadas ao código. Por exemplo, o usuário pode entrar com uma informação incorreta que a aplicação não está esperando, causando uma exceção. Um erro de rede pode fazer um recurso necessário se tornar inacessível. Algumas vezes, até mesmo o hardware do computador tem uma falha, o que causa erros únicos na aplicação. São todos exemplos de *erros de omissão*, dos quais a aplicação deve se restabelecer, caso tenha um código de captura de erro disponível. É importante que você considere ambos os tipos de erro de execução (erros de concessão e omissão) quando estiver construindo sua aplicação.

Distinguindo os tipos de erros

Você pode distinguir os erros por tipo, isto é, como são feitos. Conhecer os tipos de erro ajuda a entender onde procurar problemas em potencial na aplicação. As exceções funcionam como muitas outras coisas na vida. Por exemplo, você sabe que equipamentos eletrônicos não funcionam sem energia. Então, quando tenta ligar sua televisão e ela não faz nada, provavelmente checa se o fio da energia está na tomada.

DICA

Entender os tipos de erro ajuda a localizá-los mais rápido, mais cedo e com mais consistência, resultando em menos erros de diagnóstico. Os melhores desenvolvedores sabem que corrigir erros enquanto uma aplicação está em desenvolvimento é sempre mais fácil do que fazer isso quando ela está em produção, porque os usuários são impacientes por natureza e querem que os erros sejam corrigidos de forma imediata e correta. Além disso, corrigir um erro mais cedo no ciclo do desenvolvimento é sempre mais fácil do que quando a aplicação está quase completa, uma vez que existe menos código para rever.

O truque é saber onde procurar. Com isso em mente, o Python (e a maioria das outras linguagens de programação) agrupa erros nos seguintes tipos:

» Sintático
» Semântico
» Lógico

As seções a seguir examinam mais detalhadamente cada um desses tipos. Eu agrupei as seções em ordem de dificuldade, começando com o mais fácil de encontrar. Um erro de sintaxe é geralmente o mais fácil; um erro lógico, o mais difícil.

Sintático

Ao cometer qualquer erro de digitação, você cria um erro sintático. Alguns erros de sintaxe do Python são bem fáceis de encontrar, porque a aplicação simplesmente não roda. O interpretador pode até apontar o erro para você, realçando o código errado e mostrando uma mensagem de erro. Porém, alguns erros sintáticos são bem difíceis de ser achados. O Python diferencia maiúsculas de minúsculas, então você pode usar a letra errada da variável em algum lugar e achar que a variável não está funcionando como pensou que funcionaria. Achar o local exato no código onde digitou errado a letra maiúscula pode ser bem desafiador.

LEMBRE-SE

A maioria dos erros de sintaxe ocorre durante a compilação e o interpretador os aponta para você. Corrigir o erro é simples porque o interpretador geralmente diz o que consertar e com uma boa precisão. Mesmo quando o interpretador não acha o problema, os erros sintáticos impedem a aplicação de rodar corretamente, então qualquer erro que o interpretador não encontre aparecerá durante a fase de testes. Poucos erros sintáticos devem chegar na produção, desde que você faça testes adequados da aplicação.

Semântico

Ao criar um loop que é executado várias vezes, você geralmente não recebe nenhuma informação de erro da aplicação. A aplicação rodará toda feliz, porque pensa que está fazendo tudo corretamente, mas aquele loop adicional pode causar todos os tipos de erros de dados. Quando você cria um erro desse tipo em seu código, ele é chamado de *erro semântico*.

Os erros semânticos ocorrem porque o significado por trás de uma série de passos usados para executar uma tarefa está errado; o resultado é incorreto mesmo que o código pareça rodar precisamente como deveria. Esses erros são difíceis de encontrar e você, muitas vezes, precisa de algum tipo de depurador. (O Capítulo 20 fornecerá uma série de ferramentas que você pode usar com o Python para executar tarefas como depurar aplicações. Você também encontrará postagens sobre depuração no meu blog: `http://blog.johnmuellerbooks.com`.)

Lógico

Alguns desenvolvedores não criam uma divisão entre erros semânticos e lógicos, mas eles são diferentes. Um erro semântico ocorre quando o código é essencialmente correto, mas a implementação está errada (como executar um loop uma vez e com frequência). Os erros lógicos ocorrem quando o pensamento do desenvolvedor apresenta falhas. Em muitos casos, esse tipo de erro acontece quando o desenvolvedor usa um operador relacional ou lógico de forma incorreta. No entanto, os erros lógicos podem acontecer em várias outras formas também. Por exemplo, um desenvolvedor pode pensar que os dados são sempre armazenados no disco rígido local, o que quer dizer que a aplicação pode se comportar de uma maneira não usual quando, em vez de carregar dados do disco rígido, ela tentar carregar dados da rede.

Esses erros são um pouco difíceis de corrigir, porque, na realidade, o problema não é com o código, mas com a definição incorreta dele. O processo de pensamento na criação do código está errado, então, o desenvolvedor, que criou o erro, tem menos possibilidade de achá-lo. Os desenvolvedores mais espertos pedem que outra pessoa ache os erros lógicos. Ter uma especificação formal da aplicação também ajuda, porque a lógica por trás das tarefas que a aplicação executa geralmente passa por uma revisão formal.

Capturando as Exceções

No geral, um usuário nunca deve ver uma caixa de diálogo de exceção. Sua aplicação deve sempre capturar a exceção e manipulá-la antes que o usuário a veja. Obviamente, no mundo real é diferente — de tempos em tempos, os usuários realmente veem exceções inesperadas. No entanto, pegar cada exceção em potencial ainda é o objetivo ao desenvolver uma aplicação. As seções a seguir descrevem como capturar exceções e lidar com elas.

ENTENDENDO AS EXCEÇÕES INTERNAS

O Python vem com várias exceções internas — muito mais do que você possa imaginar ser possível. É possível ver a lista dessas exceções em `https://docs.python.org/3.6/library/exceptions.html`. A documentação organiza a lista de exceção em categorias. Aqui está um breve sumário das categorias de exceção do Python com os quais você trabalha regularmente:

- **Classes básicas:** Elas fornecem os blocos de construção essenciais (como a exceção `Exception`) para outras exceções. No entanto, você pode ver algumas dessas exceções, como a `ArithmeticError`, ao trabalhar com uma aplicação.

- **Exceções concretas:** As aplicações podem ter erros complicados, que são difíceis de resolver porque realmente não existe uma forma boa de manipulá-los ou eles sinalizam um evento o qual a aplicação deve manipular. Por exemplo, quando o sistema fica sem memória, o Python gera a exceção `MemoryError`. Recuperar-se desse erro é difícil, porque nem sempre é possível liberar memória de outros usos. Quando o usuário pressiona uma tecla de interrupção (como Ctrl+C ou Delete), o Python gera a exceção `KeyboardInterrupt`. A aplicação deve lidar com essa exceção antes de prosseguir com outras tarefas.

- **Exceções SO:** O sistema operacional pode gerar erros os quais o Python passa para sua aplicação. Por exemplo, se sua aplicação tentar abrir um arquivo que não existe, o sistema operacional gerará a exceção `FileNotFoundError`.

- **Avisos:** O Python tenta advertir sobre eventos inesperados ou ações que podem resultar em erros posteriormente. Por exemplo, se você tentar usar de forma indevida um recurso, como um ícone, o Python irá gerar a exceção `ResourceWarning`. É importante lembrar que essa categoria em particular é uma advertência, e não um erro real: ignorá-la pode causar um problema depois, mas você pode fazer isso.

180 PARTE 2 **Mandando Ver**

Manipulando exceções básicas

Para manipular as exceções, você deve dizer ao Python o que quer fazer, então, fornecer um código para executar as tarefas de tratamento. Existem várias formas de executar essa tarefa. As próximas seções iniciam primeiramente com o método mais simples e depois seguem para os mais complexos, que oferecem uma flexibilidade adicional.

Lidando com uma exceção única

Como visto no Capítulo 8, o exemplo `IfElse.py` e outros têm o hábito terrível de gerar exceções quando o usuário entra com valores inesperados. Parte da solução é providenciar uma checagem de intervalo. No entanto, isso não resolve o problema de um usuário digitar um texto como Hello onde um valor numérico era esperado. A manipulação da exceção fornece uma solução mais complexa para o problema, como descrito nos passos a seguir.

1. **Abra um novo notebook.**

   Se preferir, pode usar o arquivo com o código-fonte `BPPD_10_Dealing_with_Errors.ipynb`, disponível para download.

2. **Digite o seguinte código no notebook, teclando Enter após cada linha:**

   ```
   try:
       Value = int(input("Type a number between 1 and 10:
   "))
   except ValueError:
       print("You must type a number between 1 and 10!")
   else:
       if (Value > 0) and (Value <= 10):
          print("You typed: ", Value)
       else:
          print("The value you typed is incorrect!")
   ```

   O código no bloco `try` tem sua exceção manipulada. Nesse caso, manipular a exceção significa pegar a entrada do usuário usando chamadas `int(input())`. Se uma exceção ocorrer fora desse bloco, o código não o manipulará. Sentindo-se confiante, a tentação pode ser englobar todo o código executável em um bloco `try` para que toda exceção seja manipulada. No entanto, é importante que a manipulação de exceção seja pequena e específica para que a localização do problema seja mais fácil.

LEMBRE-SE

   O bloco `except` procura uma exceção específica, nesse caso: `ValueError`. Quando o usuário cria uma exceção `ValueError` digitando Hello, em vez de um valor numérico, esse bloco de exceção particular é executado. Se o usuário gerasse alguma outra exceção, esse bloco `except` não a manipularia.

CAPÍTULO 10 **Lidando com Erros** 181

O bloco else contém todo o código que é executado quando o bloco de código try é bem-sucedido (não gera uma exceção). O restante do código está nesse bloco porque não é necessário executá-lo, a não ser que o usuário forneça uma entrada válida. Quando o usuário fornece um número inteiro como entrada, o código pode checar o intervalo para garantir que está correto.

3. **Clique em Run Cell.**

   O Python pede para você digitar um número entre 1 e 10.

4. **Digite** Hello **e tecle Enter.**

   A aplicação apresenta uma mensagem de erro, como mostra a Figura 10-1.

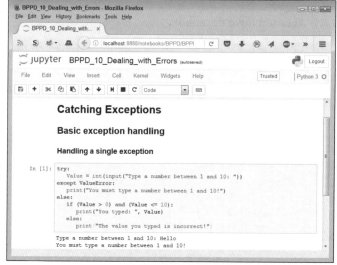

FIGURA 10-1: Digitar o tipo de entrada errado gera um erro, em vez de uma exceção.

5. **Execute os Passos 3 e 4 de novo, mas digite** 5,5, **em vez de Hello.**

   A aplicação gera a mesma mensagem de erro, como mostra a Figura 10-1.

6. **Execute os Passos 3 e 4 de novo, mas digite** 22, **em vez de Hello.**

   A aplicação exibe a saída esperada da mensagem de erro de intervalo, como na Figura 10-2. A manipulação de exceções não acaba com os erros de intervalo. Você deve checá-los separadamente.

FIGURA 10-2:
A manipulação de exceção não garante que o valor esteja no intervalo correto.

```
In [3]: try:
            Value = int(input("Type a number between 1 and 10: "))
        except ValueError:
            print("You must type a number between 1 and 10!")
        else:
            if (Value > 0) and (Value <= 10):
                print("You typed: ", Value)
            else:
                print("The value you typed is incorrect!")
Type a number between 1 and 10: 22
The value you typed is incorrect!
```

7. **Execute os Passos 3 e 4 de novo, mas digite 7, em vez de Hello.**

Dessa vez, a aplicação finalmente reporta que você forneceu o valor 7 correto. Mesmo que pareça muito trabalho fazer esse nível de checagem, sem isso não é possível ter certeza de que sua aplicação está funcionando corretamente.

PAPO DE ESPECIALISTA

Talvez seja necessário verificar outros tipos de problemas, dependendo do ambiente escolhido para realizar os testes. Por exemplo, caso estivesse usando o IDLE, em vez do Notebook para os testes, pressionar as teclas Ctrl+C, Cmd+C, ou algum tipo de interrupção inesperada teria resultado em uma exceção `KeyboardInterrupt`. Como o Notebook verifica automaticamente esse tipo de exceção, nada acontece ao pressionar essas teclas de interrupção e você não precisa realizar mais esse teste. Obviamente, essa estratégia funciona apenas quando todos usam um IDE, como o Notebook, que fornece a proteção necessária já incorporada.

Usando a cláusula except sem uma exceção

Você pode criar um bloco de manipulação de exceção no Python que seja genérico, porque ele não procura uma exceção específica. Na maioria dos casos, é importante fornecer uma exceção específica ao fazer manipulação de exceções pelos seguintes motivos:

» Para não esconder uma exceção que você não considerou quando estava projetando a aplicação.

» Para garantir que outros saibam precisamente quais exceções sua aplicação manipulará.

» Para lidar com as exceções corretamente usando um código específico para aquela exceção.

No entanto, algumas vezes você pode precisar da capacidade genérica de manipulação de exceção, como quando estiver trabalhando com bibliotecas de terceiros ou interagindo com um serviço externo. Os passos a seguir demonstram como usar uma cláusula `except` sem uma exceção específica anexada.

1. **Digite o seguinte código no notebook, teclando Enter após cada linha:**

```
try:
    Value = int(input("Type a number between 1 and 10:
    "))
except:
    print("This is the generic error!")
except ValueError:
    print("You must type a number between 1 and 10!")
else:
    if (Value > 0) and (Value <= 10):
        print("You typed: ", Value)
    else:
        print("The value you typed is incorrect!")
```

A única diferença entre este exemplo e o exemplo anterior é que a cláusula `except` não tem a exceção `ValueError` especificamente associada a ela. O resultado é que essa cláusula `except` também capturará qualquer outra exceção ocorrida.

2. **Clique em Run Cell.**

Será exibida a mensagem de erro como na Figura 10-3. O Python detecta automaticamente que você colocou os manipuladores de exceção na ordem errada (você aprenderá mais sobre isso na seção "Manipulando exceções das mais específicas para as menos específicas", logo mais neste capítulo). Inverta a ordem das duas exceções para que fiquem assim:

```
try:
    Value = int(input("Type a number between 1 and 10:
    "))
except ValueError:
    print("You must type a number between 1 and 10!")
except:
    print("This is the generic error!")
else:
    if (Value > 0) and (Value <= 10):
        print("You typed: ", Value)
    else:
        print("The value you typed is incorrect!")
```

184   PARTE 2 **Mandando Ver**

FIGURA 10-3: Os manipuladores de exceção estão na ordem errada.

```
Using the except clause without an exception

In [5]:  try:
             Value = int(input("Type a number between 1 and 10: "))
         except:
             print("This is the generic error!")
         except ValueError:
             print("You must type a number between 1 and 10!")
         else:
             if (Value > 0) and (Value <= 10):
                 print("You typed: ", Value)
             else:
                 print("The value you typed is incorrect!")

           File "<ipython-input-5-587f65f032cf>", line 2
             Value = int(input("Type a number between 1 and 10: "))
                 ^
         SyntaxError: default 'except:' must be last
```

3. Clique em Run Cell.

O Python pede para digitar um número entre 1 e 10.

4. Digite Hello e tecle Enter.

A aplicação mostra uma mensagem de erro (verifique a Figura 10-1). Quando as exceções estão na ordem correta, o código detecta erros específicos primeiro e, na sequência, usa manipuladores menos específicos apenas quando necessário.

5. Clique em Run Cell.

O Python pede para digitar um número entre 1 e 10.

6. Selecione Kernel ⇨ Interrupt.

Isso é o mesmo que pressionar Ctrl+C ou Cmd+C em outros IDEs. Parece que nada acontece. Porém, observe a janela do servidor e verá uma mensagem `Kernel Interrupted`.

7. Digite 5,5 e tecle Enter.

Você verá a mensagem genérica de erro mostrada na Figura 10-4, porque o Notebook está reagindo à interrupção, e não à entrada incorreta; isso ocorre porque a interrupção veio primeiro. O Python enfileira os erros na ordem em que aparecem. Dessa forma, às vezes você pode constatar que uma aplicação gera o que parece ser uma mensagem de erro errada.

CAPÍTULO 10 **Lidando com Erros** 185

FIGURA 10-4:
A manipulação da exceção genérica captura a exceção Keyboard Interrupt.

```
In [7]: try:
            Value = int(input("Type a number between 1 and 10: "))
        except ValueError:
            print("You must type a number between 1 and 10!")
        except:
            print("This is the generic error!")
        else:
            if (Value > 0) and (Value <= 10):
                print("You typed: ", Value)
            else:
                print("The value you typed is incorrect!")

Type a number between 1 and 10: 5.5
This is the generic error!
```

8. **Execute os Passos 3 e 4 de novo, mas digite** 5,5 **em vez de Hello.**

A aplicação gera a mesma mensagem de erro (verifique a Figura 10-1 mais uma vez). Nesse caso, não houve interrupção, então você verá a mensagem de erro esperada.

OBTENDO UMA LISTA DE ARGUMENTOS DE EXCEÇÃO

A lista de argumentos fornecidos com exceções varia segundo a exceção e o que o emissor fornece. Não é fácil distinguir o que você espera obter na forma de informações adicionais. Um modo de lidar com o problema é simplesmente imprimir tudo usando um código como este:

```
import sys
try:
    File = open('myfile.txt')
except IOError as e:
    for Arg in e.args:
        print(Arg)
else:
    print("File opened as expected.")
    File.close();
```

A propriedade `args` sempre contém uma lista de argumentos de exceções no formato de string. Você pode usar um simples loop `for` para imprimir cada um dos argumentos. O único problema com essa abordagem é que não é possível ver os nomes dos argumentos, então você conhece a informação de saída (que é óbvia, nesse caso), mas não sabe como chamá-la.

Um método mais complexo para lidar com a questão é imprimir os nomes e os conteúdos dos argumentos. O código a seguir mostra os nomes e os valores de cada um dos argumentos:

```
import sys
try:
```

186   PARTE 2 **Mandando Ver**

```python
        File = open('myfile.txt')
except IOError as e:
    for Entry in dir(e):
        if (not Entry.startswith("_")):
            try:
                print(Entry, " = ", e.__getattribute__
(Entry))
            except AttributeError:
                print("Attribute ", Entry, " not
accessible.")
else:
    print("File opened as expected.")
    File.close();
```

Nesse caso, você começa pegando uma lista de atributos associados ao argumento de erro do objeto usando a função `dir()`. A saída da função `dir()` é uma lista de strings contendo os nomes dos atributos que você pode imprimir. Somente os argumentos que não iniciam com um sublinhado (_) contêm informação útil sobre a exceção. No entanto, algumas dessas entradas são inacessíveis, então você deve inserir o código de saída no segundo bloco de try...except (veja mais detalhes na seção "Manipulação de exceções aninhadas", mais adiante neste capítulo).

O nome do atributo é fácil porque está contido em `Entry`. Para obter o valor associado ao atributo, você deve usar a função `__getattribute()` e fornecer o nome do atributo desejado. Ao rodar este código, verá os nomes e o valor de cada um dos atributos fornecidos com um objeto particular de argumento do erro. Nesse caso, a saída real é a seguinte:

```
args   =  (2, 'No such file or directory')
Attribute  characters_written  not accessible.
errno  =  2
filename  =  myfile.txt
filename2 = None
strerror  =  No such file or directory
winerror  =  None
with_traceback  =  <built-in method with_traceback
of
    FileNotFoundError object at 0x0000000003416DC8>
```

CAPÍTULO 10 **Lidando com Erros**   187

Trabalhando com argumentos de exceção

A maioria de exceções não fornece argumentos (uma lista de valores os quais você pode checar para ter mais informações). A exceção ocorre ou não. No entanto, poucas exceções fornecem argumentos e elas serão usadas mais tarde neste livro. Os argumentos dizem mais sobre a exceção e fornecem detalhes que você precisa saber para corrigi-la.

PAPO DE ESPECIALISTA

Por uma questão de completude, este capítulo inclui um exemplo simples que gera uma exceção com um argumento. Se desejar, pode pular o restante desta seção, sem problemas, porque a informação é tratada em mais detalhes posteriormente neste livro.

1. **Digite o seguinte código no notebook, teclando Enter após cada linha:**

```
import sys
try:
    File = open('myfile.txt')
except IOError as e:
    print("Error opening file!\r\n" +
        "Error Number: {0}\r\n".format(e.errno) +
        "Error Text: {0}".format(e.strerror))
else:
    print("File opened as expected.")
    File.close();
```

Esse exemplo usa algumas funcionalidades avançadas. A instrução `import` obtém o código de outro arquivo. O Capítulo 11 mostrará como usar essa funcionalidade no Python.

A função `open()` abre um arquivo e fornece acesso por meio da variável `File`. O Capítulo 16 mostrará como o acesso ao arquivo funciona. Tendo em conta que o arquivo `myfile.txt` não existe no diretório da aplicação, o sistema operacional não pode abri-lo e dirá ao Python que o arquivo não existe.

Tentar abrir um arquivo inexistente gera uma exceção `IOError`. Essa exceção, em particular, fornece acesso a dois argumentos:

- `errno`: Fornece o número do erro do sistema operacional como um inteiro.

- `strerror`: Contém a informação de erro como uma string que pode ser lida por humanos.

A cláusula `as` coloca a informação de exceção dentro de uma variável, e, que você pode acessar quando necessário para obter informações adicionais. O bloco `except` contém a chamada `print()`, que formata a informação de erro em uma mensagem de erro facilmente lida.

Se você decidir criar o arquivo `myfile.txt`, a cláusula `else` o executará. Nesse caso, verá a mensagem dizendo que o arquivo abriu normalmente. O código então fecha o arquivo sem fazer nada com ele.

2. **Clique em Run Cell.**

   A aplicação apresenta a informação Error opening file (Erro ao abrir arquivo), como mostra a Figura 10-5.

FIGURA 10-5: Tentar abrir um arquivo inexistente nunca funciona.

```
Working with exception arguments
In [9]: import sys
        try:
            File = open('myfile.txt')
        except IOError as e:
            print("Error opening file!\r\n" +
                "Error Number: {0}\r\n".format(e.errno) +
                "Error Text: {0}".format(e.strerror))
        else:
            print("File opened as expected.")
            File.close();
Error opening file!
Error Number: 2
Error Text: No such file or directory
```

Manipulando exceções múltiplas com uma única cláusula except

A maioria das aplicações pode gerar múltiplas exceções para uma única linha de código. Esse fato foi demonstrado na seção "Usando a cláusula except sem uma exceção", deste capítulo. A forma como você manipula as múltiplas exceções depende dos objetivos da aplicação, dos tipos de exceções e da habilidade relativa de seus usuários. Algumas vezes, ao trabalhar com usuários menos habilidosos, é mais simples dizer que a aplicação teve um erro não recuperável e registrar os detalhes no arquivo de log, no diretório da aplicação ou na localização central.

LEMBRE-SE

Usar uma única cláusula `except` para manipular múltiplas exceções funciona somente quando uma fonte comum de ações atende as necessidades de todos os tipos de exceções. Caso contrário, você precisa manipular cada exceção individualmente. Os passos a seguir mostram como manipular múltiplas exceções usando uma única cláusula `except`.

1. **Digite o seguinte código no notebook, teclando Enter após cada linha:**

```
try:
    Value = int(input("Type a number between 1 and 10: "))
except (ValueError, KeyboardInterrupt):
    print("You must type a number between 1 and 10!")
```

```
else:
    if (Value > 0) and (Value <= 10):
        print("You typed: ", Value)
    else:
        print("The value you typed is incorrect!")
```

LEMBRE-SE

Observe que a cláusula except agora utiliza ambas as exceções, ValueError e KeyboardInterrupt. Elas aparecem entre parênteses e são separadas por vírgulas.

2. **Clique em Run Cell.**

   O Python pede que você digite um número entre 1 e 10.

3. **Digite** Hello **e pressione Enter.**

   A aplicação mostra uma mensagem de erro (verifique a Figura 10-1).

4. **Clique em Run Cell.**

   O Python pede que digite um número entre 1 e 10.

5. **Selecione Kernel ⇨ Interrupt.**

   Isso é o mesmo que pressionar Ctrl+C ou Cmd+C em outros IDEs.

6. **Digite** 5,5 **e tecle Enter.**

   A aplicação mostra uma mensagem de erro (verifique a Figura 10-1).

7. **Execute os Passos 2 e 3 de novo, mas digite** 7, **em vez de Hello.**

   Dessa vez, a aplicação finalmente informa que você forneceu o valor 7 correto.

Manipulando exceções múltiplas com múltiplas cláusulas except

Quando trabalhamos com múltiplas exceções, colocar cada exceção em sua própria cláusula except é geralmente uma boa ideia. Essa abordagem permite fornecer uma manipulação customizada para cada exceção e facilita o conhecimento do usuário sobre o que deu errado. Claro, também é muito mais trabalhosa. Os passos a seguir demonstram como executar a manipulação de exceções usando múltiplas cláusulas except.

1. **Digite o seguinte código na janela, teclando Enter após cada linha:**

```
try:
    Value = int(input("Type a number between 1 and 10:
    "))
except ValueError:
```

```
      print("You must type a number between 1 and 10!")
except KeyboardInterrupt:
      print("You pressed Ctrl+C!")
else:
   if (Value > 0) and (Value <= 10):
      print("You typed: ", Value)
   else:
      print("The value you typed is incorrect!")
```

LEMBRE-SE

Observe o uso de múltiplas cláusulas except nesse caso. Cada uma delas lida com uma exceção diferente. Você pode usar uma combinação de técnicas, com algumas cláusulas except manipulando somente uma exceção e outras manipulando múltiplas exceções. O Python permite usar a abordagem que funcione melhor para as situações de manipulação de erro.

2. **Clique em Run Cell.**

   O Python solicita que você digite um número entre 1 e 10.

3. **Digite** Hello **e tecle Enter.**

   A aplicação mostra uma mensagem de erro (verifique a Figura 10-1).

4. **Execute os Passos 2 e 3 de novo, mas digite** 22, **em vez de Hello.**

   A aplicação exibe a mensagem de erro de intervalo esperada (verifique a Figura 10-2).

5. **Execute os Passos 2 e 3 novamente, mas selecione Kernel ⇨ Interrupt, depois digite** 5,5 **e tecle Enter.**

   A aplicação exibe uma mensagem específica que informa ao usuário o que deu errado, como mostra a Figura 10-6.

FIGURA 10-6:
Usar múltiplas cláusulas except possibilita mensagens específicas de erro.

```
In [17]: try:
            Value = int(input("Type a number between 1 and 10: "))
         except ValueError:
            print("You must type a number between 1 and 10!")
         except KeyboardInterrupt:
            print("You pressed Ctrl+C!")
         else:
            if (Value > 0) and (Value <= 10):
               print("You typed: ", Value)
            else:
               print("The value you typed is incorrect!")
Type a number between 1 and 10: 5.5
You pressed Ctrl+C!
```

6. **Execute os Passos 2 e 3 de novo, mas digite** 7, **em vez de Hello.**

   Dessa vez, a aplicação finalmente informa que você forneceu o valor 7 correto.

CAPÍTULO 10 **Lidando com Erros**   191

Manipulando exceções das mais específicas para as menos específicas

Uma estratégia para manipular exceções é fornecer cláusulas `except` específicas para todas as exceções conhecidas e cláusulas `except` genéricas para manipular as desconhecidas. Você pode ver a hierarquia de exceções que o Python usa em `https://docs.python.org/3/library/exceptions.html#exception-hierarchy`. Nesse gráfico, `BaseException` é a exceção mais acima. A maioria das exceções deriva de `Exception`. Ao trabalhar com erros de matemática, você pode usar a exceção genérica `ArithmeticError` ou uma mais específica, `ZeroDivisionError`.

O Python avalia as cláusulas `except` na ordem em que aparecem no arquivo de código-fonte. A primeira cláusula é examinada primeiro, a segunda cláusula é examinada em segundo lugar, e assim por diante. Os passos a seguir ajudam você a examinar um exemplo que demonstra a importância de usar a exceção na ordem correta. Nesse caso, você executa tarefas que resultam em erros de matemática.

1. **Digite o seguinte código no notebook, teclando Enter após cada linha:**

```
try:
    Value1 = int(input("Type the first number: "))
    Value2 = int(input("Type the second number: "))
    Output = Value1 / Value2
except ValueError:
    print("You must type a whole number!")
except KeyboardInterrupt:
    print("You pressed Ctrl+C!")
except ArithmeticError:
    print("An undefined math error occurred.")
except ZeroDivisionError:
    print("Attempted to divide by zero!")
else:
    print(Output)
```

O código começa obtendo duas entradas: `Value1` e `Value2`. As duas primeiras cláusulas `except` lidam com as entradas inesperadas. As segundas duas cláusulas `except` lidam com as exceções matemáticas, como dividir por zero. Se tudo for bem com a aplicação, a cláusula `else` será executada, imprimindo o resultado da operação.

2. **Clique em Run Cell.**

O Python solicita que você digite o primeiro número.

3. **Digite** Hello **e tecle Enter.**

Como esperado, o Python mostra a mensagem de exceção `ValueError`. No entanto, é interessante verificar se há problemas em potencial.

4. **Clique em Run Cell novamente.**

O Python solicita que você digite o primeiro número.

5. **Digite** 8 **e tecle Enter.**

A aplicação pede para digitar o segundo número.

6. **Digite** 0 **e tecle Enter.**

Você verá a mensagem de erro para a exceção `ArithmeticError`, como mostra a Figura 10-7. O que você realmente deveria ver é a exceção `ZeroDivisionError`, porque é mais específica que a exceção `ArithmeticError`.

FIGURA 10-7: A ordem em que o Python processa as exceções é importante.

```
In [20]: try:
             Value1 = int(input("Type the first number: "))
             Value2 = int(input("Type the second number: "))
             Output = Value1 / Value2
         except ValueError:
             print("You must type a whole number!")
         except KeyboardInterrupt:
             print("You pressed Ctrl+C!")
         except ArithmeticError:
             print("An undefined math error occurred.")
         except ZeroDivisionError:
             print("Attempted to divide by zero!")
         else:
             print(Output)

Type the first number: 8
Type the second number: 0
An undefined math error occurred.
```

7. **Inverta a ordem das duas exceções para que fiquem assim:**

```
except ZeroDivisionError:
    print("Attempted to divide by zero!")
except ArithmeticError:
    print("An undefined math error occurred.")
```

8. **Execute os Passos 4 ao 6 mais uma vez.**

Dessa vez, você verá a mensagem de exceção `ZeroDivisionError`, porque as exceções aparecem na ordem correta.

9. **Execute os Passos 4 e 5 novamente, mas digite** 2 **para o segundo número, em vez de 0.**

Dessa vez, a aplicação finalmente informa uma saída de valor 4.0, como mostra a Figura 10-8.

CAPÍTULO 10 **Lidando com Erros** 193

```
In [22]: try:
            Value1 = int(input("Type the first number: "))
            Value2 = int(input("Type the second number: "))
            Output = Value1 / Value2
         except ValueError:
            print("You must type a whole number!")
         except KeyboardInterrupt:
            print("You pressed Ctrl+C!")
         except ZeroDivisionError:
            print("Attempted to divide by zero!")
         except ArithmeticError:
            print("An undefined math error occurred.")
         else:
            print(Output)
         Type the first number: 8
         Type the second number: 2
         4.0
```

FIGURA 10-8:
Fornecer uma entrada útil resulta em uma saída útil.

LEMBRE-SE

Observe que a saída mostrada na Figura 10-8 é um valor de ponto flutuante. A divisão resultará em um valor de ponto flutuante, a não ser que você especifique que quer uma saída de inteiro usando o operador floor division (//).

Manipulação de exceções aninhadas

Algumas vezes, é preciso colocar uma rotina de manipulação de exceção dentro de outra, através de um processo chamado *aninhamento*. Quando você aninha rotinas de manipulação de exceções, o Python tenta achar um manipulador de exceções primeiro no nível de aninhamento, então vai para as camadas externas. É possível aninhar rotinas de manipulação de exceções tão profundamente quanto quiser para fazer o código ficar seguro.

Uma das razões mais comuns para usar a dupla camada de código de manipulação de exceção é quando você quer obter a entrada de um usuário e precisa colocar o código de entrada em um loop para garantir que realmente terá a informação requerida. Os passos a seguir demonstram como esse tipo de código pode funcionar.

1. **Digite o seguinte código no notebook, teclando Enter após cada linha:**

```
TryAgain = True
while TryAgain:
    try:
        Value = int(input("Type a whole number. "))
    except ValueError:
        print("You must type a whole number!")
        try:
            DoOver = input("Try again (y/n)? ")
        except:
            print("OK, see you next time!")
            TryAgain = False
        else:
            if (str.upper(DoOver) == "N"):
```

```
          TryAgain = False
   except KeyboardInterrupt:
      print("You pressed Ctrl+C!")
      print("See you next time!")
      TryAgain = False
   else:
      print(Value)
      TryAgain = False
```

O código começa criando um loop de entrada. Usar loops para esse propósito é muito comum em aplicações, porque é importante que a aplicação não feche a cada erro de entrada. Esse é um loop simplificado e normalmente você cria uma função separada para manter o código.

Quando o loop inicia, a aplicação pede ao usuário para digitar um número inteiro. Pode ser qualquer valor inteiro. Se o usuário digita qualquer valor não inteiro ou pressiona Ctrl+C, Cmd+C ou outra combinação de interrupção, o código de manipulação de exceção assume o controle. Caso contrário, a aplicação imprime o valor que o usuário forneceu e define `TryAgain` para `False`, que faz o loop parar.

Uma exceção `ValueError` pode ocorrer quando o usuário comete um erro. Por não saber porque o usuário digitou o valor errado, você deve perguntar se ele gostaria de tentar de novo. É claro que receber mais entrada de um usuário pode gerar outra exceção. O bloco de código interno `try...except` manipula a entrada secundária.

DICA

Observe o uso da função `str.upper()` ao receber entrada de caractere do usuário. Essa função possibilita receber y ou Y como entrada e aceitar ambas. Sempre que você pedir caracteres de entrada ao usuário, é uma boa ideia convertê-los de caixa-baixa para caixa-alta, para que possa executar uma única comparação (reduzindo o potencial de erros).

LEMBRE-SE

A exceção `KeyboardInterrupt` mostra duas mensagens e fecha automaticamente, definindo `TryAgain` para `False`. `KeyboardInterrupt` ocorre somente quando o usuário pressiona uma combinação específica de teclas designadas para terminar a aplicação. O usuário provavelmente não deseja continuar usando a aplicação neste ponto.

2. **Clique em Run Cell.**

   O Python solicita que o usuário entre com um número inteiro.

3. **Digite** Hello **e pressione Enter.**

   A aplicação mostra uma mensagem de erro e pergunta se você quer tentar de novo.

4. Digite Y e pressione Enter.

A aplicação pede que entre com um número inteiro de novo, como na Figura 10-9.

Nested exception handling

```
In [*]: TryAgain = True
        while TryAgain:
            try:
                Value = int(input("Type a whole number. "))
            except ValueError:
                print("You must type a whole number!")
                try:
                    DoOver = input("Try again (y/n)? ")
                except:
                    print("OK, see you next time!")
                    TryAgain = False
                else:
                    if (str.upper(DoOver) == "N"):
                        TryAgain = False
            except KeyboardInterrupt:
                print("You pressed Ctrl+C!")
                print("See you next time!")
                TryAgain = False
            else:
                print(Value)
                TryAgain = False

Type a whole number. Hello
You must type a whole number!
Try again (y/n)? Y

Type a whole number.
```

FIGURA 10-9: Usar um loop quer dizer que a aplicação pode se recuperar do erro.

5. Digite 5,5 e pressione Enter.

A aplicação mostra a mensagem de erro novamente e pergunta se você quer tentar de novo.

6. Selecione Kernel ⇨ Interrupt para interromper a aplicação, digite Y e depois tecle Enter.

A aplicação termina, como mostra a Figura 10-10. Observe que a mensagem é aquela da exceção interna. A aplicação nunca chega à exceção externa, porque o manipulador da exceção interna fornece uma manipulação da exceção genérica.

196   PARTE 2 **Mandando Ver**

Nested exception handling

```
In [23]:  TryAgain = True
          while TryAgain:
              try:
                  Value = int(input("Type a whole number. "))
              except ValueError:
                  print("You must type a whole number!")
                  try:
                      DoOver = input("Try again (y/n)? ")
                  except:
                      print("OK, see you next time!")
                      TryAgain = False
                  else:
                      if (str.upper(DoOver) == "N"):
                          TryAgain = False
              except KeyboardInterrupt:
                  print("You pressed Ctrl+C!")
                  print("See you next time!")
                  TryAgain = False
              else:
                  print(Value)
                  TryAgain = False

          Type a whole number. Hello
          You must type a whole number!
          Try again (y/n)? Y
          Type a whole number. 5.5
          You must type a whole number!
          Try again (y/n)? Y
          OK, see you next time!
```

FIGURA 10-10: O manipulador da exceção interna fornece o suporte de entradas secundárias.

7. Clique em Run Cell.

O Python solicita que o usuário entre com um número inteiro.

8. Selecione Kernel ⇨ Interrupt para interromper a aplicação, digite 5,5 e depois tecle Enter.

A aplicação termina, como na Figura 10-11. Observe que a mensagem é aquela da exceção externa. Nos Passos 6 e 8, o usuário termina a aplicação pressionando uma tecla de interrupção. No entanto, a aplicação usa dois manipuladores de exceção diferentes para lidar com o problema.

```
In [24]:  TryAgain = True
          while TryAgain:
              try:
                  Value = int(input("Type a whole number. "))
              except ValueError:
                  print("You must type a whole number!")
                  try:
                      DoOver = input("Try again (y/n)? ")
                  except:
                      print("OK, see you next time!")
                      TryAgain = False
                  else:
                      if (str.upper(DoOver) == "N"):
                          TryAgain = False
              except KeyboardInterrupt:
                  print("You pressed Ctrl+C!")
                  print("See you next time!")
                  TryAgain = False
              else:
                  print(Value)
                  TryAgain = False

          Type a whole number. 5.5
          You pressed Ctrl+C!
          See you next time!
```

FIGURE 10-11: O manipulador de exceção externa fornece o suporte de entradas primárias.

CAPÍTULO 10 **Lidando com Erros** 197

Gerando Exceções

Até agora, os exemplos neste capítulo reagiram às exceções. Alguma coisa acontece e a aplicação fornece o suporte de manipulação de erro para aquele evento. No entanto, surgem situações em que você não sabe como manipular um evento de erro durante o processo de design da aplicação. Talvez nem consiga lidar com o erro em um nível específico e precisa passá-lo para algum outro nível para a manipulação. Em resumo, em algumas situações, sua aplicação deve gerar uma exceção. Esse ato é chamado de *gerar* (ou algumas vezes de *levantar*) a exceção. As seções a seguir descrevem cenários comuns, nos quais você gera exceções em casos específicos.

Gerando exceções durante condições excepcionais

O exemplo nesta seção demonstra como você gera uma simples exceção, que não precisa de nada em especial. Os passos a seguir apenas criam a exceção e a manipulam imediatamente.

1. **Digite o seguinte código no notebook, teclando Enter após cada linha:**

   ```
   try:
       raise ValueError
   except ValueError:
       print("ValueError Exception!")
   ```

   Na realidade, você nunca criaria um código parecido com esse, mas ele mostra como a geração de exceção funciona no nível mais básico. Nesse caso, a chamada `raise` aparece dentro de um bloco `try...except`. Uma chamada `raise` básica simplesmente fornece o nome da exceção a gerar (ou levantar). Você pode também fornecer argumentos como parte da saída para ter informações adicionais.

LEMBRE-SE

   Observe que falta uma cláusula `else` no bloco `try...except` porque não tem nada depois da chamada. Embora você raramente use um bloco `try...except` assim, ele pode ser usado. É possível encontrar situações como essa de vez em quando e é necessário se lembrar de que adicionar a cláusula `else` é puramente opcional. Por outro lado, você deve adicionar, pelo menos, uma cláusula `except`.

2. **Clique em Run Cell.**

   O Python mostra o texto da exceção esperada, como na Figura 10-12.

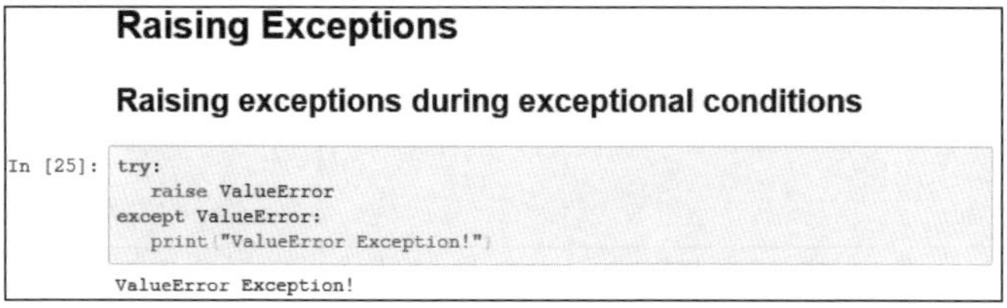

FIGURA 10-12:
Para gerar uma exceção, é necessário somente uma chamada para `raise`.

```
Raising Exceptions

Raising exceptions during exceptional conditions

In [25]:   try:
               raise ValueError
           except ValueError:
               print "ValueError Exception!"

ValueError Exception!
```

Passando informação de erro ao chamador

O Python fornece a manipulação de erro de forma extremamente flexível, pois você pode passar a informação para o *chamador* (o código que chama seu código), sem importar qual exceção é usada. É claro, o chamador pode não saber que a informação está disponível, o que gera muita discussão sobre esse tópico. Caso esteja trabalhando com o código de outras pessoas e não sabe se alguma informação adicional está disponível, sempre pode usar a técnica descrita no box "Obtendo uma lista de argumentos de exceção", anteriormente neste capítulo.

Você já deve ter se perguntado se poderia fornecer informações melhores quando trabalha com a exceção `ValueError` do que com uma exceção fornecida nativamente pelo Python. Os passos a seguir mostram que é possível modificar a saída para que inclua informações úteis.

1. Digite o seguinte código no notebook, teclando Enter após cada linha:

```
try:
    Ex = ValueError()
    Ex.strerror = "Value must be within 1 and 10."
    raise Ex
except ValueError as e:
    print("ValueError Exception!", e.strerror)
```

A exceção `ValueError` normalmente não fornece um atributo chamado `strerror` (um nome comum para erro de string), mas você pode adicioná-lo simplesmente atribuindo um valor a ele, como mostrado. Quando o exemplo gera a exceção, a cláusula `except` o manipula como sempre, mas obtém acesso aos atributos usando `e`. Você pode então acessar o membro `e.strerror` para obter a informação adicionada.

CAPÍTULO 10 **Lidando com Erros** 199

2. Clique em Run Cell.

O Python mostra uma exceção `ValueError` expandida, como na Figura 10-13.

FIGURA 10-13:
É possível adicionar uma informação de erro a qualquer exceção.

```
Passing error information to the caller
In [26]: try:
             Ex = ValueError()
             Ex.strerror = "Value must be within 1 and 10."
             raise Ex
         except ValueError as e:
             print("ValueError Exception!", e.strerror)
ValueError Exception! Value must be within 1 and 10.
```

Criando e Usando Exceções Customizadas

O Python fornece diversas exceções padrões que você deve usar sempre que possível. Elas são incrivelmente flexíveis e você pode até modificá-las quando necessário (dentro do razoável) para atender a necessidades específicas. Por exemplo, a seção "Passando informação de erro ao chamador", neste capítulo, demonstra como modificar a exceção `ValueError` para permitir dados adicionais. No entanto, algumas vezes você simplesmente deve criar uma exceção customizada porque nenhuma das exceções padrões funcionará. Talvez o nome da exceção simplesmente não diga ao observador o motivo para o qual ela serve. Você pode precisar customizá-la para bancos de dados especializados funcionarem ou quando estiver trabalhando com um serviço.

CUIDADO

O exemplo nesta seção vai parecer um pouco complicado para este momento porque você não trabalhou com classes ainda. O Capítulo 15 introduzirá as classes e o ajudará a entender como elas funcionam. Se quiser pular esta seção até ler o Capítulo 15, pode fazê-lo sem qualquer problema.

O exemplo nesta seção mostra um método rápido para criar suas próprias exceções. Para executar essa tarefa, você deve criar uma classe que use uma exceção existente como ponto inicial. Para facilitar um pouco as coisas, este exemplo cria uma exceção baseada em uma funcionalidade fornecida pela exceção `ValueError`. A vantagem de usar essa abordagem, em vez da mostrada na seção anterior "Passando informação de erro ao chamador" neste capítulo, é que ela informa a qualquer pessoa que o segue precisamente o que é a adição à exceção `ValueError`; e mais, ela facilita o uso da exceção modificada.

1. **Digite o seguinte código no notebook, teclando Enter após cada linha:**

   ```
   class CustomValueError(ValueError):
       def __init__(self, arg):
           self.strerror = arg
           self.args = {arg}
   try:
       raise CustomValueError("Value must be within 1 and
       10.")
   except CustomValueError as e:
       print("CustomValueError Exception!", e.strerror)
   ```

   Esse exemplo basicamente replica a funcionalidade do exemplo da seção "Passando informação de erro ao chamador", deste capítulo. No entanto, ele coloca o mesmo erro em `strerror` e `args`, para que o desenvolvedor tenha acesso a ambos (como acontece normalmente).

   O código começa criando a classe `CustomValueError` que usa a classe de exceção `ValueError` como ponto de partida. A função `__init__()` fornece a forma de criar uma instância nova para essa classe. Pense na classe como o projeto e na instância como a construção desenvolvida a partir do projeto.

   LEMBRE-SE

   Observe que o atributo `strerror` tem o valor atribuído diretamente a ele, mas `args` o recebe como um array. O membro `args` normalmente contém um array de todos os valores de exceção, então esse é um procedimento padrão, mesmo quando `args` contém só um valor, como nesse caso.

   O código para usar a exceção é bem mais fácil do que modificar `ValueError` diretamente. Tudo o que você faz é chamar `raise` com o nome da exceção e os argumentos que quer passar, todos em uma linha.

2. **Clique em Run Cell.**

   A aplicação mostra a sequência de letras junto do número da letra, como na Figura 10-14.

FIGURA 10-14: As exceções customizadas podem tornar seu código mais fácil de ler.

Usando a Cláusula finally

Normalmente você quer manipular qualquer exceção que ocorra de uma maneira que não trave a aplicação. No entanto, algumas vezes não pode fazer nada para corrigir o problema, e é mais provável que a aplicação trave. Nesse ponto, seu objetivo é fazer com que a aplicação pare de forma elegante, o que significa que fechará os arquivos para que os usuários não percam dados e fará outras tarefas dessa natureza. Qualquer coisa que possa fazer para evitar ou minimizar a perda de dados e do sistema é uma parte essencial da manipulação de dados para uma aplicação que pode travar.

A cláusula `finally` é parte da estratégia de falha da aplicação. Você a usa para executar qualquer tarefa requerida no último minuto. Normalmente, ela é bastante curta e usa somente chamadas que são propensas a ter êxito sem problemas posteriores. É essencial fechar os arquivos, fazer logout do usuário e realizar outras tarefas requeridas, então, deixar a aplicação fechar antes que alguma coisa terrível aconteça (como uma falha total do sistema). Com essa necessidade em mente, os passos a seguir mostram um exemplo simples do uso da cláusula `finally`.

1. **Digite o seguinte código no notebook, teclando Enter após cada linha:**

```
import sys
try:
    raise ValueError
    print("Raising an exception.")
except ValueError:
    print("ValueError Exception!")
    sys.exit()
finally:
    print("Taking care of last minute details.")
print("This code will never execute.")
```

Nesse exemplo, o código gera a exceção `ValueError`. A cláusula `except` é executada normalmente quando isso ocorre. A chamada para `sys.exit()` significa que a aplicação fecha depois de a exceção ser manipulada. Talvez a aplicação não possa se recuperar nesse caso em particular, mas a aplicação finaliza normalmente, por isso a chamada da função `print()` final nunca será executada.

LEMBRE-SE

O código da cláusula `finally` sempre é executado. Não importa se a exceção acontece ou não. O código colocado nesse bloco precisa ser comum, que você quer que seja executado sempre. Por exemplo, ao trabalhar com um arquivo, você coloca o código para fechá-lo dentro desse bloco e garante que os dados não sejam danificados por permanecerem na memória, em vez de irem para o disco.

202   PARTE 2 **Mandando Ver**

2. **Clique em Run Cell.**

   A aplicação mostra a mensagem da cláusula `except` e a mensagem da cláusula `finally`, como na Figura 10-15. A chamada `sys.exit()` impede que qualquer outro código seja executado.

LEMBRE-SE

   Observe que não é uma saída normal, então o Bloco de Notas lhe apresenta informações adicionais. Ao usar outros IDEs, como o IDLE, a aplicação simplesmente sai sem mostrar nenhuma informação adicional.

FIGURA 10-15: Use a cláusula `finally` para garantir que ações específicas sejam executadas antes de a aplicação terminar.

```
Using the finally Clause

In [1]: import sys
        try:
            raise ValueError
            print("Raising an exception.")
        except ValueError:
            print("ValueError Exception!")
            sys.exit()
        finally:
            print("Taking care of last minute details.")
        print("This code will never execute.")

ValueError Exception!
Taking care of last minute details.

An exception has occurred, use %tb to see the full traceback.

SystemExit

C:\Users\John\Anaconda3\lib\site-packages\IPython\core\interactiveshell.p
y:2889: UserWarning: To exit: use 'exit', 'quit', or Ctrl-D.
  warn("To exit: use 'exit', 'quit', or Ctrl-D.", stacklevel=1)
```

3. **Comente a chamada `raise ValueError` colocando duas hashtags antes, assim:**

   ```
   ##raise ValueError
   ```

   Remover a exceção demonstrará como a cláusula `finally` realmente funciona.

4. **Clique em Run Cell.**

   A aplicação mostrará uma série de mensagens, incluindo a mensagem da cláusula `finally`, como na Figura 10-16. Essa parte do exemplo mostra que a cláusula sempre é executada, então você precisa usá-la com cuidado.

FIGURA 10-16: É essencial lembrar que a cláusula `finally` sempre é executada.

```
In [2]: import sys
        try:
            ## raise ValueError
            print("Raising an exception.")
        except ValueError:
            print("ValueError Exception!")
            sys.exit()
        finally:
            print("Taking care of last minute details.")
        print("This code will never execute.")

Raising an exception.
Taking care of last minute details.
This code will never execute.
```

CAPÍTULO 10 **Lidando com Erros** 203

204   PARTE 2 **Mandando Ver**

Realizando Tarefas Comuns

NESTA PARTE...

Importe e use pacotes.

Use strings para apresentar os dados de forma legível para humanos.

Crie e gerencie listas de objetos.

Use coleções para aprimorar as capacidades da lista.

Desenvolva e use classes.

NESTE CAPÍTULO

» Organizando seu código

» Adicionando código de fontes externas

» Localizando e visualizando bibliotecas de código

» Obtendo e lendo a documentação da biblioteca

Capítulo **11**

Interagindo com Pacotes

Os exemplos neste livro são pequenos, mas a funcionalidade das aplicações resultantes são extremamente limitadas também. Mesmo aplicações pequenas do mundo real contêm milhares de linhas de código. De fato, aplicações assim são um tanto comuns. Imagine tentar trabalhar com um arquivo grande o suficiente para conter milhões de linhas de código — você nunca acharia nada. Em resumo, é preciso de algum método para organizar o código em pequenos pedaços mais fáceis de gerenciar, bem parecidos com os exemplos deste livro. A solução do Python é colocar o código em agrupamentos separados chamados de *pacotes* (em algumas fontes, talvez encontre o termo *módulos*, em vez de pacotes; os dois podem ser usados alternadamente). Os pacotes comumente usados que contêm códigos-fonte para necessidades genéricas são chamados de *bibliotecas*.

LEMBRE-SE

Os pacotes estão contidos em arquivos separados. Para usá-los, você deve informar ao Python para pegar o arquivo e lê-lo na aplicação atual. O processo de obter o código encontrado em arquivos externos é chamado de *importação*. Você importa um pacote ou uma biblioteca para usar o código contido neles. Alguns exemplos neste livro já mostraram a instrução `import` em uso, mas este capítulo mostra em detalhes, para que você saiba como usá-la.

Como parte da configuração inicial, o Python criou um ponteiro para as bibliotecas de uso geral que ele utiliza. É por isso que basta adicionar uma instrução `import` com o nome da biblioteca e o Python irá encontrá-la. No entanto, é válido saber como localizar os arquivos no disco, caso precise atualizá-los ou se quiser adicionar seus próprios pacotes e bibliotecas à lista de arquivos que o Python pode usar.

O código da biblioteca é independente e bem documentado (pelo menos na maioria dos casos). Alguns desenvolvedores podem sentir que nunca precisam consultá-lo, e estão certos, em parte — você nunca tem de consultar o código da biblioteca para usá-lo. No entanto, pode querer consultar para garantir que entendeu como funciona. Além disso, a biblioteca de código pode ensinar novas técnicas de programação que talvez você não descobrisse de outra forma. Então, checar esse código é opcional, mas pode ser útil.

O que você precisa saber como fazer é obter e usar a documentação da biblioteca do Python. Este capítulo mostra como fazer isso como parte do processo da criação de aplicações. O código-fonte para este capítulo está no arquivo `BPPD_11_Interacting_with_Packages.ipynb`, disponível para download, como descrito na Introdução do livro. Os exemplos de pacotes aparecem no arquivo `BPPD_11_Packages.ipynb`.

Criando Agrupamentos de Código

É importante agrupar pedaços similares de código para torná-lo mais fácil de usar, modificar e entender. Conforme uma aplicação cresce, gerenciar o código encontrado em um único arquivo fica mais difícil. Em algum ponto, o código fica impossível de ser gerenciado, porque o arquivo ficou grande demais para ser trabalhado.

LEMBRE-SE

O termo *código* é usado amplamente nesse caso em particular. Os agrupamentos de código podem incluir:

- » Classes
- » Funções
- » Variáveis
- » Código executável

A coleção de classes, funções, variáveis e códigos executáveis em um pacote são conhecidos como *atributos*. Um pacote tem atributos que você pode acessar pelo nome. As seções posteriores neste capítulo explicarão precisamente como funciona o acesso ao pacote.

PAPO DE ESPECIALISTA

O código executável pode ser escrito em uma linguagem diferente daquela do Python. Por exemplo, é comum achar pacotes que são escritos em C/C++, em vez de em Python. A razão pela qual alguns desenvolvedores usam código

208   PARTE 3 **Realizando Tarefas Comuns**

executável é fazer a aplicação do Python ficar mais rápida, precisando de menos recursos e mais capaz de usar recursos de determinada plataforma. No entanto, o uso de código executável apresenta a desvantagem de tornar sua aplicação menos portátil (capaz de rodar em outras plataformas), a não ser que você tenha módulos de código capazes de rodar em cada plataforma à qual dará suporte. Além disso, as aplicações de duas linguagens podem ser mais difíceis de manter, porque você deve ter desenvolvedores que possam falar cada linguagem de computador usada na aplicação.

A forma mais comum de criar um módulo é definir um arquivo distinto que contenha o código que você quer agrupar separadamente do resto da aplicação. Por exemplo, talvez queira criar uma rotina de impressão que a aplicação use em vários lugares. Essa rotina não está designada a trabalhar sozinha, mas como parte de uma aplicação como um todo. É importante separá-la, porque a aplicação a usa em vários lugares e é bem possível usar o mesmo código em outra aplicação. A habilidade de reutilizar o código ocupa uma posição de destaque na lista de razões para a criação de pacotes.

Para facilitar a compreensão, os exemplos neste capítulo usam um pacote comum. O pacote não faz nada de muito surpreendente, mas demonstra os princípios de sua utilização. Abra um projeto Python 3 Notebook, coloque o nome de BPPD_11_Packages e crie o código apresentado na Listagem 11-1. Depois disso, faça o download do código como um novo arquivo Python com o nome BPPD_11_Packages.py selecionando File ⇨ Download As ⇨ Python (.py) no Notebook.

LISTAGEM 11-1: **Um Pacote de Demonstração Simples**

```
def SayHello(Name):
    print("Hello ", Name)
    return
def SayGoodbye(Name):
    print("Goodbye ", Name)
    return
```

Talvez seja necessário copiar o arquivo resultante para sua pasta BPPD existente, dependendo de onde seu navegador geralmente faz o download de arquivos. Quando executado corretamente, o painel de seu Notebook deve conter uma cópia do arquivo, como mostra a Figura 11-1. Usar o recurso Import do Notebook, descrito na seção "Importando um notebook", do Capítulo 4, facilita muito as coisas.

O código de exemplo contém duas funções simples chamadas SayHello() e SayGoodbye(). Em ambos os casos, você fornece um Name para imprimir e a função o imprime na tela com uma saudação. Nesse ponto, a função retorna

CAPÍTULO 11 **Interagindo com Pacotes** 209

o controle para o chamador. É óbvio que você normalmente criaria funções mais complicadas, mas essas funções funcionam bem para os propósitos deste capítulo.

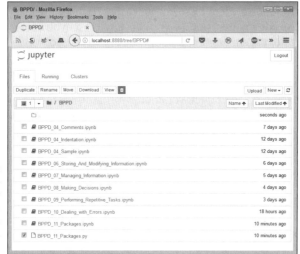

FIGURA 11-1: Lembre-se de colocar uma cópia do pacote em sua pasta BPPD.

Compreendendo os tipos de pacotes

O sistema de suporte do Python é imenso. Na verdade, talvez você nunca use mais do que uma pequena fração dele, até mesmo nas aplicações mais exigentes. Isso não quer dizer que o Python em si seja gigantesco; a linguagem, na verdade, é um tanto concisa quando comparada com muitas outras por aí. A imensidão vem do sistema de pacotes do Python, que executam de tudo, desde trabalho muito científico, passando por IA, exploração espacial, modelagem biológica até qualquer outra coisa imaginada e outras tantas que nem sequer imagina. No entanto, nem todos estão disponíveis o tempo inteiro, então é necessário ter uma ideia dos tipos de pacotes que são suportados pelo Python e onde encontrá-los (em ordem de preferência):

» **Predefinidos:** Esses pacotes tratam das necessidades mais comuns. Você os encontra na pasta `Adaconda3\Lib` de seu sistema, e tudo que precisa fazer para utilizá-los é usar `import` para importá-los para sua aplicação.

» **Personalizados:** Como demonstrado neste capítulo, é possível criar seus próprios pacotes e usá-los conforme necessário. Eles aparecem em seu disco rígido, normalmente no mesmo diretório do código do projeto, e você apenas o importa com `import` para sua aplicação.

» **Conda:** Há inúmeros pacotes projetados especificamente para o Anaconda. Muitos deles aparecem em http://conda.anaconda.org/mutirri [todos com conteúdo em inglês neste capítulo]. Antes de usá-los, é necessário fazer a instalação através do utilitário conda na linha de comando do Anaconda, como descrito na seção "Instalando pacotes conda", neste capítulo. Depois de fazer a instalação, é só utilizar o pacote, como se fosse qualquer outro predefinido.

» **Não conda:** O fato de um pacote não ter sido projetado para ser usado com o Anaconda não significa que não podemos usá-lo. Há uma grande variedade de pacotes de terceiros que oferecem funcionalidades significativas. Para instalá-los, use o utilitário pip na linha de comando do Anaconda, como descrito na seção "Instalando pacotes usando pip", logo mais neste capítulo. Após a instalação do pacote, talvez seja necessário fazer configurações adicionais, conforme as instruções dos criadores do pacote. Geralmente, após a configuração, você pode usá-lo como se fosse qualquer outro predefinido.

Considerando o cache do pacote

O Anaconda fornece um cache de pacote que fica fora da biblioteca do Python. Ele permite interagir facilmente com os pacotes específicos do Anaconda, através do utilitário da linha de comando conda. Para ver como usá-lo, abra o prompt de comando do Anaconda ou a janela do terminal. Você tem acesso a esse recurso através da entrada do Prompt Anaconda na pasta Anaconda3 em seu sistema. Digite **conda list** e tecle Enter para ver uma lista de pacotes que já estão instalados. A Figura 11-2 mostra os resultados comuns.

FIGURA 11-2: Obtenha uma lista de pacotes específicos do Anaconda com o utilitário conda.

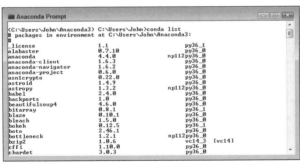

LEMBRE-SE

Observe que a saída mostra o nome do pacote como se você fosse acessá-lo a partir do Anaconda, a versão do pacote e a versão Python associada. Todas essas informações são úteis para gerenciar os pacotes. A lista a seguir apresenta os comandos conda essenciais para administrar seus pacotes:

CAPÍTULO 11 **Interagindo com Pacotes** 211

- » `conda clean`: Remove os pacotes que não estão sendo utilizados.
- » `conda config`: Configura o cache do pacote.
- » `conda create`: Define um novo ambiente `conda` que contém uma lista específica de pacotes, o que facilita gerenciá-los e pode aumentar a velocidade da aplicação.
- » `conda help`: Mostra uma lista completa de comandos `conda`.
- » `conda info`: Mostra as informações de configuração `conda`, o que inclui detalhes sobre onde o `conda` armazena os pacotes e onde ele procura novos pacotes.
- » `conda install`: Instala um ou mais pacotes no ambiente `conda` padrão ou especificado.
- » `conda list`: Apresenta uma lista de pacotes `conda` com diferentes níveis de detalhes. Você pode especificar quais pacotes listar e em quais ambientes procurar.
- » `conda remove`: Remove um ou mais pacotes do cache do pacote.
- » `conda search`: Procura pacotes específicos com os critérios de pesquisa fornecidos.
- » `conda update`: Atualiza alguns ou todos os pacotes no cache de pacotes.

DICA

Esses comandos podem fazer muito mais do que se possa imaginar. Obviamente, é impossível memorizar todas essas informações, então você pode usar a opção `--help` na linha de comando para obter detalhes completos sobre o uso de um comando em particular. Por exemplo, para aprender mais sobre `conda list`, digite **conda list --help** e tecle Enter.

Importando Pacotes

Para usar um pacote, você deve importá-lo. O Python embute o código do pacote no resto de sua aplicação na memória, como se você tivesse criado um arquivo enorme. Nenhum arquivo é alterado no disco — eles estão ainda separados, mas a forma como o Python vê o código é diferente.

LEMBRE-SE

Há duas formas de importar pacotes. Cada técnica é usada em circunstâncias específicas:

- » `import`: Você usa a instrução `import` quando quer importar um pacote inteiro. Este é o método mais comum que os desenvolvedores usam para importar pacotes, porque ele economiza tempo e requer somente uma linha de código. No entanto, essa abordagem também usa mais recursos de memória do que importar seletivamente os atributos de que você precisa, como descrito no próximo parágrafo.

» `from...import`: Você usa esta instrução quando quer importar seletivamente atributos individuais de pacotes. Esse método economiza recursos, mas à custa da complexidade. Além disso, se você tentar usar um atributo que não importou, o Python registrará um erro. Sim, o pacote ainda contém o atributo, mas o Python não pode vê-lo, porque você não o importou.

INTERAGINDO COM O DIRETÓRIO ATUAL DO PYTHON

O diretório que o Python estiver usando para acessar código afeta quais pacotes você pode carregar. Os arquivos da biblioteca do Python estão sempre incluídos na lista de localizações que o Python pode acessar, mas ele não sabe nada sobre o diretório que você usa para armazenar seu código-fonte, a não ser que diga a ele para procurar lá. Obviamente, é necessário saber como usar as funções de diretórios para conseguir informar ao Python onde procurar partes específicas do código. Você pode encontrar este exemplo no arquivo `BPPD_11_Directory.ipynb`, disponível para download, como informa a Introdução deste livro.

1. **Abra um novo notebook.**

2. **Digite** import os **e tecle Enter.**

    Essa ação importa a biblioteca os do Python. Você precisa importá-la para alterar o diretório (a localização que o Python vê no disco) para o diretório de trabalho deste livro.

3. **Digite** print(os.getcwd()) **e clique em Run Cell.**

    Você verá o diretório atual de trabalho (cwd) que o Python usa para obter o código local.

4. **Em uma nova célula, digite** for entry in os.listdir(): print(entry) **e clique em Run Cell.**

    Verá uma lista de entradas de diretório. Assim você pode determinar se o arquivo de que precisa está no cwd. Caso não esteja, será necessário alterar os diretórios para o local que contém o arquivo necessário.

Para alterar os diretórios, use o método `os.chdir()` e inclua o novo local como uma string, como `os.chdir('C:\MyDir')`. Porém, geralmente o Notebook terá o cwd com os arquivos para seu projeto atual.

CAPÍTULO 11 **Interagindo com Pacotes** 213

Agora que você tem uma ideia melhor de como importar módulos, é hora de analisá-los com mais detalhes. As seções a seguir o ajudam a trabalhar com a importação de módulos usando duas técnicas disponíveis no Python.

Usando a instrução import

A instrução `import` é o método mais comum para importar um módulo para o Python. Essa abordagem é rápida e garante que o módulo inteiro esteja pronto para uso. Os passos a seguir dão início ao uso dessa instrução.

1. **Abra um novo notebook.**

   Você também pode usar o código-fonte `BPPD_11_Interacting_with_Packages.ipynb`, disponível para download.

2. **Altere os diretórios, caso necessário, para o diretório com o código-fonte disponível para download.**

   Geralmente, o Notebook já o direciona para o diretório correto, de modo a usar os arquivos com o código-fonte, então você pode pular esse passo. Veja as instruções no box "Interagindo com o diretório atual do Python".

3. **Digite** import BPPD_11_Packages **e tecle Enter.**

   Essa instrução informa ao Python para importar o conteúdo do arquivo `BPPD_11_Packages.py` que você criou na seção "Criando Agrupamentos de Código" deste capítulo. A biblioteca inteira agora está pronta para usar.

CUIDADO

   É importante saber que o Python também cria um cache do pacote no sub-diretório `__pycache__`. Se você examinar o diretório de seu código-fonte depois de importar `BPPD_11_Packages` pela primeira vez, verá o novo diretório `__pycache__`. Caso queira fazer alterações no pacote, deve apagar esse diretório. Caso contrário, o Python continuará a usar o arquivo de cache inalterado, em vez do seu arquivo de código-fonte atualizado.

PAPO DE ESPECIALISTA

   O nome do arquivo em cache inclui a versão do Python para qual foi projetado, que, nesse caso, é `BPPD_11_Packages.cpython-36.pyc`. O 36 no nome do arquivo significa que esse arquivo é específico para o Python 3.6. Um arquivo `.pyc` representa um arquivo compilado do Python, usado para melhorar a velocidade da aplicação.

4. **Digite** dir(BPPD_11_Packages) **e clique em Run Cell.**

   Você verá uma lista de conteúdos do pacote, que inclui as funções `SayHello()` e `SayGoodbye()`, como mostra a Figura 11-3 (uma discussão de outras entradas aparece na seção "Visualizando o Conteúdo do Pacote", logo mais neste capítulo).

5. **Em uma nova célula, digite** BPPD_11_Packages.SayHello("Josh")**.**

LEMBRE-SE

Observe que é necessário que antes do nome do atributo, nesse caso, a função SayHello(), esteja o nome do pacote, BPPD_11_Packages. Os dois elementos são separados por um ponto. Cada chamada para um pacote importado deve seguir o mesmo padrão.

6. **Digite** BPPD_11_Packages.SayGoodbye("Sally") **e clique em Run Cell.**

As funções SayHello() e SayGoodbye() exibem o texto esperado, como mostrado na Figura 11-4.

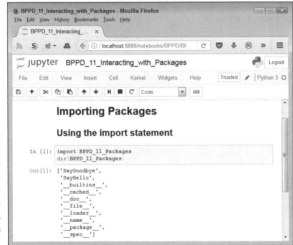

FIGURA 11-3: Uma listagem de diretórios mostra que o Python importa ambas as funções do pacote.

FIGURA 11-4: As funções Say-Hello() e Say-Goodbye() exibem o texto esperado.

Usando a instrução from...import

A instrução from...import tem a vantagem de importar de um pacote somente os atributos necessários. Essa diferença quer dizer que o pacote usa menos memória e outros recursos do sistema do que usar a instrução import. Além disso, a instrução from...import faz com que o módulo seja um pouco mais fácil de usar, porque alguns comandos, como dir(), mostram menos

CAPÍTULO 11 **Interagindo com Pacotes** 215

informação ou somente o que você realmente precisa. O importante é que você consegue somente o que quer, e nada mais. Os passos a seguir demonstram o uso da instrução. No entanto, antes de importar BPPD_11_Packages seletivamente, é necessário removê-lo do ambiente, que está na primeira parte do processo a seguir.

1. **Digite o seguinte código no Notebook:**

```
import sys
del sys.modules["BPPD_11_Packages"]
del BPPD_11_Packages
dir(BPPD_11_Packages)
```

2. **Clique em Run Cell.**

   Você verá a mensagem de erro mostrada na Figura 11-5. Não é mais possível listar o conteúdo do pacote BPPD_11_Packages, pois não está mais carregado.

FIGURA 11-5: São necessários dois passos para remover um pacote do ambiente.

```
In [3]: import sys
        del sys.modules["BPPD_11_Packages"]
        del BPPD_11_Packages
        dir(BPPD_11_Packages)
        ---------------------------------------------------------
        NameError                                 Traceback (most recent call last)
        <ipython-input-3-c87e6f10a47b> in <module>()
              2 del sys.modules["BPPD_11_Packages"]
              3 del BPPD_11_Packages
        ----> 4 dir(BPPD_11_Packages)

        NameError: name 'BPPD_11_Packages' is not defined
```

3. **Em uma nova célula, digite** from BPPD_11_Packages import SayHello **e tecle Enter.**

   O Python importa a função SayHello() que você criou na seção "Criando Agrupamentos de Código", anteriormente neste capítulo. Somente essa função específica está disponível para usar agora.

LEMBRE-SE

Você ainda pode importar o módulo inteiro, caso queira. As duas técnicas para realizar a tarefa são: criar uma lista de pacotes a importar (os nomes podem ser separados por vírgulas, como BPPD_11_Packages import SayHello, SayGoodbye) ou usar um asterisco (*) no lugar de um nome de atributo específico. O asterisco funciona como um caractere genérico que importa tudo.

216 PARTE 3 **Realizando Tarefas Comuns**

4. **Digite** dir(BPPD_11_Packages) **e clique em Run Cell.**

   O Python mostra uma mensagem de erro, como na Figura 11-5. São importados somente os atributos que você especificamente solicitou. Isso significa que o pacote BPPD_11_Packages não está na memória, somente os atributos que você solicitou estão lá.

5. **Em uma nova célula, digite** dir(SayHello) **e clique em Run Cell.**

   Você verá uma lista de atributos associados à função SayHello(), como mostra a Figura 11-6 (que é apenas uma lista parcial). Não é importante saber agora como esses atributos funcionam, mas você usará alguns deles mais tarde neste livro.

FIGURA 11-6:
Use a função dir() para obter informações sobre os atributos específicos que você importa.

6. **Em uma nova célula, digite** SayHello("Angie") **e clique em Run Cell.**

   A função SayHello() exibe o texto esperado, como mostra a Figura 11-7.

FIGURA 11-7:
A função Say-Hello() não requer mais o nome do pacote.

LEMBRE-SE

CUIDADO

Ao importar atributos usando a instrução from...import, não é necessário preceder o nome do atributo com o nome do módulo. Esse recurso faz com que o atributo fique mais fácil de ser acessado.

Usar a instrução from...import pode também causar problemas. Se dois atributos têm o mesmo nome, você pode importar somente um deles. A instrução import evita colisões de nomes, o que é importante quando há um grande número de atributos a importar. Em resumo, tenha cuidado ao usar a instrução from...import.

7. **Em uma nova célula, digite** SayGoodbye("Harold") **e clique em Run Cell.**

Você importou somente a função SayHello(), então o Python não sabe nada sobre SayGoodbye() e mostra uma mensagem de erro. A natureza seletiva da instrução from...import pode causar problemas quando você presume que o atributo está presente, mas não está.

Encontrando Pacotes no Disco

Para usar o código em um pacote, o Python deve estar apto a localizá-lo e carregá-lo na memória. A localização da informação é armazenada como caminhos dentro do Python. Sempre que solicitar que o Python importe um pacote, ele averiguará todos os arquivos em sua lista de caminhos para encontrá-lo. O caminho da informação vem de três fontes:

» **Variáveis de ambientes:** O Capítulo 3 tratou sobre as variáveis de ambiente do Python, como PYTHONPATH, que informa onde encontrar pacotes no disco.

» **Diretório atual:** Anteriormente neste capítulo, você descobriu que é possível trocar o diretório atual do Python para que ele possa localizar quaisquer pacotes usados por sua aplicação.

» **Diretórios padrões:** Mesmo quando você não define nenhuma variável de ambiente e o diretório atual não produz nenhum pacote útil, o Python ainda pode encontrar suas próprias bibliotecas na configuração padrão dos diretórios que estão incluídos como parte de sua própria informação do caminho.

É bom saber a informação do caminho atual, porque a falta dele pode causar a falha da aplicação. Para obter informações sobre o caminho, digite **for p in sys.path: print(p)** em uma nova célula e clique em Run Cell. Você verá uma lista com as informações do caminho, como mostra a Figura 11-8. Talvez sua lista seja diferente, dependendo da plataforma que está usando, da versão do Python e dos recursos instalados.

FIGURA 11-8:
O atributo sys.path contém uma lista de caminhos individuais para seu sistema.

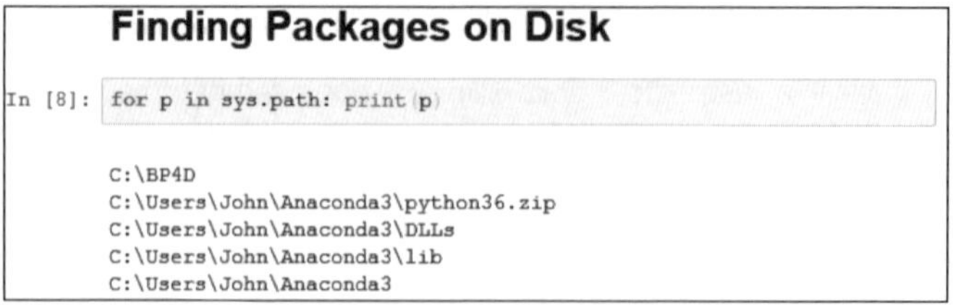

```
Finding Packages on Disk
In [8]:  for p in sys.path: print(p)

         C:\BP4D
         C:\Users\John\Anaconda3\python36.zip
         C:\Users\John\Anaconda3\DLLs
         C:\Users\John\Anaconda3\lib
         C:\Users\John\Anaconda3
```

O atributo sys.path é confiável, mas talvez nem sempre contenha cada caminho que o Python pode ver. Caso não veja o caminho necessário, é possível sempre checar em outro lugar onde o Python procura a informação. Os passos a seguir mostram como executar essa tarefa:

1. **Em uma nova célula, digite** import os **e tecle Enter.**

2. **Digite** os.environ['PYTHONPATH'].split(os.pathsep) **e clique em Run Cell.**

    Quando tem uma variável de ambiente PYTHONPATH definida, você vê uma lista de caminhos, como na Figura 11-9. No entanto, se não tiver uma, você verá uma mensagem de erro.

FIGURA 11-9:
Você deve pedir informações sobre as variáveis de ambiente separadamente.

```
In [9]:  import os
         os.environ['PYTHONPATH'].split(os.pathsep)
Out[9]:  ['C:\\BP4D']
```

Observe que os atributos sys.path e os.environ['PYTHONPATH'] contêm a entrada C:\BP4D\Chapter11 nesse caso. O atributo sys.path não inclui a função split(), e é por isso que o exemplo usa um loop for nele. No entanto, o atributo os.environ['PYTHONPATH'] inclui a função split() para que você possa usá-la para criar uma lista de caminhos individuais.

Você deve fornecer um valor para split() procurar ao dividir a lista de itens. A *constante* (uma variável que tem um valor definido, inalterável) os.pathsep define o separador do caminho para a plataforma atual a fim de que você possa usar o mesmo código em qualquer plataforma que suporte o Python.

DICA

É possível também adicionar e remover itens de sys.path. Por exemplo, se quiser adicionar o diretório atual de trabalho à lista de pacotes, digite **sys.path.append(os.getcwd())** na célula do Notebook e clique em Run Cell. Quando listar o conteúdo de sys.path de novo, verá a nova entrada adicionada. Da mesma forma, quando quiser remover uma entrada, digite **sys.path.remove(os.getcwd())** na célula do Notebook e clique em Run Cell. A adição estará presente apenas durante a sessão atual.

CAPÍTULO 11 **Interagindo com Pacotes** 219

Baixando Pacotes de Outras Fontes

Sua cópia do Python e do componente Jupyter Notebook associado do Anaconda vêm com várias opções de pacotes que atendem a muitas necessidades comuns. Na verdade, com o propósito de experimentação, raramente você terá de ir além desses pacotes, pois já há muitos instalados em seu sistema. Obviamente, sempre há alguém pensando em novas formas de fazer as coisas, o que exige novos códigos e pacotes para armazenar o código. Além disso, algumas técnicas de codificação são tão específicas que a inclusão de pacotes para dar suporte a elas com uma instalação padrão consumiria espaço que a maioria das pessoas nunca usaria. Assim, talvez seja necessário instalar pacotes de fontes online ou de outro lugar de vez em quando.

Os dois métodos mais comuns para a obtenção de novos pacotes recorrem ao uso dos utilitários `conda` e `pip` (também conhecido pelo acrônimo recursivo Pip Instala Pacotes). No entanto, você pode encontrar pacotes que usam outros métodos de instalação, com diferentes graus de sucesso. Usamos `conda` e `pip` para propósitos diferentes. Há muitas ideias equivocadas sobre os dois gerenciadores de pacotes, mas, na realidade, a essência é que o `conda` oferece um gerenciamento de pacotes geral para uma grande variedade de linguagens com necessidades especiais no ambiente conda e `pip` oferece serviços especificamente para o Python em qualquer ambiente. Você pode ler mais sobre essas diferenças em `https://jakevdp.github.io/blog/2016/08/25/conda-myths-and-misconceptions/`. Quando precisar de um pacote específico do Python, use o `pip` primeiro. Por exemplo, o `pip` dá acesso ao Índice de Pacotes do Python (PyPI), disponível em `https://pypi.python.org/pypi`. As próximas seções analisam esses dois métodos.

Abrindo o Prompt do Anaconda

Antes de conseguir qualquer resultado no gerenciamento de seus pacotes, é necessário abrir o Prompt do Anaconda. Ele é basicamente como qualquer outro prompt de comando ou janela de terminal, mas com recursos especiais que facilitam o uso dos vários utilitários da linha de comando do Anaconda. Para abrir o prompt, localize seu ícone na pasta Anaconda3 em sua máquina. Por exemplo, se estiver usando o sistema Windows, selecione Iniciar ⇨ Todos os Programas ⇨ Anaconda3 ⇨ Anaconda Prompt. Pode levar alguns segundos para que o Prompt do Anaconda apareça na tela, devido às suas exigências de configuração.

Trabalhando com pacotes conda

Podemos realizar uma infinidade de tarefas com o `conda`, mas algumas são mais comuns que outras. As seções a seguir descrevem como podemos realizar cinco tarefas essenciais com o `conda`. Você pode obter informações adicionais sobre esse utilitário em https://conda.io/docs/commands.html. Digitar **conda --help** e teclar Enter mostrará uma visão geral das informações de ajuda.

Vendo os pacotes `conda`

Há duas formas de ver os pacotes `conda`. A primeira é criar uma lista de pacotes disponíveis, enquanto a segunda é buscar um pacote específico. A listagem ajuda a descobrir se um pacote já está instalado e a busca ajuda com os detalhes sobre o pacote instalado.

Você pode executar a busca e a listagem de uma forma geral para localizar tudo que esteja instalado em um sistema em particular. Nesse caso, use apenas os comandos:

```
conda list
conda search
```

A saída desses comandos é extensa e pode não caber no buffer da tela (impossibilitando voltar e ver todos os resultados). Por exemplo, a Figura 11-10 mostra o que acontece quando utilizamos apenas o comando `conda list`.

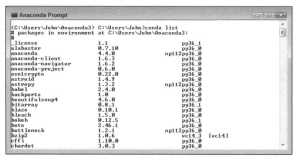

FIGURA 11-10: A saída de `conda list` é bem extensa e pode não caber na tela.

Observe que a saída mostra o nome e a versão do pacote, além da versão associada do Python. Você pode usar essa saída para determinar se um pacote está ou não instalado no sistema. No entanto, às vezes é preciso ter mais informações, o que exige uma busca. Por exemplo, digamos que você queira saber se já instalou o pacote `scikit-learn` para a plataforma Windows 64 bits. Nesse caso, digite **conda search --platform win-64 scikit-learn** e tecle Enter, o que mostrará a saída com os detalhes na Figura 11-11.

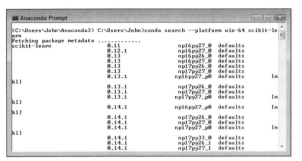

FIGURA 11-11: A busca gera uma saída com muito mais informações do que as listas.

DICA

Há muitas flags (sinalizadores) para aumentar bastante a quantidade de informações que você recebe. Por exemplo, ao usar a flag `--json`, é possível obter detalhes como uma lista completa de dependências do pacote, se ele já está totalmente instalado, e uma URL com a localização do pacote online. Você pode aprender mais sobre as buscas `conda` em `https://conda.io/docs/commands/conda-search.html`.

Instalando pacotes `conda`

Os pacotes `conda` estão disponíveis em `https://anaconda.org/`. Para determinar se um pacote em particular, como o SciPy, está disponível, digite o nome no campo de busca perto do topo e tecle Enter. Curiosamente, é possível encontrar uma lista enorme de candidatos, como mostra a Figura 11-12.

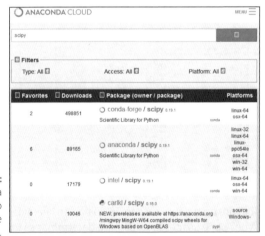

FIGURA 11-12: Escolha uma versão do pacote que quer usar.

222 PARTE 3 **Realizando Tarefas Comuns**

USANDO CONDA INFO

Mesmo que o comando `conda info` esteja geralmente associado às informações do ambiente, também é possível usá-lo para trabalhar com pacotes. Para descobrir as especificações de um pacote em particular, apenas acrescente o nome do pacote, como `conda info numpy`. Infelizmente, usar esse comando geralmente resulta em um excesso de informações, então é necessário encurtá-lo um pouco. Uma forma de fazer isso é adicionar um número de versão após o nome do pacote, separado por um sinal de igual (=), como `conda info numpy=1.13.1` para a versão 1.13.1 do pacote NumPy.

Na maioria dos casos, você não receberá nenhuma informação adicional caso use a opção --verbose com os pacotes. No entanto, a opção --json pode fornecer um pouco mais de informações, além de colocá-las em um formato que permite a fácil manipulação da saída usando código, como um script. A questão é que se pode usar o `conda info` para descobrir até mesmo os segredos mais profundos e obscuros de seus pacotes. Você pode aprender mais sobre o `conda info` em https://conda.io/docs/commands/conda-info.html.

Para entender cada uma das possibilidades, clique nos links individuais, o que o levará a uma página com detalhes, como a mostrada na Figura 11-13. Observe que você obtém links para todos os tipos de informações sobre essa cópia em particular do SciPy. No entanto, a seção Installers da página é mais importante. Você pode baixar um instalador ou usar o `conda` para executar a tarefa com a linha de comando fornecida, que nesse caso é `conda install -c anaconda scipy`.

FIGURA 11-13: Localize a versão do pacote para instalar e use o comando condo para instalá-lo.

CAPÍTULO 11 **Interagindo com Pacotes** 223

Atualizando os pacotes conda

Os pacotes usados para desenvolver aplicações podem ficar desatualizados com o passar do tempo. Os desenvolvedores que os mantêm podem acrescentar novos recursos ou corrigir bugs. O problema com as atualizações é que podem fazer com que sua aplicação não funcione corretamente ou nem funcione, caso seja afetada por um comportamento interrompido. No entanto, é geralmente uma boa ideia manter os pacotes atualizados para aplicar as correções de bugs relacionadas à segurança. Obviamente, é necessário saber que o pacote precisa de atualização. Para descobrir quais pacotes estão desatualizados, usamos o comando `conda search --outdated`, seguido pelo nome do pacote a ser verificado.

DICA

Se quiser verificar todos os pacotes, é só não inserir o nome do pacote ao realizar a busca. Infelizmente, a essa altura a saída fica tão longa que é muito difícil ver qualquer coisa (presumindo que a maioria não fique fora da tela). Usar o comando `conda search --outdated --names-only` ajuda nesse caso, por mostrar apenas os nomes dos pacotes que precisam de atualização.

Após saber o que precisa de atualização, você pode usar o comando `conda update` para realizar a tarefa. Por exemplo, digamos que queira atualizar o pacote NumPy, então é necessário digitar **conda update numpy** e teclar Enter. Poucos pacotes funcionam sozinhos, então `conda` apresentará uma lista de itens que precisam ser atualizados junto com NumPy. Digite **y** e tecle Enter para continuar. A Figura 11-14 apresenta uma sequência típica de eventos durante o processo de atualização.

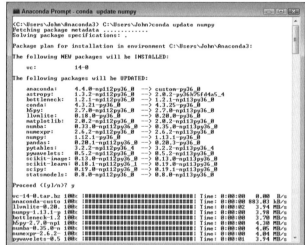

FIGURA 11-14: Muitas informações aparecem durante o processo de atualização.

CUIDADO

Há a opção de atualizar todos os pacotes de uma só vez. Apenas digite **conda update --all** e tecle Enter para começar. No entanto, talvez perceba que as interações entre os pacotes fazem com que a atualização não vá tão bem como se os tivesse atualizado individualmente. Além disso, a atualização pode demorar muito, então não se esqueça de ter bastante café e uma cópia do livro *Guerra e Paz* à mão. Você pode aprender mais sobre as atualizações `conda` em `https://conda.io/docs/commands/conda-update.html`.

Removendo pacotes `conda`

Chegará o momento em que talvez você não queira mais um pacote `conda`. O único problema é que não sabe se outros pacotes dependem do pacote em questão. Como essa dependência entre os pacotes pode ser muito complexa e você quer garantir que suas aplicações continuem funcionando, é necessário verificar quais pacotes dependem desse em particular. Infelizmente, o comando `conda info` (descrito em `https://conda.io/docs/commands/conda-info.html`) informa apenas os requisitos do pacote, isto é, do que ele depende. A melhor coisa a se fazer é manter os pacotes instalados.

LEMBRE-SE

No entanto, presumindo que você realmente precise remover o pacote, use o comando `conda remove` descrito em `https://conda.io/docs/commands/conda-remove.html`. Ele remove o pacote especificado, assim como qualquer outro pacote que depende dele. Nesse caso, o melhor caminho é usar a opção da linha de comando `--dry-run` primeiro, para reforçar que realmente quer remover o pacote. Por exemplo, digamos que queira remover NumPy. Então, digite **conda remove --dry-run numpy** e tecle Enter. Na verdade, o comando não será executado; o `conda` apenas mostra o que aconteceria se, de fato, executasse o comando, como mostra a Figura 11-15.

FIGURA 11-15: Um único pacote pode ter efeitos gigantescos.

CAPÍTULO 11 **Interagindo com Pacotes** 225

Como você pode ver, um único pacote pode suportar muitos outros, incluindo alguns necessários. Se a remoção for realmente indispensável, digite o mesmo comando que antes, sem a opção `--dry-run` na linha de comando.

CUIDADO

Nunca use a opção `--force` na linha de comando. Ela remove o pacote sem remover os pacotes dependentes, o que acabará destruindo sua instalação Python. Se precisar remover um pacote, remova também todos os que dele dependem, para manter sua instalação em ótima forma.

Instalando pacotes com pip

Curiosamente, trabalhar com o `pip` é muito parecido com trabalhar com o `conda`. Ambos precisam executar essencialmente as mesmas tarefas, então, se souber usar um, saberá usar o outro. A referência disponível em https://pip.pypa.io/en/stable/reference/ mostra que `pip` suporta basicamente os mesmos comandos (com poucas diferenças nas palavras). Por exemplo, se quiser ver uma lista dos pacotes desatualizados, digite **pip list --outdated** e tecle Enter. Veja alguns comandos comuns para o `pip`:

» `check`: Verifica se os pacotes instalados têm dependências compatíveis.

» `download`: Faz o download dos pacotes especificados para uma instalação posterior.

» `freeze`: Apresenta os pacotes instalados no formato de requisitos.

» `help`: Mostra uma lista na tela de ajuda com uma visão geral dos comandos.

» `install`: Instala os pacotes especificados.

» `list`: Lista os pacotes instalados.

» `search`: Pesquisa online os pacotes em PyPI.

» `show`: Mostra informações sobre os pacotes instalados.

» `uninstall`: Desinstala os pacotes especificados.

Visualizando o Conteúdo do Pacote

O Python fornece várias formas diferentes de ver o conteúdo do pacote. O método que a maioria dos desenvolvedores usa é trabalhar com a função `dir()`, que informa sobre os atributos que o pacote oferece.

Observe a Figura 11-1, anteriormente neste capítulo. Além das entradas das funções `SayGoodbye()` e `SayHello()`, discutidas previamente, a lista tem outras. Esses atributos são automaticamente gerados pelo Python. Eles executam as tarefas a seguir ou contêm as seguintes informações:

» `__builtins__`: Contém uma listagem de todos os atributos inclusos que são acessíveis a partir do pacote. O Python os adiciona automaticamente.

» `__cached__`: Mostra o nome e a localização do arquivo em cache que é associado ao pacote. A informação da localização (caminho) é relativa ao diretório atual do Python.

» `__doc__`: Exibe a informação de ajuda para o pacote, presumindo que você realmente a preencheu. Por exemplo, se digitar **os.__doc__** e teclar Enter, o Python exibirá a informação de ajuda associada à biblioteca `os`.

» `__file__`: Mostra o nome e a localização do pacote. A informação de localização (caminho) é relativa ao diretório atual do Python.

» `__initializing__`: Determina se o pacote está em seu processo de inicialização. Normalmente esse atributo retorna o valor `False`. Ele é útil quando você precisa esperar até que um pacote acabe de carregar antes de importar outro que depende dele.

» `__loader__`: Exibe a informação do carregador desse pacote. O *carregador (loader)* é uma parte do software que pega o pacote e o coloca na memória para que o Python possa usá-lo. É um atributo que você raramente usa, se usar.

» `__name__`: Mostra somente o nome do pacote.

» `__package__`: Esse atributo é usado internamente pelo sistema de importação para facilitar carregar e gerenciar os pacotes. Você não precisa se preocupar com esse atributo em particular.

Talvez seja uma surpresa que você possa ir mais fundo na pesquisa sobre atributos. Digite **dir(BPPD_11_Packages.SayHello)** e tecle Enter. Verá as entradas como mostra a Figura 11-16.

FIGURA 11-16:
Aprofun-
de-se o
máximo que
puder para
entender
os pacotes
usados no
Python.

```
In [12]:  import BPPD_11_Packages
          dir(BPPD_11_Packages.SayHello)

Out[12]:  ['__annotations__',
           '__call__',
           '__class__',
           '__closure__',
           '__code__',
           '__defaults__',
           '__delattr__',
           '__dict__',
           '__dir__',
           '__doc__',
           '__eq__',
           '__format__',
```

Viewing the Package Content

Algumas entradas, como __name__, também aparecem na listagem do pacote. No entanto, você deve estar curioso sobre outras entradas. Por exemplo, talvez queira saber o significado de __sizeof__. Uma forma de ter informações adicionais é digitar **help("__sizeof__")** e teclar Enter. Você verá poucas informações de ajuda (mas úteis), como mostra a Figura 11-17.

FIGURA 11-17:
Tente levan-
tar algumas
informações
de ajuda
para o atri-
buto sobre
o qual quer
saber.

```
In [13]:  help("__sizeof__")

          Help on built-in function __sizeof__:

          __sizeof__(...)
              __sizeof__() -> int
              size of object in memory, in bytes
```

O Python não explodirá se você tentar usar o atributo. Mesmo que o Notebook tenha problemas, é só reinicializar o kernel (ou basta reinicializar o ambiente inteiro). Então, outra forma de verificar o pacote é simplesmente tentando usar atributos. Por exemplo, se digitar **BPPD_11_Packages.SayHello.__sizeof__()** e teclar Enter, verá o tamanho da função SayHello() em bytes, como na Figura 11-18.

FIGURA 11-18:
Usar atribu-
tos será de
ajuda para
saber me-
lhor como
funcionam.

```
In [14]:  BPPD_11_Packages.SayHello.__sizeof__()

Out[14]:  112
```

228   PARTE 3 **Realizando Tarefas Comuns**

Diferentemente de muitas outras linguagens de programação, o Python também cria o código-fonte para suas bibliotecas disponíveis de língua nativa. Por exemplo, ao examinar o diretório \Python36\Lib, você verá uma lista de arquivos .py que podem ser abertos no Notebook sem qualquer problema. Tente fazer o upload da biblioteca os.py que você utiliza para várias tarefas neste capítulo usando o botão Upload no painel do Notebook. Clique no botão Upload próximo do arquivo após tê-lo aberto; depois, clique no link que aparece e verá o conteúdo mostrado na Figura 11-19. Observe que os arquivos .py abrem em um editor mais simples e não mostram células, como os arquivos notebook que estamos usando ao longo do livro.

FIGURA 11-19: Ver diretamente o código do pacote pode ajudar a entendê-lo.

Ver o conteúdo diretamente poderá ajudá-lo a descobrir novas técnicas de programação e entender melhor como a biblioteca funciona. Quanto mais tempo você passar trabalhando com o Python, melhor se tornará em construir aplicações interessantes.

CUIDADO

Apenas veja o código da biblioteca e não o altere sem querer. Se alterar o código, suas aplicações poderão parar de funcionar. Pior ainda, você pode introduzir bugs sutis em sua aplicação que aparecerão somente em seu sistema e em nenhum outro local. Sempre tenha cuidado quando trabalhar com o código da biblioteca.

CAPÍTULO 11 **Interagindo com Pacotes** 229

Vendo a Documentação do Pacote

Você pode usar a função doc() sempre que uma ajuda rápida for necessária. No entanto, há uma forma melhor de estudar os pacotes e as bibliotecas localizados no caminho do Python — a Documentação do Pacote do Python. Esse recurso aparece muitas vezes como Package Docs na pasta do Python em seu sistema. Também é referenciado como Pydoc. Não importa o nome, ele simplifica a vida dos desenvolvedores. As seções a seguir descrevem como trabalhar com esse recurso.

Abrindo a aplicação Pydoc

Pydoc é só outra aplicação Python. Na verdade, aparece no diretório \Python36\Lib de seu sistema como pydoc.py. Como qualquer outro arquivo .py, você pode abri-lo no Notebook e estudar como funciona. É possível iniciá-lo usando o atalho do Python 3.6 Package Docs que aparece na pasta Python 3.6 em seu sistema ou usando um comando no Prompt do Anaconda (veja mais detalhes na seção "Abrindo o Prompt do Anaconda", anteriormente neste capítulo).

DICA

É possível usar o Pydoc no modo gráfico ou textual. Ao abrir o Prompt do Anaconda, você pode fornecer uma palavra-chave, como JSON, e o Pydoc exibirá uma ajuda textual. Usar a opção da linha de comando -k, seguida por uma palavra-chave como if, permite visualizar uma lista de lugares onde palavras-chave específicas aparecem. Para realmente inicializar o servidor, digite **Pydoc -b** e tecle Enter. Se precisar de uma porta específica para seu navegador, adicione a opção da linha de comando -p com o número da porta.

O modo gráfico da aplicação Pydoc cria um servidor localizado que funciona com seu navegador para mostrar informações sobre pacotes e bibliotecas do Python. Então, ao inicializar essa aplicação, você verá uma janela de comando (terminal) aberta.

LEMBRE-SE

Como qualquer outro servidor, seu sistema pode pedir permissões. Por exemplo, você pode ver um aviso de seu firewall mostrando que o Pydoc está tentando acessar o sistema local. É necessário dar a permissão ao Pydoc para trabalhar com o sistema para que você possa ver a informação que ele fornece. Qualquer antivírus instalado também pode pedir permissão para o Pydoc continuar. Algumas plataformas, como o Windows, podem exigir mais permissões para rodar o Pydoc.

É comum o servidor abrir automaticamente uma nova janela do navegador, como mostra a Figura 11-20. Essa janela contém links para vários pacotes que estão contidos em seu sistema, incluindo alguns customizados que você criou e incluiu no caminho do Python. Para ver informações sobre quaisquer pacotes, é só clicar no link correspondente.

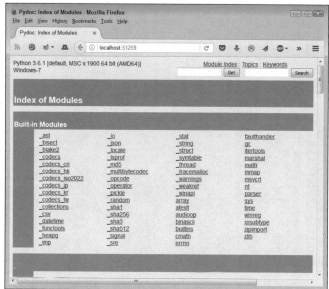

FIGURA 11-20:
Seu navegador mostra vários links que aparecem como parte da página de Índice.

O Prompt do Anaconda tem dois comandos para controlar o servidor. É só digitar a letra associada ao comando e teclar Enter para ativá-lo. Aqui estão os dois comandos:

» b: Inicia uma nova cópia do navegador padrão com a página de índice carregada.

» q: Para o servidor.

LEMBRE-SE

Quando você acabar de consultar a informação de ajuda, pare o servidor digitando q e teclando Enter no prompt de comando. Parar o servidor libera quaisquer recursos que ele usa e fecha quaisquer buracos que tenham ficado abertos em seu firewall para aceitar o Pydoc.

Usando links de acesso rápido

Veja novamente a Figura 11-20. Perto do topo da página, há três links. Eles fornecem acesso rápido aos recursos do site. O navegador sempre começa em Module Index. Se precisar retornar a essa página, basta clicar no link Module Index.

O link Topics leva para a página mostrada na Figura 11-21. Essa página contém links para os tópicos essenciais do Python. Por exemplo, se quiser saber mais sobre valores booleanos, clique no link BOOLEAN. A página que você verá depois descreve como esses valores funcionam no Python. No final da página existem links relacionados que direcionam às páginas com informações adicionais úteis.

CAPÍTULO 11 **Interagindo com Pacotes** 231

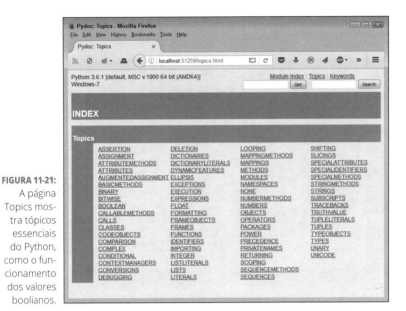

FIGURA 11-21: A página Topics mostra tópicos essenciais do Python, como o funcionamento dos valores boolianos.

O link Keywords o leva para a página mostrada na Figura 11-22. O que você vê é uma lista de palavras-chave que o Python suporta. Por exemplo, se quiser saber mais sobre como criar loops `for`, deve clicar no link `for`.

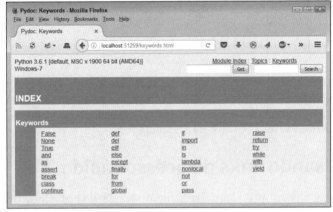

FIGURA 11-22: A página Keywords contém uma listagem de palavras-chave que o Python suporta.

Digitando um termo de pesquisa

As páginas também incluem duas caixas de texto perto do topo. A primeira tem um botão Get ao lado e a segunda tem um botão Search. Quando você digita um termo de pesquisa na primeira caixa de texto e clica em Get, vê a documentação para o módulo ou o atributo em particular. A Figura 11-23 mostra o que é exibido ao digitar **print** e clicar em Get.

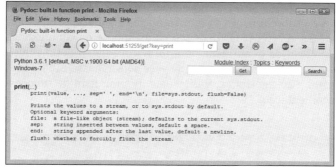

FIGURA 11-23: Ao usar Get, você obtém informações específicas sobre a pesquisa de um termo.

Ao digitar um termo de pesquisa na segunda caixa de texto e clicar em Search, você vê todos os tópicos que podem estar relacionados ao termo da pesquisa. A Figura 11-24 mostra os resultados típicos ao digitar **print** e clicar em Search. Nesse caso, você clica em um link, como calendário, para ver mais informações.

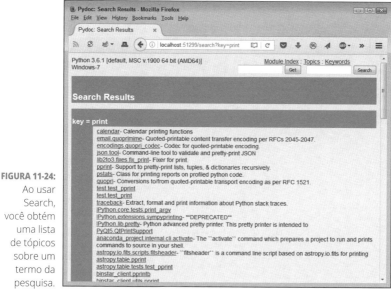

FIGURA 11-24: Ao usar Search, você obtém uma lista de tópicos sobre um termo da pesquisa.

Visualizando os resultados

Os resultados obtidos ao ver uma página dependem do tópico. Alguns tópicos são pequenos, como mostra a Figura 11-23 para a impressão. No entanto, outros são extensos. Por exemplo, se clicasse no link calendar (calendário) na Figura 11-24, você veria uma quantidade significativa de informações, como na Figura 11-25.

Nesse caso em particular, você vê informações relacionadas ao pacote, informações de erro, funções, dados e todos os tipos de informações adicionais sobre funções de impressão do calendário. A quantidade de informações apresentadas depende parcialmente da complexidade do tópico e também da quantidade de informações que o desenvolvedor forneceu com o pacote. Por exemplo, se você selecionasse BPPD_11_Packages da página Package Index, veria somente uma lista de funções e nenhuma documentação.

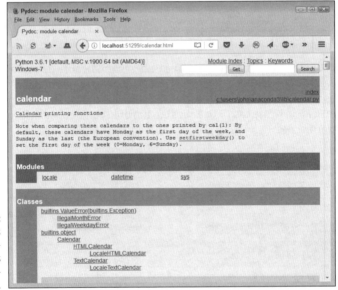

FIGURA 11-25: Algumas páginas contêm muitas informações.

NESTE CAPÍTULO

» **Considerando a diferença de strings**

» **Trabalhando com caracteres especiais e únicos**

» **Manipulando e pesquisando strings**

» **Modificando a aparência da saída de uma string**

Capítulo **12**

Trabalhando com Strings

Seu computador não entende as strings. Isso é fato. Os computadores entendem números, não letras. Quando você vê uma string na tela da máquina, o que ela vê, na verdade, é uma série de números. No entanto, os seres humanos entendem strings muito bem, então as aplicações precisam estar aptas a trabalhar com elas. Por sorte, o Python torna o trabalho com strings relativamente fácil. Ele traduz a string que você entende em números que o computador entende e vice-versa.

Para tornar as strings úteis, é preciso estar apto a manipulá-las. É claro que isso significa separá-las em pequenas partes e usar as partes de que você precise ou pesquisar a string para determinada informação. Este capítulo descreve como você pode construir strings usando o Python, dissecá-las como for preciso e usar somente as partes que quiser depois de encontrar o que é pedido. A manipulação de strings é uma importante parte das aplicações, porque os humanos dependem dos computadores para executar esse tipo de trabalho (mesmo que o computador não tenha ideia do que uma string seja).

Depois de ter a string desejada, é preciso apresentá-la para o usuário de uma maneira visualmente agradável. O computador realmente não se preocupa com a apresentação da string, então muitas vezes você recebe a informação, mas falta um toque especial. Na verdade, pode ser que seja difícil de ler. É importante saber como formatar as strings para que fiquem bem na tela, porque os usuários precisam ver a informação de forma que a entendam. Ao terminar a leitura deste capítulo, você saberá como criar, manipular e formatar strings para que os usuários vejam a informação certa. O código-fonte deste capítulo está no arquivo BPPD_12_Working_with_Strings.ipynb, disponível para download, conforme instruções na Introdução deste livro.

Entendendo que as Strings São Diferentes

A maioria dos desenvolvedores aspirantes (e mesmo alguns que já escrevem código há muito tempo) demora a entender que os computadores realmente só entendem zeros e uns. Até mesmo números maiores são feitos de zeros e uns. Comparações são feitas usando zeros e uns. Os dados são movidos usando zeros e uns. Resumindo, as strings não existem para o computador (até mesmo os números raramente existem). Embora agrupar zeros e uns para fazer números seja relativamente fácil, as strings são muito mais difíceis, uma vez que agora estamos falando de informação que o computador deve manipular como números, mas apresentar como caracteres.

LEMBRE-SE

Não existem strings na ciência dos computadores. Elas são feitas de caracteres, e estes são, na verdade, valores numéricos. Quando você trabalha com strings no Python, o que está realmente fazendo é criando um agrupamento de caracteres que o computador vê como valores numéricos. É por isso que as seções a seguir são importantes. Elas ajudam você a entender por que as strings são tão especiais. Entender isso o poupará de muitas dores de cabeça depois.

Definindo um caractere usando números

Para criar um caractere, você deve primeiro definir uma relação entre ele e um número. Mais importante, todo mundo deve concordar que quando certo número aparece na aplicação e é visto como um caractere por aquela aplicação, o número é traduzido em um caractere específico. Uma das formas mais comuns de executar essa tarefa é usar o ASCII (Código Padrão Americano para Troca de Informação). O Python usa o ASCII para traduzir, por exemplo, o número 65 na letra A. O gráfico em http://www.asciitable.com/ [todos com conteúdo em inglês neste capítulo] mostra diversos valores numéricos e seus caracteres equivalentes.

LEMBRE-SE

Cada caractere usado deve ter um valor numérico diferente atribuído. A letra *A* usa um valor 65. Para criar uma letra *a* em caixa-baixa, você deve utilizar um número diferente, que é 97. O computador vê *A* e *a* como caracteres completamente diferentes, mesmo que pessoas os vejam como versões em caixa-alta e caixa-baixa do mesmo caractere.

236 PARTE 3 **Realizando Tarefas Comuns**

PAPO DE ESPECIALISTA

Os valores numéricos usados neste capítulo estão em decimais. No entanto, o computador ainda os vê como zeros e uns. Por exemplo, a letra *A*, na verdade, é o valor 01000001 e a letra *a* é o valor 01100001. Quando você vê um *A* na tela, o computador vê um valor binário.

Ter somente um conjunto de caracteres com os quais lidar seria ótimo. No entanto, nem todos poderiam concordar com um único conjunto de valores numéricos para equiparar com caracteres específicos. Parte do problema é que o ASCII não suporta caracteres usados por outros idiomas; também falta a capacidade de traduzir caracteres especiais na apresentação de tela. Na realidade, há inúmeros conjuntos de caracteres. Você pode ver vários em http://www.i18nguy.com/unicode/codepages.html. Clique em uma entrada do conjunto de caracteres para ver como atribuir valores numéricos específicos a cada caractere. A maioria dos conjuntos de caracteres usa ASCII como um ponto inicial.

Usando caracteres para criar strings

O Python não impõe vários obstáculos para criar strings. No entanto, o termo *string* deveria realmente dar uma boa ideia do que acontece. Pense em miçangas ou qualquer outra coisa com a qual você pode fazer uma sequência. Você coloca uma miçanga de cada vez em um fio (string). Em algum momento, terá um tipo de ornamentação, talvez um colar ou uma guirlanda. A questão é que esses itens são feitos de miçangas individuais.

O mesmo conceito usado para os colares de miçangas se aplica a strings de computadores. Quando você vê uma sentença, entende que ela é feita de caracteres individuais que são agrupados pela linguagem de programação usada. A linguagem cria uma estrutura que junta os caracteres individuais. Então, a linguagem, não o computador, sabe que muitos números em uma linha (cada número sendo representado por um caractere) definem uma string, como uma sentença.

LEMBRE-SE

Você pode se perguntar por que é importante saber como o Python funciona com caracteres. A razão é que muitas funções e funcionalidades especiais que o Python fornece trabalham com caracteres individuais, e é importante saber que ele vê caracteres individuais. Mesmo que você veja uma sentença, o Python vê um número específico de caracteres.

Diferentemente da maioria das linguagens de programação, as strings podem usar aspas simples ou duplas. Por exemplo, tanto "Hello There!" com aspas duplas quanto 'Hello There!' com aspas simples são strings. O Python também suporta aspas triplas (duplas e simples), o que permite criar strings abrangendo múltiplas linhas. Os passos a seguir ajudam você a criar um exemplo que demonstra algumas das características de strings que o Python fornece.

CAPÍTULO 12 **Trabalhando com Strings** 237

1. **Abra um novo notebook.**

   Você também pode usar o arquivo com o código-fonte, `BPPD_12_Working_with_Strings.ipynb`, disponível para download.

2. **Digite o seguinte código no notebook, teclando Enter após cada linha:**

   ```
   print('Hello There (Single Quote)!')
   print("Hello There (Double Quote)!")
   print("""This is a multiple line
   string using triple double quotes.
   You can also use triple single quotes.""")
   ```

   Cada uma das três chamadas das funções print() demonstra um princípio diferente ao trabalhar com strings. É igualmente aceitável colocar a string entre aspas simples ou duplas. Quando você usa aspas triplas (simples ou dupla), o texto pode aparecer em múltiplas linhas.

3. **Clique em Run Cell.**

   O Python apresenta o texto esperado. Observe que o texto multilinha aparece em três linhas (veja a Figura 12-1), assim como ele faz no código-fonte do arquivo, então é como um tipo de formatação. Você pode usar a formatação multilinha para garantir que o texto quebre onde deseja na tela.

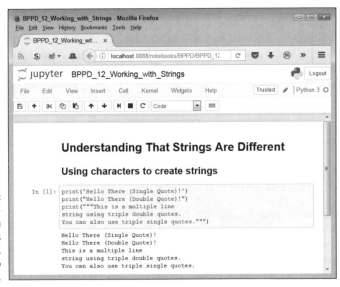

FIGURA 12-1: Strings consistem em caracteres individuais, que são agrupados.

Criando Strings com Caracteres Especiais

Algumas strings incluem caracteres especiais, que são diferentes dos caracteres alfanuméricos e da pontuação que você está acostumado a usar. De fato, eles se agrupam nestas categorias:

» **Controle:** Uma aplicação requer alguma forma de determinar que um caractere em particular não é para ser mostrado, mas para controlar a apresentação. Todo o controle de movimentos é baseado no *ponteiro de inserção*, a linha que você vê quando digita um texto na tela. Por exemplo, você não vê o caractere tab. Ele fornece um espaço entre os elementos e o tamanho desse espaço é controlado por uma parada de tabulação. Do mesmo modo, quando quiser ir para a próxima linha, você usa uma combinação de código de fim de linha (que retorna o ponteiro de inserção para o início da linha) e quebra de linha (que coloca o ponteiro de inserção na próxima linha).

» **Acentuado:** Caracteres que têm acentos, como agudo (´), grave (`), circunflexo (^), trema (¨), til (~) ou indicador ordinal (º), representam os sons específicos falados, na maioria dos casos. Você deve usar caracteres especiais para criar caracteres alfabéticos com esses acentos incluídos.

» **Desenho:** É possível criar arte básica com alguns caracteres. Você pode ver exemplos de caracteres de desenho de caixa em `http://jrgraphix.net/r/Unicode/2500-257F`. Algumas pessoas realmente criam arte usando caracteres ASCII também (`http://www.asciiworld.com/`).

» **Tipográfico:** Um número de caracteres tipográficos, como a marca de parágrafo (¶), é usado quando mostram certos tipos de texto na tela, especialmente quando a aplicação age como um editor.

» **Outros:** Dependendo do conjunto de caracteres usado, a seleção é quase infinita. Você pode achar um caractere para cada necessidade. A questão é que precisa de alguma forma de dizer ao Python como apresentar esses caracteres especiais.

Uma necessidade comum ao trabalhar com strings, mesmo aquelas com simples aplicações de console, é controlar os caracteres. Com isso em mente, o Python fornece sequências de escape que você usa para definir o controle de caracteres diretamente (e uma sequência de escape especial para outros caracteres).

LEMBRE-SE

Uma *sequência de escape* literalmente troca o significado comum de uma letra, como *a*, e dá um novo significado (como o sino ou bipe de ASCII). A combinação de barra invertida (\) e uma letra (como *a*) é comumente vista como uma letra única pelos desenvolvedores — um *caractere de escape* ou *código de escape*. A Tabela 12-1 fornece uma visão geral dessas sequências de escape.

TABELA 12-1   Sequências de Escape do Python

Sequência de Escape	Significado
\nova linha	Ignorado
\\	Barra invertida (\)
\'	Aspas simples (')
\"	Aspas duplas (")
\a	Sino ASCII (BEL)
\b	Retorno ASCII (BS)
\f	Quebra de página ASCII (FF)
\n	Quebra de linha ASCII (LF)
\r	Mudança de linha ASCII (CR)
\t	Tab horizontal ASCII (TAB)
\u*hhhh*	Caractere Unicode (um tipo específico de conjunto de caracteres com amplo apelo ao redor do mundo) com um valor hexadecimal que substitui *hhhh*
\v	Tab vertical ASCII (VT)
ooo	Caractere ASCII com o valor numérico octal que substitui *ooo*
\x*hh*	Caractere ASCII com valor hexadecimal que substitui *hh*

A melhor forma de ver como a sequência de escape funciona é experimentá-la. Os passos a seguir ajudam a criar um exemplo que testa várias sequências de escape para que possa vê-las em ação.

1. **Digite o seguinte código no notebook, teclando Enter após cada linha:**

```
print("Part of this text\r\nis on the next line.")
print("This is an A with a grave accent: \xC0.")
print("This is a drawing character: \u2562.")
print("This is a pilcrow: \266.")
print("This is a division sign: \xF7.")
```

240   PARTE 3 **Realizando Tarefas Comuns**

O código de exemplo usa várias técnicas para o mesmo fim: criar um caractere especial. É claro que você usa caracteres de controle diretamente, como mostrado na primeira linha. Muitas letras especiais são acessíveis usando um número hexadecimal que tem dois dígitos (como na segunda e quinta linhas). No entanto, algumas requerem que você use números Unicode (que sempre requerem quatro dígitos), como mostrado na terceira linha. Os valores octais usam três dígitos e não têm nenhum caractere especial associado, como mostrado na quarta linha.

2. **Clique em Run Cell.**

   O Python exibe o texto esperado e os caracteres especiais, como na Figura 12-2.

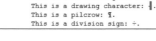

FIGURA 12-2: Quando necessário, use caracteres especiais para apresentar informações especiais ou formatar a saída.

CUIDADO

O Notebook usa um conjunto padrão de caracteres em todas as plataformas, então você verá os mesmos caracteres especiais, não importa a plataforma testada. No entanto, ao criar sua aplicação, é importante testar em várias plataformas para ver como a aplicação reagirá. Um conjunto de caracteres pode usar números diferentes para caracteres especiais em uma plataforma e outro, quando em uma plataforma diferente. Além disso, a seleção que o usuário faz dos caracteres pode ter um impacto em como os caracteres especiais mostrados por sua aplicação aparecem. Sempre teste completamente o uso dos caracteres especiais.

Selecionando Caracteres Individuais

Anteriormente neste capítulo, você descobriu que as strings são feitas de caracteres individuais. Elas são, de fato, como miçangas em um colar; com cada miçanga sendo um elemento individual da string completa.

O Python possibilita o acesso a caracteres individuais na string. É uma funcionalidade importante, porque você pode usá-la para criar strings novas que contêm somente parte da original. Além disso, pode combinar as strings para criar resultados novos. O segredo dessa funcionalidade é o colchete. Você coloca colchetes com um número dentro depois do nome da variável. Veja um exemplo:

```
MyString = "Hello World"
print(MyString[0])
```

LEMBRE-SE

Neste caso, a saída do código é a letra H. As strings do Python são baseadas em zero, o que significa que começam com o número 0 e prosseguem dele. Por exemplo, se você digitasse `print(MyString[1])`, a saída seria a letra e.

Você também pode obter um intervalo de caracteres de uma string. Basta fornecer a contagem das letras inicial e final, separadas por dois pontos entre dos colchetes. Por exemplo, `print(Mystring[6:11])` exibiria a palavra World. A saída começaria com a letra 7 e terminaria com a letra 12 (lembre-se de que o índice é baseado em 0). Os passos a seguir demonstram algumas tarefas básicas que você pode executar usando a técnica de seleção de caractere do Python.

1. **Digite o seguinte código no notebook, teclando Enter após cada linha.**

   ```
   String1 = "Hello World"
   String2 = "Python is Fun!"
   print(String1[0])
   print(String1[0:5])
   print(String1[:5])
   print(String1[6:])
   String3 = String1[:6] + String2[:6]
   print(String3)
   print(String2[:7]*5)
   ```

   O exemplo começa criando duas strings. Então, demonstra vários métodos para usar o índice na primeira string. Observe que você pode deixar de fora o número inicial ou o final em uma intervalo se deseja trabalhar com o resto daquela string.

242 PARTE 3 **Realizando Tarefas Comuns**

O próximo passo é combinar duas substrings. Nesse caso, o código combina o início da String1 com o início da String2 para criar a String3.

LEMBRE-SE

O uso do sinal + para combinar duas strings é chamado de *concatenação*. É um dos operadores mais práticos de lembrar quando você trabalha com strings em uma aplicação.

O passo final é usar um recurso do Python chamado de *repetição*. Você o usa para fazer cópias de uma string ou substring.

2. **Clique em Run Cell.**

   O Python apresenta uma série de combinações de substrings e strings, como na Figura 12-3.

```
Selecting Individual Characters
In [3]: String1 = "Hello World"
        String2 = "Python is Fun!"
        print(String1[0])
        print(String1[0:5])
        print(String1[:5])
        print(String1[6:])
        String3 = String1[:6] + String2[:6]
        print(String3)
        print(String2[:7]*5)

H
Hello
Hello
World
Hello Python
Python Python Python Python Python
```

FIGURA 12-3: Você pode selecionar partes individuais de uma string.

Detalhando Strings

O trabalho com intervalos de caracteres fornece algum nível de flexibilidade, mas não dá a você a capacidade de manipular o conteúdo da string ou descobrir qualquer coisa sobre ela. Por exemplo, você pode querer alterar caracteres para caixa-alta ou determinar se a string contém todas as letras. Felizmente, o Python tem funções que o auxiliam a executar tarefas desse tipo. Aqui estão as funções mais usadas comumente:

» `capitalize()`: Capitaliza a primeira letra de uma string.

» `center(largura, caracterepreenchimento=" ")`: Centraliza uma string para que ela caiba em um número de espaços especificados por `largura`. Se você fornecer um caractere para `caracterepreenchimento`, a função irá usá-lo. Caso contrário, `center()` usa espaços para criar uma string com a largura desejada.

CAPÍTULO 12 **Trabalhando com Strings**   243

» `expandtabs` (*tamanhotab*=8): Expande os tabs em uma string ao reposicionar o tab com o número de espaços especificados por *tamanhotab*. A função configura o padrão para oito espaços por tab quando *tamanhotab* não é fornecido.

» `isalnum()`: Retorna `True` quando a string tem, pelo menos, um caractere e todos os caracteres são alfanuméricos (letras ou números).

» `isalpha()`: Retorna `True` quando a string tem, pelo menos, um caractere e todos os caracteres são alfabéticos (letras somente).

» `isdecimal()`: Retorna `True` quando uma string Unicode contém somente caracteres decimais.

» `isdigit()`: Retorna `True` quando uma string contém somente dígitos (números e não letras).

» `islower()`: Retorna `True` quando uma string tem, pelo menos, um caractere alfabético e todos estão em caixa-baixa.

» `isnumeric()`: Retorna `True` quando uma string Unicode contém somente caracteres numéricos.

» `isspace()`: Retorna `True` quando uma string contém somente caracteres de espaço em branco (que incluem espaços, tabs, mudança de linha, quebras de linhas, quebras de página e tabs verticais, mas não retorno).

» `istitle()`: Retorna `True` quando uma string é capitalizada para usar como título, como `Hello World`. No entanto, a função requer que mesmo palavras pequenas tenham a primeira letra em maiúscula. Por exemplo, `Follow a Star` retorna `False`, mesmo considerando que a capitalização seja adequada, mas `Follow A Star` retorna `True`.

» `isupper()`: Retorna `True` quando uma string tem, pelo menos, um caractere alfabético e todos estão em caixa-alta.

» `join` (*seq*): Cria uma string na qual a base é separada, por sua vez, por cada caractere em *seq* de forma repetitiva. Por exemplo, se você inicia com `MyString = "Hello"` e digita `(MyString.join("!*!"))`, a saída é `!Hello*Hello!`.

» `len` (*string*): Obtém o comprimento da *string*.

» `ljust` (*largura, caracterepreenchimento=" "*): Justifica a string à esquerda para que ela caiba dentro do número de espaços especificados por `largura`. Se você fornecer um caractere para `caracterepreenchimento`, a função irá usá-lo. Caso contrário, `ljust()` usará espaços para criar uma string com a largura desejada.

» `lower()`: Converte todas as letras em caixa-alta em uma string com letras em caixa-baixa.

244   PARTE 3 **Realizando Tarefas Comuns**

» `lstrip()`: Remove todos os caracteres iniciais em branco em uma string.

» `max(str)`: Retorna o caractere que tem o maior valor numérico em `str`. Por exemplo, *a* teria um valor numérico maior do que *A*.

» `min`(*str*): Retorna o caractere que tem o menor valor numérico em `str`. Por exemplo, *A* teria um valor numérico menor do que *a*.

» `rjust(largura, caracterepreenchimento=" ")`: Justifica à direita uma string para que ela caiba dentro do número de espaços especificados por `largura`. Se você fornecer um caractere para `caracterepreenchimento`, a função irá usá-lo. Caso contrário, `rjust()` usará espaços para criar uma string com a largura desejada.

» `rstrip()`: Remove todos os caracteres finais em branco em uma string.

» `split(str=" ", núm=string.count(str))`: Divide uma string em substrings usando o delimitador especificado por `str` (quando fornecido). O padrão é usar o espaço como um delimitador. Consequentemente, se sua string contém `A Fine Day`, a saída será três substrings consistindo de `A`, `Fine` e `Day`. Você usa *núm* para definir o número de substrings a retornar. O padrão é retornar quantas substrings a função puder produzir.

» `splitlines(núm=string.count('\n'))`: Divide uma string que contém caracteres de nova linha (`\n`) em strings individuais. As quebras ocorrem a cada caractere de nova linha. A saída remove esses caracteres. Você pode usar *núm* para especificar o número de strings a retornar.

» `strip()`: Remove todos os caracteres com espaços em branco no início e no final de uma string.

» `swapcase()`: Inverte a caixa de todos os caracteres alfabéticos em uma string.

» `title()`: Retorna uma string em que a letra inicial em cada palavra está em caixa-alta e todas as letras restantes na palavra estão em caixa-baixa.

» `upper()`: Converte todas as letras em caixa-baixa de uma string em caixa-alta.

» `zfill (largura)`: Retorna uma string que é preenchida com zeros à esquerda para que a string resultante seja do tamanho da `largura`. Essa função é designada para o uso de strings contendo valores numéricos. Ela mantém o sinal original da informação (caso tenha) fornecido com o número.

Lidar um pouco com essas funções pode ajudar a entendê-las melhor. Os passos a seguir criam um exemplo que demonstra algumas das tarefas que você pode executar usando essas funções.

CAPÍTULO 12 **Trabalhando com Strings** 245

1. **Digite o seguinte código no notebook, teclando Enter após cada linha:**

   ```
   MyString = "  Hello World  "
   print(MyString.upper())
   print(MyString.strip())
   print(MyString.center(21, "*"))
   print(MyString.strip().center(21, "*"))
   print(MyString.isdigit())
   print(MyString.istitle())
   print(max(MyString))
   print(MyString.split())
   print(MyString.split()[0])
   ```

   O código começa criando `MyString`, que inclui espaços antes e depois do texto para que você possa ver como as funções relacionadas ao espaço funcionam. A tarefa inicial é converter todos os caracteres em caixa-alta.

   Remover espaço extra é uma tarefa comum no desenvolvimento de aplicações. A função `strip()` executa bem essa tarefa. A função `center()` permite adicionar preenchimentos à esquerda e à direita da string para que ela consuma a quantidade de espaço desejado. Ao combinar as funções `strip()` e `center()`, a saída é diferente de quando usa a função `center()` sozinha.

   LEMBRE-SE

   Você pode combinar funções para produzir um resultado desejado. O Python executa cada uma das funções, uma por vez, da esquerda para a direita. A ordem em que as funções aparecem afetará a saída e os desenvolvedores comumente cometem o erro de colocar as funções na ordem errada. Se sua saída estiver diferente do esperado, tente trocar a ordem delas.

   Algumas funções servem como uma entrada na string, em vez de uma instância da string. A função `max()` está nessa categoria. Se você digitasse `MyString.max()`, o Python teria mostrado um erro. A lista de itens que aparece antes nesta seção mostra quais funções requerem esse tipo de entrada.

   Ao trabalhar com funções que produzem uma lista como saída, você pode acessar um membro individual fornecendo um índice. O exemplo mostra como usar `split()` para dividir a string em substrings. Então mostra como acessar somente a primeira substring na lista. Você aprenderá mais sobre como trabalhar com listas no Capítulo 13.

2. **Clique em Run Cell.**

   O Python exibe o número de strings modificadas, como na Figura 12-4.

FIGURA 12-4:
O uso de funções torna a manipulação de strings muito mais flexível.

```
                Slicing and Dicing Strings

In [4]:  MyString = "  Hello World  "
         print(MyString.upper())
         print(MyString.strip())
         print(MyString.center(21, "*"))
         print(MyString.strip().center(21, "*"))
         print(MyString.isdigit())
         print(MyString.istitle())
         print(max(MyString))
         print(MyString.split())
         print(MyString.split()[0])

            HELLO WORLD
         Hello World
         ***  Hello World  ***
         *****Hello World*****
         False
         True
         r
         ['Hello', 'World']
         Hello
```

Localizando um Valor em uma String

Às vezes você precisa localizar uma informação específica na string. Por exemplo, pode querer saber se uma string contém a palavra Hello. Um dos propósitos essenciais da criação e da manutenção de dados é estar apto a pesquisá-los depois para localizar informações específicas. As strings não são diferentes — elas são mais úteis quando você pode encontrar aquilo de que precisa rapidamente e sem problemas. O Python fornece várias funções para pesquisar strings. Aqui estão as funções mais comumente usadas:

» `count(str, iní= 0, fim=len(string))`: Conta quantas vezes *str* ocorre em uma string. Você pode limitar a pesquisa especificando um índice inicial usando `iní` ou um índice final usando `fim`.

» `endswith(sufixo, iní=0, fim=len(string))`: Retorna `True` quando uma string termina com caracteres especificados pelo `sufixo`. Você pode limitar a checagem especificando um índice inicial usando `iní` ou um índice final usando `fim`.

» `find(str, iní=0, fim=len(string))`: Determina se *str* ocorre em uma string e exibe o índice da localização. Você pode limitar a pesquisa especificando um índice inicial usando `iní` ou um índice final usando `fim`.

» `index(str, iní=0, fim=len(string))`: Fornece a mesma funcionalidade de `find()`, mas gera uma exceção quando *str* não é encontrada.

CAPÍTULO 12 **Trabalhando com Strings**   247

» `replace(antiga, nova [, máx])`: Substitui todas as ocorrências da sequência de caracteres especificada por `antiga` em uma string pela sequência de caracteres especificada por `nova`. Você pode limitar o número de substituições especificando o valor de `máx`.

» `rfind(str, iní=0, fim=len(string))`: Fornece a mesma funcionalidade de `find()`, mas pesquisa ao inverso a partir do fim da string, em vez do início.

» `rindex(str, iní=0, fim=len(string))`: Fornece a mesma funcionalidade de `index()`, mas pesquisa ao inverso a partir do fim da string, em vez do início.

» `startswith(prefixo, iní=0, fim=len(string))`: Retorna `True` quando a string inicia com caracteres especificados pelo `prefixo`. Você pode limitar a checagem especificando um índice inicial usando `iní` ou um índice final usando `fim`.

Encontrar dados de que precisa é uma tarefa essencial da programação — tarefa esta requerida, não importa qual tipo de aplicação você crie. Os passos a seguir ajudam a criar um exemplo que demonstra o uso da funcionalidade de pesquisa em strings.

1. Digite o seguinte código na janela, teclando Enter após cada linha:

```python
SearchMe = "The apple is red and the berry is blue!"
print(SearchMe.find("is"))
print(SearchMe.rfind("is"))
print(SearchMe.count("is"))
print(SearchMe.startswith("The"))
print(SearchMe.endswith("The"))
print(SearchMe.replace("apple", "car")
      .replace("berry", "truck"))
```

Esse exemplo começa criando `SearchMe`, uma string com duas instâncias da palavra *is*. As duas instâncias são importantes porque demonstram como as pesquisas se diferenciam dependendo de onde você começa. Ao usar `find()`, o exemplo começa no início da string. Por sua vez, `rfind()` inicia no final.

É claro que você não saberá sempre quantas vezes certo conjunto de caracteres aparecerá na string. A função `count()` permite determinar esse valor.

Dependendo do tipo de dados com os quais trabalha, algumas vezes eles estão muito formatados e você pode usar um padrão em particular para sua vantagem. Por exemplo, pode determinar se uma string (ou substring) em particular termina ou inicia com uma sequência específica de caracteres. Você poderia facilmente utilizar essa técnica para procurar um número de série.

A parte final do código substitui *apple* por *car* e *berry* por *truck*. Observe a técnica usada para colocar o código em duas linhas. Em alguns casos, seu código precisará aparecer em múltiplas linhas para ficar mais legível.

2. Clique em Run Cell.

A aplicação apresenta a saída como mostra a Figura 12-5. Observe especialmente que as pesquisas retornam índices diferentes baseados em onde começaram na string. Usar a função correta ao executar pesquisas é essencial para garantir que você consiga os resultados que espera.

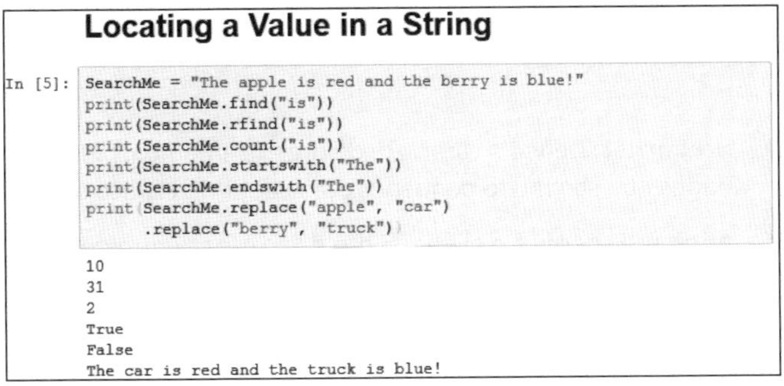

FIGURA 12-5:
Digitar o tipo de entrada errada gera um erro, em vez de uma exceção.

```
Locating a Value in a String
In [5]:  SearchMe = "The apple is red and the berry is blue!"
         print(SearchMe.find("is"))
         print(SearchMe.rfind("is"))
         print(SearchMe.count("is"))
         print(SearchMe.startswith("The"))
         print(SearchMe.endswith("The"))
         print(SearchMe.replace("apple", "car")
              .replace("berry", "truck"))

         10
         31
         2
         True
         False
         The car is red and the truck is blue!
```

Formatando Strings

Você pode formatar strings de várias formas usando o Python. O objetivo principal da formatação é apresentar a string em uma forma que seja agradável para o usuário e fácil de entender. Formatar não quer dizer adicionar fontes especiais ou efeitos nesse caso, mas se refere meramente à apresentação dos dados. Por exemplo, o usuário pode querer um número com ponto fixo, em vez de um número decimal como saída.

Há vários modos de formatar strings e você vê alguns deles à medida que o livro progride. No entanto, o foco da maioria das formatações é a função `format()`. Você cria uma especificação de formatação como parte de uma string e usa essa função para adicionar dados à string. Uma especificação de formatação pode ser simples como duas chaves `{}`, que especificam um espaço reservado para armazenar dados. Você pode numerar o espaço reservado para criar efeitos especiais. Por exemplo, `{0}` conterá o primeiro elemento de dados em uma string. Quando os elementos dos dados são numerados, você pode até repeti-los para que o mesmo dado apareça mais de uma vez na string.

CAPÍTULO 12 **Trabalhando com Strings** 249

A especificação da formatação tem dois pontos. Quando você quer criar somente uma especificação de formatação, as chaves contêm somente os dois pontos e qualquer formatação que queira usar. Por exemplo, {:f}, criará um número de ponto fixo como saída. Se quiser numerar as entradas, o número que precede os dois pontos {0:f} cria um número de ponto fixo para o elemento de dado um. A formatação específica segue esse formato, com os elementos em itálico servindo como indicadores de argumentos:

```
[[preencher]alinhar][sinal][#][0][largura][,][.precisão][tipo]
```

A especificação em `https://docs.python.org/3/library/string.html` fornece mais detalhes, mas segue uma visão geral sobre o que significam as várias entradas:

» **preencher:** Define o caractere de preenchimento usado ao mostrar dados que são muito pequenos para caber no espaço atribuído.

» **alinhar:** Especifica o alinhamento dos dados dentro do espaço de exibição. Você pode usar estes alinhamentos:

- **<:** Alinhamento à esquerda
- **>:** Alinhamento à direita
- **^:** Centralizado
- **=:** Justificado

» **sinal:** Determina o uso de sinais para a saída:

- **+:** Números positivos têm um sinal de mais.
- **-:** Números negativos têm um sinal de menos.
- **<espaço>:** Números positivos são precedidos por um espaço e números negativos têm um sinal de menos.

» **#:** Especifica que a saída deve usar o formato alternativo de exibição para os números. Por exemplo, números hexadecimais terão um prefixo 0x adicionado.

» **0:** Especifica que a saída deve ter sinais e ser preenchida com zeros se for necessário fornecer uma saída consistente.

» **largura:** Determina a largura completa do campo de dados (mesmo que os dados não caibam no espaço fornecido).

» **,:** Especifica que os dados numéricos devam ter vírgulas como separador de milhares.

» **.precisão:** Determina o número de caracteres depois da vírgula decimal.

» **tipo:** Especifica o tipo de saída, mesmo que o tipo de entra não corresponda. Os tipos são separados em três grupos:

- *String:* Usa s ou nada para especificar uma string.

- *Inteiro:* Os tipos inteiros são os seguintes: b (binário), c (caractere), d (decimal), o (octal), x (hexadecimal com letras em caixa-baixa); X (hexadecimal com letras em caixa-alta) e n (decimal sensível ao local que usa os caracteres apropriados para o separador de milhar).

- *Ponto flutuante:* Os tipos de ponto flutuante são os seguintes: e (expoente usando e em caixa-baixa como separador), E (expoente usando E em caixa-alta como separador), f (caixa-baixa, ponto fixo), F (caixa-alta, ponto fixo), g (caixa-baixa, formato geral), G (caixa-alta, formato geral), n (formato sensível ao local geral que usa os caracteres apropriados para separadores de decimais e milhares) e % (percentual).

Os elementos de especificação da formatação precisam aparecer na ordem correta ou o Python não saberá o que fazer com eles. Se você especificar o alinhamento antes do caractere de preenchimento, o Python mostrará uma mensagem de erro, em vez de executar a formatação requerida. Os passos a seguir ajudam a ver como a especificação da formatação funciona e demonstra a ordem que você precisa seguir para usar vários critérios de especificação.

1. **Digite o seguinte código no notebook, teclando Enter após cada linha:**

```
Formatted = "{:d}"
print(Formatted.format(7000))
Formatted = "{:,d}"
print(Formatted.format(7000))
Formatted = "{:^15,d}"
print(Formatted.format(7000))
Formatted = "{:*^15,d}"
print(Formatted.format(7000))
Formatted = "{:*^15.2f}"
print(Formatted.format(7000))
Formatted = "{:*>15X}"
print(Formatted.format(7000))
Formatted = "{:*<#15x}"
print(Formatted.format(7000))
Formatted = "A {0} {1} and a {0} {2}."
print(Formatted.format("blue", "car", "truck"))
```

O exemplo começa simplesmente com um campo formatado como um valor decimal. Então adiciona um separador de milhar à saída. O próximo passo é fazer o campo ficar mais largo que o necessário para armazenar dados e centralizá-los no campo. Finalmente, o campo tem um asterisco adicionado para preencher a saída.

CAPÍTULO 12 **Trabalhando com Strings** 251

É claro, existem outros tipos de dados no exemplo. O próximo passo é mostrar os mesmos dados em um formato de ponto fixo. O exemplo também mostra a saída em caixa-alta e baixa no formato hexadecimal. A saída em caixa-alta é alinhada à direita e a saída em caixa-baixa é alinhada à esquerda.

Por fim, o exemplo mostra como você pode usar campos numerados a seu favor. Nesse caso, cria uma saída de string interessante que repete um dos valores de entrada.

2. Clique em Run Cell.

O Python exibe os dados em vários formatos, como na Figura 12-6.

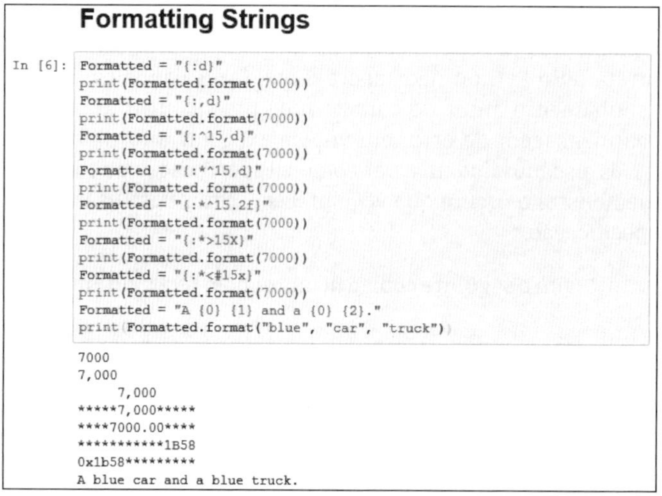

FIGURA 12-6: Use a formatação para apresentar dados precisamente da forma que quiser.

> **NESTE CAPÍTULO**
>
> » **Definindo a importância das listas**
>
> » **Gerando listas**
>
> » **Gerenciando listas**
>
> » **Usando o objeto Counter a seu favor**

Capítulo **13**

Gerenciando Listas

Muitas pessoas esquecem que a maioria das técnicas de programação é baseada no mundo real. Parte disso se deve ao fato de os programadores muitas vezes usarem termos que outras pessoas não usam para descrever esses objetos do mundo real. Por exemplo, as pessoas chamariam de caixa ou armário um local para armazenar alguma coisa, mas os programadores insistem em usar o termo *variável*. As listas são diferentes. Todo mundo faz listas e as usa de várias formas para executar diversas tarefas. De fato, você provavelmente está cercado de vários tipos de listas onde está sentado neste momento enquanto lê este livro. Então, este capítulo trata de algo que você já usa bastante. A única diferença é que precisa pensar em listas como o Python.

Você pode ler que é difícil trabalhar com listas. A razão para que algumas pessoas achem isso é que elas não costumam pensar sobre as listas que estão criando. Quando cria uma lista, simplesmente escreve itens em qualquer ordem que faça sentido para você. Algumas vezes, depois de terminar de escrever, você a reescreve para colocar os itens em uma ordem específica. Em outros casos, o próprio dedo é usado como guia ao percorrer a lista e examiná-la mais facilmente. A questão é que tudo que você normalmente faz com listas também pode ser feito com o Python. A diferença é que agora deve realmente pensar sobre o que está fazendo para que o Python entenda o que você quer fazer.

CAPÍTULO 13 **Gerenciando Listas** 253

As listas são incrivelmente importantes no Python. Este capítulo introduz os conceitos usados para criar, gerenciar, pesquisar e imprimir listas (entre outras tarefas). No término, você poderá usar listas para fazer suas aplicações Python ficarem mais robustas, rápidas e flexíveis. Realmente, você se perguntará como pôde viver sem usar listas no passado. O importante é ter em mente que você já usa listas a maior parte do tempo em sua vida. E não há muita diferença agora, exceto que deve pensar sobre as ações que normalmente tomaria sem pensar ao gerenciar suas próprias listas. O código-fonte para este capítulo está no arquivo `BPPD_13_Managing_Lists.ipynb`, disponível para download, conforme a Introdução do livro.

Organizando Informações em uma Aplicação

As pessoas criam listas para organizar informações e facilitar o acesso e a troca delas. As listas no Python são usadas pela mesma razão. Em muitas situações, você realmente precisa de algum tipo de auxílio organizacional para manter os dados. Por exemplo, você pode querer criar um lugar específico para procurar por dias da semana e meses do ano. Os nomes desses itens apareceriam em uma lista, quase como seria se os listasse em um papel na vida real. As seções a seguir descrevem em mais detalhes as listas e como elas funcionam.

Definindo organização usando listas

A especificação do Python define uma lista como um tipo de sequência. As *sequências* simplesmente fornecem um meio de permitir que múltiplos itens de dados existam juntos em uma única unidade de armazenamento, mas como entidades separadas. Pense sobre um daqueles grandes porta-cartas que você vê nas recepções de prédios. Um único porta-cartas contém pequenos escaninhos e cada um pode conter correspondências. O Python suporta outros tipos de sequências também (o Capítulo 14 explica várias delas):

» Tuplas

» Dicionários

» Pilhas

» Filas

» Filas duplas (deques)

254   PARTE 3 **Realizando Tarefas Comuns**

LEMBRE-SE

De todas as sequências, as listas são as mais fáceis de entender e as mais diretamente relacionadas com o objeto do mundo real. Trabalhar com listas ajuda você a se tornar mais apto a trabalhar com outros tipos de sequências que fornecem maior funcionalidade e flexibilidade aprimorada. A questão é que o dado é armazenado em uma lista como você escreveria em uma folha de papel — um item vem depois do outro, como mostra a Figura 13-1. A lista tem um início, um meio e um fim. Como na figura, os itens são numerados (mesmo que você normalmente não os numere na vida real, o Python sempre numera os itens para você).

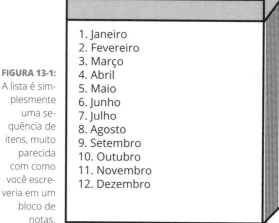

FIGURA 13-1: A lista é simplesmente uma sequência de itens, muito parecida com como você escreveria em um bloco de notas.

Entendendo como computadores veem as listas

O computador não enxerga as listas da mesma forma que você. Ele não tem um bloco de notas interno e usa uma caneta para escrever. Um computador tem memória e armazena cada item de uma lista em uma posição de memória separada, como mostra a Figura 13-2. A memória é contígua, então, a medida que você adiciona novos itens, eles são adicionados à próxima posição.

Em muitos aspectos, o computador usa algo parecido com uma caixa de correio para armazenar sua lista. A lista inteira é o porta-cartas. À medida que você adiciona itens, o computador os coloca no próximo escaninho.

FIGURA 13-2: Cada item adicionado à lista ocupa a próxima posição na memória.

| Janeiro | Fevereiro | Março | ... | Outubro | Novembro | Dezembro |

LEMBRE-SE

Como os escaninhos numerados em um porta-cartas, os slots de memória usados para a lista também são numerados. Os números começam com 0, não com 1, como era esperado. Cada escaninho recebe o número seguinte em ordem. O porta-cartas com os meses do ano conteria 12 escaninhos, sendo numerados de 0 a 11 (não 12, como você pode ter pensado). É essencial pegar o esquema dos números o quanto antes porque mesmo os desenvolvedores experientes algumas vezes têm problemas ao usarem 1 e não 0 como ponto inicial.

Dependendo do tipo de informação colocado em cada escaninho, os escaninhos não precisam ter o mesmo tamanho. O Python permite armazenar uma string em um escaninho, um inteiro em outro e um valor de ponto flutuante em um terceiro. O computador não sabe que tipo de informação está armazenada em cada um e não se importa. Tudo o que o computador vê é uma longa lista de números que pode ser qualquer coisa. O Python executa todo o trabalho necessário para tratar os elementos de dados de acordo com o tipo certo e garantir que, quando você solicitar o item cinco, realmente receberá o item cinco.

DICA

Em geral, é uma boa prática criar listas de itens parecidos para tornar os dados mais fáceis de gerenciar. Ao criar uma lista de todos os inteiros, por exemplo, em vez de dados misturados, você pode fazer suposições sobre a informação e não precisa perder tempo checando. No entanto, em algumas situações pode precisar misturar os dados. Muitas outras linguagens de programação exigem que as listas tenham somente um tipo de dado, mas o Python oferece flexibilidade no uso de tipos de dados sortidos. Mas lembre-se de que, ao usar dados misturados em uma lista, você deve determinar o tipo de dado quando recuperar a informação, para trabalhar com eles corretamente. Tratar uma string como um inteiro pode causar problemas em sua aplicação.

Criando Listas

Como na vida real, antes que você possa fazer qualquer coisa com a lista, é necessário criá-la. Como mencionado antes, as listas do Python podem misturar tipos. No entanto, é sempre uma melhor prática restringir a lista a um tipo único quando puder. Os passos a seguir demonstram como criar listas do Python.

1. **Abra um novo notebook.**

    Você também pode usar o arquivo com o código-fonte BPPD_13_Managing_Lists.ipynb, disponível para download.

2. **Digite** List1 = ["One", 1, "Two", True] **e tecle Enter.**

    O Python cria uma lista chamada List1. Essa lista contém dois valores de string (One e Two), um valor inteiro (1) e um valor booliano (True). É claro que você não pode ver nada, porque o Python processa o comando em silêncio.

LEMBRE-SE

Observe que cada tipo de dado que você digita tem uma cor diferente. Quando usa o esquema de cores padrão, o Python mostra strings verdes, números em preto e valores boolianos em laranja. A cor da entrada é uma sugestão que diz se você a digitou corretamente, o que ajuda a reduzir erros na criação de uma lista.

3. **Digite** print(List1) **e clique em Run Cell.**

    Você verá o conteúdo da lista inteira, como mostra a Figura 13-3. Observe que as entradas de string aparecem com aspas simples, mesmo que você as tenha digitado usando aspas duplas. As strings podem aparecer com aspas simples ou duplas no Python.

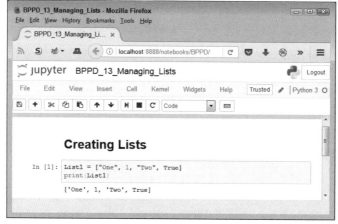

FIGURA 13-3: O Python mostra o conteúdo de List1.

4. **Digite** dir(List1) **e clique em Run Cell.**

    O Python exibe uma lista de ações que você pode executar usando listas, como mostra (parcialmente) a Figura 13-4. Observe que a saída é, na verdade, uma lista. Então, você está usando a lista para determinar o que pode fazer com outra lista.

CAPÍTULO 13 **Gerenciando Listas** 257

FIGURA 13-4:
O Python fornece uma listagem das ações que você pode executar usando uma lista.

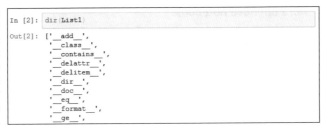

LEMBRE-SE

À medida que você começa a trabalhar com objetos de maior complexidade, é preciso se lembrar de que o comando `dir()` sempre mostra quais tarefas pode executar usando aquele objeto. As ações que aparecem sem travessão são as principais ações que você pode executar usando a lista. Essas ações são as seguintes:

- append
- clear
- copy
- count
- extend
- index
- insert
- pop
- remove
- reverse
- sort

Acessando as Listas

Depois de criar a lista, você desejará acessar as informações que ela contém. Um objeto não é particularmente útil se você não pode, pelo menos, acessar a informação dele. A seção anterior mostra como usar as funções `print()` e `dir()` para interagir com a lista, mas existem outras formas de executar a tarefa, como descrito nos passos a seguir.

1. **Digite** List1 = ["One", 1, "Two", True] **e clique em Run Cell.**

    O Python cria uma lista chamada `List1`.

2. Digite List1[1] e clique em Run Cell.

Você verá o valor 1 como saída, como mostra a Figura 13-5. O uso de um número entre colchetes é chamado de *índice*. O Python sempre usa índices baseados em zero, então pedir um elemento no índice 1 quer dizer obter o segundo elemento em uma lista.

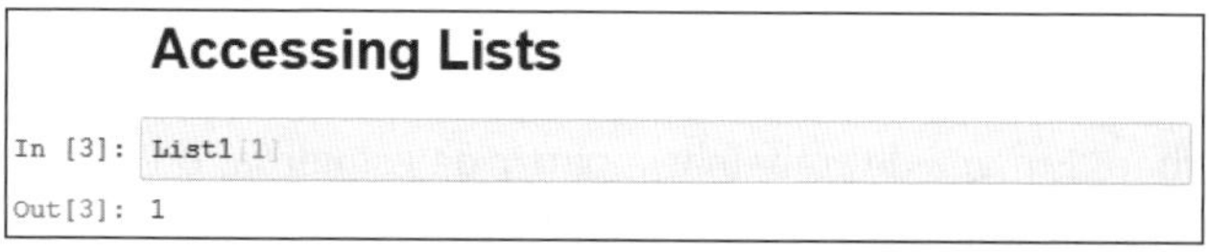

FIGURA 13-5:
Use o
número
correto do
índice.

```
Accessing Lists

In [3]: List1[1]
Out[3]: 1
```

3. Digite List1[1:3] e clique em Run Cell.

Você verá um intervalo de valores que inclui dois elementos, como mostra a Figura 13-6. Ao digitar um intervalo, o final dele é sempre maior que o número de elementos retornados. Nesse caso, isso significa que você obterá os elementos 1 e 2, não os elementos 1 a 3, como pode esperar.

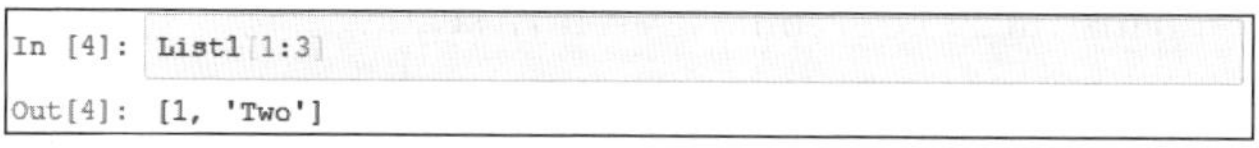

FIGURA 13-6:
Os
intervalos
retornam
múltiplos
valores.

```
In [4]: List1[1:3]
Out[4]: [1, 'Two']
```

4. Digite List1[1:] e clique em Run Cell.

Você verá todos os elementos, começando pelo elemento 1 até o fim da lista, como na Figura 13-7. O intervalo pode ter um número final em branco, que simplesmente quer dizer para imprimir o resto da lista.

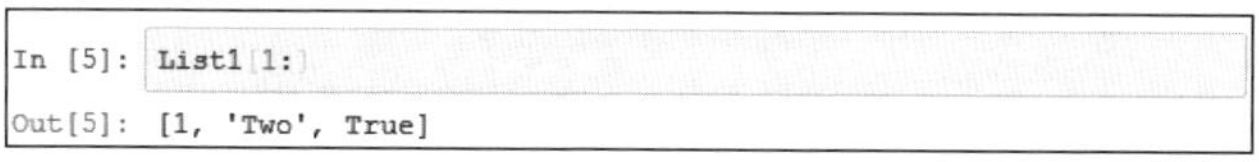

FIGURA 13-7:
Ao deixar
o número
final do
intervalo
em branco,
o resto
da lista é
impresso.

```
In [5]: List1[1:]
Out[5]: [1, 'Two', True]
```

5. Digite List1[:3] e clique em Run Cell.

O Python mostra os elementos 0 a 2. Deixar o início do intervalo em branco significa que você quer começar com o elemento 0, como na Figura 13-8.

CAPÍTULO 13 **Gerenciando Listas** 259

FIGURA 13-8: Deixar o número inicial do intervalo em branco imprime a partir do elemento 0.

```
In [6]: List1[:3]
Out[6]: ['One', 1, 'Two']
```

PAPO DE ESPECIALISTA

Mesmo que seja realmente confuso, você pode usar índices negativos com o Python. Em vez de trabalhar a partir da esquerda, o Python trabalhará a partir da direita e de trás para a frente. Por exemplo, se você tiver List1 = ["One", 1, "Two", True] e digitar List1[-2], receberá Two como saída. Do mesmo modo, ao digitar List[-3], o retorno será a saída 1. O elemento mais à direita é o elemento -1, nesse caso.

Fazendo Loop nas Listas

Para automatizar o processo de lista de elementos você precisa, de alguma forma, fazer um loop na lista. A forma mais fácil de executar essa tarefa é utilizar a instrução for, como descrito a seguir.

1. **Digite o seguinte código na janela, teclando Enter após cada linha:**

   ```
   List1 = [0, 1, 2, 3, 4, 5]
   for Item in List1:
       print(Item)
   ```

   O exemplo começa criando uma lista que consiste em valores numéricos. Então usa um loop for para obter cada elemento por vez e imprimi-lo na tela.

2. **Clique em Run Cell.**

   O Python mostra os valores individuais na lista, um em cada linha, como na Figura 13-9.

FIGURA 13-9: Um loop torna mais fácil obter uma cópia de cada item e processá-lo quando necessário.

```
Looping through Lists

In [7]: List1 = [0, 1, 2, 3, 4, 5]
        for Item in List1:
            print(Item)
0
1
2
3
4
5
```

260 PARTE 3 **Realizando Tarefas Comuns**

Modificando Listas

Você pode modificar o conteúdo de uma lista quando necessário. Modificar uma lista significa alterar uma entrada em particular, adicionar uma nova entrada ou remover uma entrada existente. Às vezes, para executar essas tarefas você deve ler uma entrada. O conceito de modificação é encontrado no acrônimo CRUD (Create, Read, Update, Delete), que significa Criar, Ler, Atualizar e Apagar. Segue uma lista de funções associadas ao CRUD:

- » `append()`: Adiciona uma nova entrada ao fim da lista.
- » `clear()`: Remove todas as entradas da lista.
- » `copy()`: Cria uma cópia da lista atual e a coloca em uma nova lista.
- » `extend()`: Adiciona itens de uma lista existente na lista atual.
- » `insert()`: Adiciona uma nova entrada à posição especificada na lista.
- » `pop()`: Remove uma entrada do final da lista.
- » `remove()`: Remove uma entrada de uma posição especificada na lista.

Os passos seguintes mostram como executar tarefas de modificação em listas. É um exercício prático. À medida que o livro progride, você verá essas mesmas funções usadas com o código da aplicação. O propósito do exercício é ajudá-lo a ter uma ideia de como as listas funcionam.

1. **Digite** List2 = [ ] **e tecle Enter.**

    O Python cria uma lista chamada `List2`.

LEMBRE-SE

   Observe que os colchetes estão vazios. `List2` não contém nenhuma entrada. Você pode criar listas vazias que preencherá com informação depois. Na verdade, é exatamente assim que muitas listas começam, porque você normalmente não sabe qual informação elas conterão até que o usuário interaja com a lista.

2. **Digite** len(List2) **e clique em Run Cell.**

   A função `len()` tem 0 como saída, como mostra a Figura 13-10. Ao criar uma aplicação você pode checar uma lista vazia usando a função `len()`. Se uma lista estiver vazia você não poderá executar tarefas, como remover elementos dela, pois não há nada para remover.

CAPÍTULO 13 **Gerenciando Listas** 261

FIGURA 13-10:
Verifique as listas vazias em sua aplicação quando necessário.

```
Modifying Lists
In [8]:  List2 = []
         len(List2)
Out[8]:  0
```

3. **Digite** List2.append(1) **e tecle Enter.**

4. **Digite** len(List2) **e clique em Run Cell.**

A função `len()` agora reporta um comprimento 1.

5. **Digite** List2[0] **e clique em Run Cell.**

Você verá o valor armazenado no elemento 0 da `List2`, como mostra a Figura 13-11.

FIGURA 13-11:
Anexar um elemento altera o tamanho da lista e armazena o valor no final dela.

```
In [9]:   List2.append(1)
          len(List2)
Out[9]:   1
In [10]:  List2[0]
Out[10]:  1
```

6. **Digite** List2.insert(0, 2) **e tecle Enter.**

A função `insert()` requer dois argumentos. O primeiro é o índice da inserção, que nesse caso é o elemento 0. O segundo argumento é o objeto que você quer inserir naquele ponto, que nesse caso é 2.

7. **Digite** List2 **e clique em Run Cell.**

O Python adicionou outro elemento a `List2`. No entanto, o uso da função `insert()` permite adicionar um novo elemento antes do primeiro, como mostra a Figura 13-12.

FIGURA 13-12:
A inserção fornece flexibilidade ao decidir onde adicionar um elemento.

```
In [11]:  List2.insert(0, 2)
          List2
Out[11]:  [2, 1]
```

USANDO OPERADORES COM LISTAS

As listas também podem usar operadores para executar certas tarefas. Por exemplo, se quiser criar uma lista que contenha quatro cópias da palavra *Hello*, poderá usar `MyList = ["Hello"] * 4` para preenchê-la. Uma lista permite uma repetição, quando necessário. O operador de multiplicação `(*)` informa ao Python quantas vezes ele deve repetir certo item. É essencial lembrar que cada elemento repetido é separado, então o que `MyList` contém é `['Hello', 'Hello', 'Hello', 'Hello']`.

Você também pode usar a concatenação para preencher a lista. Por exemplo, usar `MyList = ["Hello"] + ["World"] + ["!"] * 4` cria seis elementos em `MyList`. O primeiro elemento é Hello, seguido de World e terminando com quatro elementos com um sinal de exclamação (!).

O operador membro `(in)` também funciona com listas. Este capítulo usa um método de pesquisa direto e fácil de entender (abordagem recomendada). No entanto, você pode usar o operador membro para fazer coisas mais curtas e simples usando `"Hello" in MyList`. Presumindo que você tenha uma lista preenchida com `['Hello', 'World', '!', '!', '!', '!']`, a saída dessa instrução é `True`.

8. **Digite** List3 = List2.copy() **e tecle Enter.**

A nova lista, `List3`, é uma cópia fiel de `List2`. A cópia é frequentemente usada para criar uma versão temporária de uma lista existente, para que o usuário possa fazer modificações temporárias nela, em vez de na lista original. Quando o usuário terminar, a aplicação poderá apagar a lista temporária ou copiá-la para a lista original.

9. **Digite** List2.extend(List3**) e tecle Enter.**

O Python copia todos os elementos de `List3` para o final de `List2`. A extensão é usada comumente para consolidar duas listas.

CAPÍTULO 13 **Gerenciando Listas** 263

10. Digite List2 e clique em Run Cell.

Você verá que os processos de cópia e extensão funcionaram. Agora `List2` contém os valores 2, 1, 2 e 1, como mostra a Figura 13-13.

FIGURA 13-13:
Copiar e estender fornecem métodos para mover muitos dados rapidamente.

```
In [12]:   List3 = List2.copy()
           List2.extend(List3)
           List2
Out[12]:   [2, 1, 2, 1]
```

11. Digite List2.pop() e clique em Run Cell.

O Python mostra um valor 1, como na Figura 13-14. O 1 foi armazenado no fim da lista e `pop()` sempre remove os valores do final.

FIGURA 13-14:
Use `pop()` para remover elementos do final de uma lista.

```
In [13]:   List2.pop()
Out[13]:   1
```

12. Digite List2.remove(1) e clique em Run Cell.

Agora o Python remove o item no elemento 1. Diferentemente da função `pop()`, a função `remove()` não mostra o valor do item removido.

13. Digite List2.clear() e tecle Enter.

Usar `clear()` significa que a lista não deve conter nenhum elemento agora.

14. Digite len(List2) e clique em Run Cell.

Você verá que a saída é 0. `List2` está definitivamente vazia. Nesse ponto, você já experimentou todos os métodos de modificação que o Python fornece para as listas. Trabalhe com `List2` um pouco mais usando essas várias funções até que se sinta confortável ao fazer alterações na lista.

264   PARTE 3 **Realizando Tarefas Comuns**

Pesquisando em Listas

Modificar uma lista não é muito fácil quando você não sabe o que ela contém. A habilidade de pesquisar uma lista é essencial se quiser fazer tarefas de manutenção com facilidade. Os passos a seguir o ajudam a criar uma aplicação que demonstra a habilidade de pesquisar valores específicos em uma lista.

1. **Digite o seguinte código no notebook, teclando Enter após cada linha:**

   ```
   Colors = ["Red", "Orange", "Yellow", "Green", "Blue"]
   ColorSelect = ""
   while str.upper(ColorSelect) != "QUIT":
      ColorSelect = input("Please type a color name: ")
      if (Colors.count(ColorSelect) >= 1):
         print("The color exists in the list!")
      elif (str.upper(ColorSelect) != "QUIT"):
         print("The list doesn't contain the color.")
   ```

   O exemplo começa criando uma lista chamada `Colors`, que contém nomes de cores. Ele também cria uma variável chamada `ColorSelect` para armazenar o nome da cor que o usuário quer achar. A aplicação entra em um loop que pede para o usuário o nome da cor que deve ser colocado em `ColorSelect`. Enquanto essa variável não contiver a palavra QUIT, a aplicação continuará um loop que requer entrada.

   Quando o usuário entra com o nome da cor, a aplicação pede para a lista contar o número de ocorrências daquela cor. Quando o valor for igual ou maior que um, a lista conterá a cor e uma mensagem apropriada aparecerá na tela. Por outro lado, quando a lista não contém a cor referida, uma mensagem alternativa aparece na tela.

DICA

   Observe como este exemplo usa uma cláusula `elif` para checar se `ColorSelect` contém a palavra QUIT. Essa técnica de incluir uma cláusula `elif` garante que a aplicação não apresente uma mensagem quando o usuário quer sair dela. Você precisa usar técnicas similares quando cria suas aplicações para evitar potenciais confusões para os usuários ou até mesmo a perda de dados (quando a aplicação executa uma tarefa que o usuário não havia realmente solicitado).

2. **Clique em Run Cell.**

   O Python pede para digitar o nome de uma cor.

3. **Digite Blue e tecle Enter.**

   Você verá uma mensagem informando que a cor existe na lista, como na Figura 13-15.

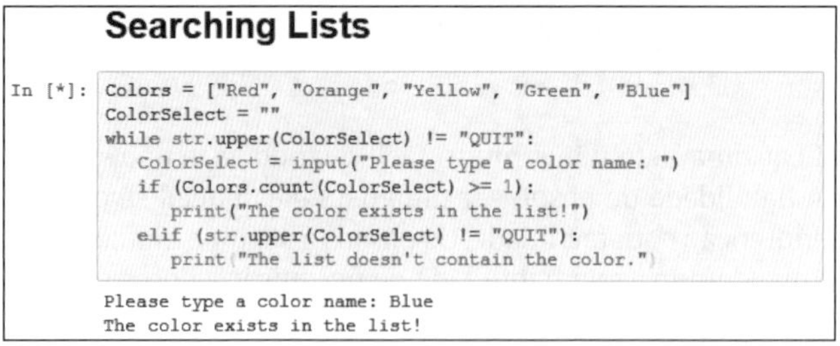

FIGURA 13-15:
As cores que existem na lista recebem uma mensagem de sucesso.

```
Searching Lists

In [*]:   Colors = ["Red", "Orange", "Yellow", "Green", "Blue"]
          ColorSelect = ""
          while str.upper(ColorSelect) != "QUIT":
              ColorSelect = input("Please type a color name: ")
              if (Colors.count(ColorSelect) >= 1):
                  print("The color exists in the list!")
              elif (str.upper(ColorSelect) != "QUIT"):
                  print("The list doesn't contain the color.")

          Please type a color name: Blue
          The color exists in the list!
```

4. **Digite** Purple **e tecle Enter.**

Você verá uma mensagem informando que a cor não existe, como na Figura 13-16.

FIGURA 13-16:
Entrar com uma cor que não existe resulta em uma mensagem de falha.

```
Searching Lists

In [*]:   Colors = ["Red", "Orange", "Yellow", "Green", "Blue"]
          ColorSelect = ""
          while str.upper(ColorSelect) != "QUIT":
              ColorSelect = input("Please type a color name: ")
              if (Colors.count(ColorSelect) >= 1):
                  print("The color exists in the list!")
              elif (str.upper(ColorSelect) != "QUIT"):
                  print("The list doesn't contain the color.")

          Please type a color name: Blue
          The color exists in the list!
          Please type a color name: Purple
          The list doesn't contain the color.
```

5. **Digite** Quit **e tecle Enter.**

A aplicação termina. Observe que ela não mostra mensagens de sucesso nem de falha.

Ordenando Listas

O computador pode localizar informações em uma lista independentemente da ordem em que apareçam. Apesar disso, é fato que as listas mais longas são mais fáceis de pesquisar quando colocadas de forma ordenada. No entanto, a principal razão para ordenar a lista é facilitar que os usuários humanos vejam a informação que a lista contém. As pessoas trabalham melhor com informações ordenadas. Este exemplo começa com uma lista desordenada. Então organiza a lista e a exibe como saída. Os passos a seguir demonstram como realizar essa tarefa.

266   PARTE 3 **Realizando Tarefas Comuns**

1. **Digite o seguinte código no notebook, teclando Enter após cada linha:**

   ```
   Colors = ["Red", "Orange", "Yellow", "Green", "Blue"]
   for Item in Colors:
       print(Item, end=" ")
   print()
   Colors.sort()
   for Item in Colors:
       print(Item, end=" ")
   print()
   ```

   O exemplo começa criando um array de cores. As cores estão atualmente desordenadas. O exemplo então imprime as cores na ordem em que aparecem. Observe o uso do argumento `end=" "` para a função `print()` para assegurar que todas as entradas de cores permaneçam em uma linha (tornando fácil de comparar).

LEMBRE-SE

   Para ordenar uma lista basta chamar a função `sort()`. Depois disso, o exemplo imprime a lista de novo para que você possa ver o resultado.

2. **Clique em Run Cell.**

   O Python apresenta as listas não ordenadas e ordenadas, como mostra a Figura 13-17.

FIGURA 13-17:
Para ordenar uma lista, basta chamar a função `sort()`.

DICA

Você pode precisar colocar os itens na ordem reversa algumas vezes. Para tanto, use a função `reverse()`. A função deve aparecer em uma linha separada. Então, o exemplo anterior ficaria dessa forma, se você quisesse colocar as cores na ordem reversa:

```
Colors = ["Red", "Orange", "Yellow", "Green", "Blue"]
for Item in Colors:
    print(Item, end=" ")
print()
Colors.sort()
```

CAPÍTULO 13 **Gerenciando Listas** 267

```
Colors.reverse()
for Item in Colors:
    print(Item, end=" ")
print()
```

Imprimindo Listas

O Python fornece incontáveis maneiras de produzir informações. Na verdade, o número de possibilidades o deixaria de boca aberta. Este capítulo mostrou apenas alguns dos métodos mais básicos até agora para produzir listas. A impressão no mundo real pode ser um pouco mais complexa, então você precisa conhecer algumas técnicas adicionais para começar. Na verdade, é muito mais fácil usar essas técnicas se você praticá-las durante o processo.

1. **Digite o seguinte código no notebook, teclando Enter após cada linha:**

```
Colors = ["Red", "Orange", "Yellow", "Green", "Blue"]
print(*Colors, sep='\n')
```

Esse exemplo começa usando a mesma lista de cores da seção anterior. Lá você usou um loop `for` para imprimir os itens individuais. Aqui ele usa outra abordagem, o operador `splat (*)`, também chamado de operador de expansão posicional (e uma variedade de outros termos interessantes), para descompactar a lista e enviar cada elemento para o método `print()`, um item de cada vez. O argumento `sep` informa como separar cada saída impressa, usando um caractere de nova linha nesse caso.

2. **Clique em Run Cell.**

O Python exibe a lista, um item de cada vez, como na Figura 13-18.

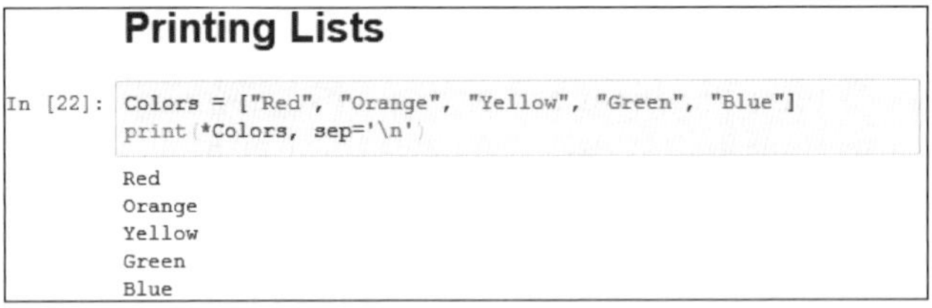

FIGURA 13-18:
Usar o operador `splat` pode diminuir muito seu código.

```
Printing Lists

In [22]:  Colors = ["Red", "Orange", "Yellow", "Green", "Blue"]
          print(*Colors, sep='\n')

          Red
          Orange
          Yellow
          Green
          Blue
```

3. **Digite o seguinte código no notebook e clique em Run Cell.**

```
for Item in Colors: print(Item.rjust(8), sep='/n')
```

268   PARTE 3 **Realizando Tarefas Comuns**

O código não precisa aparecer em múltiplas linhas. Este exemplo pega duas linhas do código e as coloca em apenas uma. No entanto, isso também demonstra o uso do método `rjust()`, que justifica a string à direita, como mostra a Figura 13-19. Muitos métodos desse tipo são descritos em `https://docs.python.org/2/library/string.html` [todos com conteúdo em inglês neste capítulo]. Mesmo que continuem a funcionar, o Python pode parar de usá-los a qualquer momento.

FIGURA 13-19:
As funções de string permitem a formatação fácil da saída de formas específicas.

```
In [23]:  for Item in Colors: print(Item.rjust(8), sep='/n')
                Red
             Orange
             Yellow
              Green
               Blue
```

4. **Digite o seguinte código no notebook e clique em Run Cell.**

```
print('\n'.join(Colors))
```

O Python oferece mais de uma maneira de realizar qualquer tarefa. Nesse caso, o código usa o método `join()` para juntar o caractere de nova linha com cada membro de `Colors`. A saída é igual à apresentada anteriormente na Figura 13-18, mesmo que a abordagem seja diferente. A questão é usar a abordagem que mais adequada a uma necessidade específica.

5. **Digite o seguinte código no notebook e clique em Run Cell.**

```
print('First: {0}\nSecond: {1}'.format(*Colors))
```

Nesse caso, a saída está formatada de uma maneira específica com texto acompanhando e o resultado não inclui todos os membros de `Colors`. As entradas {0} e {1} representam espaços reservados para os valores fornecidos de `*Colors`. A Figura 13-20 apresenta a saída. Você pode ler mais sobre essa abordagem (o tópico é imenso) em `https://docs.python.org/3/tutorial/inputoutput.html`.

FIGURA 13-20:
Use a função `format()` para obter tipos específicos de saída em sua aplicação.

```
In [25]:  print('First: {0}\nSecond: {1}'.format(*Colors)
          First: Red
          Second: Orange
```

CAPÍTULO 13 **Gerenciando Listas** 269

LEMBRE-SE

Esta seção aborda apenas algumas das técnicas comuns usadas para formatar a saída no Python. Há muitas outras, e você verá muitas demonstradas nos próximos capítulos. O objetivo essencial é usar uma técnica que seja fácil de ler, funcione bem com todas as entradas antecipadas e não o coloque em um beco sem saída ao criar saídas adicionais mais tarde.

Trabalhando com o Objeto Counter

Algumas vezes você tem uma fonte de dados e simplesmente precisa saber quantas vezes algumas coisas acontecem (como o aparecimento de certos itens na lista). Quando você tem uma lista curta, é possível simplesmente contar os itens. No entanto, quando tem uma lista realmente longa, é quase impossível ter uma contagem precisa. Por exemplo, considere quanto tempo levaria se você tivesse um livro bem longo como *Guerra e Paz* em uma lista e quisesse saber a frequência de palavras que o romance usou. A tarefa seria impossível sem um computador.

LEMBRE-SE

O objeto `Counter` permite contar os itens rapidamente. Além disso, é incrivelmente fácil de usar. Este livro usa esse objeto várias vezes, mas este capítulo mostra como usá-lo especificamente com listas. O exemplo nesta seção cria uma lista com elementos repetitivos, então conta quantas vezes esses elementos realmente aparecem.

1. **Digite o seguinte código no notebook, teclando Enter após cada linha:**

```
from collections import Counter
MyList = [1, 2, 3, 4, 1, 2, 3, 1, 2, 1, 5]
ListCount = Counter(MyList)
print(ListCount)
for ThisItem in ListCount.items():
    print("Item: ", ThisItem[0],
          " Appears: ", ThisItem[1])
print("The value 1 appears {0} times."
      .format(ListCount.get(1)))
```

Para usar o objeto `Counter`, você deve importá-lo de `collections`. É claro que, se trabalhar com outros tipos de coleções em sua aplicação, poderá importar o pacote `collections` inteiro digitando **import collections**.

O exemplo começa criando uma lista, `MyList`, com elementos numéricos repetitivos. Você pode facilmente ver que alguns elementos aparecem mais de uma vez. O exemplo coloca a lista no novo objeto `Counter`, `ListCount`. Você pode criar objetos `Counter` de várias formas, mas este é o método mais conveniente ao se trabalhar com uma lista.

LEMBRE-SE

O objeto Counter e a lista não estão realmente conectados. Quando o conteúdo da lista muda, você deve recriar o objeto Counter, porque ele não verá a alteração automaticamente. Uma alternativa é chamar o método clear() primeiro e chamar o método update() para preencher o objeto Counter com os novos dados.

A aplicação imprime ListCount de várias formas. A primeira saída é Counter como ele aparece, sem qualquer manipulação. A segunda saída imprime elementos únicos individuais em MyList, com os números de vezes que cada elemento aparece. Para obter o elemento e o número de vezes que eles aparecem, você deve usar a função items() como mostrado. Por fim, o exemplo demonstra como obter uma contagem individual da lista com a função get().

2. **Clique em Run Cell.**

   O Python apresenta os resultados de usar o objeto Counter, como na Figura 13-21.

FIGURA 13-21: Counter é útil para obter estatísticas sobre listas maiores.

```
In [26]: from collections import Counter
         MyList = [1, 2, 3, 4, 1, 2, 3, 1, 2, 1, 5]
         ListCount = Counter(MyList)
         print(ListCount)
         for ThisItem in ListCount.items():
             print("Item: ", ThisItem[0],
                   " Appears: ", ThisItem[1])
         print("The value 1 appears {0} times."
               .format(ListCount.get(1)))

Counter({1: 4, 2: 3, 3: 2, 4: 1, 5: 1})
Item:  1  Appears:  4
Item:  2  Appears:  3
Item:  3  Appears:  2
Item:  4  Appears:  1
Item:  5  Appears:  1
The value 1 appears 4 times.
```

Observe que a informação é, na verdade, armazenada em Counter como um par de chave e valor. O Capítulo 14 explicará esse tópico com um detalhamento maior. Tudo o que você realmente precisa saber agora é que o elemento achado em MyList se torna uma chave em ListCount que identifica o nome do elemento único. O valor contém o número de vezes que aquele elemento aparece em MyList.

272   PARTE 3 **Realizando Tarefas Comuns**

> **NESTE CAPÍTULO**
>
> » Definindo uma coleção
>
> » Usando tuplas e dicionários
>
> » Desenvolvendo pilhas com listas
>
> » Usando os pacotes queue e deque

Capítulo **14**

Coletando Vários Tipos de Dados

As pessoas colecionam todo tipo de coisas. Os CDs empilhados na lateral do móvel da TV, as gravuras que são parte de uma série, cartões de beisebol e até as canetas de cada restaurante que você já visitou, todos são coleções. As coleções que você encontra quando está escrevendo aplicações são como as coleções do mundo real. Uma *coleção* é simplesmente um agrupamento de itens similares e normalmente organizados de um modo fácil de entender.

LEMBRE-SE

Este capítulo fala sobre vários tipos de coleções. A ideia central por trás de cada coleção é criar um ambiente em que a coleção é gerenciada apropriadamente e permite localizar fácil e precisamente o que você quer em um dado tempo. Um conjunto de prateleiras funciona bem para armazenar livros, DVDs e outros tipos de itens retos. No entanto, você provavelmente coloca sua coleção de canetas em um suporte ou até mesmo em um estojo. A diferença de armazenamento não muda o fato de que ambos armazenam coleções. O mesmo funciona para as coleções de computador. Sim, existem diferenças entre pilha e queue (fila), mas a principal ideia é ter uma forma de gerenciar dados com adequação e fazer isso facilmente para acessá-los quando necessário. O código-fonte para os exemplos deste capítulo está no arquivo BPPD_14_Collecting_All_Sorts_of_Data.ipynb, disponível para download, como detalhado na Introdução do livro.

CAPÍTULO 14 **Coletando Vários Tipos de Dados** 273

Entendendo as Coleções

No Capítulo 13 você foi apresentado às sequências. *Sequência* é uma sucessão de valores agrupados em um contêiner. A sequência mais simples é uma string, que é uma sucessão de caracteres. A seguir, vem a lista descrita no Capítulo 13, que é uma sucessão de objetos. Mesmo que uma string e uma lista sejam sequências, elas têm diferenças significativas. Por exemplo, ao trabalhar com uma string, você define todos os caracteres para caixa-baixa, o que não pode ser feito com uma lista. Por outro lado, as listas permitem adicionar novos itens, o que uma string não suporta. Coleções são simplesmente outro tipo de sequência, embora mais complexa do que as que você pode encontrar em uma string ou lista.

LEMBRE-SE

Não importa qual sequência você usa, todas suportam duas funções: index() e count(). A função index() sempre retorna a posição de um item específico em uma sequência. Por exemplo, você pode retornar a posição de um caractere em uma string ou a posição de um objeto em uma lista. A função count() retorna o número de vezes que um item específico aparece na lista. De novo, o tipo de um item específico depende do tipo de sequência.

Você pode usar coleções para criar estruturas parecidas com banco de dados usando o Python. Cada tipo de coleção tem um propósito diferente, e você usa os vários tipos de maneiras específicas. O importante a lembrar é que coleções são simplesmente outro tipo de sequência. Como todos os outros tipos de sequência, elas sempre dão suporte às funções index() e count() como parte de sua funcionalidade básica.

O Python é projetado para ser extensível. No entanto, ele se baseia em um conjunto padrão de coleções que você pode usar para criar a maioria dos tipos de aplicações. Este capítulo descreve as coleções mais comuns:

» **Tupla:** Uma tupla é uma coleção usada para criar uma sequência complexa, parecida com uma lista. Uma vantagem das tuplas é que você pode aninhar o conteúdo delas. Esse recurso permite criar estruturas que podem armazenar registros de funcionários ou pares de coordenadas x-y.

» **Dicionário:** Como os dicionários reais, você cria pares de chave/valor ao usar uma coleção dicionário (pense em uma palavra e na definição associada). Um dicionário fornece pesquisas em um tempo incrivelmente rápido e torna a ordenação de dados muito mais fácil.

» **Pilha:** A maioria das linguagens de programação suporta pilhas diretamente. O Python, no entanto, não dá suporte a elas, mas há uma maneira de resolver esse problema. Uma pilha é uma sequência LIFO (last in, first out). Pense em uma pilha de panquecas: você pode adicionar novas panquecas ao topo e também pode tirá-las dessa posição. Uma pilha é uma coleção importante que você pode simular no Python usando uma lista, que é precisamente o que este capítulo faz.

» `queue`: `Queue` (fila) é uma coleção FIFO (first in, first out). Você pode usá-la para rastrear os itens que precisam ser processados de alguma forma. Pense em `queue` como sendo uma fila no banco. Você vai para a fila, espera a sua vez e em algum momento é chamado para falar com um atendente.

» `deque`: `Deque` (fila dupla) é uma estrutura do tipo `queue` que permite adicionar ou remover os itens de cada extremidade, mas não do meio. Você pode usar uma `deque` como uma `queue`, uma pilha ou qualquer outro tipo de coleção à qual está adicionando e removendo itens de uma maneira ordenada (em oposição às listas, às tuplas e aos dicionários, que permitem acesso e gerenciamento aleatórios).

Trabalhando com Tuplas

Como mencionado anteriormente, tupla é uma coleção usada para criar listas complexas nas quais você pode incorporar uma tupla em outra, que permite criar hierarquias com tuplas. Uma hierarquia pode ser algo simples como uma listagem de diretórios de seu disco rígido ou um gráfico organizacional para sua empresa. A ideia é a de que você possa criar estruturas complexas de dados usando uma tupla.

LEMBRE-SE

As tuplas são imutáveis, o que significa que você não pode mudá-las. Você pode criar uma tupla nova com o mesmo nome e modificá-la de alguma forma, mas não pode modificar uma tupla existente. As listas são mutáveis, ou seja, você pode modificá-las. Então, uma tupla pode parecer uma desvantagem no início, mas a imutabilidade tem muitas vantagens, como ser mais segura e rápida. Além disso, os objetos imutáveis são mais fáceis de usar com múltiplos processadores.

As duas maiores diferenças entre tupla e lista são que a tupla é imutável e permite que você incorpore uma dentro de outra. Os passos a seguir demonstram como é possível interagir com uma tupla no Python.

1. **Abra um novo notebook.**

    Você também pode usar o código-fonte no arquivo, `BPPD_14_Collecting_All_Sorts_of_Data.ipynb`, disponível para download.

2. **Digite** MyTuple = ("Red", " Blue", " Green ") **e tecle Enter.**

    O Python cria uma tupla contendo três strings.

CAPÍTULO 14 **Coletando Vários Tipos de Dados** 275

3. **Digite MyTuple e clique em Run Cell.**

   Você verá o conteúdo de `MyTuple`, que são três strings, como mostra a Figura 14-1. Observe que as entradas usam aspas simples, mesmo que você use aspas duplas para criar uma tupla. Além disso, observe que uma tupla usa parênteses, em vez de colchetes, como as listas.

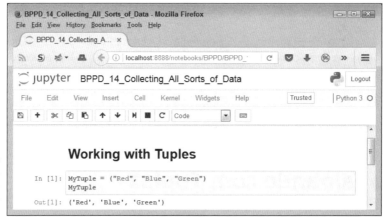

FIGURA 14-1:
As tuplas usam parênteses, não colchetes.

4. **Digite print(dir(MyTuple)) e clique em Run Cell.**

   O Python apresenta uma lista de funções que você pode usar com tuplas, como na Figura 14-2. Observe que a lista de funções aparece bem menor do que a lista de funções fornecida com as listas no Capítulo 13. As funções `count()` e `index()` estão presentes.

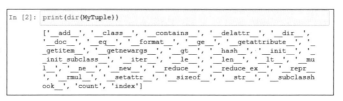

FIGURA 14-2:
Menos funções parecem estar disponíveis para usar com tuplas.

LEMBRE-SE

No entanto, as aparências podem enganar. Por exemplo, você pode adicionar novos itens usando a função `__add__()`. Ao trabalhar com objetos do Python, olhe todas as entradas antes de tomar uma decisão quanto à funcionalidade.

DICA

Também perceba que a saída é diferente ao usar a função `print()` com a função `dir()`. Compare a saída apenas com `dir()`, mostrada na Figura 14-4, mais adiante, com a combinação na saída apresentada anteriormente na Figura 14-2. A saída mostrada na Figura 14-2 se parece mais com a saída que vemos em outros IDEs, como o IDLE. A saída que você obtém é afetada pelos métodos usados, mas o IDE também faz diferença, então, em algumas situações, você deve usar uma abordagem diferente com base em seu IDE de preferência. Muitas pessoas acham que a listagem do Notebook de um método por linha é muito mais fácil de ler e usar, mas o método de combinação certamente é mais compacto.

5. **Digite** MyTuple = MyTuple.__add__(("Purple",)) **e tecle Enter.**

   Esse código adiciona uma nova tupla a `MyTuple` e coloca o resultado em uma nova cópia de `MyTuple`. A antiga cópia de `MyTuple` é destruída após a chamada.

LEMBRE-SE

A função `__add__()` aceita somente tuplas como entrada. Isso significa que você deve colocar a adição entre parênteses. Além disso, ao criar uma tupla com uma única entrada, deve adicionar uma vírgula depois da entrada, como mostrado no exemplo. É uma regra diferente do Python, da qual você precisa se lembrar, ou verá uma mensagem de erro parecida com esta:

```
TypeError: can only concatenate tuple (not "str") to
tuple
```

6. **Digite** MyTuple **e clique em Run Cell.**

   A adição à `MyTuple` aparece no final da lista, como na Figura 14-3. Observe que aparece no mesmo nível das outras entradas.

FIGURA 14-3:
Essa nova cópia de MyTuple contém uma entrada adicional.

```
In [3]: MyTuple = MyTuple.__add__(("Purple",))
        MyTuple
Out[3]: ('Red', 'Blue', 'Green', 'Purple')
```

7. **Digite** MyTuple = MyTuple.__add__((" Yellow", (" Orange", "Black"))) **e tecle Enter.**

   Esse passo adiciona três entradas: Yellow, Orange e Black. No entanto, Orange e Black são adicionadas como uma tupla dentro da tupla principal, criando uma hierarquia. Essas duas entradas são, na verdade, tratadas como uma entrada única dentro da tupla principal.

DICA

Você pode reposicionar a função `__add__()` com o operador de concatenação. Por exemplo, se quiser adicionar a cor Magenta ao início da lista de tuplas, digite `MyTuple = ("Magenta",) + MyTuple`.

CAPÍTULO 14 **Coletando Vários Tipos de Dados** 277

8. **Digite** MyTuple[4] **e clique em Run Cell.**

   O Python mostra um membro único de MyTuple, Yellow. As tuplas usam índices para acessar membros individuais, como as listas. Você pode também especificar um intervalo, quando necessário. Qualquer coisa que pode fazer com o índice de uma lista, também pode fazer com o índice de uma tupla.

9. **Digite** MyTuple[5] **e tecle Enter.**

   Você verá uma tupla que contém Orange e Black. É claro que pode ser que não queira usar ambos os membros em forma de tupla.

DICA

   Normalmente as tuplas têm hierarquias. Você pode detectar quando um índice retornou outra tupla, em vez de um valor, ao testar pelo tipo. Por exemplo, nesse caso, é possível detectar que o sexto item (índice 5) contém uma tupla digitando type(MyTuple[5]) == tuple. A saída seria True, dessa vez.

10. **Digite** MyTuple[5][0] **e tecle Enter.**

    Nesse ponto, você verá Orange como saída. A Figura 14-4 mostra os resultados dos três comandos anteriores para que você possa ver o progresso do uso do índice. Os índices sempre aparecem na ordem de seu nível na hierarquia.

FIGURA 14-4:
Use índices para ter acesso aos membros da tupla individual.

```
In [4]:  MyTuple = MyTuple.__add__(("Yellow", ("Orange", "Black")))
         MyTuple[4]
Out[4]:  'Yellow'

In [5]:  MyTuple[5]
Out[5]:  ('Orange', 'Black')

In [6]:  type(MyTuple[5]) == tuple
Out[6]:  True

In [7]:  MyTuple[5][0]
Out[7]:  'Orange'
```

DICA

Ao usar uma combinação de índices e a função __add__() (ou o operador de concatenação, +), você pode criar aplicações flexíveis que se baseiam em tuplas. Por exemplo, pode remover um elemento da tupla igualando-o a um intervalo de valores. Se quisesse remover a tupla contendo Orange e Black, digitaria MyTuple = MyTuple[0:5].

Trabalhando com Dicionários

Um dicionário Python funciona da mesma forma no mundo real — você cria um par de chave e valor. É como uma palavra e sua definição em um dicionário. Como as listas, os dicionários são mutáveis, o que significa que você pode alterá-los quando necessário. A principal razão para usar um dicionário é fazer a pesquisa da informação mais rapidamente. A chave é sempre curta e única, para que o computador não gaste muito tempo procurando a informação de que você necessita.

As seções a seguir demonstram como criar e usar um dicionário. Quando sabemos como trabalhar com os dicionários, usamos esse conhecimento para compensar as deficiências na linguagem Python. A maioria das linguagens inclui o conceito de uma instrução switch, que é essencialmente um menu de escolhas no qual uma escolha é selecionada. O Python não inclui essa opção, então normalmente você deve se basear nas instruções `if...elif` para executar essa tarefa (tais instruções funcionam, mas não são tão claras como poderiam ser.)

Criando e usando um dicionário

Criar e usar `dictionary` é como trabalhar com `list`, exceto que você deve agora definir o par de chave e valor. Estas são regras especiais para se criar uma chave:

> » **A chave deve ser única.** Quando você entra com uma chave duplicada, a informação encontrada na segunda entrada ganha — a primeira entrada simplesmente é trocada pela segunda.

> » **A chave deve ser imutável.** Essa regra significa que você pode usar strings, números ou tuplas para a chave. No entanto, não pode usar uma lista como uma chave.

Você não tem restrições para os valores que fornece. Um valor pode ser qualquer objeto do Python, então você pode usar um `dictionary` para acessar o registro de um funcionário ou outros dados complexos. Os passos a seguir ajudam a entender como usar melhor os dicionários.

1. **Digite** Colors = {" Sam": " Blue", " Amy": "Red", " Sarah": " Yellow"} **e tecle Enter.**

   O Python cria um dictionary contendo três entradas com a cor favorita das pessoas. Observe como você cria o par de chave e valor. A chave vem primeiro, seguida de dois pontos e, então, o valor. Cada entrada é separada por uma vírgula.

2. **Digite** Colors **e clique em Run Cell.**

   Verá o par de chave e valor, como mostra a Figura 14-5. No entanto, observe que as entradas estão organizadas na ordem de chave. Um dicionário automaticamente mantém as chaves ordenadas para deixar o acesso mais rápido, o que significa que você consegue realizar buscas rápidas, mesmo quando está trabalhando com grandes conjuntos de dados. A desvantagem é que criar um dictionary leva mais tempo do que usar algo como uma list, porque o computador está ocupado ordenando as entradas.

FIGURA 14-5: Um dicionário ordena as entradas.

3. **Digite** Colors[" Sarah"] **e clique em Run Cell.**

   Você verá a cor associada a Sarah, Yellow, como mostra a Figura 14-6. Usar uma string como uma chave, em vez de um índice numérico, faz com que o código fique mais fácil de ler e organizado, até certo ponto. Ao deixar seu código mais legível, os dicionários poupam um tempo considerável no longo prazo (por isso são tão populares). No entanto, a conveniência do dictionary vem à custa adicional do tempo de criação e do maior uso de recursos, então você tem alguns pontos a considerar.

FIGURA 14-6: Os dicionários tornam o acesso ao valor fácil e organizado.

```
In [9]: Colors["Sarah"]
Out[9]: 'Yellow'
```

4. **Digite** Colors.keys() **e clique em Run Cell.**

    O dictionary apresenta a lista de chaves que ele contém, como na Figura 14-7. Você pode usar essas chaves para automatizar o acesso ao dicionário.

FIGURA 14-7:
Você pode pedir uma lista de chaves ao dicionário.

```
In [10]: Colors.keys()
Out[10]: dict_keys(['Sam', 'Amy', 'Sarah'])
```

5. **Digite o seguinte código, teclando Enter após cada linha, depois, clique em Run Cell.**

```
for Item in Colors.keys():
    print("{0} likes the color {1}."
        .format(Item, Colors[Item]))
```

LEMBRE-SE

O código de exemplo apresenta uma listagem de todos os nomes de usuários e a cor favorita deles, como mostra a Figura 14-8. Utilizar dicionários pode facilitar a criação de saídas úteis. O uso de uma chave significativa quer dizer que a chave pode facilmente ser parte da saída.

FIGURA 14-8:
Você pode criar chaves úteis para produzir informações com maior facilidade.

```
In [11]: for Item in Colors.keys():
             print("{0} likes the color {1}."
                 .format(Item, Colors[Item]))
         Sam likes the color Blue.
         Amy likes the color Red.
         Sarah likes the color Yellow.
```

6. **Digite** Colors[" Sarah"] ="Purple" **e tecle Enter.**

    O conteúdo de dictionary é atualizado para que Sarah agora goste de Purple, em vez de Yellow.

7. **Digite** Colors.update({" Harry": " Orange"}) **e tecle Enter.**

    Uma nova entrada é adicionada a dictionary.

8. **Digite o código a seguir, teclando Enter após cada linha:**

```
for name, color in Colors.items():
    print("{0} likes the color {1}."
        .format(name, color))
```

CAPÍTULO 14 **Coletando Vários Tipos de Dados** 281

Compare esse código com o do Passo 5. Essa versão obtém cada item por cada vez e coloca a chave em `name` e o valor em `color`. A saída sempre funcionará da mesma forma que o método `item()`. São necessárias duas variáveis, uma para a chave e outra para o valor, apresentadas na ordem mostrada. A razão para considerar essa segunda forma é que pode ser mais fácil de ler em alguns casos. Aparentemente, não há muita diferença de velocidade entre as duas versões.

9. **Clique em Run Cell.**

Você verá a saída atualizada na Figura 14-9. Observe que Harry está adicionado na ordem. Além disso, a entrada de Sarah foi alterada para a cor Purple.

```
In [12]: Colors["Sarah"] = "Purple"
         Colors.update({"Harry": "Orange"})
         for name, color in Colors.items():
             print "{0} likes the color {1}."
                   .format(name, color)

         Sam likes the color Blue.
         Amy likes the color Red.
         Sarah likes the color Purple.
         Harry likes the color Orange.
```

FIGURA 14-9: Os dicionários são fáceis de modificar.

10. **Digite del Colors[" Sam"] e tecle Enter.**

O Python remove a entrada de Sam do `dictionary`.

11. **Repita os Passos 8 e 9.**

Você verifica que realmente não existe mais a entrada de Sam.

12. **Digite len(Colors) e clique em Run Cell.**

O valor de saída 3 verifica se `dictionary` contém somente 3 entradas agora, e não 4.

13. **Digite Colors.clear( ) e tecle Enter.**

14. **Digite len(Colors) e clique em Run Cell.**

O Python informa que `Colors` tem 0 entrada, então o dicionário está vazio agora.

Substituindo a instrução switch por um dictionary

A maioria das linguagens de programação fornece algum tipo de instrução switch, que fornece seleções de menu elegantes. O usuário tem várias opções, mas pode escolher somente um item. O programa faz algumas escolhas baseadas na seleção do usuário. Veja alguns códigos representativos (não executáveis) de uma instrução switch que você pode encontrar em outra linguagem:

```
switch(n)
{
    case 0:
        print("You selected blue.");
        break;
    case 1:
        print("You selected yellow.");
        break;
    case 2:
        print("You selected green.");
        break;
}
```

A aplicação normalmente apresenta uma interface com algum tipo de menu, obtém o número da seleção do usuário e escolhe a ação correta a partir da instrução switch. É direto e muito mais organizado do que usar uma série de instruções if para desempenhar a mesma tarefa.

Infelizmente, o Python não vem com uma instrução switch. O máximo que você pode esperar é usar uma instrução if...elif para a tarefa. No entanto, pode simular o uso da instrução switch usando dictionary. Os passos a seguir o ajudam a criar um exemplo que demonstrará a técnica necessária.

1. **Digite o código a seguir na janela, teclando Enter após cada linha:**

```
def PrintBlue():
    print("You chose blue!\r\n")
def PrintRed():
    print("You chose red!\r\n")
def PrintOrange():
    print("You chose orange!\r\n")
def PrintYellow():
    print("You chose yellow!\r\n")
```

CAPÍTULO 14 **Coletando Vários Tipos de Dados** 283

Antes de o código poder fazer qualquer coisa, você deve definir as tarefas. Cada uma dessas funções define uma tarefa associada à seleção de uma opção de cor na tela. Somente uma delas é chamada por vez.

2. **Digite o código a seguir no notebook, teclando Enter após cada linha:**

```
ColorSelect = {
    0: PrintBlue,
    1: PrintRed,
    2: PrintOrange,
    3: PrintYellow
}
```

Esse código é o `dictionary`. Cada chave é como a parte case da instrução switch. Os valores especificam o que fazer. Em outras palavras, é a estrutura do switch. As funções que você criou antes são a parte de ação do switch — a parte que fica entre a instrução case e a cláusula break.

3. **Digite o código a seguir no notebook, teclando Enter após cada linha:**

```
Selection = 0
while (Selection != 4):
    print("0. Blue")
    print("1. Red")
    print("2. Orange")
    print("3. Yellow")
    print("4. Quit")
    Selection = int(input("Select a color option: "))
    if (Selection >= 0) and (Selection < 4):
        ColorSelect[Selection]()
```

Finalmente você vê a parte da interface do usuário no exemplo. O código começa criando uma variável de entrada, `Selection`. Então entra em um loop até que o usuário insira com um valor 4.

Durante cada loop, a aplicação mostra uma lista de opções e espera pela entrada do usuário. Quando o usuário a fornece, a aplicação executa uma checagem de intervalo nela. Qualquer valor entre 0 e 3 seleciona uma das funções definidas mais cedo usando `dictionary` como o mecanismo de switch.

4. Clique em Run Cell.

O Python apresenta um menu como o mostrado na Figura 14-10.

```
Replacing the switch statement with a
dictionary
In [*]:  def PrintBlue():
             print("You chose blue!\r\n")
         def PrintRed():
             print("You chose red!\r\n")
         def PrintOrange():
             print("You chose orange!\r\n")
         def PrintYellow():
             print("You chose yellow!\r\n")

         ColorSelect = {
             0: PrintBlue,
             1: PrintRed,
             2: PrintOrange,
             3: PrintYellow
         }

         Selection = 0
         while (Selection != 4):
             print("0. Blue")
             print("1. Red")
             print("2. Orange")
             print("3. Yellow")
             print("4. Quit")
             Selection = int(input("Select a color option: "))
             if (Selection >= 0) and (Selection < 4):
                 ColorSelect[Selection]()

         0. Blue
         1. Red
         2. Orange
         3. Yellow
         4. Quit

         Select a color option:
```

FIGURA 14-10: A aplicação começa por exibir o menu na tela.

5. Digite 0 e tecle Enter.

A aplicação informa que você selecionou blue e mostra o menu de novo, como na Figura 14-11.

```
0. Blue
1. Red
2. Orange
3. Yellow
4. Quit
Select a color option: 0
You chose blue!

0. Blue
1. Red
2. Orange
3. Yellow
4. Quit

Select a color option:
```

FIGURA 14-11: Depois de mostrar a seleção, a aplicação exibe o menu novamente.

6. Digite 4 e tecle Enter.

A aplicação termina.

Criando Pilhas com Listas

Pilha é uma estrutura de programação prática, porque você pode usá-la para salvar um ambiente de execução da aplicação (o estado das variáveis e de outros atributos do ambiente da aplicação em determinado momento) ou como uma forma de determinar uma ordem de execução. Infelizmente, o Python não fornece uma pilha como uma coleção. No entanto, fornece listas e você pode usar `list` como uma pilha perfeitamente aceitável. Os passos a seguir ajudam a criar um exemplo de uso de `list` como uma pilha.

1. **Digite o código a seguir no notebook, teclando Enter após cada linha:**

```python
MyStack = []
StackSize = 3
def DisplayStack():
    print("Stack currently contains:")
    for Item in MyStack:
        print(Item)
def Push(Value):
    if len(MyStack) < StackSize:
        MyStack.append(Value)
    else:
        print("Stack is full!")
def Pop():
    if len(MyStack) > 0:
        MyStack.pop()
    else:
        print("Stack is empty.")
Push(1)
Push(2)
Push(3)
DisplayStack()
input("Press any key when ready...")
Push(4)
DisplayStack()
input("Press any key when ready...")
Pop()
DisplayStack()
input("Press any key when ready...")
Pop()
Pop()
Pop()
DisplayStack()
```

Nesse exemplo, a aplicação cria `list` e uma variável para determinar o tamanho máximo da pilha. As pilhas normalmente têm um intervalo de tamanho específico. Com certeza é uma pilha realmente pequena, mas serve bem para as necessidades do exemplo.

286 PARTE 3 **Realizando Tarefas Comuns**

LEMBRE-SE

As pilhas trabalham empurrando um valor para o topo da pilha e eliminando os valores nessa posição. As funções `Push()` e `Pop()` executam essas duas tarefas. O código adiciona `DisplayStack()` para facilitar a visão do conteúdo da pilha quando necessário.

O código restante *usa a pilha* (demonstra sua funcionalidade), empurrando valores para ela e removendo-os. Existem quatro principais seções de uso que testam a funcionalidade da pilha.

2. **Clique em Run Cell.**

   O Python preenche a pilha com informações e mostra na tela, como na Figura 14-12 (apenas parte do código aparece na imagem). Nesse caso, 3 está no topo da pilha porque é o último valor adicionado.

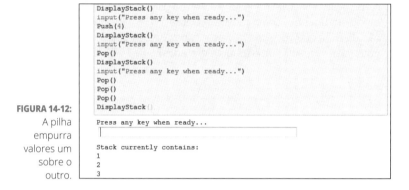

FIGURA 14-12: A pilha empurra valores um sobre o outro.

PAPO DE ESPECIALISTA

Dependendo do IDE que você usa, a mensagem `Press any key when ready` pode aparecer no topo ou na parte de baixo da área de saída. No caso do Notebook, a mensagem e o campo de entrada associado aparecem no topo após a primeira consulta (consulte a Figura 14-12). A mensagem irá para baixo durante a segunda e as próximas consultas.

3. **Tecle Enter.**

   A aplicação tenta empurrar outro valor para a pilha. No entanto, ela está cheia, então a tarefa falha, como mostra a Figura 14-13.

FIGURA 14-13: Quando a pilha está cheia, ela não pode aceitar nenhum valor a mais.

CAPÍTULO 14 **Coletando Vários Tipos de Dados**   287

4. Tecle Enter.

A aplicação elimina um valor do topo da pilha. Lembre-se de que o 3 está no topo da pilha, então é o valor que está faltando na Figura 14-14.

FIGURA 14-14:
Eliminar um valor significa removê-lo do topo da pilha.

```
Stack currently contains:
1
2
Press any key when ready...
```

5. Tecle Enter.

A aplicação tenta eliminar mais valores da pilha do que ela contém, resultando em um erro, como mostra a Figura 14-15. Qualquer implementação de pilha que você cria deve ser capaz de detectar o estouro (muitas entradas) e a insuficiência (poucas entradas).

FIGURA 14-15:
Verifique se sua implementação de pilha detecta estouros e insuficiências.

```
Stack is empty.
Stack currently contains:
```

Trabalhando com filas

Uma `queue` (fila) é diferente de uma pilha. Pense sobre qualquer fila na qual já tenha ficado: você vai para o final e quando chega na frente, faz o que estava esperando para fazer. Uma `queue` é usada com frequência para o agendamento de tarefas e manter o fluxo do programa — assim como no mundo real. Os passos a seguir ajudam você a criar uma aplicação baseada em `queue`. Este exemplo também está no código-fonte, disponível para download, com o nome `QueueData.py`.

1. **Digite o código a seguir no notebook, teclando Enter após cada linha:**

    ```
    import queue
    MyQueue = queue.Queue(3)
    print(MyQueue.empty())
    input("Press any key when ready...")
    MyQueue.put(1)
    MyQueue.put(2)
    print(MyQueue.full())
    input("Press any key when ready...")
    MyQueue.put(3)
    print(MyQueue.full())
    input("Press any key when ready...")
    print(MyQueue.get())
    print(MyQueue.empty())
    print(MyQueue.full())
    input("Press any key when ready...")
    print(MyQueue.get())
    print(MyQueue.get())
    ```

    Para criar uma queue, você deve importar o pacote queue. Esse pacote realmente contém vários tipos de queue, mas este exemplo usa somente o padrão FIFO.

LEMBRE-SE

   Quando uma queue está vazia, a função empty() retorna True. Do mesmo modo, quando uma queue está cheia, a função full() retorna True. Ao testar o estado de empty() e full(), você pode determinar se precisa executar trabalho adicional com a queue ou se pode adicionar outras informações a ela. Essas duas funções ajudam a gerenciar uma queue. Não é possível iterar uma queue usando o loop for, como você fez com outros tipos de coleções, então deve verificar empty() e full().

   As duas funções usadas para trabalhar com dados em uma queue são put(), que adiciona novos dados, e get(), que remove os dados. Um problema com queue é que se você tentar colocar mais itens nela do que pode ter, ela simplesmente espera até que o espaço esteja disponível para mantê-lo. A não ser que você esteja usando uma *aplicação multi-thread* (uma que usa threads de execução individuais para executar mais de uma tarefa de cada vez), esse estado pode travar sua aplicação.

2. **Clique em Run Cell.**

    O Python testa o estado da queue. Nesse caso, você verá uma saída True, que significa que a queue está vazia.

3. Tecle Enter.

A aplicação adiciona dois novos valores a queue. Ao fazer isso, ela não ficará mais vazia, como mostra a Figura 14-16.

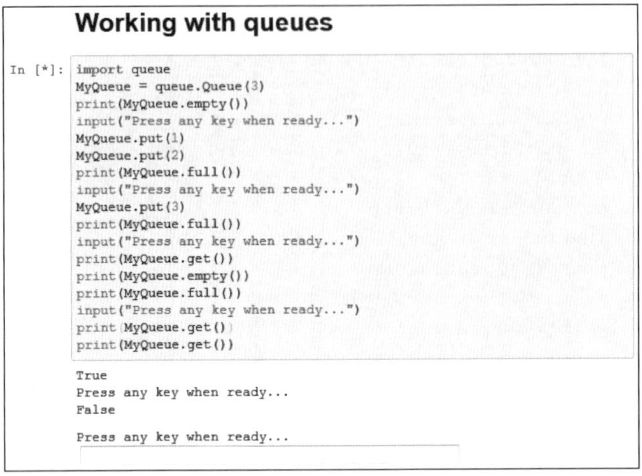

FIGURA 14-16: Quando a aplicação coloca novas entradas em queue, ela não informa mais que está vazia.

```
Working with queues

In [*]: import queue
        MyQueue = queue.Queue(3)
        print(MyQueue.empty())
        input("Press any key when ready...")
        MyQueue.put(1)
        MyQueue.put(2)
        print(MyQueue.full())
        input("Press any key when ready...")
        MyQueue.put(3)
        print(MyQueue.full())
        input("Press any key when ready...")
        print(MyQueue.get())
        print(MyQueue.empty())
        print(MyQueue.full())
        input("Press any key when ready...")
        print(MyQueue.get())
        print(MyQueue.get())

        True
        Press any key when ready...
        False

        Press any key when ready...
```

4. Tecle Enter.

A aplicação adiciona outra entrada a queue, o que significa que ela está cheia agora, porque foi definida para um tamanho 3. Isso significa que full() retornará True, porque a fila está cheia agora.

5. Tecle Enter.

Para liberar espaço na queue, a aplicação pega uma das entradas. Sempre que uma aplicação pega uma entrada, a função get() retorna essa entrada. Dado que 1 foi o primeiro valor adicionado a queue, a função print() deve retornar um valor 1, como na Figura 14-17. Além disso, empty() e full() devem agora retornar False.

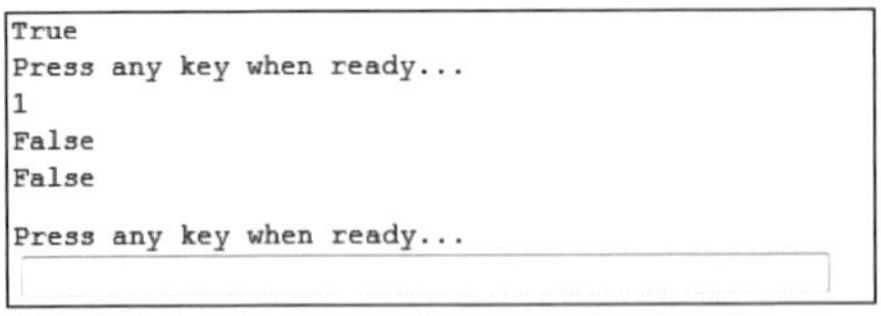

FIGURA 14-17: O monitoramento é uma parte chave do trabalho com filas.

```
True
Press any key when ready...
1
False
False
Press any key when ready...
```

6. Tecle Enter.

A aplicação pega as duas entradas restantes. Você verá 2 e 3 (um de cada vez) como a saída.

290   PARTE 3 **Realizando Tarefas Comuns**

Trabalhando com filas duplas

Uma deque (fila dupla) é simplesmente uma queue da qual você pode remover e adicionar itens às extremidades. Em muitas linguagens, uma queue ou pilha começa como uma deque. O código especializado serve para limitar as funcionalidades da deque para o que é necessário para executar certa tarefa.

Ao trabalhar com uma deque, você precisa pensar nela como um tipo de linha horizontal. Certas funções individuais funcionam com as extremidades esquerda e direita da deque para que você possa adicionar e remover itens de ambos os lados. Os passos a seguir o auxiliam a criar um exemplo que demonstra o uso de deque. Este exemplo também está no código-fonte, disponível para download, com o nome DequeData.py.

1. **Digite o código a seguir no notebook, teclando Enter após cada linha.**

```python
import collections
MyDeque = collections.deque("abcdef", 10)
print("Starting state:")
for Item in MyDeque:
    print(Item, end=" ")
print("\r\n\r\nAppending and extending right")
MyDeque.append("h")
MyDeque.extend("ij")
for Item in MyDeque:
    print(Item, end=" ")
print("\r\nMyDeque contains {0} items."
      .format(len(MyDeque)))
print("\r\nPopping right")
print("Popping {0}".format(MyDeque.pop()))
for Item in MyDeque:
    print(Item, end=" ")
print("\r\n\r\nAppending and extending left")
MyDeque.appendleft("a")
MyDeque.extendleft("bc")
for Item in MyDeque:
    print(Item, end=" ")
print("\r\nMyDeque contains {0} items."
      .format(len(MyDeque)))
print("\r\nPopping left")
print("Popping {0}".format(MyDeque.popleft()))
for Item in MyDeque:
    print(Item, end=" ")
print("\r\n\r\nRemoving")
MyDeque.remove("a")
for Item in MyDeque:
    print(Item, end=" ")
```

A implementação da deque se encontra no pacote collections, então você precisa importá-lo para o seu código. Ao criar uma deque, pode opcionalmente especificar uma lista inicial de *itens de iteração* (que podem ser acessados e processados como parte da estrutura do loop) e um tamanho máximo, como mostrado.

LEMBRE-SE

Uma deque diferencia a adição de um item e um grupo de itens. Você usa append() ou appendleft() ao adicionar um item único. As funções extend() e extendleft() permitem adicionar múltiplos itens. Você usa as funções pop() e popleft() para remover um item de cada vez. O ato de remover valores retorna o valor removido, então o exemplo imprime o valor na tela. A função remove() é única, no sentido de que trabalha do lado esquerdo e sempre remove a primeira instância do dado requerido.

Diferentemente de algumas outras coleções, uma deque pode ser completamente iterada. Isso significa que você pode obter uma lista de itens usando um loop for sempre que necessário.

2. **Clique em Run Cell.**

   O Python apresenta a informação, como na Figura 14-18 (a imagem mostra apenas a saída, o código não aparece).

CUIDADO

   É importante seguir de perto a listagem apresentada. Observe como o tamanho da deque é alterada ao longo do tempo. Depois de a aplicação eliminar o j, a deque ainda contém oito itens. Quando a aplicação insere e estende a partir da esquerda, ela adiciona mais três itens. No entanto, a deque resultante contém somente dez itens. Quando você excede o tamanho máximo de uma deque, os dados extras simplesmente caem da outra ponta.

FIGURA 14-18: Uma deque fornece a funcionalidade de duas pontas e outros recursos que você esperaria.

```
Starting state:
a b c d e f

Appending and extending right
a b c d e f h i j
MyDeque contains 9 items.

Popping right
Popping j
a b c d e f h i

Appending and extending left
c b a a b c d e f h
MyDeque contains 10 items.

Popping left
Popping c
b a a b c d e f h

Removing
b a b c d e f h
```

292   PARTE 3 **Realizando Tarefas Comuns**

NESTE CAPÍTULO

» Definindo as características de uma classe

» Especificando os componentes da classe

» Criando e usando sua própria classe

» Trabalhando com subclasses

Capítulo **15**

Criando e Usando Classes

Você já trabalhou com várias classes nos capítulos anteriores. Muitos dos exemplos são fáceis de construir e usar porque dependem das classes do Python. Mesmo que as classes tenham sido brevemente mencionadas antes, praticamente nada sobre elas foi explicado, porque não era necessário naquele momento.

As classes tornam o trabalho com o código do Python mais conveniente, pois ajudam a deixar suas aplicações fáceis de ser lidas, entendidas e usadas. Você usa classes para criar contêineres para seu código e dados para que eles fiquem juntos em uma parte. Pessoas de fora veem sua classe como uma caixa-preta — os dados entram e os resultados saem.

LEMBRE-SE

Em algum ponto, você mesmo precisa começar a construir classes se quer evitar os perigos do código espaguete, que são achados em aplicações mais antigas. O *código espaguete* é bem como o nome sugere — várias linhas de procedimentos entrelaçadas e espalhadas de um jeito que é difícil de saber onde uma ponta do espaguete começa e a outra termina. Tentar manter o código espaguete é quase impossível, e algumas organizações jogam suas aplicações fora porque ninguém consegue decifrá-las.

Além de ajudar a entender as classes como um método de empacotamento que evita o código espaguete, este capítulo o ajuda a criar e usar suas próprias classes pela primeira vez. Você passa a saber sobre como as classes do Python trabalham para tornar sua aplicação conveniente de ser usada. Este é um capítulo introdutório, e você não se envolverá tanto com as classes a ponto de ficar confuso. A ideia é deixar o desenvolvimento de classes simples e gerenciável. Você pode encontrar o código-fonte para os exemplos deste capítulo no arquivo `BPPD_15_Creating_and_Using_Classes.ipynb`, disponível para download, como detalhado na Introdução do livro.

Entendendo a Classe como um Método de Empacotamento

A classe é essencialmente um método para empacotar código. A ideia é simplificar a reutilização do código, deixar as aplicações mais confiáveis e reduzir o potencial de violações de segurança. As classes bem projetadas são caixas-pretas que aceitam certas entradas e fornecem saídas específicas, baseadas nessas entradas. Em resumo, uma classe não deve ser nenhuma surpresa para ninguém e deve ter comportamentos conhecidos (quantificáveis). Não é importante o modo como a classe realiza seu trabalho, e esconder os detalhes de seus trabalhos internos é essencial para a boa prática de codificação.

Antes de chegar à teoria da classe propriamente dita, você precisa saber alguns termos que são específicos delas. A lista a seguir define termos importantes para o uso do material neste capítulo. Eles são específicos do Python (outras linguagens podem usar termos diferentes para as mesmas técnicas ou definir termos que o Python usa de formas diferentes).

LEMBRE-SE

» **Classe:** Define um modelo ou uma planta baixa para criar um objeto. Pense em um construtor que quer criar um prédio. Ele usa uma planta baixa para garantir que o prédio atenda às especificações. Do mesmo modo, o Python usa classes como um modelo para criar objetos novos.

CUIDADO

» **Variável de classe:** Fornece um local de armazenamento usado por todos os métodos em uma instância da classe. Uma variável de classe é definida na classe propriamente dita, porém fora de quaisquer métodos da classe. Essas variáveis não são usadas com muita frequência porque são um risco em potencial à segurança — cada instância da classe tem acesso à mesma informação. Além de ser um risco, as variáveis de classe também são visíveis como parte da classe, em vez de um método particular de uma classe, então elas representam um possível problema de contaminação.

As variáveis globais sempre foram consideradas uma má ideia na programação, ainda mais no Python, pois cada instância pode ver a mesma informação. Além disso, esconder os dados, na verdade, não funciona no Python. Cada variável fica sempre visível. O artigo disponível em http://www.geeksforgeeks.org/object-oriented-programming-in-python-set-2-data-hiding-and-object-printing/ [conteúdo em inglês] descreve essa questão com mais detalhes, mas o mais importante a ter em mente, com relação ao Python, é que ele não tem o recurso de esconder os dados, presente em outras linguagens, para promover uma verdadeira orientação a objeto.

» **Membro de dados:** Define uma variável de classe ou de instância usada para armazenar os dados associados a uma classe e seus objetos.

» **Sobrecarga de função:** Cria mais de uma versão da função, o que resulta em diferentes comportamentos. A tarefa essencial da função pode ser a mesma, mas as entradas são diferentes e é muito provável que as saídas também. A sobrecarga de função é usada para promover flexibilidade para que uma função possa funcionar com aplicações de várias formas.

» **Herança:** Usa uma classe-mãe para criar classes-filhas com as mesmas características. As classes-filhas normalmente têm uma funcionalidade estendida ou fornecem comportamentos mais específicos do que a classe-mãe.

LEMBRE-SE

» **Instância:** Define um objeto criado a partir da especificação fornecida pela classe. O Python pode criar tantas instâncias de uma classe quanto forem exigidas por uma aplicação para executar o trabalho. Cada instância é única.

» **Variável de instância:** Fornece um local de armazenamento usado por um método único da instância de uma classe. A variável é definida em um método. As variáveis de instância são consideradas mais seguras que as variáveis de classe, porque somente um método da classe pode acessá--las. Os dados são passados entre os métodos usando argumentos, o que permite checagens controladas dos dados que entram e um melhor controle sobre o gerenciamento de dados.

LEMBRE-SE

» **Instanciação:** Executa o ato de criar a instância de uma classe. O objeto resultante é uma instância de classe única.

» **Método:** Define o termo usado por funções que são parte de uma classe. Mesmo que funções e métodos basicamente definam o mesmo elemento, o método é considerado mais específico, porque somente as classes podem ter métodos.

» **Objeto:** Define a instância única de uma classe. O objeto contém todos os métodos e propriedades da classe original. No entanto, os dados de cada objeto diferem. As localizações de armazenamento são únicas, mesmo que os dados sejam os mesmos.

» **Sobrecarga de operadores:** Cria mais de uma versão de uma função que é associada a um operador como +, -, / ou *, o que resulta em comportamentos diferentes. A tarefa essencial do operador pode ser a mesma, mas o caminho pelo qual ele interage com os dados é diferente. A sobrecarga de operadores é usada para fornecer flexibilidade para que um operador possa funcionar com as aplicações de várias formas.

Analisando as Partes de uma Classe

Uma classe tem uma construção específica. Cada parte dela executa uma tarefa em particular que lhe confere características úteis. É claro que ela começa com um contêiner que é usado para manter a classe inteira, e essa é a parte que a próxima seção aborda. As seções restantes descrevem as outras partes de uma classe e ajudam você a entender como elas contribuem para a classe como um todo.

Criando a definição de classe

Uma classe não precisa ser particularmente complexa. Na verdade, você pode criar somente o contêiner, um elemento de classe e chamar de classe. É claro, a classe resultante não fará muito, mas você pode *instanciá-la* (dizer ao Python para construir um objeto usando sua classe como modelo) e trabalhar com ela como faria com qualquer outra. Os passos a seguir ajudam a entender o básico por trás de uma classe, criando-a do jeito mais simples possível.

1. **Abra um novo notebook.**

   Você também pode usar o código-fonte, disponível para download, com o nome BPPD_15_Creating_and_Using_Classes.ipynb.

2. **Digite o seguinte código (teclando Enter após cada linha e Enter duas vezes após a última linha):**

   ```
   class MyClass:
       MyVar = 0
   ```

   A primeira linha define o contêiner da classe, que consiste da palavra-chave class e do nome da classe, que é MyClass. Cada classe criada deve começar precisamente dessa forma. Você deve sempre incluir class seguida de seu nome de classe.

   A segunda linha é a suíte da classe. Todos os elementos que compõem a classe são chamados de *suíte da classe*. Nesse caso, você verá uma variável de classe, chamada MyVar, que está definida para o valor 0. Cada instância da classe terá a mesma variável e iniciará com o mesmo valor.

3. **Digite MyInstance = MyClass() e tecle Enter.**

   Você acabou de criar uma instância de MyClass, chamada MyInstance. É claro que desejará verificar se realmente criou essa instância. O Passo 4 realiza essa tarefa.

296   PARTE 3 **Realizando Tarefas Comuns**

4. **Digite** MyInstance.MyVar **e clique em Run Cell.**

   A saída 0, como mostra a Figura 15-1, demonstra que MyInstance tem, de fato, uma variável de classe chamada MyVar.

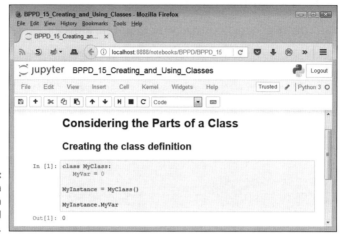

FIGURA 15-1: A instância contém a variável exigida.

5. **Digite** MyInstance.__class__ **e clique em Run Cell.**

   O Python mostra a classe usada para criar essa instância, como na Figura 15-2. A saída informa que a classe é parte do pacote __main__, que significa que você a digitou diretamente no código da aplicação, e não como parte de outro pacote.

FIGURA 15-2: O nome da classe também está certo, então você sabe que essa instância foi criada usando MyClass.

Considerando os atributos predefinidos da classe

Quando você cria uma classe, pode facilmente pensar que tudo que conseguiu foi a classe. No entanto, o Python adiciona funcionalidades predefinidas à sua classe. Por exemplo, na seção anterior você digitou __class__ e teclou

Enter. O atributo __class__ está predefinido; você não o criou. Ajuda saber que o Python fornece essa funcionalidade para que você não tenha de adicioná-la. A funcionalidade é tão necessária que cada classe deveria tê-la, então o Python a fornece. Os passos a seguir ajudam a trabalhar com os atributos predefinidos da classe. Presume-se que você seguiu os passos da seção anterior, "Criando a definição de classe".

1. **Digite** print(dir(MyInstance)) **e clique em Run Cell.**

Uma lista de atributos aparece, como mostra a Figura 15-3. Esses atributos fornecem funcionalidades específicas para sua classe. Eles também são comuns a todas as outras classes criadas, então você pode contar com sempre ter essa funcionalidade.

FIGURA 15-3:
Use a função dir() para determinar quais atributos predefinidos estão presentes.

```
Considering the built-in class attributes

In [3]:  print(dir(MyInstance))

['MyVar', '_class_', '_delattr_', '_dict_', '_dir_', '_doc
_', '_eq_', '_format_', '_ge_', '_getattribute_', '_gt_',
'_hash_', '_init_', '_init_subclass_', '_le_', '_lt_', '_
module_', '_ne_', '_new_', '_reduce_', '_reduce_ex_', '_re
pr_', '_setattr_', '_sizeof_', '_str_', '_subclasshook_', '
_weakref_']
```

2. **Digite** help('__class__') **e tecle Enter.**

O Python mostra informação no atributo __class__, como na Figura 15-4. Você pode usar a mesma técnica para aprender mais sobre quaisquer atributos que o Python adiciona à sua classe.

FIGURA 15-4:
O Python fornece ajuda para cada um dos atributos que ele adiciona à sua classe.

```
In [4]:  help('__class__')

        Help on class module in module builtins:

        __class__ = class module(object)
         |  module(name[, doc])
         |
         |  Create a module object.
         |  The name must be a string; the optional doc argument can have an
        y type.
         |
         |  Methods defined here:
         |
         |  __delattr__(self, name, /)
         |      Implement delattr(self, name).
         |
         |  __dir__(...)
         |      __dir__() -> list
         |      specialized dir() implementation
         |
         |  __getattribute__(self, name, /)
         |      Return getattr(self, name).
```

Trabalhando com métodos

Métodos são simplesmente outro tipo de função que reside nas classes. Você cria e trabalha com métodos precisamente da mesma forma como faz com as funções, exceto pelo fato de que eles são sempre associados a uma classe (você não vê métodos independentes, como no caso das funções). Você pode criar dois tipos de métodos: os associados às próprias classes e os associados à instância de uma classe. É importante diferenciar os dois. A próxima seção fornece os detalhes necessários para trabalhar com ambos.

Criando métodos de classes

Um *método da classe* é aquele que você executa diretamente a partir da classe, sem criar uma instância. Algumas vezes é preciso criar métodos que são executados a partir de classes, como as funções usadas com a classe `str` para modificar strings. Como exemplo, o caso da exceção múltipla na seção "Manipulação de exceções aninhadas", do Capítulo 10, usa a função `str.upper()`. Os passos a seguir demonstram como criar e usar um método de classe.

1. **Digite o seguinte código (teclando Enter após cada linha e Enter duas vezes após a última linha):**

```
class MyClass:
    def SayHello():
        print("Hello there!")
```

A classe de exemplo contém um único atributo definido, `SayHello()`. Esse método não aceita nenhum argumento e não retorna nenhum valor. Ele simplesmente imprime uma mensagem como saída. No entanto, o método funciona bem para propósitos de demonstração.

2. **Digite** MyClass.SayHello() **e clique em Run Cell.**

O exemplo apresenta a string esperada, como mostra a Figura 15-5. Observe que você não precisou criar uma instância da classe — o método está imediatamente disponível para uso.

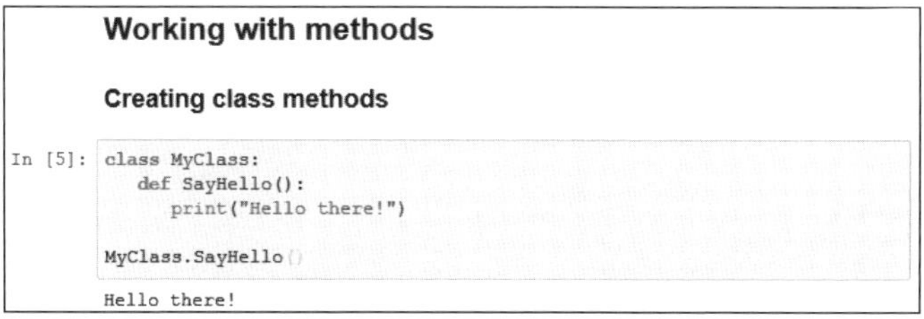

FIGURA 15-5:
O método de classe apresenta uma mensagem simples.

```
Working with methods

Creating class methods

In [5]:  class MyClass:
             def SayHello():
                 print("Hello there!")

         MyClass.SayHello()

         Hello there!
```

CAPÍTULO 15 **Criando e Usando Classes** 299

LEMBRE-SE

Um método de classe pode funcionar somente com dados de classe. Ele não conhece nenhum dado associado a uma instância da classe. Você pode passar dados para ele como um argumento e o método pode retornar informações quando necessário, mas ele não pode acessar os dados da instância. Como consequência, é preciso ter cuidado ao criar métodos de classe para garantir que eles sejam essencialmente independentes.

Criando métodos de instância

Um *método de instância* é aquele que faz parte de instâncias individuais. É usado para manipular os dados que a classe gerencia. Portanto, você não pode usar métodos de instância até instanciar um objeto a partir da classe.

LEMBRE-SE

Todos os métodos de instância aceitam um argumento único no mínimo, `self`. O argumento `self` aponta para uma instância em particular que a aplicação está usando para manipular os dados. Sem esse argumento, o método não saberia qual dado de instância usar. No entanto, `self` não é considerado um argumento acessível — seu valor é fornecido pelo Python e você não pode alterá-lo como parte da chamada do método. Os passos a seguir demonstram como criar e usar métodos de instância no Python

1. **Digite o seguinte código (teclando Enter após cada linha e Enter duas vezes após a última linha):**

    ```
    class MyClass:
        def SayHello(self):
            print("Hello there!")
    ```

    A classe de exemplo contém um único atributo definido, `SayHello()`. Esse método não aceita nenhum argumento especial e não retorna nenhum valor. Ele simplesmente imprime uma mensagem como saída. No entanto, o método funciona bem para propósitos de demonstração.

2. **Digite MyInstance = MyClass() e tecle Enter.**

    O Python cria uma instância de `MyClass` chamada `MyInstance`.

3. **Digite MyInstance.SayHello() e clique em Run Cell.**

    Você verá a mensagem como mostra a Figura 15-6.

FIGURA 15-6:
A mensagem da instância é chamada como parte de um objeto e apresenta esta mensagem simples.

```
Creating instance methods
In [6]: class MyClass:
            def SayHello(self):
                print("Hello there!")

        MyInstance = MyClass()
        MyInstance.SayHello()
        Hello there!
```

Trabalhando com construtores

Um *construtor* é um tipo de método especial que o Python chama quando instancia um objeto usando as definições achadas em sua classe. O Python se baseia no construtor para executar tarefas como *inicializar* (atribuir valores a) quaisquer variáveis de instância de que o objeto precisará quando iniciar. Os construtores podem também verificar se existem recursos suficientes para o objeto e executar quaisquer outras tarefas de inicialização imaginadas.

LEMBRE-SE

O nome de um construtor é sempre o mesmo, __init__(). Ele pode aceitar argumentos quando necessário para criar o objeto. Quando você cria uma classe sem um construtor, o Python automaticamente cria um construtor padrão que não faz nada. Cada classe deve ter um construtor, mesmo que ela simplesmente se baseie no construtor padrão. Os passos a seguir demonstram como criar um construtor:

1. **Digite o seguinte código (teclando Enter após cada linha e Enter duas vezes após a última linha):**

    ```
    class MyClass:
        Greeting = ""
        def __init__(self, Name="there"):
            self.Greeting = Name + "!"
        def SayHello(self):
            print("Hello {0}".format(self.Greeting))
    ```

    Esse exemplo fornece seu primeiro exemplo de sobrecarga de função. Nesse caso, existem duas versões de __init__(). A primeira versão não requer nenhuma entrada especial, porque usa o valor padrão "there" para Name. A segunda requer um nome como entrada. Ela define Greeting para o valor nesse nome, mais um ponto de exclamação. O método SayHello() é basicamente igual aos exemplos anteriores deste capítulo.

PAPO DE ESPECIALISTA

O Python não dá suporte à verdadeira sobrecarga de função. Muitos adeptos rigorosos dos princípios rígidos da Programação Orientada a Objetos (OOP) consideram os valores padrões como sendo algo diferente da sobrecarga de função. No entanto, o uso de valores padrões obtém o mesmo resultado e é a única opção que o Python oferece. Na verdadeira sobrecarga de função, você verá múltiplas cópias da mesma função, das quais cada uma pode processar a entrada de forma diferente.

2. **Digite** MyInstance = MyClass() **e tecle Enter.**

   O Python cria uma instância de `MyClass` chamada `MyInstance`.

3. **Digite** MyInstance.SayHello() **e clique em Run Cell.**

   Você verá a mensagem como mostra a Figura 15-7. Observe que essa mensagem fornece a saudação genérica padrão.

4. **Digite** MyInstance2 = MyClass("Amy") **e tecle Enter.**

   O Python cria uma instância de `MyClass` chamada `MyInstance2`. A instância `MyInstance` é completamente diferente da instância `MyInstance2`.

FIGURA 15-7:
A primeira versão do construtor fornece um valor padrão para o nome.

```
Working with constructors
In [7]: class MyClass:
            Greeting = ""
            def __init__(self, Name="there"):
                self.Greeting = Name + "!"
            def SayHello(self):
                print("Hello {0}".format(self.Greeting))

        MyInstance = MyClass()
        MyInstance.SayHello()
        Hello there!
```

5. **Digite** MyInstance2.SayHello() **e tecle Enter.**

   O Python mostra a mensagem para `MyInstance2`, e não a mensagem para `MyInstance`.

6. **Digite** MyInstance.Greeting ="Harry!" **e tecle Enter.**

   Esse passo altera a saudação para `MyInstance` sem mudar a saudação para `MyInstance2`.

7. **Digite** MyInstance.SayHello() **e clique em Run Cell.**

   Você verá a mensagem como mostra a Figura 15-8. Observe que essa mensagem fornece uma saudação específica. Além disso, cada instância está separada, e você conseguiu mudar a mensagem para a primeira, sem afetar a segunda.

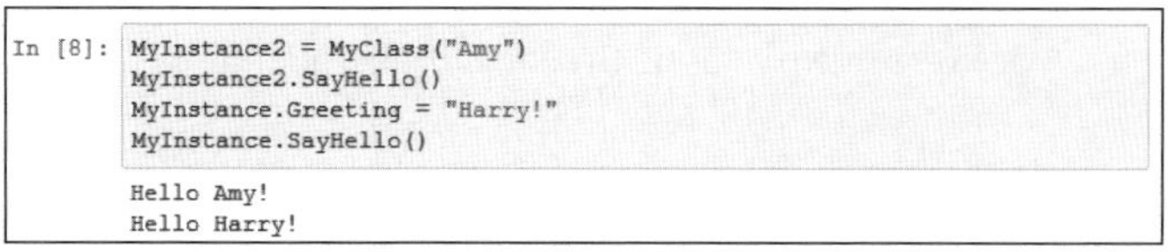

FIGURA 15-8:
Ao fornecer ao construtor um nome, uma saída customizada é gerada.

```
In [8]:  MyInstance2 = MyClass("Amy")
         MyInstance2.SayHello()
         MyInstance.Greeting = "Harry!"
         MyInstance.SayHello()

         Hello Amy!
         Hello Harry!
```

Trabalhando com variáveis

Como mencionado anteriormente no livro, as variáveis são contêineres de armazenamento que guardam dados. Ao trabalhar com classes, você precisa considerar como o dado é armazenado e gerenciado. Uma classe pode incluir variáveis de classe e variáveis de instância. As variáveis de classe são definidas como parte da classe em si, enquanto variáveis de instância são definidas como parte dos métodos. As seções a seguir mostram como usar esses tipos de variáveis.

Criando variáveis de classe

Variáveis de classe fornecem acesso global aos dados que sua classe manipula de alguma forma. Na maioria dos casos, você inicializa as variáveis globais usando o construtor para garantir que elas contenham um bom valor conhecido. Os passos a seguir demonstram como essas variáveis funcionam.

1. **Digite o seguinte código (teclando Enter após cada linha e Enter duas vezes após a última linha):**

```
class MyClass:
    Greeting = ""
    def SayHello(self):
        print("Hello {0}".format(self.Greeting))
```

Essa é uma versão do código encontrada na seção "Trabalhando com construtores", deste capítulo, mas não inclui o construtor. Normalmente você inclui um construtor para garantir que a variável de classe seja inicializada corretamente. No entanto, esta série de passos mostra como as variáveis de classe podem dar errado.

2. **Digite** MyClass.Greeting = " Zelda" **e tecle Enter.**

Essa instrução define o valor de Greeting para algo diferente do valor que você usou quando criou a classe. É claro que qualquer um poderia fazer essa alteração. A grande questão é se a alteração ocorrerá.

CAPÍTULO 15 **Criando e Usando Classes** 303

3. **Digite** MyClass.Greeting **e clique em Run Cell.**

   Você verá que o valor de Greeting foi alterado, como mostra a Figura 15-9.

   FIGURA 15-9:
   Você pode alterar o valor de Greeting.

   ```
   Working with variables
   
   Creating class variables
   
   In [9]: class MyClass:
               Greeting = ""
               def SayHello(self):
                   print("Hello {0}".format(self.Greeting))
           
           MyClass.Greeting = "Zelda"
           MyClass.Greeting
   Out[9]: 'Zelda'
   ```

4. **Digite** MyInstance = MyClass() **e tecle Enter.**

   O Python cria uma instância de MyClass chamada MyInstance.

5. **Digite** MyInstance.SayHello() **e clique em Run Cell.**

   Você verá a mensagem mostrada na Figura 15-10. A alteração feita em Greeting foi transferida para a instância da classe. É verdade que o uso de uma variável de classe não causou realmente nenhum problema neste exemplo, mas você pode imaginar o que aconteceria em uma aplicação real se alguém quisesse causar problemas.

   LEMBRE-SE

   É somente um exemplo simples de como as variáveis de classe podem dar errado. Os dois conceitos que você deve tirar deste exemplo são os seguintes:

   - Evite variáveis de classe quando puder, pois elas são inseguras por natureza.
   - Sempre inicialize as variáveis de classe com um bom e conhecido valor no código do construtor.

FIGURA 15-10:
A alteração em Greeting se transfere para a instância da classe.

```
In [10]: MyInstance = MyClass()
         MyInstance.SayHello()
         Hello Zelda
```

Criando variáveis de instância

Variáveis de instância são sempre definidas como parte de um método. Os argumentos de entrada para um método são considerados variáveis de instância porque existem somente quando o método existe. Usar variáveis de instância é normalmente mais seguro do que usar variáveis de classe, porque é mais fácil manter o controle sobre elas e garantir que o chamador forneça a entrada correta. Os passos a seguir mostram um exemplo de uso das variáveis de instância.

1. **Digite o seguinte código (teclando Enter após cada linha e Enter duas vezes após a última linha):**

```
class MyClass:
    def DoAdd(self, Value1=0, Value2=0):
        Sum = Value1 + Value2
        print("The sum of {0} plus {1} is {2}."
            .format(Value1, Value2, Sum))
```

Nesse caso, você tem três variáveis de instância. Os argumentos de entrada, `Value1` e `Value2`, têm valores padrões 0, portanto `DoAdd()` não pode falhar, simplesmente porque o usuário esqueceu de fornecer valores. É claro, o usuário pode sempre fornecer algo além de números, então você deve fornecer as checagens apropriadas como parte de seu código. A terceira variável de instância é `Sum`, que é igual a `Value1 + Value2`. O código apenas soma os dois números e mostra o resultado.

2. **Digite MyInstance = MyClass() e tecle Enter.**

O Python cria uma instância de `MyClass` chamada `MyInstance`.

3. **Digite MyInstance.DoAdd(1, 4) e clique em Run Cell.**

Você verá a mensagem como mostra a Figura 15-11. Nesse caso, verá a soma de 1 e 4.

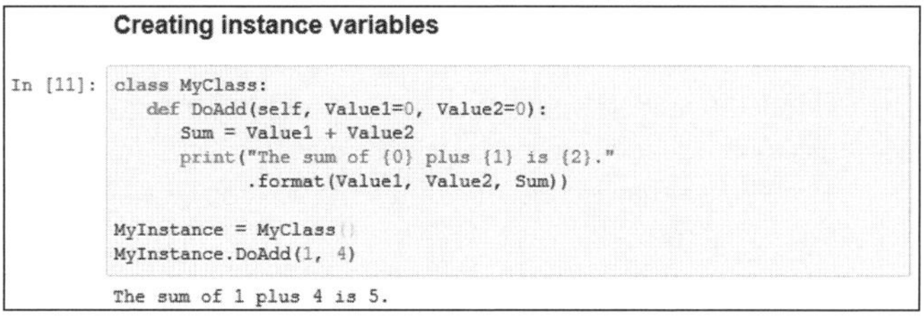

FIGURA 15-11:
A saída é simplesmente a soma de dois números.

```
Creating instance variables

In [11]: class MyClass:
             def DoAdd(self, Value1=0, Value2=0):
                 Sum = Value1 + Value2
                 print("The sum of {0} plus {1} is {2}."
                     .format(Value1, Value2, Sum))

         MyInstance = MyClass()
         MyInstance.DoAdd(1, 4)

         The sum of 1 plus 4 is 5.
```

CAPÍTULO 15 **Criando e Usando Classes** 305

Usando métodos com listas de argumentos variáveis

Algumas vezes você cria métodos que podem ter um número variável de argumentos. Lidar com esse tipo de situação é algo que o Python faz bem. Veja os dois tipos de argumentos variáveis que você pode criar:

» `*args`: Fornece uma lista de argumentos sem nome.

» `**kwargs`: Fornece uma lista de argumentos com nome.

LEMBRE-SE

Os nomes reais dos argumentos não importam, mas os desenvolvedores Python usam `*args` e `**kwargs` como uma convenção para que outros desenvolvedores Python saibam que são uma lista de argumentos variáveis. Observe que o primeiro argumento variável tem somente um asterisco (*) associado, o que quer dizer que os argumentos estão sem nome. O segundo variável tem dois asteriscos, o que significa que os argumentos estão com nome. Os passos a seguir demonstram como usar ambas as abordagens para escrever uma aplicação.

1. **Digite o seguinte código na janela, teclando Enter após cada linha:**

   ```
   class MyClass:
       def PrintList1(*args):
           for Count, Item in enumerate(args):
               print("{0}. {1}".format(Count, Item))
       def PrintList2(**kwargs):
           for Name, Value in kwargs.items():
               print("{0} likes {1}".format(Name, Value))
   MyClass.PrintList1("Red", "Blue", "Green")
   MyClass.PrintList2(George="Red", Sue="Blue",
                      Zarah="Green")
   ```

   Para este exemplo, você está vendo os argumentos implementados como parte de um método da classe. No entanto, pode usá-los com um método de instância com a mesma facilidade.

DICA

   Olhe com cuidado para `PrintList1()` e verá um novo modo de usar um loop `for` para iterar uma lista. Nesse caso, a função `enumerate()` apresenta uma contagem (contagem do loop) e a string que foi passada para a função.

   A função `PrintList2()` aceita uma entrada de dicionário. Assim como `PrintList1()`, essa lista pode ter qualquer comprimento. No entanto, você deve processar os itens achados com `items()` no dicionário para obter valores individuais.

2. **Clique em Run Cell.**

Você verá a saída como mostra a Figura 15-12. As listas individuais podem ter qualquer comprimento. Na verdade, nessa situação, lidar com o código para ver o que você pode fazer é uma boa ideia. Por exemplo, tente misturar números e strings com a primeira lista para ver o que acontece. Tente adicionar valores booleanos também. A questão é que usar essa técnica faz com que seus métodos fiquem incrivelmente flexíveis se tudo o que quiser for uma lista de valores como entrada.

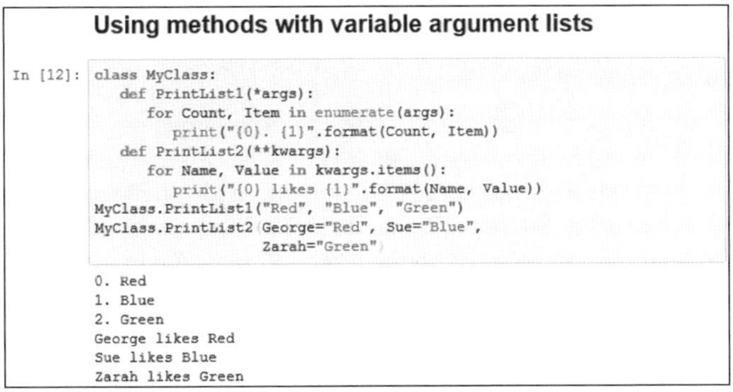

FIGURA 15-12: O código pode processar quaisquer entradas na lista.

```
Using methods with variable argument lists

In [12]:  class MyClass:
              def PrintList1(*args):
                  for Count, Item in enumerate(args):
                      print("{0}. {1}".format(Count, Item))
              def PrintList2(**kwargs):
                  for Name, Value in kwargs.items():
                      print("{0} likes {1}".format(Name, Value))
          MyClass.PrintList1("Red", "Blue", "Green")
          MyClass.PrintList2(George="Red", Sue="Blue",
                             Zarah="Green")

          0. Red
          1. Blue
          2. Green
          George likes Red
          Sue likes Blue
          Zarah likes Green
```

Sobrecarregando operadores

Em algumas situações, é importante conseguir fazer algo especial com o resultado do uso de um operador padrão, como o de adição (+). Na verdade, algumas vezes o Python não fornece um comportamento padrão para operadores porque não há um padrão a implementar. Não importa qual a razão, a sobrecarga de operadores possibilita a atribuição de novas funcionalidades aos operadores existentes para que façam o que você deseja, em vez de seguir a intenção do Python. Os passos a seguir demonstram como sobrecarregar um operador e usá-lo como parte de uma aplicação.

1. **Digite o seguinte código no Notebook, teclando Enter após cada linha:**

```
class MyClass:
    def __init__(self, *args):
        self.Input = args
    def __add__(self, Other):
        Output = MyClass()
        Output.Input = self.Input + Other.Input
        return Output
    def __str__(self):
        Output = ""
        for Item in self.Input:
```

CAPÍTULO 15 **Criando e Usando Classes** 307

```
            Output += Item
            Output += " "
        return Output
Value1 = MyClass("Red", "Green", "Blue")
Value2 = MyClass("Yellow", "Purple", "Cyan")
Value3 = Value1 + Value2
print("{0} + {1} = {2}"
     .format(Value1, Value2, Value3))
```

O exemplo demonstra algumas técnicas diferentes. O construtor, __init__(), demonstra um método para criar uma variável de instância anexada ao objeto self. Você pode usar essa abordagem para criar quantas variáveis forem necessárias para dar suporte à instância.

LEMBRE-SE

Ao criar suas próprias classes, na maioria dos casos, nenhum operador + é definido até você definir um. A única exceção é quando herda de uma classe existente que já tem o operador + definido (veja mais detalhes na seção "Estendendo Classes para Criar Novas Classes", mais à frente neste capítulo). Para somar duas entradas MyClass, você deve definir o método __add__(), que se iguala ao operador +.

O código usado para o método __add__() pode parecer um pouco estranho também, mas você precisa pensar sobre ele uma linha de cada vez. O código começa criando um objeto novo, Output, de MyClass. Nada é adicionado a Output nesse ponto — é um objeto vazio. Os dois objetos que você quer adicionar, self.Input e Other.Input, são tuplas, na verdade (veja "Trabalhando com Tuplas", no Capítulo 14, para ter mais detalhes). O código coloca a soma desses dois objetos em Output.Input. O método __add__() então retorna o objeto novo combinado com o chamador.

É claro que você quer saber por que não pode simplesmente somar as duas entradas como faria com um número. A resposta é que acabaria tendo uma tupla como saída, em vez de MyClass. O tipo de saída seria alterado, e isso também alteraria quaisquer usos do objeto resultante.

Para imprimir MyClass corretamente, você também precisa definir um método __str__(). Esse método converte um objeto MyClass em uma string. Nesse caso, a saída é uma *string delimitada por espaço* (na qual cada item é separado dos outros por um espaço) contendo cada um dos valores achados em self.Input. É claro, a classe que você criou pode apresentar qualquer string que represente completamente o objeto.

O procedimento principal cria dois objetos de teste: Value1 e Value2. Ele os soma e coloca o resultado em Value3. O resultado é impresso na tela.

2. **Clique em Run Cell.**

A Figura 15-13 mostra o resultado da adição dos dois objetos, convertendo-os em strings, então, imprimindo o resultado. É muito código para uma simples instrução de saída, mas o resultado definitivamente demonstra que você pode criar classes que são independentes e completamente funcionais.

FIGURA 15-13: O resultado de adicionar dois objetos `MyClass` é um terceiro objeto do mesmo tipo.

```
Overloading operators

In [13]:  class MyClass:
              def __init__(self, *args):
                  self.Input = args
              def __add__(self, Other):
                  Output = MyClass()
                  Output.Input = self.Input + Other.Input
                  return Output
              def __str__(self):
                  Output = ""
                  for Item in self.Input:
                      Output += Item
                      Output += " "
                  return Output
          Value1 = MyClass("Red", "Green", "Blue")
          Value2 = MyClass("Yellow", "Purple", "Cyan")
          Value3 = Value1 + Value2
          print("{0} + {1} = {2}"
                .format(Value1, Value2, Value3))

          Red Green Blue  + Yellow Purple Cyan  = Red Green Blue Yellow Purple
          Cyan
```

Criando uma Classe

Todo o material anterior neste capítulo ajudou a prepará-lo para criar, por si só, uma classe interessante. Nesse caso, você cria uma classe, que coloca em um módulo externo, e futuramente a acessa em uma aplicação. As próximas seções descrevem como criar e salvar essa classe.

Definindo a classe MyClass

A Listagem 15-1 mostra o código necessário para criar a classe. Você também pode encontrar esse código no arquivo `BPPD_15_MyClass.ipynb`, disponível para download, como descrito na Introdução.

LISTAGEM 15-1: Criando uma Classe Externa

```python
class MyClass:
    def __init__(self, Name="Sam", Age=32):
        self.Name = Name
        self.Age = Age
    def GetName(self):
        return self.Name
```

CAPÍTULO 15 **Criando e Usando Classes** 309

```
    def SetName(self, Name):
        self.Name = Name
    def GetAge(self):
        return self.Age
    def SetAge(self, Age):
        self.Age = Age
    def __str__(self):
        return "{0} is aged {1}.".format(self.Name,
                                         self.Age)
```

Nesse exemplo, a classe começa criando um objeto com duas variáveis de instância: `Name` e `Age`. Se o usuário falhar ao fornecer esses valores, eles serão atribuídos de forma padrão como Sam e 32, respectivamente.

LEMBRE-SE

O exemplo fornece um novo recurso de classe. A maioria dos desenvolvedores chama esse recurso de *função de acesso*. Essencialmente, ela fornece acesso a um valor subjacente. Existem dois tipos de acessos: função de obtenção (getter) e função de definição (setter). Ambos `GetName()` e `GetAge()` são funções de *obtenção/getters*. Eles providenciam acesso somente de leitura para o valor subjacente. Os métodos `SetName()` e o `SetAge()` são funções de *definição/setters*, que providenciam acesso somente de gravação para o valor subjacente. Usar essa combinação de métodos permite checar as entradas quanto ao tipo e ao intervalo corretos, assim como verificar se o chamador tem permissão para ver a informação.

Assim como nas outras classes que criou, você precisa definir o método `__str__()` se quer que o usuário possa imprimir o objeto. Nesse caso, a classe fornece uma saída formatada que lista ambas as variáveis de instância.

Salvando uma classe no disco

Você pode manter sua classe exatamente no mesmo arquivo que seu código de teste, mas não é assim que funciona no mundo real. Para usar essa classe de forma real, até o fim do capítulo, siga estes passos:

1. **Crie um novo notebook chamado** `BPPD_15_MyClass.ipynb`.

2. **Clique em Run Cell.**

   O Python executa o código sem erros quando o digita corretamente.

3. **Selecione File ⇨ Save and Checkpoint.**

   O Notebook salva o arquivo.

4. **Selecione File ➪ Download As ➪ Python (.py).**

   O Notebook gera o código como um arquivo do Python.

5. **Importe o arquivo resultante para seu Notebook.**

   A seção "Importando um notebook" do Capítulo 4 descreve como realizar essa tarefa.

Usando a Classe em uma Aplicação

Na maior parte do tempo, você usa classes externas quando trabalha com o Python. Não é muito frequente que uma classe exista dentro do arquivo de uma aplicação, porque a aplicação se tornaria grande e não gerenciável. Além disso, seria difícil reutilizar o código da classe em outra aplicação. Os passos a seguir ajudam a usar a classe `MyClass` que você criou na seção anterior.

1. **Digite o seguinte código no notebook para este capítulo, teclando Enter após cada linha:**

   ```
   import BPPD_15_MyClass
   SamsRecord = BPPD_15_MyClass.MyClass()
   AmysRecord = BPPD_15_MyClass.MyClass("Amy", 44)
   print(SamsRecord.GetAge())
   SamsRecord.SetAge(33)
   print(AmysRecord.GetName())
   AmysRecord.SetName("Aimee")
   print(SamsRecord)
   print(AmysRecord)
   ```

LEMBRE-SE

O código de exemplo começa importando o pacote `BPPD_15_MyClass`. O nome do pacote é o mesmo do arquivo usado para armazenar o código externo, não o nome da classe. Um único pacote pode conter múltiplas classes, então sempre pense nele como sendo o arquivo em si que é usado para armazenar uma ou mais classes que você precisa usar em sua aplicação.

Depois de o pacote ser importado, a aplicação cria dois objetos `MyClass`. Observe que você usa o nome do pacote primeiro, seguido do nome da classe. O primeiro objeto, `SamsRecord`, usa configurações padrões. O segundo objeto, `AmysRecord`, baseia-se em configurações customizadas.

Sam ficou um ano mais velho. Depois de a aplicação verificar que a idade precisa ser atualizada, ela atualiza a idade de Sam.

De alguma forma, o RH escreveu o nome de Aimee errado. O que acontece é que *Amy* é uma escrita incorreta. De novo, depois de a aplicação verificar que o nome está errado, ela faz uma correção para `AmysRecord`. O passo final é imprimir ambos os registros em sua totalidade.

2. **Clique em Run Cell.**

A aplicação mostra uma série de mensagens enquanto posiciona `MyClass`, como mostra a Figura 15-14. Nesse ponto, você conhece o básico para criar ótimas classes.

Using the Class in an Application

```
In [14]:  import BPPD_15_MyClass
          SamsRecord = BPPD_15_MyClass.MyClass()
          AmysRecord = BPPD_15_MyClass.MyClass("Amy", 44)
          print(SamsRecord.GetAge())
          SamsRecord.SetAge(33)
          print(AmysRecord.GetName())
          AmysRecord.SetName("Aimee")
          print(SamsRecord)
          print(AmysRecord)

          32
          Amy
          Sam is aged 33.
          Aimee is aged 44.
```

FIGURA 15-14: A saída mostra que a classe está completamente funcional.

Estendendo Classes para Criar Novas Classes

Como você deve imaginar, criar uma *classe de produção* (que é usada em aplicações do mundo real, que realmente roda em um sistema acessado pelos usuários) completamente funcional consome *tempo*, porque classes reais executam muitas tarefas. Felizmente, o Python dá suporte a uma modalidade chamada *herança*. Ao usar a herança, você pode obter os recursos que quiser da classe-mãe ao criar uma classe-filha. Sobrescrever os recursos de que você não precisa e adicionar novos permite a criação de novas classes de forma relativamente rápida e com bem menos esforço de sua parte. Além disso, devido ao código-pai já estar testado, você não precisa se esforçar tanto para garantir que sua nova classe funcione como é esperado. As seções a seguir mostram como construir e usar classes que herdam uma da outra.

Construindo a classe-filha

Classes-mães são normalmente superconjuntos de algo. Por exemplo, você pode criar uma classe-mãe chamada `Car` e criar classes-filhas de vários tipos de carros ao redor dela. Nesse caso, você cria uma classe-mãe chamada `Animal` e a usa para definir uma classe-filha chamada `Chicken`. É claro que

312   PARTE 3 **Realizando Tarefas Comuns**

pode facilmente adicionar outras classes-filhas depois que tiver `Animal`, por exemplo, uma classe-filha `Gorilla`. No entanto, para este exemplo, você construirá somente uma classe-mãe e uma classe-filha, como mostra a Listagem 15-2. Para usar essa classe até o fim do capítulo, é necessário salvá-la no disco usando a técnica apresentada na seção "Salvando a classe no disco", anteriormente neste capítulo. De qualquer modo, nomeie seu arquivo como `BPPD_15_Animals.ipynb`.

LISTAGEM 15-2: **Construindo uma Classe-mãe e uma Classe-filha**

```python
class Animal:
    def __init__(self, Name="", Age=0, Type=""):
        self.Name = Name
        self.Age = Age
        self.Type = Type
    def GetName(self):
        return self.Name
    def SetName(self, Name):
        self.Name = Name
    def GetAge(self):
        return self.Age
    def SetAge(self, Age):
        self.Age = Age
    def GetType(self):
        return self.Type
    def SetType(self, Type):
        self.Type = Type
    def __str__(self):
        return "{0} is a {1} aged {2}".format(self.Name,
                                               self.Type,
                                               self.Age)

class Chicken(Animal):
    def __init__(self, Name="", Age=0):
        self.Name = Name
        self.Age = Age
        self.Type = "Chicken"
    def SetType(self, Type):
        print("Sorry, {0} will always be a {1}"
              .format(self.Name, self.Type))
    def MakeSound(self):
        print("{0} says Cluck, Cluck, Cluck!".format(self.
    Name))
```

CAPÍTULO 15 **Criando e Usando Classes** 313

A classe `Animal` controla três características: `Name`, `Age` e `Type`. Uma aplicação de produção provavelmente controlaria mais características, mas essas são suficientes para o exemplo. O código também inclui as funções de acesso necessárias para cada uma das características. O método `__str__()` completa o quadro imprimindo uma simples mensagem declarando as características do animal.

A classe `Chicken` herda da classe `Animal`. Observe o uso de `Animal` entre parênteses depois do nome da classe `Chicken`. Essa adição informa ao Python que `Chicken` é um tipo de `Animal`, algo que herdará as características de `Animal`.

Observe que o construtor `Chicken` aceita somente `Name` e `Age`. O usuário não tem de fornecer o valor `Type` porque já sabe que é `Chicken`. O novo construtor anula o construtor `Animal`. Os três atributos ainda existem, mas `Type` é fornecido diretamente no construtor `Chicken`.

Alguém pode tentar algo engraçado, como configurar `Chicken` como `Gorilla`. Pensando nisso, a classe `Chicken` também anula a função de definição `SetType()`. Se algum usuário tenta alterar o tipo de `Chicken`, receberá uma mensagem, e não a mudança que tentou realizar. Normalmente, você trata esse tipo de problema usando uma exceção, mas a mensagem funciona melhor para esse exemplo, pois torna mais clara a técnica do código.

Finalmente, a classe `Chicken` adiciona um novo recurso, `MakeSound()`. Sempre que alguém quiser escutar o som que a galinha (`Chicken`) faz, poderá chamar `MakeSound()` para, pelo menos, vê-lo impresso na tela.

Testando a classe em uma aplicação

Testar a classe `Chicken` testa também a classe `Animal`, até certo ponto. Algumas funcionalidades são diferentes, mas algumas classes realmente não são destinadas a ser usadas. A classe `Animal` é simplesmente uma mãe para os tipos específicos de animais, como `Chicken`. Os passos a seguir demonstram a classe `Chicken` para que você possa ver como a herança funciona.

1. Digite o seguinte código no notebook para este capítulo, teclando Enter após cada linha:

```
import BPPD_15_Animals
MyChicken = BPPD_15_Animals.Chicken("Sally", 2)
print(MyChicken)
MyChicken.SetAge(MyChicken.GetAge() + 1)
print(MyChicken)
MyChicken.SetType("Gorilla")
print(MyChicken)
MyChicken.MakeSound()
```

O primeiro passo é importar o pacote `Animals`. Lembre-se de que você sempre importa o nome do arquivo, não a classe. O arquivo `Animals.py`, na verdade, contém duas classes, nesse caso: `Animal` e `Chicken`.

O exemplo cria uma galinha, `MyChicken`, chamada Sally, que tem dois anos. Então começa a trabalhar com `MyChicken` de várias formas. Por exemplo, Sally fez aniversário, então o código atualiza a idade de Sally para mais um. Observe como o código combina o uso da função de definição, `SetAge()`, com a função de obtenção, `GetAge()`, para executar a tarefa. Após cada alteração, o código mostra os valores dos objetos resultantes. O passo final é deixar Sally falar algumas palavras.

2. Clique em Run Cell.

Você verá cada passo usado com `MyChicken`, como mostra a Figura 15-15. Como pode ver, usar a herança pode simplificar muito a tarefa de criar classes novas quando várias delas têm algo em comum, então é possível criar uma classe-mãe que contém algum código.

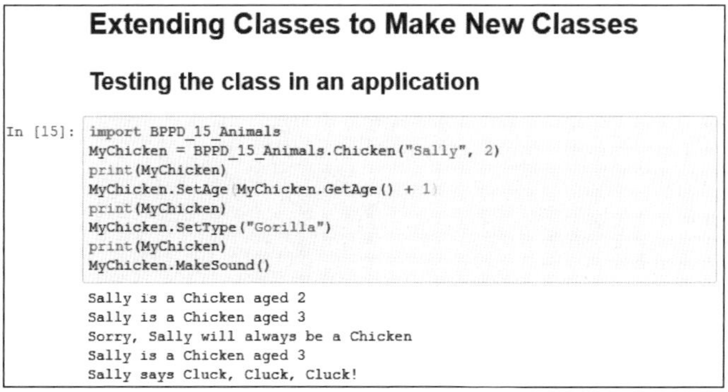

Extending Classes to Make New Classes

Testing the class in an application

```
In [15]: import BPPD_15_Animals
         MyChicken = BPPD_15_Animals.Chicken("Sally", 2)
         print(MyChicken)
         MyChicken.SetAge(MyChicken.GetAge() + 1)
         print(MyChicken)
         MyChicken.SetType("Gorilla")
         print(MyChicken)
         MyChicken.MakeSound()

         Sally is a Chicken aged 2
         Sally is a Chicken aged 3
         Sorry, Sally will always be a Chicken
         Sally is a Chicken aged 3
         Sally says Cluck, Cluck, Cluck!
```

FIGURA 15-15: Sally faz aniversário e diz algumas palavras.

CAPÍTULO 15 **Criando e Usando Classes** 315

PARTE 3 **Realizando Tarefas Comuns**

4

Realizando Tarefas Avançadas

NESTA PARTE...

Armazene os dados permanentemente no disco.

Crie, leia, atualize e delete dados nos arquivos.

Crie, envie e visualize e-mails.

> **NESTE CAPÍTULO**
>
> » Considerando como o armazenamento permanente funciona
>
> » Usando conteúdo permanentemente armazenado
>
> » Criando, lendo, atualizando e deletando dados de arquivos

Capítulo **16**

Armazenando Dados em Arquivos

té agora, desenvolver aplicações pode parecer apenas apresentar informações na tela. Na realidade, as aplicações estão centradas na necessidade de trabalhar com dados de alguma forma. Dados são o foco de todas as aplicações, porque é neles que os usuários estão interessados. Esteja preparado para uma grande decepção na primeira vez em que apresentar sua preciosa aplicação para usuários comuns e descobrir que a única coisa com que eles se preocuparão é se ela irá ajudá-los a sair do trabalho no horário depois de criar uma apresentação. O fato é que as melhores aplicações são invisíveis, mas apresentam os dados da maneira mais apropriada possível para suprir as necessidades dos usuários.

Se dados são o foco das aplicações, então armazenar dados de uma maneira permanente é igualmente importante. Para a maioria dos desenvolvedores, o armazenamento de dados gira em torno de uma mídia permanente, como um disco rígido, SSD (Solid State Drive), pen drive USB (Universal Serial Bus) ou outras metodologias (mesmo as soluções baseadas em nuvem funcionam bem, mas você não irá vê-las sendo usadas aqui, pois requerem técnicas de programação diferentes, que estão fora do escopo deste livro). O dado na memória é temporário porque ele dura somente enquanto a máquina está funcionando. Um dispositivo de armazenamento permanente armazena os dados mesmo depois de a máquina ser desligada, então eles podem ser recuperados na próxima sessão.

LEMBRE-SE

Além do armazenamento permanente, este capítulo também ajuda você a entender as quatro operações básicas que pode executar nos arquivos: Criar, Ler, Atualizar e Apagar (CRUD). Você verá o acrônimo CRUD usado com frequência nos círculos de banco de dados, mas ele se aplica igualmente bem a qualquer aplicação. Não importa como sua aplicação armazena os dados em um local permanente, ela deve estar apta a executar essas quatro tarefas para fornecer uma solução completa para o usuário. É claro que as operações CRUD devem ser executadas de forma segura, confiável e controlada. Este capítulo também ajuda a definir algumas diretrizes de como o acesso deve ocorrer para garantir a *integridade dos dados* (uma medida da frequência de ocorrência de erros nos dados ao executar operações CRUD). O código-fonte para os exemplos deste capítulo pode ser encontrado no arquivo `BPPD_16_Storing_Data_in_Files.ipynb`, disponível para download, como descrito na Introdução do livro.

Entendendo Como o Armazenamento Permanente Funciona

Você não precisa entender absolutamente cada detalhe sobre como o armazenamento permanente funciona para usá-lo. Por exemplo, como o drive gira (presumindo que ele gire) não é importante. No entanto, a maioria das plataformas segue um conjunto básico de princípios do armazenamento permanente. Esses princípios foram desenvolvidos com o tempo, começando com sistemas de computadores mainframes, no início da computação.

Os dados são armazenados em *arquivos* (com dados puros representando informações do estado da aplicação), mas também é possível encontrá-los armazenados como *objetos* (um método de armazenar instâncias de classe em série). Este capítulo explica o uso dos dados, não de objetos. Você provavelmente já sabe sobre arquivos, porque toda aplicação útil baseia-se neles. Por exemplo, ao abrir um documento em seu processador de texto, na verdade, está abrindo um arquivo de dados que contém palavras que você, ou alguém, digitou.

Normalmente, os arquivos têm uma *extensão* que define o tipo do arquivo associado. Em geral a extensão é padronizada para cada aplicação e separada do nome do arquivo por um ponto, como em `MyData.txt`. Nesse caso, `.txt` é a extensão de arquivo, e você provavelmente tem uma aplicação que abre esses arquivos em sua máquina. Na verdade, é possível escolher entre várias aplicações para executar essa tarefa, porque a extensão de arquivo `.txt` é relativamente comum.

Internamente, os arquivos estruturam os dados de uma maneira específica para facilitar a gravação e a leitura de dados no arquivo. Qualquer aplicação que você escreva deve conhecer a estrutura do arquivo para interagir com os dados que ele contém. Os exemplos neste capítulo usam uma estrutura simples de arquivos para facilitar a gravação do código necessário para acessá-los, mas as estruturas dos arquivos podem se tornar bastante complexas.

Seria praticamente impossível encontrar os arquivos se eles fossem todos colocados no mesmo local no disco rígido. Consequentemente, os arquivos são organizados dentro de *diretórios*. Muitos sistemas de computadores mais novos também usam o termo *pasta* para essa modalidade organizacional de armazenamento permanente. Não importa como você chame, o armazenamento permanente baseia-se em diretórios para auxiliar na organização dos dados e fazer com que arquivos individuais sejam bem mais fáceis de ser encontrados. Para achar um arquivo em particular para que possa abri-lo e interagir com os dados que ele contém, você deve saber qual diretório armazena o arquivo.

Os diretórios são organizados em hierarquias, que começam no nível mais alto do disco rígido. Por exemplo, ao trabalhar com os códigos-fonte disponíveis para download deste livro, você achará o código para o livro inteiro no diretório BPPD dentro da pasta de usuário em seu sistema. No meu sistema Windows, a hierarquia desse diretório é C:\Users\John\BPPD. No entanto, meus sistemas Mac e Linux têm uma hierarquia diferente de diretórios para chegar ao mesmo diretório BPPD, e em seu sistema a hierarquia será diferente também.

LEMBRE-SE

Observe que usei a barra invertida (\) para separar os níveis de diretório. Algumas plataformas usam a barra (/), enquanto outras usam a barra invertida (\). Você pode ler sobre este assunto no meu blog, disponível em http://blog.johnmuellerbooks.com/2014/03/10/backslash-versus--forward-slash/ [todos com conteúdo em inglês neste capítulo]. O livro usa a barra invertida quando apropriado e presume que você fará as alterações necessárias para sua plataforma.

Uma consideração final para os desenvolvedores Python (ao menos para este livro) é que a hierarquia de diretórios é chamada *caminho (path)*. Você verá o termo *caminho* em algumas partes deste livro porque o Python deve encontrar os recursos que você quer baseado no caminho que fornece. Por exemplo, C:\Users\John\BPPD é o caminho completo para o código-fonte para este capítulo em um sistema Windows. Um caminho que traça a rota inteira que o Python deve pesquisar é chamado de *caminho absoluto*. Um caminho incompleto que traça a rota para um recurso usando o diretório atual como um ponto inicial é chamado de *caminho relativo*.

CAPÍTULO 16 **Armazenando Dados em Arquivos** 321

PAPO DE ESPECIALISTA

Para encontrar um local através de um caminho relativo, é comum usarmos o diretório atual como ponto de partida. Por exemplo, `BPPD\__pycache__` seria o caminho relativo para o cache do Python. Observe que não há letra de drive nem começa com barra invertida. No entanto, às vezes é necessário adicionar formas específicas ao ponto de partida para definir um caminho relativo. A maioria das plataformas define os seguintes conjuntos de caracteres especiais para o caminho relativo:

» `\`: O diretório-raiz do drive atual. O drive é relativo, mas o caminho começa na raiz, isto é, no topo do drive.

» `.\`: O diretório atual. Use esse atalho para o diretório atual quando não souber o nome dele. Por exemplo, o local do cache do Python também poderia ser definido como `.\__pycache__`.

» `..\`: O diretório-pai. Use esse atalho quando não souber o nome do diretório-pai.

» `..\..\`: O pai do diretório-pai. É possível subir a hierarquia de diretórios até onde necessário para localizar um ponto de partida específico antes de descer toda a hierarquia até um novo local.

Criando Conteúdo para o Armazenamento Permanente

Um arquivo pode conter dados estruturados ou desestruturados. Um exemplo de *dados estruturados* é um banco de dados em que cada registro contém informações específicas. Um banco de dados de colaboradores incluiria colunas com nome, endereço, matrícula do colaborador, e assim por diante. Cada registro seria um colaborador individual e cada registro de colaborador conteria os campos nome, endereço e matrícula do colaborador. Um exemplo de *dados desestruturados* é um arquivo de editor de texto cujo texto pode conter qualquer conteúdo em qualquer ordem. Não há uma ordem requerida para o conteúdo de um parágrafo e as sentenças podem conter qualquer quantidade de palavras. No entanto, em ambos os casos, a aplicação deve saber como executar as operações CRUD com o arquivo. Isso significa que o conteúdo deve estar preparado de uma maneira que a aplicação possa gravar e ler a partir do arquivo.

Mesmo com arquivos de editor de textos, o texto deve seguir certas regras. Imagine, por um momento, que os arquivos sejam textos simples. Mesmo assim, cada parágrafo deve ter algum tipo de delimitador dizendo à aplicação para começar em um novo parágrafo. A aplicação lê o parágrafo até ver esse delimitador e, então, inicia um novo parágrafo. Quanto mais o processador de texto oferecer em termos de recursos, mais estruturado será o resultado apresentado. Por exemplo, quando o processador de texto oferece um método de formatação, a formatação deve aparecer como parte do arquivo de saída.

LEMBRE-SE

As demarcações que tornam o conteúdo utilizável para o armazenamento permanente ficam, com frequência, escondidas. Tudo o que você vê ao trabalhar com o arquivo são os dados em si. A formatação se mantém invisível por várias razões:

» A demarcação é um caractere de controle, como uma mudança de linha ou quebra de linha, que, por padrão, é normalmente invisível no nível da plataforma.

» A aplicação baseia-se em combinações especiais de caracteres, como vírgulas e aspas duplas, para delimitar a entrada de dados. Essas combinações especiais de caracteres são consumidas pela aplicação durante a leitura.

» Parte do processo de leitura converte o caractere em outra forma, como quando um processador de texto lê o conteúdo do arquivo que está formatado. A formatação aparece na tela, mas em segundo plano o arquivo contém caracteres especiais que denotam a formatação.

» O arquivo está, na verdade, em um formato alternativo, como XML (eXtensible Markup Language) (veja informações sobre XML em `http://www.w3schools.com/xml/default.ASP`). O formato alternativo é interpretado e apresentado na tela de uma forma que o usuário possa entender.

PAPO DE ESPECIALISTA

Provavelmente existem outras regras para a formatação de dados. Por exemplo, a Microsoft usa um arquivo `.zip` para armazenar os arquivos da versão mais recente do processador de textos (arquivos do tipo `.docx`). O uso de um catálogo de arquivos comprimidos, como `.zip`, possibilita o armazenamento de muitas informações em um pequeno espaço. É interessante ver como os outros armazenam os dados, porque você pode frequentemente encontrar meios mais eficientes e seguros de armazenamento de dados para suas próprias aplicações.

Agora que tem uma ideia melhor do que pode ocorrer como parte da preparação do conteúdo do armazenamento de disco, é hora de vermos um exemplo. Neste caso, a estratégia de formatação é bastante simples. Tudo que este exemplo faz é aceitar a entrada, formatá-la para o armazenamento e apresentar a versão formatada na tela (em vez de salvá-la no disco por enquanto).

1. Abra um novo notebook.

Você pode usar o código-fonte, disponível para download, no arquivo `BPPD_16_Storing_Data_in_Files.ipynb`, que contém o código da aplicação, e no arquivo `BPPD_16_FormattedData.ipynb`, com o código de classe `FormatData`.

2. Digite o seguinte código na janela, teclando Enter após cada linha:

```
class FormatData:
    def __init__(self, Name="", Age=0, Married=False):
        self.Name = Name
        self.Age = Age
        self.Married = Married

    def __str__(self):
        OutString = "'{0}', {1}, {2}".format(
            self.Name,
            self.Age,
            self.Married)
        return OutString
```

É uma classe reduzida. Normalmente, você adicionaria funções de acesso (funções de obtenção/getter e definição/setter) e código de captura de erro (lembre-se de que os *métodos getter* fornecem acesso somente de leitura para os dados da classe e os *métodos setter* fornecem acesso somente de gravação para os dados da classe). No entanto, a classe funciona bem para a demonstração.

A principal característica a observar é a função `__str__()`. Observe que ela formata os dados de saída de uma forma específica. O valor de string, `self.Name`, fica entre aspas simples. Cada um dos valores também é separado por uma vírgula. Na verdade, é uma forma de formato de saída padrão, valor separado por vírgulas (CSV), que é usado em muitas plataformas, porque é fácil de traduzir e está somente em texto, então nada especial é necessário para se trabalhar com ele.

3. **Salve o código como** `BPPD_16_FormattedData.ipynb.`

Para usar essa classe no restante do capítulo, é necessário salvá-la no disco, usando a técnica disponível na seção "Salvando uma classe no disco", do Capítulo 15. Também é necessário criar o arquivo `BPPD_16_FormattedData.py` para importar a classe para o código da aplicação.

4. **Abra um novo notebook.**

5. **Digite o seguinte código na janela, teclando Enter após cada linha:**

```
from BPPD_16_FormattedData import FormatData
NewData = [FormatData("George", 65, True),
           FormatData("Sally", 47, False),
           FormatData("Doug", 52, True)]
for Entry in NewData:
    print(Entry)
```

O código começa importando somente a classe `FormatData` de `BPPD_16_FormattedData`. Nesse caso, isso não importa, porque o módulo `BPPD_16_FormattedData` contém somente uma classe. No entanto, você precisa lembrar dessa técnica quando precisar de somente uma classe de um módulo.

Na maior parte das vezes, você trabalha com múltiplos registros quando salva dados no disco. Você pode ter múltiplos parágrafos em um documento de texto processado ou múltiplos registros, como aqui. O exemplo cria uma lista de registros e os coloca em `NewData`. Nesse caso, `NewData` representa o documento inteiro. A representação provavelmente assumirá outras formas na aplicação de produção, mas a ideia é a mesma.

Qualquer aplicação que grave dados passa por um tipo de loop de saída. Aqui, o loop simplesmente imprime os dados na tela. No entanto, nas seções a seguir, você realmente gera dados para um arquivo.

6. **Clique em Run Cell.**

Você verá a saída como mostra a Figura 16-1. É uma representação de como os dados apareceriam em um arquivo. Nesse caso, cada registro é separado por uma combinação de caracteres de mudança de linha e quebra de linha. Isto é, George, Sally e Doug são todos registros separados no arquivo. Cada *campo* (elemento de dado) é separado por uma vírgula. Os campos de texto aparecem entre aspas para que não sejam confundidos com outros tipos de dados.

CAPÍTULO 16 **Armazenando Dados em Arquivos** 325

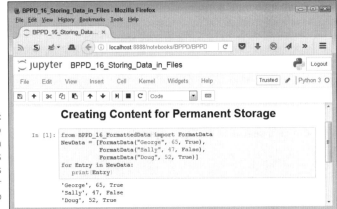

FIGURA 16-1:
O exemplo apresenta como os dados podem ficar no formato CSV.

Criando um Arquivo

Qualquer dado que o usuário cria e com o qual queira trabalhar por mais de uma sessão deve ser colocado em algum tipo de mídia permanente. Criar um arquivo e colocar o dado dentro dele é uma parte essencial do trabalho com o Python. Você pode usar os passos a seguir para criar um código que gravará os dados no disco rígido.

1. **Abra o arquivo** `BPPD_16_FormattedData.ipynb` **previamente salvo.**

   Você verá o código originalmente criado na seção "Criando Conteúdo para o Armazenamento Permanente", neste capítulo, aparecer na tela. Este exemplo faz modificações no código original para que a classe possa agora salvar um arquivo no disco.

2. **Digite o seguinte código no notebook, teclando Enter após cada linha:**

   ```
   import csv

   class FormatData2:
       def __init__(self, Name="", Age=0, Married=False):
           self.Name = Name
           self.Age = Age
           self.Married = Married

       def __str__(self):
           OutString = "'{0}', {1}, {2}".format(
               self.Name,
               self.Age,
   ```

```
        self.Married)
    return OutString
def SaveData(Filename = "", DataList = []):
    with open(Filename,
            "w", newline='\n') as csvfile:
        DataWriter = csv.writer(
            csvfile,
            delimiter='\n',
            quotechar=" ",
            quoting=csv.QUOTE_NONNUMERIC)
        DataWriter.writerow(DataList)
        csvfile.close()
        print("Data saved!")
```

O módulo csv contém tudo o que é necessário para trabalhar com arquivos CSV.

LEMBRE-SE

O Python, na verdade, suporta muitos tipos de arquivo nativamente e as bibliotecas que fornecem suporte adicional estão disponíveis. Se você tiver um tipo de arquivo para o qual precisa dar suporte usando o Python, geralmente poderá encontrar uma biblioteca de terceiros quando o Python não tiver. Infelizmente, não existe uma lista extensa de arquivos suportados, então você precisa procurar online para encontrar como o Python dá suporte a algum arquivo necessário. A documentação divide os arquivos suportados em tipos e não fornece uma lista extensa. Por exemplo, você pode achar todos os formatos de armazenamento em https://docs.python.org/3/library/archiving.html e os formatos de arquivos variados em https://docs.python.org/3/library/fileformats.html.

DICA

Este exemplo usa essencialmente o mesmo código de formatação de texto que você viu na classe FormatData, mas agora acrescentando o método SaveData() para colocar os dados formatados no disco. Usar uma nova classe informa a todos sobre a capacidade aumentada, então FormatData2 é a mesma classe, mas com mais recursos.

Observe que o método SaveData() aceita dois argumentos como entrada: o nome de arquivo usado para armazenar o dado e uma lista de itens a ser armazenada. É um método de classe, e não um método de instância. Mais tarde, nesse procedimento, você verá como usar um método de classe é vantajoso. O argumento DataList padroniza uma lista vazia para que, caso o chamador não passe nada, o método não gere uma exceção. Em vez disso, ele produz um arquivo de saída vazio. É claro que você também pode adicionar código para detectar uma lista vazia como um erro, se desejar.

CAPÍTULO 16 **Armazenando Dados em Arquivos** 327

LEMBRE-SE

A instrução `with` informa ao Python para executar uma série de tarefas com um recurso específico — o arquivo aberto `csvfile` chamado `Testfile.csv`. A função `open()` aceita várias entradas, dependendo de como você a usa. Para este exemplo, você o abre no modo de gravação (representado por `w`). O atributo `newline` informa ao Python para tratar o caractere de controle `\n` (quebra de linha) como um caractere de nova linha.

Para gravar a saída, você precisa de um objeto de gravação. O objeto `DataWriter` é configurado para usar `csvfile` como o arquivo de saída, usar `/n` como um caractere de registro, colocar aspas nos registros usando um espaço e fornecer aspas somente aos valores não numéricos. Essa configuração produzirá alguns resultados interessantes depois, mas, por agora, somente presuma que é o que você precisa para tornar a saída utilizável.

Na verdade, gravar os dados dá menos trabalho do que você pensa. Uma única chamada para `DataWriter.writerow()` com o `DataList` como entrada é tudo. Sempre feche o arquivo quando terminar de usá-lo. Essa ação descarrega os dados (garante que eles sejam gravados) no disco rígido. O código termina informando que os dados foram salvos.

3. **Salve o código como** `BPPD_16_FormattedData.ipynb`.

   Para usar essa classe no restante do capítulo, é necessário salvá-la no disco, usando a técnica disponível na seção "Salvando uma classe no disco", do Capítulo 15. Também é necessário recriar o arquivo `BPPD_16_FormattedData.py` para importar a classe para o código da aplicação. Caso não recrie o arquivo Python, o código do cliente não poderá importar `FormatData2`. Apague a versão antiga de `BPPD_16_FormattedData.py` do repositório do código antes de importar o novo (ou pode apenas dizer ao Notebook para gravar sobre a cópia antiga).

4. **Digite o seguinte código no notebook, teclando Enter após cada linha:**

```
from BPPD_16_FormattedData import FormatData2
NewData = [FormatData2("George", 65, True),
           FormatData2("Sally", 47, False),
           FormatData2("Doug", 52, True)]
FormatData2.SaveData("TestFile.csv", NewData)
```

Este exemplo deve se parecer com o que você criou na seção "Criando Conteúdo para o Armazenamento Permanente", neste capítulo. Você ainda cria `NewData` como uma lista. No entanto, em vez de mostrar a informação na tela, você a envia para um arquivo, chamando `FormatData.SaveData()`. É uma daquelas situações nas quais o uso de um método de instância realmente atrapalharia. Para usar um método de instância, primeiro precisaria criar uma instância de `FormatData` que, de fato, não faria nada por você.

5. **Reinicie o Kernel, selecionando Kernel ⇨ Restart ou clicando no botão Restart the Kernel.**

   Você deve realizar esse passo para descarregar a versão anterior do BPPD_16_FormattedData. De outro modo, mesmo que a nova cópia de BPPD_16_FormattedData.py apareça no diretório de código, o exemplo não funcionará.

6. **Clique em Run Cell.**

   A aplicação roda e você vê uma mensagem de dados salvos. É claro que ela não o informa nada sobre os dados. No arquivo de código-fonte, você verá um novo arquivo chamado Testfile.csv. A maioria das plataformas tem uma aplicação padrão que abre tal arquivo. Com o Windows, você pode abri-lo usando Excel e Wordpad (entre outras aplicações). A Figura 16-2 mostra a saída em Excel, enquanto a Figura 16-3 a mostra em WordPad. Em ambos os casos, as saídas são bem similares à mostrada na Figura 16-1.

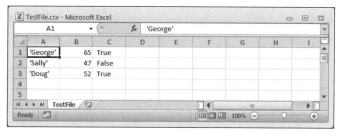

FIGURA 16-2: A saída da aplicação como aparece em Excel.

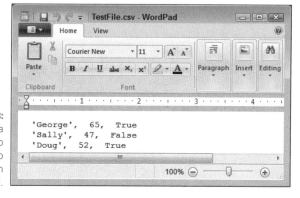

FIGURA 16-3: A saída da aplicação como aparece em Wordpad.

CAPÍTULO 16 **Armazenando Dados em Arquivos** 329

Lendo o Conteúdo do Arquivo

Nesse ponto, os dados estão no disco rígido. É claro que lá é legal e seguro, mas não é muito útil, porque você não pode vê-los. Para isso, deve lê-los na memória e fazer alguma coisa com eles. Os passos a seguir mostram como ler os dados no disco rígido e na memória, para que possa exibi-los na tela.

1. **Abra o arquivo** `BPPD_16_FormattedData.ipynb` **previamente salvo.**

   Você verá o código originalmente criado na seção "Criando Conteúdo para o Armazenamento Permanente", anteriormente neste capítulo, aparecer na tela. Este exemplo adiciona uma nova classe ao código original para que o pacote possa agora salvar um arquivo para o disco.

2. **Digite o seguinte código no notebook, teclando Enter após cada linha:**

```
import csv

class FormatData3:
    def __init__(self, Name="", Age=0, Married=False):
        self.Name = Name
        self.Age = Age
        self.Married = Married

    def __str__(self):
        OutString = "'{0}', {1}, {2}".format(
            self.Name,
            self.Age,
            self.Married)
        return OutString

    def SaveData(Filename = "", DataList = []):
        with open(Filename,
                  "w", newline='\n') as csvfile:
            DataWriter = csv.writer(
                csvfile,
                delimiter='\n',
                quotechar=" ",
                quoting=csv.QUOTE_NONNUMERIC)
            DataWriter.writerow(DataList)
            csvfile.close()
            print("Data saved!")

    def ReadData(Filename = ""):
        with open(Filename,
                  "r", newline='\n') as csvfile:
            DataReader = csv.reader(
```

330   PARTE 4 **Realizando Tarefas Avançadas**

```
            csvfile,
            delimiter="\n",
            quotechar=" ",
            quoting=csv.QUOTE_NONNUMERIC)
        Output = []
        for Item in DataReader:
            Output.append(Item[0])
        csvfile.close()
        print("Data read!")
        return Output
```

Abrir o arquivo para leitura é mais ou menos como abri-lo para gravação. A grande diferença é que você precisa especificar r (para leitura), em vez de w (para gravação) como parte do construtor csv.reader(). Caso contrário, os argumentos serão precisamente os mesmos e trabalharão da mesma forma.

LEMBRE-SE

É importante lembrar que você está iniciando com um arquivo de texto ao trabalhar com um arquivo .csv. Sim, ele tem delimitadores, mas ainda é texto. Ao ler um texto na memória, você deve reconstruir a estrutura do Python. Nesse caso, Output é uma lista vazia quando ele inicia.

O arquivo contém atualmente três registros que são separados pelo caractere de controle /n. O Python lê cada registro usando um loop for. Observe o uso estranho de Item[0]. Quando o Python lê o registro, vê as entradas não terminadoras (aquelas que não são as últimas em um arquivo) como sendo, na verdade, duas entradas da lista. A primeira entrada contém dados; a segunda está em branco. Você quer somente a primeira entrada. Essas entradas estão anexadas a Output para que você fique com uma lista completa de registros que aparecem no arquivo.

Como antes, feche o arquivo quando acabar de usá-lo. O método imprime uma mensagem de leitura de dados ao terminar, então retorna Output (uma lista de registros) para o chamador.

3. **Salve o código como** BPPD_16_FormattedData.ipynb.

   Para usar essa classe no restante do capítulo, é necessário salvá-la no disco, usando a técnica disponível na seção "Salvando uma classe no disco", do Capítulo 15. Também é necessário recriar o arquivo BPPD_16_FormattedData.py para importar a classe para o código da aplicação. Caso não recrie o arquivo Python, o código do cliente não poderá importar FormatData3. Apague a versão antiga de BPPD_16_FormattedData.py do repositório do código antes de importar o novo (ou pode apenas dizer ao Notebook para gravar sobre a cópia antiga).

4. **Digite o seguinte código no notebook da aplicação, teclando Enter após cada linha:**

```
from BPPD_16_FormattedData import FormatData3
NewData = FormatData3.ReadData("TestFile.csv")
for Entry in NewData:
    print(Entry)
```

O código `ReadCSV.py` começa importando a classe `FormatData`. Então cria um objeto `NewData`, uma lista, chamando `FormatData.ReadData()`. Observe que o uso de um método de classe também é a escolha correta nesse caso, porque torna o código menor e mais simples. A aplicação, então, usa um loop `for` para mostrar o conteúdo `NewData`.

5. **Reinicie o kernel e clique em Run Cell.**

Você verá a saída como mostra a Figura 16-4. Observe que ela é similar à saída na Figura 16-1, mesmo que os dados tenham sido gravados no disco e lidos de volta. É assim que as aplicações que leem e gravam dados devem funcionar. Os dados devem ser os mesmos depois de você lê-los, assim como quando os gravou no disco. Caso contrário, a aplicação será um fracasso, pois modificou os dados.

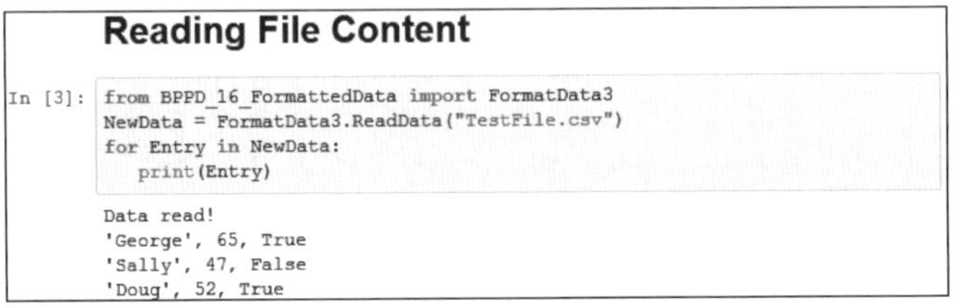

FIGURA 16-4: A entrada da aplicação depois de ter sido processada.

```
Reading File Content
In [3]:  from BPPD_16_FormattedData import FormatData3
         NewData = FormatData3.ReadData("TestFile.csv")
         for Entry in NewData:
             print(Entry)

         Data read!
         'George', 65, True
         'Sally', 47, False
         'Doug', 52, True
```

Atualizando o Conteúdo do Arquivo

Alguns desenvolvedores tratam a atualização de arquivo como algo complexo. Ela pode ser complexa se você a vir como uma tarefa única. No entanto, as atualizações, na verdade, consistem de três atividades:

1. **Ler o conteúdo do arquivo na memória.**

2. **Modificar a apresentação dos dados na memória.**

3. **Gravar o conteúdo resultante em um armazenamento permanente.**

Na maioria das aplicações, você ainda pode pular o segundo passo acima. Uma aplicação pode fornecer alguns ou todos esses recursos como parte do processo de modificação:

332 PARTE 4 **Realizando Tarefas Avançadas**

» Fornecer uma apresentação dos dados na tela.

» Permitir adições à lista de dados.

» Permitir exclusões da lista de dados.

» Fazer alterações nos dados existentes que podem, na verdade, ser implementados adicionando um novo registro com os dados alterados e apagando o registro anterior.

Até o momento, neste capítulo, você já executou todas as atividades, exceto uma, nessas duas listas. Já leu e gravou o conteúdo do arquivo. Na lista de modificações, adicionou dados a uma lista e apresentou dados na tela. A única atividade interessante que não executou foi excluir dados da lista. A modificação de dados é frequentemente executada como um processo de criação de um novo registro de duas partes que inicia com os dados do registro antigo e exclui o registro antigo depois de o novo estar na lista.

LEMBRE-SE

Não se desespere achando que deve executar cada atividade mencionada nesta seção para todas as aplicações. Um programa de monitoramento não precisaria mostrar dados na tela. Na verdade, fazer isso pode ser prejudicial (ou, pelo menos, inconveniente). Um registrador de dados apenas cria entradas novas; ele nunca as exclui nem as modifica. Uma aplicação de e-mail normalmente permite a adição de novos registros e a exclusão dos registros antigos, mas não a modificação dos registros existentes. Por outro lado, um processador de textos implementa todos os recursos mencionados. O que e como você implementa depende somente do tipo de aplicação que cria.

É importante separar a interface do usuário das atividades que estão por trás dela. Para manter as coisas simples, este exemplo foca o que precisa ir para trás da interface do usuário para fazer atualizações no arquivo que você criou na seção "Criando um Arquivo" neste capítulo. Os passos a seguir demonstram como ler, modificar e gravar um arquivo para atualizá-lo. As atualizações consistem em uma adição, uma exclusão e uma alteração. Para permitir que você rode uma aplicação mais de uma vez, na verdade, as atualizações são enviadas para outro arquivo.

1. Digite o seguinte código no notebook da aplicação, teclando Enter após cada linha:

```
from BPPD_16_FormattedData import FormatData3
import os.path

if not os.path.isfile("Testfile.csv"):
    print("Please run the CreateFile.py example!")
    quit()

NewData = FormatData3.ReadData("TestFile.csv")
for Entry in NewData:
```

CAPÍTULO 16 **Armazenando Dados em Arquivos** 333

```
    print(Entry)

print("\r\nAdding a record for Harry.")
NewRecord = "'Harry', 23, False"
NewData.append(NewRecord)
for Entry in NewData:
    print(Entry)

print("\r\nRemoving Doug's record.")
Location = NewData.index("'Doug', 52, True")
Record = NewData[Location]
NewData.remove(Record)
for Entry in NewData:
    print(Entry)

print("\r\nModifying Sally's record.")
Location = NewData.index("'Sally', 47, False")
Record = NewData[Location]
Split = Record.split(",")
NewRecord = FormatData3(Split[0].replace("'", ""),
                        int(Split[1]),
                        bool(Split[2]))
NewRecord.Married = True
NewRecord.Age = 48
NewData.append(NewRecord.__str__())
NewData.remove(Record)
for Entry in NewData:
    print(Entry)

FormatData3.SaveData("ChangedFile.csv", NewData)
```

Bastante coisa acontece nesse exemplo. Primeiro, ele checa para assegurar que `Testfile.csv` está realmente presente para o processamento. É uma checagem que você sempre deve executar quando espera que um arquivo esteja presente. Nesse caso, você não está criando, mas atualizando um arquivo, então ele deve estar presente. Se o arquivo não existir, a aplicação terminará.

O próximo passo é ler os dados em `NewData`. Essa parte do processo se parece muito com o exemplo de leitura de dados fornecido anteriormente neste capítulo.

LEMBRE-SE

Você já viu um código para usar funções de listas no Capítulo 13. Este exemplo usa essas funções para executar um trabalho prático. A função `append()` adiciona um novo registro a `NewData`. No entanto, observe que os dados são adicionados como uma string, não como um objeto `FormatData`. Os dados são armazenados como strings no disco, então é isso que terá quando forem lidos de volta. Você pode adicionar o novo dado como uma string ou criar um objeto `FormatData` e usar o método `__str__()` para gerar o dado como uma string.

O próximo passo é remover um registro de `NewData`. Para tanto, primeiro deve achar o registro. Isso é fácil ao trabalhar com somente quatro registros (lembre-se de que `NewData` agora tem um registro para Harry), claro. Ao trabalhar com um grande número de registros, você deve primeiro procurar pelo registro usando a função `index()`. Essa ação fornece um número contendo a localização do registro, que você pode, então, usar para recuperá-lo. Depois que tiver o registro real, pode removê-lo usando a função `remove()`.

Modificar o registro de Sally parece assustador no início, mas, de novo, a maioria desse código lida com o armazenamento de strings no disco. Ao obter o registro de `NewData`, o que você recebe é uma string única com todos os valores. A função `split()` produz uma lista contendo as três entradas como strings que ainda não funcionarão para a aplicação. Além disso, o nome de Sally está entre aspas duplas e simples.

A forma mais simples de gerenciar o registro é criar um objeto `FormatData` e converter cada string em um formato próprio. Isso significa remover as aspas extras do nome, converter o segundo valor em um `int` e converter o terceiro valor em um `bool`. A classe `FormatData` não fornece funções de acesso, então a aplicação modifica os campos `Married` e `Age` diretamente. Usar funções de acesso (funções de obtenção, que fornecem acesso somente de leitura, e funções de definição, que fornecem acesso somente de gravação) é uma política melhor.

A aplicação então anexa o novo registro e remove o registro existente de `NewData`. Observe como o código usa `NewRecord.__str__()` para converter o novo registro de um objeto `FormatData` na string requerida.

A ação final é salvar o registro alterado. Normalmente você usaria o mesmo arquivo para salvar o dado. No entanto, o exemplo salva o dado em um arquivo diferente para permitir o exame dos dados antigos e dos novos.

CAPÍTULO 16 **Armazenando Dados em Arquivos**   335

2. **Clique em Run Cell.**

DICA

Você verá a saída como mostra a Figura 16-5. Observe que a aplicação lista os registros depois de cada alteração para que você possa ver o status de NewData. É realmente uma técnica útil para diagnosticar problemas em suas aplicações. Obviamente, é importante remover o código de exibição antes de liberar a aplicação para a produção.

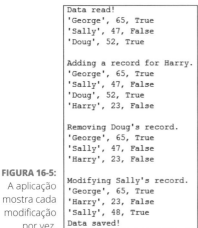

FIGURA 16-5:
A aplicação mostra cada modificação por vez.

3. **Abra o arquivo** ChangedFile.csv **usando uma aplicação apropriada.**

Você verá uma saída similar àquela mostrada na Figura 16-6. Essa saída é mostrada usando o WordPad, mas os dados não mudarão quando você usar outras aplicações. Então, mesmo que sua tela não coincida necessariamente com a da Figura 16-6, você deverá ver os mesmos dados.

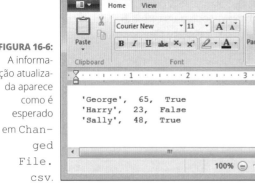

FIGURA 16-6:
A informação atualizada aparece como é esperado em ChangedFile.csv.

336 PARTE 4 **Realizando Tarefas Avançadas**

Deletando um Arquivo

A seção anterior deste capítulo, "Atualizando o Conteúdo do Arquivo", mostra como adicionar, apagar e atualizar registros em um arquivo. No entanto, em algum momento, você pode precisar apagar o arquivo. Os passos a seguir descrevem como apagar os arquivos de que você não precisa mais. Este exemplo também está no código-fonte, disponível para download, com o nome `DeleteCSV.py`.

1. **Digite o seguinte código no notebook da aplicação, teclando Enter após cada linha:**

```
import os
os.remove("ChangedFile.csv")
print("File Removed!")
```

CUIDADO

A tarefa parece simples e, nesse caso, ela é. Tudo o que você precisa fazer para remover um arquivo é chamar `os.remove()` com o nome de arquivo apropriado e o caminho (quando necessário, o Python padroniza para o diretório atual, então você não precisa especificar um caminho se o arquivo que quer remover está no diretório padrão). A facilidade com a qual pode executar essa tarefa é quase assustadora, por ser tão simples. Trabalhar com segurança é sempre uma boa ideia. Talvez você queira remover outros itens, então aqui estão outras funções que deve conhecer:

- `os.rmdir()`: Remove o diretório especificado. O diretório deve estar vazio, ou o Python mostrará uma mensagem de exceção.

- `shutil.rmtree()`: Remove o diretório especificado, todos os subdiretórios e todos os arquivos. Essa função é especialmente perigosa, pois remove tudo sem checar (o Python presume que você sabe o que está fazendo). Consequentemente, você pode facilmente perder dados ao usá-la.

2. **Clique em Run Cell.**

A aplicação mostra a mensagem `File Removed!`. Quando você olhar no diretório que originalmente continha o arquivo `ChangedFile.csv`, verá que o arquivo se foi.

PARTE 4 **Realizando Tarefas Avançadas**

NESTE CAPÍTULO

» **Definindo a série de eventos para enviar um e-mail**

» **Desenvolvendo uma aplicação de e-mail**

» **Testando a aplicação de e-mail**

Capítulo **17**

Enviando um E-mail

Este capítulo ajuda você a entender o processo de enviar e-mails usando o Python. Mais importante que isso, o capítulo, no geral, tem a intenção de ajudá-lo a entender o que acontece quando você faz comunicações fora de seu PC local. Mesmo que este capítulo aborde especificamente os e-mails, ele também contém princípios que você pode usar ao executar outras tarefas. Por exemplo, ao trabalhar com serviços externos, você frequentemente precisa criar o mesmo tipo de empacotamento que usa para criar um e-mail. Então, as informações encontradas aqui podem ajudá-lo a entender vários tipos de necessidades de comunicação.

Para facilitar o máximo possível o trabalho com o e-mail, este capítulo usa o correio padrão, como um equivalente ao e-mail no mundo real. Essa comparação é pertinente. O e-mail foi realmente modelado com base no correio do mundo real. Originalmente, o termo e-mail era usado para qualquer tipo de transmissão eletrônica de documentos, e alguns deles requeriam que o emissor e o destinatário estivessem online ao mesmo tempo. Como resultado, é possível acharmos algumas referências confusas sobre as origens e o desenvolvimento do e-mail. Este capítulo mostra o e-mail como ele é hoje — um mecanismo de armazenamento e encaminhamento para a troca de vários tipos de documentos.

CAPÍTULO 17 **Enviando um E-mail** 339

Os exemplos neste capítulo baseiam-se na disponibilidade de um servidor SMTP, do inglês Simple Mail Transfer Protocol. Se isso parece grego para você, leia o box intitulado "Considerando o Servidor SMTP", que aparece mais à frente neste capítulo. O código-fonte para os exemplos deste capítulo pode ser encontrado no arquivo `BPPD_17_Sending_an_Email.ipynb`, disponível para download, como descrito na Introdução do livro.

Entendendo o que Acontece Quando Você Envia um E-mail

O e-mail se tornou tão confiável e comum, que a maioria das pessoas não entende que milagre é esse. Na verdade, o mesmo pode ser dito sobre o serviço do correio real. Pensando bem, a probabilidade de uma carta em particular deixar uma localidade e terminar precisamente onde deveria parece impossível, e extraordinário também. No entanto, tanto o e-mail quanto seu equivalente no mundo real têm vários aspectos em comum que melhoram a probabilidade de eles realmente funcionarem como o esperado. As seções a seguir examinam o que acontece quando você escreve um e-mail, clica em Enviar e o destinatário o recebe. Você provavelmente se surpreenderá com o que descobrirá.

Vendo o e-mail como você vê uma carta

A melhor forma de ver o e-mail é como você vê uma carta. Ao escrever uma carta, você fornece, no mínimo, duas folhas de papel. A primeira contém o conteúdo da carta, a segunda é um envelope. Supondo que o serviço postal seja honesto, o conteúdo nunca é examinado por ninguém além do destinatário. O mesmo pode ser dito sobre o e-mail. Um e-mail, na verdade, consiste destes componentes:

» **Mensagem:** O conteúdo do e-mail, que é composto por duas subpartes:

- *Cabeçalho:* A parte do conteúdo do e-mail que inclui o assunto, a lista de destinatários e outros recursos, como a urgência do e-mail.

- *Corpo:* A parte do conteúdo do e-mail que contém a mensagem em si. A mensagem pode ser um texto simples, formatado como HTML, e consistir em um ou mais documentos, ou pode ser uma combinação de todos esses elementos.

» **Envelope:** Um recipiente para a mensagem. O envelope fornece informações do emissor e do destinatário, assim como o envelope do correio da vida real. No entanto, um e-mail não inclui selo.

CONSIDERANDO O PROTOCOLO DE TRANSFERÊNCIA DE CORREIO SIMPLES

Quando trabalha com e-mails, você vê muitas referências sobre SMTP. É claro, o termo parece muito técnico e o que acontece por debaixo dos panos realmente é técnico, mas tudo o que você precisa saber é que funciona. Por outro lado, entender o SMTP um pouco mais do que achar que é uma "caixa-preta" que pega um e-mail do emissor e o coloca na caixa do destinatário pode ser útil. Ao ver o termo separado (em ordem inversa), você vê estes elementos:

- **Protocolo:** Um conjunto padrão de regras. O e-mail trabalha exigindo regras com as quais todos concordam. Caso contrário, o e-mail não seria confiável.

  Transferência de correspondência: Os documentos são enviados de um lugar para outro, mais ou menos como o correio faz com a correspondência real. No caso do e-mail, o processo de transferência baseia-se em comandos curtos que sua aplicação de e-mail emite para o servidor SMTP. Por exemplo, o comando `MAIL FROM` **informa ao servidor SMTP quem está enviando o e-mail, enquanto o comando** `RCPT TO` **declara para onde enviá-lo.**

- **Simples:** Declara que essa atividade acontece com o mínimo de esforço possível. Quanto menos partes envolvidas, mais confiável se torna.

Se você olhasse as regras para transferir a informação, veria que elas são simples. Por exemplo, RFC1123 é um padrão que especifica como os hosts de internet devem trabalhar (veja mais detalhes em `http://www.faqs.org/rfcs/rfc1123.html` — todos com conteúdo em inglês neste capítulo). Essas regras são usadas por mais de uma tecnologia de internet, o que explica por que a maioria delas parece trabalhar do mesmo modo (mesmo que seus recursos e suas metas sejam diferentes).

Outro padrão, bem diferente, é o RFC2821, que descreve como o SMTP implementa especificamente as regras encontradas em RFC1123 (veja mais detalhes em `http://www.faqs.org/rfcs/rfc2821.html`). A questão é que muitas regras são escritas em um jargão que só verdadeiros geeks poderiam amar (e mesmo eles não têm certeza disso). Se você quiser uma explicação clara de como o e-mail funciona, verifique o artigo em `http://computer.howstuffworks.com/e-mail-messaging/email.htm`. A página 4 desse artigo (`http://computer.howstuffworks.com/e-mail-messaging/email3.htm`) descreve os comandos que o SMTP usa para enviar informação para lá e para cá na internet. De fato, se quiser a menor descrição possível do SMTP, a página 4 é provavelmente o local certo para olhar.

CAPÍTULO 17 **Enviando um E-mail** 341

Ao trabalhar com e-mails, você cria uma mensagem usando uma aplicação de e-mail. Como parte da configuração dessa aplicação, você também define as informações da conta. Quando clica em enviar:

1. **A aplicação de e-mail empacota sua mensagem com o cabeçalho primeiro, em um envelope que inclui as informações do emissor e do destinatário.**

2. **A aplicação de e-mail usa as informações da conta para contatar o servidor SMTP e enviar a mensagem para você.**

3. **O servidor SMTP lê somente as informações encontradas no envelope da mensagem e redireciona seu e-mail para o destinatário.**

4. **A aplicação de e-mail do destinatário entra no servidor local, pega o e-mail, então mostra somente parte da mensagem para o usuário.**

O processo é um pouco mais complexo do que essa explicação, mas é essencialmente o que acontece. De fato, é muito parecido com o processo usado ao trabalhar com cartas físicas, pois os passos essenciais são os mesmos. Com a correspondência física, a aplicação do e-mail é substituída por você em uma ponta e pelo destinatário na outra. O servidor SMTP é substituído pela agência do correio e pelos funcionários que trabalham lá (incluindo os carteiros). Não importa como alguém gera uma mensagem, a mensagem é transferida ao destinatário e este a recebe a em ambos os casos.

Definindo as partes do envelope

Existe uma diferença em como o envelope de um e-mail é configurado e como é realmente tratado. Quando você vê um envelope para um e-mail, ele parece com uma carta, que contém os endereços do emissor e do destinatário. Pode não parecer fisicamente com um envelope, mas os mesmos componentes estão lá. Quando você visualiza um envelope físico, vê algumas características, como nome do emissor, endereço, cidade, Estado e CEP. Isso também acontece com o destinatário. Esses elementos definem, em termos físicos, onde o carteiro deve entregar a carta ou retornar a carta quando ela não puder ser entregue.

No entanto, quando o servidor SMTP processa o envelope para um e-mail, ele deve olhar as especificações do endereço, que é onde a analogia do envelope físico usado para a correspondência começa a ficar um pouco diferente. Um endereço de e-mail contém informações diferentes do endereço físico. Em resumo, isso é o que o endereço de e-mail contém:

342 PARTE 4 **Realizando Tarefas Avançadas**

» **Host:** O host é semelhante à cidade e ao Estado usados em um envelope de correio físico. Um endereço de host é o endereço usado pela placa que está fisicamente conectada à internet e ela lida com todo o tráfego que a internet consome ou fornece para essa máquina em particular. Um PC pode usar recursos de internet de diversas formas, mas o endereço de host é o mesmo para todos esses usos.

» **Porta:** A porta é semelhante ao endereço de rua usado pelo envelope da correspondência física. Ela especifica que parte exata do sistema deve receber a mensagem. Por exemplo, um servidor SMTP usado para enviar mensagens normalmente baseia-se na porta 25. No entanto, o servidor Point-of-Presence (POP3), usado para receber mensagens de e-mail, normalmente se baseia na porta 110. O navegador usa tipicamente a porta 80 para se comunicar com sites. No entanto, os sites seguros (aqueles que usam https como protocolo, em vez de http) usam a porta 443. Você pode ver uma lista de portas típicas em http://en.wikipedia.org/wiki/List_of_TCP_and_UDP_port_numbers.

» **Nome de host local:** O nome de host local é a forma como as pessoas podem ler a combinação de host e porta. Por exemplo, o site http://www.myplace.com deve corresponder ao endereço 55.225.163.40:80 (em que os primeiros quatro números são endereços de host e o número depois dos dois pontos é a porta). O Python toma conta desses detalhes internamente para você, então em geral você não precisa se preocupar com eles. No entanto, é bom saber que essas informações estão disponíveis.

Agora que você tem uma ideia melhor sobre como o endereço é composto, está na hora de analisá-lo mais de perto. As próximas seções descrevem o envelope de um e-mail com termos mais precisos.

Host

O *endereço do host* é o identificador para a conexão com um servidor. Assim como um endereço em um envelope não é a localização real, o servidor real também não é o endereço do host. É simplesmente a localização do servidor.

LEMBRE-SE

A conexão usada para acessar uma combinação de endereço de host e porta é chamada de *socket*. Não é importante saber quem criou esse nome estranho, nem o porquê. O importante é você pode usar o socket para achar todos os tipos de informações úteis para entender como os e-mails funcionam. Os passos a seguir ajudam a ver os nomes e os endereços de hosts funcionando. Mais importante, você começa a entender toda a ideia de um envelope de e-mail e os endereços que ele contém.

1. **Abra um novo notebook.**

   Você também pode usar o arquivo-fonte `BPPD_17_Sending_an_Email.ipynb`, disponível para download, que contém o código da aplicação.

2. **Digite** import socket **e tecle Enter.**

   Antes que possa trabalhar com sockets, é necessário importar a biblioteca de sockets. Ela contém vários tipos confusos de atributos, então use-a com cautela. No entanto, essa biblioteca também contém algumas funções interessantes que o ajudam a ver como o endereçamento de internet funciona.

3. **Digite** print(socket.gethostbyname("localhost")) **e tecle Enter.**

   Você verá um endereço de host como saída. Nesse caso, deverá ver 127.0.0.1 como a saída, porque `localhost` é um nome de host padrão. O endereço, 127.0.0.1, está associado ao nome de host, `localhost`.

4. **Digite** print(socket.gethostbyaddr("127.0.0.1")) **e clique em Run Cell.**

   Esteja preparado para uma surpresa. Você recebe uma tupla como saída, como mostra a Figura 17-1. No entanto, em vez de receber `localhost` como o nome do host, recebe o nome de sua máquina. Você usa `localhost` como um nome comum para a máquina local, mas quando especifica o endereço, recebe o nome da máquina. Nesse caso, Main é o nome da minha máquina pessoal. O nome que verá na tela corresponderá à sua máquina

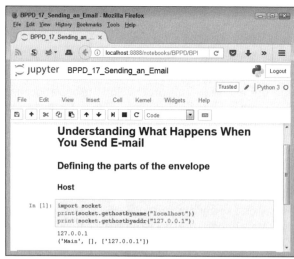

FIGURA 17-1: O endereço do host local, na realidade, corresponde à sua máquina.

5. **Digite** print(socket.gethostbyname("www.johnmuellerbooks.com")) **e clique em Run Cell.**

Você verá a saída como mostra a Figura 17-2. Esse é o endereço do meu site. A questão é que esses endereços funcionam independentemente de onde você está ou do que está fazendo — como aqueles que você coloca no envelope físico. A correspondência física usa endereços que são únicos no mundo todo, assim como a internet.

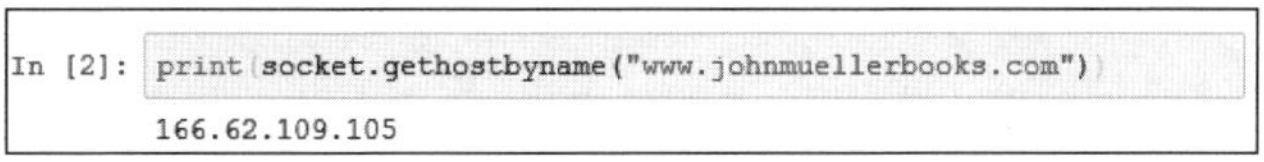

FIGURA17-2:
Os endereços que você usa para enviar e-mail são únicos na internet.

```
In [2]:   print(socket.gethostbyname("www.johnmuellerbooks.com"))
          166.62.109.105
```

Porta

Porta é uma forma de entrada específica para uma localização do servidor. O endereço de host especifica a localização, mas a porta define onde entrar. Mesmo que você não especifique uma porta toda vez que usar um endereço de host, ela está implícita. O acesso é sempre garantido usando uma combinação de endereço de host e porta. Os passos a seguir ajudam a ilustrar como as portas trabalham com os endereços de host para fornecer acesso ao servidor.

1. **Digite** import socket **e tecle Enter.**

Lembre-se de que o socket fornece o endereço de host e a informação da porta. Você usa o socket para criar a conexão que inclui ambos os itens.

2. **Digite** socket.getaddrinfo("localhost", 110) **e clique em Run Cell.**

O primeiro valor é o nome de um host sobre o qual você quer obter a informação. O segundo valor é a porta naquele host. Nesse caso, você obtém a informação sobre a porta do host local 110.

Você verá a saída como mostra a Figura 17-3. Ela consiste de duas tuplas: uma para a saída do Protocolo de Internet versão 6 (IPv6) e outra para o endereço do Protocolo de Internet versão 4 (IPv4). Cada uma dessas tuplas contém cinco entradas. Com quatro delas, você realmente não precisa se preocupar, porque quase nunca precisará usá-las. No entanto, a última entrada, ('127.0.0.1',110), mostra o endereço e a porta para a porta do host local 110.

CAPÍTULO 17 **Enviando um E-mail** 345

FIGURA17-3:
O host local
fornece os
endereços
IPv6 e IPv4.

```
        Port
In [3]:  import socket
         socket.getaddrinfo("localhost", 110)

Out[3]:  [(<AddressFamily.AF_INET6: 23>, 0, 0, '', ('::1', 110, 0, 0
         )),
          (<AddressFamily.AF_INET: 2>, 0, 0, '', ('127.0.0.1', 110))
          ]
```

3. **Digite** socket.getaddrinfo("johnmuellerbooks.com", 80) **e tecle Enter.**

A Figura 17-4 mostra a saída desse comando. Observe que essa localização da internet fornece somente um endereço IPv4, não um endereço IPv6, para a porta 80. O método `socket.getaddrinfo()` fornece um método útil para determinar como você pode acessar uma localização em particular. O uso do IPv6 tem benefícios significativos em relação ao uso do IPv4 (veja mais detalhes em `http://www.networkcomputing.com/networking/six-benefits-of-ipv6/d/d-id/1232791`), mas a maioria das localizações da internet fornece somente suporte para IPv4 agora (caso você more em uma cidade grande, provavelmente verá endereços IPv4 e IPv6.)

FIGURA17-4:
A maioria das
localizações
da internet
fornece
somente um
endereço
de IPv4s.

```
In [4]:  socket.getaddrinfo("johnmuellerbooks.com", 80)

Out[4]:  [(<AddressFamily.AF_INET: 2>, 0, 0, '', ('166.62.109.105',
         80))]
```

4. **Digite** socket.getservbyport(25) **e tecle Enter.**

Você verá a saída como mostra a Figura 17-5. O método `socket.getservbyport()` fornece meios de determinar como uma porta em particular é usada. A porta 25 é sempre dedicada ao suporte SMTP de todos os servidores. Então, quando você acessa 127.0.0.1:25, está pedindo o servidor SMTP no hoste local. Em resumo, uma porta fornece um tipo específico de acesso em várias situações.

FIGURA17-5:
Portas padronizadas
fornecem
serviços
específicos
em todos os
servidores.

```
In [5]:  socket.getservbyport(25)

Out[5]:  'smtp'
```

346   PARTE 4 **Realizando Tarefas Avançadas**

LEMBRE-SE

Algumas pessoas presumem que a informação da porta é sempre fornecida. No entanto, nem sempre é o caso. O Python fornece uma porta padrão quando você não fornece uma, mas basear-se na porta padrão não é uma boa ideia, pois você não pode ter certeza sobre qual serviço será acessado. Além disso, alguns sistemas usam atribuições de portas não padrões como um recurso de segurança. Sempre tenha o hábito de usar o número da porta e garantir o número certo para a tarefa em mãos.

Nome de host local

O *nome de host* é simplesmente uma forma de leitura humana dos endereços de host. As pessoas realmente não entendem 127.0.0.1 muito bem (e os endereços IPv6 fazem menos sentido ainda). No entanto, entendem bem o host local. Há um servidor e uma configuração especiais para traduzir os nomes de host lidos por seres humanos em endereços de host, mas você realmente não precisa se preocupar com isso neste livro (nem na programação em geral). No entanto, quando sua aplicação repentinamente trava sem uma razão aparente, é de grande ajuda saber que existe.

A seção "Host", neste capítulo, apresenta o nome de host até certo ponto usando o método `socket.gethostbyaddr()`, pelo qual um endereço é traduzido em um nome de host. Você viu o processo ao inverso usando o método `socket.gethostbyname()`. Os passos a seguir o ajudam a entender algumas nuances sobre o trabalho com o nome de host:

1. **Digite** import socket **e tecle Enter.**
2. **Digite** socket.gethostname() **e clique em Run Cell.**

   Você verá o nome do sistema local, como na Figura 17-6. O nome do seu sistema provavelmente será diferente do meu, então sua saída será diferente da mostrada na figura, mas a ideia é a mesma, não importa o sistema usado.

FIGURA 17-6: Algumas vezes você precisa saber o nome do sistema local.

```
In [6]: import socket
        socket.gethostname()
Out[6]: 'Main'
```

3. **Digite** socket.gethostbyname(socket.gethostname()) **e clique em Run Cell.**

   Você verá o endereço IP do sistema local, como mostra a Figura 17-7. Novamente, sua configuração provavelmente é diferente da minha, então verá uma saída diferente. É um método que você pode usar em suas aplicações para determinar o endereço do emissor quando necessário. Devido a ele não se basear em nenhum valor predefinido, o método funciona em qualquer sistema.

FIGURA 17-7:
Evite usar valores predefinidos para o sistema local sempre que possível.

```
In [7]: socket.gethostbyname(socket.gethostname())
Out[7]: '192.168.0.101'
```

Definindo as partes da carta

O "envelope" para um endereço de e-mail é o que o servidor SMTP usa para rotear o e-mail. No entanto, o envelope não tem nenhum conteúdo — esse é o propósito da carta. Muitos desenvolvedores se confundem com os dois elementos, porque a carta também contém informações do emissor e do destinatário. Isso aparece na carta como a informação de endereço em uma carta comercial, para o benefício de quem vê. Quando você envia uma carta comercial, a pessoa que faz a distribuição postal não abre o envelope para ver a informação do endereço. Somente a informação do envelope importa.

PAPO DE ESPECIALISTA

Devido à informação na carta do e-mail ser separada da informação no envelope, pessoas maldosas podem forjar endereços de e-mail. O envelope contém potencialmente informações legítimas do emissor, mas pode ser que a carta não (quando você vê o e-mail em sua aplicação de e-mail, tudo que observa é a carta, não o envelope; o envelope foi retirado pela aplicação de e-mail). Por esse motivo, nem a informação do emissor nem a do destinatário podem estar corretas na carta que você vê na tela de seu leitor de e-mail.

A parte da carta de um e-mail é, na verdade, feita para separar os componentes, como o envelope. Eis um resumo dos três componentes:

- **»** **Emissor:** A informação do emissor informa quem enviou a mensagem. Contém só o endereço de e-mail do emissor.

- **»** **Destinatário:** A informação do destinatário informa quem receberá a mensagem. Na verdade, é a lista de endereços de e-mail de destinatários. Mesmo que queira enviar a mensagem para uma única pessoa, você deve fornecer o endereço de e-mail em uma lista.

- **»** **Mensagem:** Contém a informação que você quer que o destinatário veja. Essa informação pode incluir o seguinte:

  - **From (De):** A forma humana de leitura do emissor.

  - **To (Para):** A forma humana de leitura dos destinatários.

  - **CC:** Destinatários visíveis que também receberão a mensagem, mesmo que não sejam os principais destinatários da mensagem.

  - **Subject (Assunto):** O propósito da mensagem.

  - **Documents (Documentos):** Um ou mais documentos, incluindo a mensagem de texto que aparece com o e-mail.

Os e-mails podem realmente se tornar um pouco complexos e longos. Dependendo do tipo de e-mail que é encaminhado, uma mensagem pode incluir vários tipos de informações adicionais. No entanto, a maioria contém esses simples componentes, e essa é toda a informação de que você precisa para enviar um e-mail a partir de sua aplicação. As seções a seguir descrevem em mais detalhes o processo usado para gerar uma carta e seus componentes.

Definindo a mensagem

Enviar um envelope vazio para alguém funcionará, mas não é muito empolgante. Para fazer sua mensagem de e-mail valer a pena, você precisa definir uma mensagem. O Python suporta vários métodos de criação de mensagens. No entanto, a forma mais fácil e confiável de criar uma mensagem é usando a funcionalidade MIME (Multipurpose Internet Mail Extensions), que o Python fornece (e não, MIME não tem nada a ver com mimar alguém).

Como em vários recursos de e-mail, o MIME é padronizado, portanto funciona da mesma forma, independentemente da plataforma usada. Também existem numerosas formas de MIME que são todas partes do módulo `email.mime` descrito em `https://docs.python.org/3/library/email.mime.html`. Veja as formas que você precisa considerar mais frequentemente ao trabalhar com e-mails:

CAPÍTULO 17 **Enviando um E-mail** 349

- » **MIMEApplication:** Fornece um método para enviar e receber entradas e saídas da aplicação.
- » **MIMEAudio:** Contém um arquivo de áudio.
- » **MIMEImage:** Contém um arquivo de imagem.
- » **MIMEMultipart:** Permite que uma única mensagem contenha múltiplas subpartes, como a inclusão de texto e gráficos em uma única mensagem.
- » **MIMEText:** Contém dados de texto que podem ser ASCII, HTML, ou outro formato padronizado

Apesar de você poder criar qualquer tipo de mensagem de e-mail com o Python, o tipo mais fácil de criar é uma com texto puro. A falta de formatação no conteúdo permite que você se concentre na técnica usada para criar a mensagem, em vez do conteúdo dela. Os passos a seguir ajudam a entender como o processo de criação da mensagem funciona, mas você não enviará realmente a mensagem para nenhum lugar.

1. **Digite o seguinte código (teclando Enter após cada linha):**

```
from email.mime.text import MIMEText
msg = MIMEText("Hello There")
msg['Subject'] = "A Test Message"
msg['From']='John Mueller <John@JohnMuellerBooks.com>'
msg['To'] = 'John Mueller <John@JohnMuellerBooks.com>'
```

LEMBRE-SE

É uma mensagem básica de texto simples. Antes que possa fazer qualquer coisa, é necessário importar a classe requerida, que é `MIMEText`. Se estivesse criando algum outro tipo de mensagem, você precisaria importar outras classes ou importar o módulo `email.mime` inteiro.

O construtor `MIMEText()` requer uma mensagem de texto como entrada. Esse é o corpo da mensagem, então ele pode ser um pouco extenso. Neste exemplo, a mensagem é relativamente curta — somente uma saudação.

Nesse ponto, você atribui valores aos atributos padrões. O exemplo mostra os três atributos comuns que você sempre define: `Subject`, `From` e `To`. Os dois campos de endereço, `From` e `To`, contêm o nome legível para humanos e o endereço de e-mail. Tudo o que você tem que incluir é o endereço de e-mail.

2. **Digite msg.as_string() e clique em Run Cell.**

Você verá a saída como mostra a Figura 17-8. É assim que a mensagem realmente fica. Se você alguma vez já olhou internamente as mensagens produzidas por sua aplicação, o texto provavelmente será familiar.

O `Content-Type` reflete o tipo de mensagem que você criou, que é a mensagem de texto simples. O `charset` mostra que tipos de caracteres são usados na mensagem, para que o destinatário saiba como lidar com eles. O `MIME-Version` especifica a versão do MIME usada para criar a mensagem, para que o destinatário saiba se pode manipular o conteúdo. Finalmente, o `Content-Transfer-Encoding` determina como a mensagem é convertida em um fluxo bits antes de ser enviada ao destinatário.

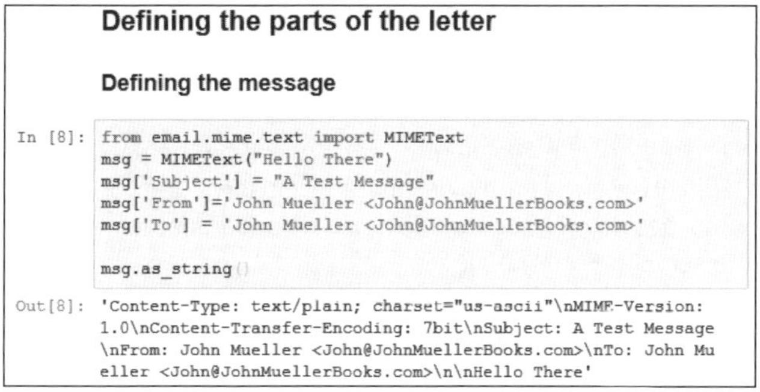

FIGURA17-8: O Python adiciona algumas informações extras necessárias para a mensagem funcionar.

Defining the parts of the letter

Defining the message

```
In [8]:  from email.mime.text import MIMEText
         msg = MIMEText("Hello There")
         msg['Subject'] = "A Test Message"
         msg['From']='John Mueller <John@JohnMuellerBooks.com>'
         msg['To'] = 'John Mueller <John@JohnMuellerBooks.com>'

         msg.as_string()

Out[8]:  'Content-Type: text/plain; charset="us-ascii"\nMIME-Version:
         1.0\nContent-Transfer-Encoding: 7bit\nSubject: A Test Message
         \nFrom: John Mueller <John@JohnMuellerBooks.com>\nTo: John Mu
         eller <John@JohnMuellerBooks.com>\n\nHello There'
```

Especificando a transmissão

Uma seção anterior ("Definindo as partes do envelope") descreve como o envelope é usado para transferir a mensagem de uma localização para outra. O processo de envio da mensagem requer a definição do método de transmissão. O Python, na verdade, cria o envelope e executa a transmissão, mas você deve ainda definir as particularidades dessa transmissão. Os passos a seguir ajudam a entender a abordagem mais simples para transmitir a mensagem usando o Python. Esses passos não resultarão em transmissões bem-sucedidas, a menos que você as modifique para coincidirem com sua configuração. Leia a seção "Considerando o servidor SMTP" para ter informações adicionais.

1. **Digite o seguinte código (teclando Enter após cada linha e Enter duas vezes após a última linha):**

```
import smtplib
s = smtplib.SMTP('localhost')
```

O módulo `smtplib` contém tudo o que é necessário para criar o envelope da mensagem e enviá-la. O primeiro passo nesse processo é criar uma conexão com o servidor SMTP, que você nomeia como uma string no construtor. Se o servidor SMTP fornecido não existir, a aplicação falhará nesse ponto, informando que o host recusou ativamente a conexão.

CAPÍTULO 17 **Enviando um E-mail** 351

2. Digite s.sendmail('EndereçoEmissor', ['EndereçoDestinatário'], msg. as_string()) **e clique em Run Cell.**

CUIDADO

Para esse passo funcionar, você deve substituir EndereçoEmissor e EndereçoDestinatário por endereços reais. Não inclua a forma legível para humanos dessa vez — o servidor requer somente um endereço. Caso não inclua um endereço real, certamente verá uma mensagem de erro ao clicar em Run Cell. Talvez veja um erro também caso seu servidor de e-mail esteja temporariamente offline, se houver uma falha na conexão ou se qualquer outra coisa estranha acontecer. Estando seguro de que digitou tudo corretamente, tente enviar a mensagem uma segunda vez antes de entrar em pânico. Veja o box "Considerando o servidor SMTP" para obter detalhes adicionais.

É o passo que realmente cria o envelope, empacota a mensagem de e-mail e a envia para o destinatário. Observe que você especifica as informações do emissor e do destinatário separadamente da mensagem, que o servidor SMTP não lê.

Considerando os subtipos da mensagem

A seção "Definindo a mensagem", deste capítulo, descreve os principais tipos de mensagens de e-mail, como aplicação e texto. No entanto, se o e-mail tivesse que se basear somente nesses tipos, transmitir mensagens coerentes para qualquer um seria difícil. O problema é que o tipo de informação não está explícito o suficiente. Se você envia uma mensagem de texto para alguém, é necessário saber que tipo de texto é antes de poder processá-la, e adivinhar não é uma boa ideia. Uma mensagem de texto pode ser formatada como texto simples ou pode, na verdade, ser uma página HTML. Você não saberia somente vendo o tipo, então as mensagens necessitam de um subtipo. O tipo é o texto e o subtipo é o html quando você envia uma página HTML para alguém. O tipo e o subtipo são separados por uma barra, então você veria texto/html se olhasse a mensagem.

LEMBRE-SE

Teoricamente, o número de subtipos é ilimitado, desde que a plataforma tenha um manipulador definido para tal subtipo. No entanto, a realidade é que todos precisam concordar com os subtipos ou não existirá um manipulador (a não ser que você esteja falando sobre uma customização de aplicação na qual as duas partes concordaram em customizar o subtipo com antecedência). Com isso em mente, você pode achar uma listagem de tipos e subtipos padrões em http://www.freeformatter.com/mime--types-list.html. O legal da tabela desse site é que ela fornece uma extensão de arquivo comum associada ao subtipo e uma referência para obter informações adicionais.

Criando a Mensagem de E-mail

Até agora, você viu como o envelope e a mensagem funcionam. Agora está na hora de juntá-los e ver o que acontece. A seção a seguir mostra como criar duas mensagens. A primeira é de texto simples e a segunda usa a formatação HTML. As duas mensagens devem funcionar bem na maioria de leitores de e-mail — nada de complicado.

Trabalhando com uma mensagem detexto

Mensagens de texto representam o método mais eficiente e com menos recursos de enviar comunicações. No entanto, elas também transmitem a menor quantidade de informações. Sim, você pode usar emoticons para auxiliar a comunicação, porém a falta de formatação pode se tornar um problema em algumas situações. Os passos a seguir descrevem como criar uma simples mensagem de texto usando o Python.

1. **Digite o seguinte código na janela, teclando Enter após cada linha:**

   ```
   from email.mime.text import MIMEText
   import smtplib
   msg = MIMEText("Hello There!")
   msg['Subject'] = 'A Test Message'
   msg['From']='SenderAddress'
   msg['To'] = 'RecipientAddress'
   s = smtplib.SMTP('localhost')
   s.sendmail('SenderAddress',
              ['RecipientAddress'],
              msg.as_string())
   print("Message Sent!")
   ```

   Esse exemplo é uma combinação de tudo o que você viu até agora neste capítulo. No entanto, é a primeira vez que viu tudo agrupado. Observe que você primeiro cria a mensagem e depois o envelope (como faria na vida real).

CUIDADO

   O exemplo apresentará um erro se você não substituir EndereçoEmissor e EndereçoDestinatário por endereços reais. Essas entradas servem apenas como espaços reservados. Assim como no exemplo da seção anterior, talvez você encontre erros caso ocorram outras situações, então tente enviar a mensagem pelo menos duas vezes se vir um erro logo de cara. Veja o box "Considerando o servidor SMTP" para obter detalhes adicionais.

2. **Clique em Run Cell.**

   A aplicação informa que enviou a mensagem para o destinatário.

CAPÍTULO 17 **Enviando um E-mail**   353

CONSIDERANDO O SERVIDOR SMTP

Se você experimentou o exemplo neste capítulo sem modificá-lo, agora provavelmente está coçando a cabeça tentando descobrir o que aconteceu de errado. É pouco provável que seu sistema tenha um servidor SMTP conectado ao host local. O motivo para os exemplos usarem esse host é fornecer um espaço reservado para substituir as informações de sua configuração em particular posteriormente.

Para ver se o exemplo realmente funcionou, você precisa de um servidor SMTP também, assim como de uma conta de e-mail real. É claro que você poderia instalar todos os softwares necessários para criar tal ambiente em seu próprio sistema, e alguns desenvolvedores que trabalham extensivamente com aplicações de e-mail fazem isso. A maioria das plataformas vem com um pacote de e-mail que você pode instalar ou pode usar gratuitamente um substituto disponível, como Sendmail, um produto de código-fonte aberto disponível para download em `https://www.sendmail.com/sm/open_source/download/`. A forma mais fácil de ver o exemplo funcionar é usar o mesmo servidor SMTP de sua aplicação de e-mail. Ao configurar sua aplicação de e-mail, você pediu que ela detectasse o servidor SMTP ou você mesmo forneceu o servidor SMTP. Os parâmetros de configuração para sua aplicação de e-mail devem conter a informação necessária. A localização exata dessa informação varia muito entre as aplicações de e-mail, então é preciso olhar a documentação de seu produto em particular.

Não importa o tipo de servidor SMTP que encontre, você precisa ter uma conta nele para usar as funcionalidades fornecidas. Substitua as informações nos exemplos pelas de seu servidor SMTP, como smtp.myisp.com, junto com seu endereço de e-mail para o emissor e o destinatário. Caso contrário, o exemplo não funcionará.

Trabalhando com uma mensagem HTML

Uma mensagem HTML é basicamente uma mensagem de texto com uma formatação especial. Os passos a seguir mostram como criar um e-mail HTML para enviar.

1. **Digite o seguinte código na janela, teclando Enter após cada linha:**

   ```
   from email.mime.text import MIMEText
   import smtplib
   msg = MIMEText(
       "<h1>A Heading</h1><p>Hello There!</p>","html")
   msg['Subject'] = 'A Test HTML Message'
   msg['From']='SenderAddress'
   msg['To'] = 'RecipientAddress'
   s = smtplib.SMTP('localhost')
   s.sendmail('SenderAddress',
              ['RecipientAddress'],
              msg.as_string())
   print("Message Sent!")
   ```

   Este exemplo segue a mesma linha do exemplo da mensagem de texto na seção anterior. No entanto, observe que a mensagem agora contém marcações HTML. Você cria um corpo HTML, não uma página inteira. Essa mensagem terá um cabeçalho H1 e um parágrafo.

LEMBRE-SE

   A parte mais importante desse exemplo é o texto que vem depois da mensagem. O argumento "html" troca o subtipo de text/plain para text/html, então o destinatário sabe que deverá tratar a mensagem como uma mensagem com conteúdo HTML. Se você não fizer essa troca, o destinatário não verá a saída HTML.

2. **Clique em Run Cell.**

   A aplicação lhe informa que enviou a mensagem para o destinatário.

Vendo a Saída do E-mail

Nesse ponto, você tem de uma a três mensagens geradas pela aplicação (dependendo de como seguiu o capítulo) esperando em sua caixa de mensagens. Para ver as mensagens que criou nas seções anteriores, sua aplicação de e-mail deve receber as mensagens do servidor — assim como seria com qualquer e-mail. A Figura 17-9 mostra um exemplo da versão HTML da mensagem quando vista na saída (sua mensagem provavelmente parecerá diferente dependendo da sua plataforma e da aplicação de e-mail).

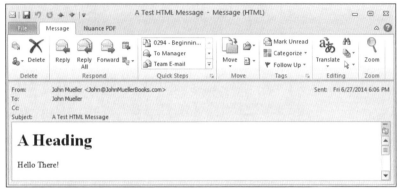

FIGURA 17-9: A saída HTML contém um cabeçalho e um parágrafo, como é esperado.

Se sua aplicação oferecer o recurso de ver a fonte da mensagem, você descobrirá que a mensagem, de fato, contém as informações vistas anteriormente no capítulo. Nada é alterado ou diferente disso, porque, depois que sai da aplicação, a mensagem não é alterada de nenhuma forma durante seu caminho.

LEMBRE-SE

O motivo para criar sua própria aplicação de e-mail não é conveniência; usar uma aplicação pronta atende muito melhor a essa necessidade. A razão é a flexibilidade. Como pode ver neste curto capítulo sobre o assunto, você controla cada aspecto da mensagem quando cria sua própria aplicação. O Python esconde muitos detalhes, então você realmente precisa se preocupar com o básico da criação e da transmissão da mensagem usando os argumentos corretos.

A Parte
dos Dez

NESTA PARTE...

Continue sua experiência de aprendizado sobre Python.

Ganhe seu sustento usando Python.

Use ferramentas para facilitar o trabalho com Python.

Aprimore o Python usando bibliotecas.

NESTE CAPÍTULO

» Obtendo melhores informações sobre o Python

» Criando aplicações online usando o Python

» Estendendo o ambiente de programação do Python

» Melhorando o desempenho da aplicação e do desenvolvedor

Capítulo **18**
Dez Recursos Incríveis de Programação

Este livro é um grande início para sua experiência em programação Python, porém você precisará de recursos adicionais em algum momento. Este capítulo fornece dez incríveis recursos de programação que você pode usar para melhorar sua experiência em desenvolvimento. Ao usá-los, poupará tempo e energia para criar sua próxima aplicação deslumbrante de Python.

LEMBRE-SE

É claro que este capítulo é só o começo de sua experiência com os recursos do Python. Literalmente, há milhares de documentações Python disponíveis por aí, com montanhas de código. Deve ser possível escrever um livro inteiro (ou dois) apenas sobre bibliotecas do Python. Este capítulo é destinado a oferecer ideias de onde procurar por informações adicionais voltadas para atender suas necessidades específicas. Não deixe que esta leitura seja o final de suas pesquisas — em vez disso, considere este capítulo como sendo o início delas.

CAPÍTULO 18 **Dez Recursos Incríveis de Programação** 359

Trabalhando com a Documentação Online do Python

Uma parte essencial do trabalho com o Python é saber o que está disponível na linguagem base e como estendê-la para executar outras tarefas. A documentação do Python, em `https://docs.python.org/3/` (criada para a versão 3.6.x do produto no momento desta escrita; talvez esteja atualizada quando você ler este capítulo — todos os endereços com conteúdo em inglês neste capítulo), contém muito mais que somente uma referência da linguagem que você recebe como parte de um download. De fato, você vê estes tópicos discutidos como parte da documentação:

» Novos recursos na versão atual da linguagem.

» Acesso a um tutorial completo.

» Referência completa da biblioteca.

» Referência completa da linguagem.

» Como instalar e configurar o Python.

» Como executar tarefas específicas no Python.

» Auxílio na instalação de módulos Python de outras fontes (como uma forma de extensão do Python).

» Auxílio ao instalar os módulos Python que você criou para que outras pessoas possam usá-los.

» Como estender o Python usando C/C++ e incorporar os novos recursos criados.

» Referência completa para desenvolvedores C/C++ que querem estender suas aplicações usando o Python.

» Páginas de Perguntas Frequentes (FAQ).

LEMBRE-SE

Todas essas informações estão fornecidas de forma que seja fácil de acessar e usar. Além da abordagem usual de sumário para encontrar informações, você tem acesso a vários índices. Por exemplo, se não estiver interessado em nada além de localizar um módulo, classe ou método em particular, pode usar o Global Module Index.

O site https://docs.python.org/3/ é também o lugar onde você informa problemas com o Python (a URL específica é https://docs.python.org/3/bugs.html). É importante conseguir resolver problemas que você esteja tendo com o produto, mas como qualquer outra linguagem, o Python tem bugs. Localizar e destruir os bugs tornará o Python uma linguagem melhor.

DICA

Há certa flexibilidade ao usar a documentação online. As listas de opções estão à esquerda superior da página de documentação. A primeira permite escolher o idioma (inglês, francês ou japonês, no momento da escrita deste capítulo). A segunda dá acesso a documentação para versões anteriores do Python, incluindo a 2.7.

Usando o Tutorial LearnPython.org

Muitos tutoriais estão disponíveis para o Python, e muitos deles fazem um ótimo trabalho, mas todos carecem de um recurso especial que você encontrará quando usar o tutorial interativo LearnPython.org em http://www.learnpython.org/: interatividade. Em vez de somente ler sobre um recurso do Python, você lê e experimenta por si mesmo, usando o recurso interativo do site.

Acredito que você já trabalhou com todo o material dos tutoriais simples neste livro. No entanto, ainda não trabalhou com os tutoriais avançados. Eles apresentam os seguintes tópicos:

» **Geradores:** Funções especializadas que retornam iteradores.

» **Extensões de listas:** Um método para gerar novas listas baseadas em listas existentes.

» **Argumentos de múltipla função:** Uma extensão dos métodos descritos em "Usando métodos com listas de argumentos variáveis", no Capítulo 15.

» **Expressões regulares:** Configurações de caracteres especiais usadas para detectar padrões de caracteres, como números de telefone.

» **Manipulação de exceção:** Uma extensão dos métodos descritos no Capítulo 10.

» **Conjuntos:** Demonstra um tipo especial de lista que nunca contém entradas duplicadas.

» **Serialização:** Mostra como usar um método de armazenamento de dados chamado JavaScript Object Notation (JSON).

» **Funções parciais:** Uma técnica para criar versões especializadas de funções simples que derivam de funções mais complexas. Por exemplo, se você tiver uma função `multiply()` que requer dois argumentos, uma função parcial chamada `double()` pode exigir somente um argumento que é sempre múltiplo de 2.

» **Introspecção de código:** Fornece a habilidade de examinar classes, funções e palavras-chave para determinar seus propósitos e suas capacidades.

» **Decorador:** Um método para fazer modificações simples em objetos que podem ser chamados.

Fazendo Programação Web com Python

Este livro discute os prós e os contras da programação básica, portanto se baseia nas aplicações desktop devido à sua simplicidade. No entanto, muitos desenvolvedores se especializam em criar aplicações online de vários tipos usando o Python. O site da Programação Web no Python, em `https://wiki.python.org/moin/WebProgramming`, ajuda a fazer a transição do desenvolvimento em desktop para o online. Ele não fala apenas sobre um tipo de aplicação online, mas sobre praticamente todas (um livro inteiro livre para perguntas). Os tutoriais são divididos nestas três principais áreas (e muitas menores):

» Servidor

- Desenvolver frameworks de servidor para aplicações.

- Criar um script Common Gateway Interface (CGI).

- Fornecer aplicações do servidor.

- Desenvolver Content Management Systems (CMS).

- Projetar métodos de acesso a dados através de soluções de serviços web.

» Cliente

- Interagir com navegadores e tecnologias baseadas em navegadores.

- Criar clientes baseados em navegadores.

- Acessar dados através de várias metodologias, incluindo serviços web.

» Relacionados

- Criar soluções comuns para a computação online baseada no Python.
- Interagir com Sistemas de Gerenciamento de Banco de Dados (SGBD).
- Projetar modelos de aplicação.
- Construir soluções de intranet.

Obtendo Bibliotecas Adicionais

O site Pythonware (`http://www.pythonware.com/`) não parece tão interessante até você começar a clicar nos links. Ele fornece acesso a várias bibliotecas de terceiros que ajudam a executar tarefas adicionais usando Python. Apesar de todos os links fornecerem recursos úteis, o link "Downloads (`downloads.effbot.org`)" é o que você deve olhar primeiro. Esse site de download fornece acesso a:

» **aggdraw:** Uma biblioteca que auxilia na criação de desenhos sem serrilhados.

» **celementtree:** Um complemento para a biblioteca elementtree que deixa o trabalho com dados XML mais eficiente e rápido.

» **console:** Uma interface para Windows que possibilita a criação de melhores aplicações de console.

» **effbot:** Uma coleção de complementos e utilidades, incluindo o leitor EffNews RSS.

» **elementsoap:** Uma biblioteca que o ajuda a criar conexões SOAP (Protocolo de Acesso Simples a Objeto) para serviços de provedores Web.

» **elementtidy:** Um complemento para a biblioteca elementtree que auxilia na criação de exibições de árvores XML mais apresentáveis e funcionais que o padrão do Python.

» **elementtree:** Uma biblioteca que auxilia a interagir com os dados XML com mais eficiência do que a biblioteca padrão do Python.

» **exemaker:** Um utilitário que cria um programa executável a partir do seu script do Python para poder executar o script como você faria em qualquer outra aplicação em sua máquina.

» **ftpparse:** Uma biblioteca para trabalhar com sites FTP.

» **grabscreen:** Uma biblioteca para executar capturas de telas.

CAPÍTULO 18 **Dez Recursos Incríveis de Programação** 363

» **imaging:** Fornece a distribuição-fonte para a PIL (Biblioteca de Imagens do Python) que permite adicionar capacidades de processamento de imagem ao interpretador Python. Ter a fonte permite customizar a PIL para atender a necessidades específicas.

» **pil:** Instaladores binários para a PIL, que facilitam a obtenção de uma boa instalação para seu sistema (também existem outras bibliotecas baseadas em PIL, como a pilfont — uma biblioteca para adicionar funcionalidades avançadas de fonte a uma aplicação baseada em PIL).

» **pythondoc:** Um utilitário para criar documentação a partir de comentários em seu código Python, que é bastante semelhante ao JavaDoc.

» **squeeze:** Um utilitário para converter sua aplicação Python contida em múltiplos arquivos em um ou dois arquivos de distribuição que serão executados normalmente com o interpretador Python.

» **tkinter3000:** Uma biblioteca de construção de widgets para o Python que inclui vários subprodutos. *Widgets* são essencialmente partes de código que criam controles, como botões, para serem usados em aplicações GUI. Existem vários complementos para a biblioteca tkinter3000, como o wckgraph, que o ajuda a adicionar suporte gráfico a uma aplicação.

Criando Aplicações Mais Rapidamente Usando um IDE

Um IDE (Ambiente de Desenvolvimento Interativo) ajuda a criar aplicações em linguagens específicas. O editor IDLE (Ambiente de Desenvolvimento Integrado), que vem com o Python, funcionou bem para as necessidades deste livro, mas você pode achá-lo limitado depois de um tempo. Por exemplo, ele não fornece a funcionalidade de depuração avançada que muitos desenvolvedores preferem. Além disso, você pode querer criar aplicações gráficas, o que é difícil usando o IDLE.

As limitações do IDLE são o motivo para que esta edição do livro use o Jupyter Notebook, em vez do IDLE, usado na primeira edição. No entanto, talvez o Jupyter não atenda suas necessidades também. Você pode falar com 50 desenvolvedores e não entrar em um consenso sobre a melhor ferramenta para qualquer trabalho, especialmente ao discutir sobre IDEs. Cada desenvolvedor tem um produto favorito e não é facilmente influenciado para experimentar outro. Eles investem muitas horas aprendendo um IDE particular e estendendo-o para atender a requisitos específicos (quando o IDE permite tal manipulação).

LEMBRE-SE

Uma inabilidade (às vezes) de trocar IDEs depois é a razão da importância de você tentar vários IDEs diferentes antes de se decidir por um (a razão mais comum para não querer trocar um IDE depois que selecionou um é que os tipos de projetos são incompatíveis, o que pode significar que terá de recriá-los cada vez que trocar de editor, mas existem muitas outras razões que você pode encontrar listadas online). O wiki PythonEditors disponível em `https://wiki.python.org/moin/PythonEditors` fornece uma lista extensa de IDEs que você pode tentar. A tabela mostra particularidades sobre cada editor para que possa eliminar algumas opções logo de início.

Checando Sua Sintaxe com Maior Facilidade

O editor IDLE fornece certo nível de realce da sintaxe, o que é útil para encontrar erros. Por exemplo, se você digita errado uma palavra-chave, ele não troca a cor para a cor usada para palavras-chave em seu sistema. Ver que não houve a troca possibilita corrigir o erro imediatamente, em vez de rodar a aplicação e achar o erro depois que algo deu errado (às vezes, após horas de depuração).

O Jupyter Notebook fornece o realce da sintaxe também, com uma verificação de erros avançada não encontrada em um IDE padrão. No entanto, alguns desenvolvedores também o consideram incompleto, porque, de fato, é necessário executar a célula para ver as informações de erro. Alguns preferem a verificação interativa da sintaxe, em que o IDE marca o erro imediatamente, ainda antes de o desenvolvedor terminar a linha errada de código.

O utilitário python.vim (`http://www.vim.org/scripts/script.php?script_id=790`) fornece um realce avançado da sintaxe, o que faz com que encontrar erros em seu script de Python seja ainda mais fácil. Esse utilitário roda como um script, o que o torna rápido e eficiente para ser usado em qualquer plataforma. Além disso, você pode aperfeiçoar o código-fonte quando necessário para atender a necessidades particulares.

Usando o XML a Seu Favor

A eXtensible Markup Language (XML) é atualmente usada para todo armazenamento de dados na maioria das aplicações de qualquer tipo. Você provavelmente tem vários arquivos XML em seu sistema e nem os conhece, porque os dados XML aparecem em várias extensões de arquivo. Por exemplo, muitos arquivos `.config`, usados para armazenar as configurações da aplicação, baseiam-se em XML. Resumindo, não é uma questão de se você encontrará o XML quando escrever aplicações Python, mas de quando.

USANDO W3SCHOOLS A SEU FAVOR

Um dos recursos mais usados para aprender tecnologias da computação online é o W3Schools. Você pode encontrar a página principal em http://www.w3schools.com/. Esse recurso único pode ajudar você a descobrir cada tecnologia web necessária para construir todo tipo de aplicação moderna que possa imaginar. Os tópicos incluem:

- HTML
- CSS
- JavaScript
- SQL
- JQuery
- PHP
- XML
- ASP.NET

No entanto, você deve perceber que é só um ponto inicial para os desenvolvedores Python. Use o material do W3Schools para ter uma boa noção da tecnologia estrutural, então, use recursos específicos do Python para desenvolver suas habilidades. A maioria dos desenvolvedores Python precisa de uma combinação de materiais de aprendizagem para desenvolver as técnicas necessárias para fazer uma diferença real na codificação de aplicações.

O XML tem várias vantagens sobre outros meios de armazenamento de dados. Por exemplo, ele é independente da plataforma. Você pode usá-lo em qualquer sistema e o mesmo arquivo é legível em qualquer outro, desde que aquele sistema conheça o formato do arquivo. A independência de plataforma do XML é o motivo de ele aparecer em tantas outras tecnologias, como em serviços web. Além disso, o XML é relativamente fácil de aprender e como é texto, você geralmente pode resolver os problemas sem muita dificuldade.

LEMBRE-SE

É importante aprender sobre o XML em si, e você pode fazê-lo usando um tutorial fácil, como o disponível no site do W3Schools, em http://www.w3schools.com/xml/default.ASP. Alguns desenvolvedores correm na frente e depois descobrem que não conseguem entender os materiais específicos do Python, que presumem que eles já saibam escrever arquivos XML básicos. O site W3Schools é bom, pois divide o processo de aprendizagem em capítulos para que você possa trabalhar com o XML um pouco de cada vez, desta forma:

- » Fazer um tutorial básico de XML.
- » Validar seus arquivos XML.
- » Usar XML com JavaScript (que pode não parecer importante, mas o JavaScript é notável em muitos cenários de aplicações online).
- » Obter uma visão geral das tecnologias relacionadas ao XML.
- » Usar técnicas avançadas de XML.
- » Trabalhar com exemplos XML que facilitam vê-lo funcionando.

Após aprender os fundamentos, você precisa de um recurso que mostre como usar o XML com o Python. Um dos melhores lugares para achar essa informação é o site Tutorials on XML Processing with Python em `https://wiki.python.org/moin/Tutorials%20on%20XML%20processing%20with%20Python`. Com esses dois recursos, é possível aprender rapidamente sobre o XML que lhe permitirá desenvolver aplicações Python que usam XML.

Superando Erros Comuns de Principiantes do Python

Absolutamente todo mundo comete erros de codificação, mesmo aquele colega esnobe que esteve programando nos últimos 30 anos (ele começou no jardim de infância). Ninguém gosta de cometer erros e algumas pessoas não gostam de assumi-los, mas todos cometem. Então você não deve se sentir muito mal quando cometer um. Simplesmente conserte-o, e bola pra frente.

LEMBRE-SE

É claro que existe uma diferença entre cometer um erro e cometer um erro comum e evitável. Sim, até os profissionais algumas vezes cometem erros comuns, mas é menos provável, porque eles já viram o erro no passado e já treinaram para evitá-lo. Você pode ganhar vantagem sobre a concorrência evitando erros de novatos com os quais todos têm de aprender a lidar algum dia. Para evitá-los, confira esta série de duas partes:

- » Python: Erros Comuns de Principiantes, Parte 1 (`http://blog.amir.rachum.com/blog/2013/07/06/python-common-newbie-mistakes-part-1/`).
- » Python: Erros Comuns de Principiantes, Parte 2 (`http://blog.amir.rachum.com/blog/2013/07/09/python-common-newbie-mistakes-part-2/`).

Muitos outros recursos estão disponíveis para pessoas que estão começando com o Python, mas esses em particular são sucintos e fáceis de entender. Você pode lê-los em um relativamente curto espaço de tempo, fazendo algumas anotações para usar depois e evitar aqueles erros embaraçosos dos quais todos tendem a lembrar.

Entendendo o Unicode

Mesmo que este livro tente evitar o espinhoso tópico do Unicode, você irá encontrá-lo cedo ou tarde quando começar a escrever aplicações para valer. Infelizmente, Unicode é um dos tópicos que teve um comitê decidindo como ele seria, então acabamos tendo mais uma definição mal explanada e muitos padrões para defini-lo. Em resumo: não existe uma definição.

Você encontrará inúmeros padrões Unicode quando começar a trabalhar de forma mais avançada com o Python, especialmente ao trabalhar com múltiplas linguagens humanas (cada uma parece prestigiar seu próprio gosto pelo Unicode). Tendo em mente a necessidade de descobrir exatamente o que é o Unicode, aqui estão alguns recursos que deve verificar:

» The Absolute Minimum Every Software Developer Absolutely, Positively Must Know About Unicode and Character Sets (No Excuses!) (`http://www.joelonsoftware.com/articles/Unicode.html`).

» The Updated Guide to Unicode on Python (`http://lucumr.pocoo.org/2013/7/2/the-updated-guide-to-unicode/`).

» Python Encodings and Unicode (`http://eric.themoritzfamily.com/python-encodings-and-unicode.html`).

» Unicode Tutorials and Overviews (`http://www.unicode.org/standard/tutorial-info.html`).

» Explain it like I'm five: Python and Unicode? (`http://www.reddit.com/r/Python/comments/1g62eh/explain_it_like_im_five_python_and_unicode/`).

» Unicode Pain (`http://nedbatchelder.com/text/unipain.html`).

368   PARTE 5 **A Parte dos Dez**

Tornando Sua Aplicação Python Mais Rápida

Nada afasta um usuário mais rapidamente quanto uma aplicação com um desempenho fraco. Quando isso acontece, você pode esperar que os usuários não a usem de forma alguma. De fato, a performance fraca é uma fonte significativa de falha da aplicação em ambientes corporativos. Uma organização pode gastar uma tonelada de dinheiro para construir uma aplicação impressionante que faça tudo, mas nenhum usuário a usa porque ela roda muito devagar ou tem sérios problemas de performance.

LEMBRE-SE

Performance é, na verdade, uma mistura de confiabilidade, segurança e velocidade. Você pode ler sobre o triângulo da performance no meu blog em `http://blog.johnmuellerbooks.com/2012/04/16/considering-the-performance-triangle/`. Muitos desenvolvedores focam somente a parte da velocidade da performance, mas acabam não atingindo seus objetivos. É importante olhar para cada aspecto de sua aplicação quanto ao uso de recursos, e também garantir o uso de melhores técnicas de codificação.

Inúmeros recursos estão disponíveis para ajudá-lo a entender a performance e como é usada nas aplicações Python. No entanto, um dos melhores recursos disponíveis é "A guide to analyzing Python performance," em `http://zqpythonic.qiniucdn.com/data/20170602154836/index.html`). O autor investe tempo para explicar por que algo se torna um gargalo na performance, em vez de apenas definir o que ela é. Depois que ler esse artigo, não deixe de ver também as Dicas de Performance de Velocidade do Python, em `https://wiki.python.org/moin/PythonSpeed/PerformanceTips`.

> **NESTE CAPÍTULO**
>
> » **Usando o Python para QA**
>
> » **Criando oportunidades dentro de uma organização**
>
> » **Demonstrando técnicas de programação**
>
> » **Realizando tarefas especializadas**

Capítulo **19**

Dez Maneiras de Ganhar Seu Sustento com o Python

Você pode escrever literalmente qualquer aplicação que quiser usando qualquer linguagem que desejar, desde que tenha bastante tempo, paciência e esforço. No entanto, algumas tarefas serão tão complicadas e consumirão tanto tempo que farão do esforço um estudo sobre frustração. Em resumo, a maioria das coisas (provavelmente todas) é possível, mas nem tudo vale a pena. Usar a ferramenta correta para o trabalho é sempre um adicional em um mundo que vê o tempo como algo precioso e que não deve ser desperdiçado.

O Python se sobressai em certos tipos de tarefas, o que significa que ele mesmo se adapta a certos tipos de programação. A programação que você pode executar determina o trabalho que consegue e a forma como se sustenta. Por exemplo, o Python provavelmente não é uma escolha muito boa para escrever drivers de dispositivos, como o C/C++, então provavelmente você não se verá trabalhando para uma empresa de hardware. Do mesmo modo, o Python pode trabalhar com banco de dados, mas não na mesma profundidade que vem nativamente em outras linguagens como SQL (Structured Query Language), então você não se verá trabalhando em uma grande empresa de projetos de bancos de dados. No entanto, pode se encontrar usando o Python em ambientes acadêmicos, porque ele é uma ótima linguagem de aprendizado (veja o post em meu blog sobre esse assunto em `http://blog.johnmuellerbooks.com/2014/07/14/python-as-a-learning-tool/` — todos com conteúdo em inglês neste capítulo).

As seções a seguir descrevem algumas das ocupações que usam o Python regularmente para que você saiba o que pode fazer com seu novo conhecimento. Obviamente, uma única fonte não consegue listar todos os tipos de trabalho. Assim, considere isso uma visão geral de alguns usos mais comuns do Python.

POR QUE VOCÊ PRECISA SABER MÚLTIPLAS LINGUAGENS DE PROGRAMAÇÃO

A maioria das organizações vê o conhecimento de múltiplas linguagens de programação como um grande adicional (algumas veem isso como um requisito). Obviamente, os empregadores sempre buscam fazer o melhor negócio possível ao contratar um novo funcionário. Saber uma maior quantidade de linguagens significa que você pode trabalhar em mais posições e oferecer valor maior à organização. Reescrever aplicações em outra linguagem consome tempo, é uma atividade propensa a erros e custa caro, então a maioria das empresas procura pessoas que podem dar suporte a uma aplicação na linguagem existente, em vez de reconstruí-la do início.

De seu ponto de vista, saber mais linguagens significa que poderá concorrer a empregos mais interessantes e que terá menos possibilidade de ficar chateado por fazer a mesma coisa todos os dias. Além disso, saber múltiplas linguagens tende a reduzir a frustração. Atualmente, a maioria das grandes aplicações baseia-se em componentes escritos em várias linguagens de computador. Para entender a aplicação e como ela funciona melhor, é preciso conhecer todas as linguagens usadas para construí-la.

Saber múltiplas linguagens também possibilita aprender novas linguagens mais rapidamente. Depois de um tempo, você começa a ver padrões em como as linguagens de programação são construídas, então gastará menos tempo com o básico e poderá ir diretamente para os tópicos avançados. Quanto mais rápido você aprender novas tecnologias, maiores serão suas oportunidades de trabalhar em áreas empolgantes da Ciência da Computação. Saber mais linguagens abre muitas portas.

Trabalhando com QA

Muitas organizações têm departamentos de Garantia de Qualidade (QA, do inglês Quality Assurance) separados que checam aplicações para garantir que funcionem como anunciadas. Muitas linguagens diferentes de testes de script estão no mercado, mas o Python é uma excelente linguagem nesse quesito, porque é muito flexível. Além disso, você pode utilizar essa linguagem única em múltiplos ambientes — tanto do cliente quanto do servidor. O vasto alcance do Python significa que você pode aprender uma única linguagem e usá-la para testar em qualquer lugar em que precise testar algo, e em qualquer ambiente.

LEMBRE-SE

Nesse cenário, o desenvolvedor normalmente conhece outra linguagem, como C++, e usa o Python para testar as aplicações escritas em C++. No entanto, a pessoa do QA não precisa saber outra linguagem em todos os casos. Em algumas situações, um teste cego pode ser usado para confirmar que uma aplicação se comporta de uma maneira prática ou como uma forma de checar a funcionalidade de um serviço de provedor externo. Você precisa verificar com a organização na qual pretende trabalhar quais são as qualificações necessárias para o trabalho sob a perspectiva da linguagem.

Compondo a Equipe de TI de uma Pequena Empresa

Uma pequena empresa pode ter uma ou duas pessoas na equipe de TI, o que significa que você tem de executar várias tarefas de forma rápida e eficiente. Com o Python, é possível escrever utilitários e aplicações internas rapidamente. Mesmo que o Python não responda às necessidades de uma grande organização, pois é interpretado (e potencialmente aberto a furto ou desonestidade por empregados não qualificados), seu uso em organizações menores faz sentido, porque há um maior controle de acesso e uma necessidade de fazer alterações rapidamente. Além disso, a habilidade de usar o Python em vários ambientes reduz a necessidade de usar qualquer coisa além dele para atender às suas necessidades.

DICA

Alguns desenvolvedores não sabem que o Python está disponível em alguns produtos não tão óbvios. Por exemplo, mesmo que você não possa usar o script do Python com o IIS (Internet Information Server) imediatamente, pode adicionar o suporte de script do Python a esse produto usando os passos encontrados no artigo da Base de Conhecimentos da Microsoft em `http://support.microsoft.com/kb/276494`. Caso não tenha certeza se uma aplicação em particular pode usar o Python para a codificação, não deixe de verificá-la online.

Também é possível obter suporte do Python em alguns produtos que talvez não imaginasse ser possível. Por exemplo, pode usá-lo com o Visual Studio (veja `https://www.visualstudio.com/vs/python/`) para utilizar as tecnologias da Microsoft com essa linguagem. O site `https://code.visualstudio.com/docs/languages/python` fornece mais detalhes sobre o suporte do Python.

Executando Scripts Especiais para Aplicações

Vários produtos podem usar o Python para propósitos de codificação. Por exemplo, o Maya (`http://www.autodesk.com/products/autodesk--maya/overview`) baseia-se no Python para esse fim. Sabendo quais produtos avançados suportam o Python, você pode achar um emprego trabalhando com uma aplicação em qualquer empresa que o use. Aqui estão alguns exemplos de produtos que se baseiam no Python para necessidades de script:

» 3ds Max

» Abaqus

» Blender

» Cinema 4D

» GIMP

» Google App Engine

» Houdini

» Inkscape

» Lightwave

» Modo

» MotionBuilder

» Nuke

» Paint Shop Pro

» Scribus

» Softimage

É somente a ponta do iceberg. Você pode também usar o Python com o depurador GNU para criar saídas mais compreensíveis de estruturas complexas, como aquelas encontradas nos contêineres C++. Alguns videogames também se baseiam no Python como uma linguagem de script. Resumindo, é possível construir uma carreira criando scripts de aplicação com o Python como a linguagem de programação.

Administrando uma Rede

Vários administradores usam o Python para executar tarefas como monitorar a integridade da rede ou criar utilitários para automatizar tarefas. Os administradores estão sempre com pouco tempo, então qualquer coisa que puderem fazer para automatizar as tarefas é um diferencial. De fato, alguns softwares de gerenciamento de rede, como o Trigger (`http://trigger.readthedocs.org/en/latest/`), são bem escritos em Python. Muitas dessas ferramentas têm o código aberto e são grátis para baixar, então você pode experimentá-las em sua rede. Também, alguns artigos interessantes discutem o uso do Python para a administração de rede, como "Intro to Python & Automation for Network Engineers" em `http://packetpushers.net/show-176-intro-to-python-automation-for-network-engineers/`). A questão é que saber como usar o Python em sua rede pode realmente diminuir sua carga de trabalho e auxiliá-lo a executar suas tarefas mais facilmente. Se quiser ver alguns scripts escritos para o gerenciamento de redes, verifique estes 25 projetos com o assunto "Network Management" em `http://freecode.com/tags/network-management`.

Ensinando Técnicas de Programação

Muitos professores estão buscando um método mais rápido e consistente de ensinar tecnologia da computação. Raspberry PI (`http://www.raspberrypi.org/`) é um computador com uma única placa que torna a obtenção do equipamento necessário bem mais barata para as escolas. O menor dispositivo se conecta a um televisor ou monitor de computador para fornecer capacidades completas de computação com uma configuração incrivelmente simples. O interessante é que o Python tem uma participação importante para fazer com que o Raspberry Pi seja uma plataforma de ensino para técnicas de programação (`http://www.piprogramming.org/main/?page_id=372`).

DICA

Na realidade, os professores usam o Python frequentemente para estender as capacidades nativas do Raspberry e para que ele possa executar todos os tipos de tarefas interessantes (http://www.raspberrypi.org/tag/python/). O projeto intitulado Boris, o Twitter Dino-Bot (http://www.raspberrypi.org/boris-the-twitter-dino-bot/), é especialmente interessante. A questão é que se você tem um objetivo de ensino em mente, combinar o Raspberry Pi com o Python é uma ideia fantástica.

Ajudando as Pessoas a Decidirem a Localização

Um Sistema de Informação Geográfica (SIG) fornece um meio de ver a informação geográfica levando em conta as necessidades das empresas. Por exemplo, você poderia usar o SIG para determinar o melhor lugar onde colocar um novo negócio ou determinar a otimização de rotas para despachar mercadorias. No entanto, o SIG é usado para outras coisas além de simplesmente decidir as localizações — ele também fornece um meio de comunicação de informação de localização melhor do que mapas, relatórios, outros gráficos e um método de apresentar localizações físicas para outras pessoas. Também interessante é o fato de muitos produtos SIG usarem o Python como sua escolha de linguagem. De fato, várias informações específicas do Python relacionadas ao SIG estão atualmente disponíveis em:

- » Laboratório de Software SIG e Python (https://sgillies.net/2009/09/18/reintroducing-the-gis-and-python-software-laboratory.html e http://gispython.org/).

- » Recursos do Python e do SIG (http://www.gislounge.com/python-and-gis-resources/).

- » Programação e Automação do SIG (https://www.e-education.psu.edu/geog485/node/17).

Muitos produtos específicos do SIG, como ArcGIS (http://www.esri.com/software/arcgis), baseiam-se no Python para automatizar tarefas. Comunidades inteiras desenvolvem essas ofertas de software, como Python para ArcGIS (http://resources.arcgis.com/en/communities/python/). A questão é que você pode usar novas técnicas de programação em áreas diferentes de computação para ter uma renda.

Executando a Mineração de Dados

Todo mundo está coletando dados sobre tudo e todos. Tentar encontrar detalhes em montanhas de dados coletados é uma tarefa impossível sem muita automação customizada. A natureza flexível do Python, combinada com sua linguagem concisa e capacidade de fazer alterações de forma extremamente rápida, faz com que ele seja o favorito entre as pessoas que executam a mineração de dados diariamente. Na verdade, você pode achar um livro online sobre esse tópico, *A Programmer's Guide to Data Mining [Guia do Programador para Mineração de Dados, em tradução livre]*, em `http://guidetodatamining.com/`. O Python facilita muito as tarefas de mineração de dados. O propósito da mineração de dados é reconhecer tendências, o que significa procurar por vários tipos de padrões. O uso da inteligência artificial com o Python possibilita esse padrão de reconhecimento. Um artigo sobre o assunto ajuda a entender como tal análise é possível, "Data Mining: Discovering and Visualizing Patterns with Python" (`http://refcardz.dzone.com/refcardz/data-mining-discovering-and`). Você pode usar o Python para criar a ferramenta certa para localizar um padrão que possa ganhar as vendas que seu concorrente perdeu.

LEMBRE-SE

É claro que a mineração de dados é usada para mais do que gerar vendas. Por exemplo, as pessoas a usam para executar tarefas como localização de novos planetas em torno das estrelas ou outros tipos de análises que aumentam nosso conhecimento do Universo. O Python se enquadra nesse tipo de mineração de dados também. Você provavelmente consegue encontrar livros e outros recursos dedicados a qualquer tipo de mineração de dados que quiser executar, com muitos deles mencionando o Python como a linguagem de escolha.

Interagindo com Sistemas Integrados

Um sistema integrado existe para quase todos os propósitos no planeta. Por exemplo, se você tem um termostato programável para sua casa, está interagindo com um sistema integrado. O Raspberry Pi (mencionado anteriormente neste capítulo) é um exemplo de sistema integrado mais complexo. Muitos desses sistemas se baseiam no Python como sua linguagem de programação. Na verdade, uma forma especial do Python, Embedded Python (`https://wiki.python.org/moin/EmbeddedPython`), é algumas vezes usada para esses dispositivos. Você pode até achar uma apresentação no YouTube sobre o uso do Python para construir um sistema integrado em `http://www.youtube.com/watch?v=WZoeqnsY9AY`.

DICA

Curiosamente, talvez você já tenha interagido com um sistema integrado baseado no Python. Por exemplo, o Python é a linguagem escolhida por muitos sistemas de segurança de carros (`http://www.pythoncarsecurity.com/`). O recurso de ligar remotamente se baseia no Python para funcionar. Seu sistema de automação e segurança da casa (`http://www.linuxjournal.com/article/8513`) pode também se basear no Python.

O Python é popular para sistemas integrados porque ele não requer compilação. Um fabricante de sistema integrado pode criar uma atualização para qualquer sistema e simplesmente fazer um upload do arquivo Python. O interpretador automaticamente usa esse arquivo sem ter de fazer upload de quaisquer novos executáveis nem fazer os malabarismos que outras linguagens podem precisar.

Realizando Tarefas Científicas

O Python parece dedicar mais tempo para processar tarefas científicas e numéricas do que muitas outras linguagens de computação por aí. A quantidade de pacotes de processamento científico e numérico do Python é impressionante (`https://wiki.python.org/moin/NumericAndScientific`). Os cientistas adoram o Python porque ele é pequeno, fácil de aprender e ainda bastante preciso no tratamento de dados. É possível produzir resultados usando somente poucas linhas de código. Sim, você pode produzir o mesmo resultado usando outra linguagem, mas talvez ela não inclua módulos predefinidos para executar a tarefa e precisará de mais linhas de código.

LEMBRE-SE

As duas ciências que têm pacotes dedicados do Python são as do espaço e da vida. Por exemplo, realmente existe um pacote para a realização de atividades relacionadas à física solar. Há também um pacote para trabalhar com biologia genômica. Se você estiver na área científica, são boas as chances de que seu conhecimento de Python impacte muito sua habilidade de produzir resultados rapidamente, enquanto seus colegas ainda tentam descobrir como analisar os dados.

Executando Análises de Dados em Tempo Real

Tomar decisões requer dados confiáveis, precisos e em tempo oportuno. Frequentemente esses dados devem vir de uma grande variedade de fontes, que, então, requerem certa quantidade de análise antes de se tornarem úteis. Várias pessoas que reportam usar o Python o fazem por causa de sua capacidade de gerenciamento. Eles o utilizam para investigar todas aquelas fontes de informação, executar as análises necessárias e apresentar a situação ao gerente que pediu a informação. Considerando que essa tarefa ocorre regularmente, tentar executá-la manualmente toda vez demandaria muito tempo. Na verdade, seria uma perda de tempo. Quando o gerente finalmente executasse o trabalho requerido, a necessidade de tomar a decisão provavelmente já teria passado. O Python possibilita executar tarefas de forma suficientemente rápida para que a tomada de decisão tenha um impacto máximo.

As seções anteriores mostraram os recursos de mineração de dados, cálculos numéricos e gráficos do Python. Um gerente pode combinar essas qualidades enquanto usa uma linguagem que não é nem um pouco complexa para aprender, como C++. Além disso, qualquer alteração é fácil de ser feita e o gerente não precisa se preocupar em aprender técnicas de programação, como compilar a aplicação. Umas poucas alterações em uma linha de código em um pacote interpretado normalmente servem para completar a tarefa.

LEMBRE-SE

Como outros tipos de exemplos ocupacionais neste capítulo, ter a mente aberta é importante para conseguir um emprego. Muitas pessoas precisam de análises em tempo real. Lançar um foguete ao espaço, controlar o fluxo do produto, garantir que os pacotes sejam entregues na hora e vários outros tipos de ocupações se baseiam em dados oportunos, confiáveis e precisos. Você pode estar apto a criar seu novo emprego simplesmente utilizando o Python para executar uma análise de dados em tempo real.

> **NESTE CAPÍTULO**
>
> » Depurando, testando e implementando aplicações
>
> » Documentando e fazendo a versão de sua aplicação
>
> » Escrevendo o código da aplicação
>
> » Trabalhando com um ambiente interativo

Capítulo **20**

Dez Ferramentas para Aprimorar Sua Experiência com o Python

O Python, como a maioria das outras linguagens de programação, tem um bom suporte de terceiros na forma de várias ferramentas. *Ferramenta* é qualquer utilitário que aumenta a capacidade natural do Python ao construir uma aplicação. Então, um depurador é considerado uma ferramenta, porque é um utilitário, mas uma biblioteca não é. Elas são usadas para criar melhores aplicações (você pode ver algumas delas listadas no Capítulo 21).

Mesmo fazendo distinção entre o que é uma ferramenta ou não, como uma biblioteca, a lista não reduz muito. O Python tem acesso a uma gama de ferramentas de uso geral e especiais. De fato, o site `https://wiki.python.org/moin/ DevelopmentTools` (todos com conteúdo em inglês neste capítulo) agrupa essas ferramentas em 13 categorias:

» AutomatedRefactoringTools

» BugTracking

» ConfigurationAndBuildTools

» DistributionUtilities

» DocumentationTools

» IntegratedDevelopmentEnvironments

» PythonDebuggers

» PythonEditors

» PythonShells

» SkeletonBuilderTools

» TestSoftware

» UsefulModules

» VersionControl

Curiosamente, é bem possível que as listas do site DevelopmentTools ainda não estejam completas. Você pode achar ferramentas Python listadas em poucos lugares online.

Considerando que um único capítulo não pode abordar todas as ferramentas existentes, aqui discutimos um pouco sobre as mais interessantes, aquelas que merecem um pouco mais de atenção de sua parte. Depois de saciar seu apetite, será uma boa ideia procurar outros tipos de ferramentas você pode encontrar online. Talvez descubra que a ferramenta que você pensou que teria de criar já estava disponível, e de diversas formas.

Procurando Erros com Roundup Issue Tracker

Você pode usar vários sites de rastreamento de bugs do Python, como os seguintes: Github (`https://github.com/`), Google Code (`https://code.google.com/`), BitBucket (`https://bitbucket.org/`) e Launchpad (`https://launchpad.net/`). No entanto, esses sites públicos geralmente não são tão convenientes quanto o seu software de rastreamento de bug específico. Você pode utilizar inúmeros sistemas de rastreamento em seu próprio disco local, mas o Roundup Issue Tracker (`http://roundup.source forge.net/`) é um dos melhores oferecidos. Ele deve funcionar em qualquer plataforma que suporta o Python e oferece estes recursos básicos sem qualquer trabalho extra:

» Rastreamento de bug

» Gerenciamento da lista de tarefas

Se estiver disposto a fazer uma instalação um pouquinho mais trabalhosa, é possível obter recursos adicionais, e são eles que fazem o produto ficar especial. Mas, para tanto, pode ser necessário instalar outros produtos, como um SGBD. As instruções do produto informam o que instalar e quais produtos de terceiros são compatíveis. Depois de fazer as instalações adicionais, você recebe estes recursos atualizados:

» Suporte de assistência para o cliente com os seguintes recursos:

- Assistente para o atendimento de telefone

- Links de rede

- Rastreadores de sistema e de assuntos de desenvolvimento

» Gerenciamento de problemas para grupos de trabalho IEFT (Internet Engineering Task Force)

» Rastreamento de liderança de vendas

» Envio de ata de conferência

» Gerenciamento de revisão anônima

» Blog (muito básico no momento, mas posteriormente se tornará uma oferta melhor)

Criando um Ambiente Virtual com o VirtualEnv

Existem muitas razões para criar ambientes virtuais, mas a principal para fazê-lo com o Python é fornecer um ambiente de teste seguro e conhecido. Ao usar o mesmo ambiente de teste todas as vezes, você ajuda a garantir que a aplicação tenha um ambiente estável até ficar pronta para ser testada em um ambiente similar à produção. O VirtualEnv (https://pypi.python.org/pypi/virtualenv) fornece o meio para criar um ambiente virtual Python que pode ser usado para o processo de testes iniciais ou diagnosticar problemas que possam ocorrer devido ao ambiente. É importante lembrar que existem, pelo menos, três níveis de padrões de testes que você precisa executar:

» **Bug:** Checar erros na aplicação.

» **Performance:** Validar sua aplicação quanto aos requisitos de velocidade, confiabilidade e segurança.

» **Usabilidade:** Verificar se sua aplicação atende às necessidades dos usuários e reagirá à entrada do usuário da forma esperada.

LEMBRE-SE

Devido à maneira como a maioria das aplicações Python é usada (veja o Capítulo 19 para ter algumas ideias), você geralmente não precisa rodá-la em um ambiente virtual depois de ter ido para um site de produção. A maioria das aplicações Python requer acesso ao mundo externo, e o isolamento de um ambiente virtual impedirá esse acesso.

NUNCA TESTE EM UM SERVIDOR DE PRODUÇÃO

Um erro que alguns desenvolvedores cometem é testar uma aplicação ainda não lançada no servidor de produção, onde o usuário pode facilmente ter acesso. Das muitas razões para não se fazer isso, a mais importante é a perda de dados. Se você permitir que os usuários tenham acesso a uma versão ainda não lançada de sua aplicação com bugs, o banco de dados ou outras fontes de dados poderão ficar corrompidos e os dados poderão ser perdidos ou danificados permanentemente.

Você também precisa perceber que só tem uma chance de causar a primeira impressão. Muitos projetos de software falham porque os usuários não usam o resultado final. A aplicação está completa, mas ninguém a usa devido à percepção de que ela falha de alguma forma. Os usuários têm um único objetivo em mente: completar suas tarefas e ir para casa. Quando veem que a aplicação está consumindo seu tempo, tendem a não usá-la.

As aplicações não lançadas podem também ter brechas de segurança que indivíduos nefastos usarão para ganhar acesso à sua rede. Não importa se seu software de segurança funciona bem se você deixa a porta aberta para todos entrarem. Depois que entram, livrar-se deles é quase impossível, e mesmo que consiga, o dano aos seus dados já estará feito. A recuperação de violações de segurança é notoriamente difícil — e algumas vezes, impossível. Em resumo, nunca teste em seu servidor de produção, porque os custos ao fazê-lo são simplesmente muito altos.

Instalando Sua Aplicação com o PyInstaller

Os usuários não querem gastar muito tempo instalando a aplicação, não importa o quanto ela os possa beneficiar no final. Mesmo que você consiga fazer o usuário tentar uma instalação, os menos qualificados estão propensos a não conseguir. Em resumo, é preciso de um método certeiro para transferir uma aplicação de seu sistema para o sistema do usuário. Instaladores, como o PyInstallerPyInstaller (`http://www.pyinstaller.org/`), fazem exatamente isso. Eles criam um bom pacote de sua aplicação para que o usuário possa instalá-la com facilidade.

Por sorte, o PyInstaller funciona em todas as plataformas que o Python suporta, então você precisa apenas dessa ferramenta para atender às necessidades de cada instalação que precisa fazer. Além disso, é possível obter suporte específico da plataforma quando necessário. Por exemplo, ao trabalhar em uma plataforma Windows, você pode criar executáveis com assinatura de código. Os desenvolvedores Mac ficarão satisfeitos se o PyInstaller fornecer suporte para pacotes. Em muitos casos, evitar funcionalidades específicas da plataforma é melhor, a não ser que realmente necessite delas. Quando você usa uma funcionalidade específica, a instalação será bem-sucedida somente na plataforma de destino.

EVITE O PRODUTO ÓRFÃO

Algumas ferramentas Python que flutuam pela internet são *órfãs*, o que significa que o desenvolvedor não está mais dando suporte a elas. Eles ainda usam a ferramenta porque gostam dos recursos que ela suporta ou como funciona. No entanto, fazer isso é sempre arriscado, porque você não pode ter certeza de que a ferramenta funcionará com a última versão do Python. O melhor a ser feito é pegar aquelas que têm suporte completo do fabricante que as criou.

Se você realmente tiver de usar uma ferramenta órfã (quando a ferramenta órfã é a única disponível para executar a tarefa), verifique se ela ainda tem um bom suporte da comunidade. O fabricante pode não estar mais por perto, mas, pelo menos, a comunidade fornecerá uma fonte de informação quando você precisar de suporte para o produto. Caso contrário, gastará muito tempo tentando usar um produto sem suporte que pode nunca funcionar direito.

CUIDADO

Várias ferramentas de instalação que você encontra online são de plataformas específicas. Por exemplo, ao procurar por um instalador que supostamente cria executáveis, você precisa tomar cuidado para que os executáveis não sejam de uma plataforma específica (ele deve, pelo menos, corresponder à plataforma que queira usar). É importante pegar um produto que funcionará em qualquer lugar que seja necessário para que você não crie um pacote de instalação que o usuário não possa usar. Ter uma linguagem que funciona em qualquer lugar não ajuda quando o pacote de instalação realmente dificulta a instalação.

Construindo a Documentação do Desenvolvedor com o pdoc

Dois tipos de documentação são associados às aplicações: a do usuário e a do desenvolvedor. A documentação do usuário mostra como usar a aplicação, enquanto a documentação do desenvolvedor mostra como a aplicação funciona. Uma biblioteca requer somente um tipo de documentação, a do desenvolvedor, enquanto uma aplicação desktop pode requerer somente a documentação do usuário. Um serviço pode, na verdade, exibir ambos os tipos de documentação, dependendo de quem a usará e de como o serviço é agrupado. Grande parte de sua documentação é para os desenvolvedores e o pdoc (`https://github.com/BurntSushi/pdoc`) é uma solução simples para criá-la.

O QUE É DOCSTRING?

O Capítulo 5 e este falam sobre strings de documentos (docstrings). *Docstring* é um tipo especial de comentário que aparece entre aspas triplas, desta forma:

```
"""Isto é uma docstring."""
```

A docstring é associada a um objeto, como pacotes, funções, classes e métodos. Qualquer objeto de código que possa ser criado no Python pode ter uma docstring. O objetivo é documentar o objeto. Assim, é importante usar frases descritivas.

A forma mais fácil de ver uma docstring é seguir o nome do objeto com o método especial `__doc__()`. Por exemplo, digitar **print(MyClass.__doc__())** faria aparecer a docstring para `MyClass`. Também é possível acessar uma docstring com a ajuda, como `help(MyClass)`. As boas docstrings informam o que o objeto faz, em vez de como ele faz.

Utilitários de terceiros também podem usar docstrings. Se for o utilitário certo, será possível escrever a documentação para uma biblioteca inteira sem ter que, de fato, escrever nada. O utilitário usa as docstrings dentro de sua biblioteca para criar a documentação. Assim, mesmo que as docstrings e os comentários sejam usados com objetivos diferentes, serão igualmente importantes em seu código Python.

O utilitário pdoc se baseia na documentação que você coloca em seu código na forma de docstrings e comentários. A saída é na forma de um arquivo de texto ou um documento HTML. Você pode também ter o pdoc rodando de uma forma que forneça saída por meio de um servidor web para que as pessoas possam ver a documentação diretamente no navegador. Isso é, na verdade, um substituto para o epydoc, que não é mais suportado por seu criador.

Desenvolvendo o Código da Aplicação com o Komodo Edit

Vários capítulos explicaram o assunto IDEs (Ambientes de Desenvolvimento Interativo), mas nenhum fez uma recomendação específica. O IDE que você escolhe depende parcialmente de suas necessidades como desenvolvedor, de seu nível de competência e dos tipos de aplicações que quer criar. Alguns IDEs são melhores que outros em termos de certos tipos de desenvolvimento de aplicações. Um dos melhores IDEs de uso geral para desenvolvedores novatos é o Komodo Edit (http://komodoide.com/komodo-edit/). Você pode obter esse IDE gratuitamente e ele inclui muitos recursos que tornam sua experiência com codificação muito melhor do que seria com o IDLE. Veja alguns:

» Suporte para múltiplas linguagens de programação.

» Finalização automática de palavras-chave.

» Checagem da indentação.

» Suporte de projeto para que as aplicações estejam parcialmente codificadas antes mesmo que você inicie o trabalho.

» Suporte superior.

No entanto, o que diferencia o Komodo Edit dos outros IDEs é que ele tem um caminho de atualização. Quando você começa a achar que suas necessidades não são mais atendidas pelo Komodo Edit, pode atualizar para o Komodo IDE (http://komodoide.com/), que inclui muitos recursos de suporte de nível profissional, como code profiling (um recurso que checa a velocidade da aplicação) e um gerenciador de banco de dados (para facilitar o trabalho com banco de dados).

Depurando Sua Aplicação com o pydbgr

Um IDE avançado, como o Komodo IDE, vem com um depurador completo. Até mesmo o Komodo Edit vem com um depurador simples. No entanto, se você estiver usando algo menor, mais barato e menos capaz que o IDE avançado, pode não ter um depurador. Um *depurador* ajuda a localizar e corrigir erros em sua aplicação. Quanto melhor seu depurador, menor o esforço exigido para localizar e corrigir erros. Quando seu editor não inclui um depurador, você precisa de um depurador externo, como o pydbgr (https://code.google.com/p/pydbgr/).

LEMBRE-SE

Um depurador razoavelmente bom inclui vários recursos padrões, como o código colorido (o uso de cores indica partes, como palavras-chave). No entanto, ele também inclui vários recursos não padrões que o diferenciam. Confira alguns recursos padrões e não padrões que fazem com que o pydbgr seja uma boa escolha quando seu editor não vem com um depurador:

388   PARTE 5 **A Parte dos Dez**

» **Smarteval:** O comando `eval` ajuda a ver o que acontecerá ao executar uma linha de código, antes de você realmente executá-la na aplicação. Ele o ajuda a executar a análise "hipotética" para ver o que está acontecendo de errado com a aplicação.

» **Depuração fora do processo:** Normalmente você tem de depurar as aplicações que residem na mesma máquina. De fato, o depurador é parte do processo da aplicação, o que significa que ele pode realmente interferir no processo de depuração. Usar a depuração fora do processo significa que o depurador não afeta a aplicação e você não terá de rodar a aplicação na mesma máquina do depurador.

» **Inspeção completa do código de bytes:** Ver como o código que você escreve se transforma no *código de bytes* (o código que o interpretador Python realmente entende) algumas vezes pode auxiliar na resolução de problemas difíceis.

» **Filtragem e rastreamento de eventos:** Como sua aplicação roda em um depurador, ela gera eventos que o ajudam a entender o que está acontecendo. Por exemplo, ir para a próxima linha de código gera um evento, retornar de uma função de chamada gera outro evento, e assim por diante. Esse recurso faz com que seja possível controlar como o depurador rastreia uma aplicação e a quais eventos reage.

Entrando em um Ambiente Interativo com o IPython

O shell do Python funciona bem para muitas tarefas interativas. No entanto, se já usou esse produto, pode ter notado que o shell padrão tem certas deficiências. Claro que a maior deficiência é ser um ambiente de texto puro em que você deve digitar os comandos para executar qualquer tarefa. Um shell mais avançado, como o IPython (`http://ipython.org/`), pode deixar o ambiente interativo mais amigável, fornecendo recursos GUI para que você não tenha de lembrar a sintaxe de comandos estranhos.

LEMBRE-SE

O IPython é realmente mais do que apenas um simples shell. Fornece um ambiente em que você pode interagir com ele de novas formas, como mostrar gráficos que exibem o resultado das fórmulas criadas usando o Python. Além disso, IPython é projetado como um tipo de front-end que pode aceitar outras linguagens. A aplicação IPython envia comandos para o shell real em segundo plano, então você pode usar os shells de outras linguagens, como Julia e Haskell (não se preocupe se nunca ouviu falar dessas linguagens).

Uma das funcionalidades mais legais do IPython é a habilidade de trabalhar em ambientes computacionais paralelos. Normalmente um shell é de um único segmento, o que quer dizer que você não pode executar nenhum tipo de computação paralela. Na verdade, você não pode nem criar um ambiente multitarefas. Somente esse recurso já faz com que o IPython mereça uma tentativa.

Testando Aplicações Python com o PyUnit

Em algum ponto, você precisa testar suas aplicações para garantir que funcionem como instruídas. Você pode testá-las entrando um comando por vez para ir verificando o resultado ou pode automatizar o processo. Obviamente, a abordagem automatizada é melhor, porque você realmente quer chegar em casa para o jantar algum dia, e o teste manual é um processo muitíssimo lento (especialmente quando você erra, o que, com certeza, acontecerá). Produtos como o PyUnit (`https://wiki.python.org/moin/PyUnit`) fazem com que o teste unitário (o teste de recursos individuais) fique muito mais fácil.

A parte legal desse produto é que você realmente cria o código Python para executar o teste. Seu script é só outra aplicação especializada que testa a aplicação principal quanto a problemas.

LEMBRE-SE

Você pode achar que os scripts, e não sua aplicação escrita profissionalmente, podem estar cheios de bugs. O script de teste é projetado para ser extremamente simples, o que manterá os erros de scripts pequenos e bastante perceptíveis. É claro que os erros podem acontecer (e algumas vezes irão), então, sim, quando você não conseguir achar um problema em sua aplicação, deve checar o script.

Organizando Seu Código com o Isort

Pode parecer uma coisa incrivelmente pequena, mas o código pode ficar bagunçado, especialmente se você não colocar todas as instruções `import` no topo do arquivo em ordem alfabética. Em algumas situações, descobrir o que está acontecendo com seu código é muito difícil, se não impossível, quando ele não está arrumado. O utilitário Isort (`http://timothycrosley.github.io/isort/`) executa a aparente pequena tarefa de ordenar suas instruções `import`, assegurando que todas apareçam no topo do arquivo de código-fonte. Esse pequeno passo pode ter um efeito significativo em sua habilidade de entender e modificar o código-fonte.

Saber quais módulos são necessários para um módulo em particular pode ajudar na localização de problemas em potencial. Por exemplo, se você, de alguma forma, pegar uma versão mais antiga do módulo necessário para seu sistema, saber de quais módulos a aplicação precisa pode facilitar o processo de busca.

Além disso, saber de quais módulos uma aplicação precisa é importante quando chega o momento de distribuir a aplicação para os usuários. Saber que o usuário tem os módulos corretos disponíveis ajuda a garantir que a aplicação rodará como é previsto.

Fornecendo o Controle da Versão com o Mercurial

As aplicações que você criou enquanto trabalhou ao longo do livro não são muito complexas. Realmente, depois de acabar de ler o livro e começar com treinamentos de aplicações mais avançadas, provavelmente não necessitará do controle da versão. No entanto, depois de começar a trabalhar em um ambiente de desenvolvimento organizacional em que você cria aplicações reais que os usuários precisam ter disponíveis a todo momento, o controle da versão se torna essencial. *Controle de versão* é simplesmente o ato de manter o rastreamento das alterações que ocorrem em uma aplicação entre os lançamentos da aplicação no ambiente de produção. Quando você diz que está usando MyApp 1.2, está se referindo à versão 1.2 da aplicação MyApp. O versionamento mostra qual versão da aplicação está sendo usada quando bugs são solucionados e ocorrem outros tipos de suporte.

Numerosos produtos de controle de versões estão disponíveis para o Python. Uma das ofertas mais interessantes é o Mercurial (`https://www.mer-curial-scm.org/`). Você pode obter uma versão do Mercurial para quase qualquer plataforma em que o Python roda, então não precisa se preocupar sobre a troca de produtos ao mudar de plataformas (se sua plataforma não oferece uma versão executável binária, você pode montar uma a partir do código-fonte fornecido no site de download).

Ao contrário de outras ofertas por aí, o Mercurial é gratuito. Mesmo que você ache que precisa de um produto mais avançado depois, pode ganhar uma experiência útil trabalhando com ele em um ou dois projetos.

CAPÍTULO 20 **Dez Ferramentas para Aprimorar ...**   391

LEMBRE-SE

O ato de armazenar cada versão de uma aplicação em um lugar separado para que as alterações possam ser desfeitas ou refeitas quando necessário é chamado de *gerenciamento do código-fonte*. Para muitas pessoas, o gerenciamento do código-fonte parece ser uma tarefa difícil. Devido ao ambiente Mercurial ser bastante tolerante, você pode aprender sobre esse gerenciamento em um ambiente amigável. Estar apto a interagir com qualquer versão do código-fonte para uma aplicação em particular é essencial quando você precisa retornar e corrigir problemas criados por uma nova versão.

A melhor parte sobre o Mercurial é que ele fornece um ótimo tutorial online em `https://www.mercurial-scm.org/wiki/Tutorial`. Seguir em sua máquina é a melhor forma de aprender sobre o gerenciamento do código-fonte, mas mesmo apenas a leitura do material é útil. Obviamente, o primeiro tutorial se dedica inteiramente a conseguir fazer uma boa instalação do Mercurial. Os tutoriais então o guiam no processo de criação de um repositório (um lugar onde as versões da aplicação são armazenadas) e no uso do repositório enquanto você cria o código da aplicação. Ao terminar os tutoriais, você deve ter uma ótima ideia de como o controle da fonte funciona e por que o versionamento é uma parte importante no desenvolvimento de aplicações.

Índice

SÍMBOLOS

=, sinal, 137, 223
*, asterisco, 216, 306
/, barra, 321
\, barra invertida, 240, 321
{}, chaves, 249
:, dois pontos, 144
#, hashtag, 83
--help, opção, 212
--json, opção, 223
-k, opção, 230
% ou %%, sinal, 103
__pycache__, subdiretório, 214
!, sinal, 263
_, sublinhado, 187
--verbose, opção, 223

A

ajuda, 51
alinhamento, 250
Anaconda
    coleção de ferramentas, 62
    Linux, 63
    Mac OS X, 64
    prompt, 220
    Windows, 66
aninhamento, 155, 194
aplicações, 9–10
argumento, 135–136, 306
    *args, 306
    html, 355
    **kwargs, 306
    lista, 186
    palavras-chave, 137
    posicional, 137
    self, 300
    sep, 268
árvore de seleção, 155
ASCII, 236
atribuição, 129–130
atributos, 208
atualização, 332

B

bibliotecas, 207
    NumPy, 16
    SciPy, 16
bloco
    de código, 146
    try...except, 198
booliano, valor, 117
bug, 60, 175

C

C#, 15, 19
caminho, 218
    absoluto, 321
    relativo, 321
caractere
    de escape, 240
    tab, 239
carregador, 227
C/C++, 15
célula
    dividir, 92
    mesclar, 92
    saída, 94
CGI, script, 362
chamador, 133, 199, 210
chave e valor, par, 280
checagem
    de comprimento, 164
    de intervalo, 148
classe
    de produção, 312
    filha, 312
    mãe, 312
cláusula, 150
    break, 162
    continue, 164
    elif, 152, 265
    else, 150, 166
    except, 183, 189, 191
    finally, 174, 202
    pass, 165

código, 208
    espaguete, 293
coleção, 273, 274
comando, 48–49
    bin(), 113
    conda info, 223
    conda remove, 225
    conda search --outdated, 224
    conda search --outdated --names-only, 224
    conda update, 224
    eval, 389
    float(), 117
    hex(), 113
    import datetime, 118
    int(), 117
    oct(), 113
    ord(), 117
    prompt, 35
    str(), 118
    time(), 119
comentário, 83
concatenação, 81, 243, 263
conda
    comandos, 211
    utilitário, 211
constante, 219
construtor, 301
    __init__(), 308
    MIMEText(), 350
contêiner, 296
controle da versão, 391
CRUD, 41
    funções, 261

D

dados
    estruturados vs desestruturados, 322
depuração, 61, 388
dicionário, 274
diretório, 321
    hierarquia, 321
documentação, 386

E

e-mail. componentes, 340, 349
erro
    capturar, 174
    compilação, 176

concessão, 177
    lógico, 179
    manipulação, 173
    omissão, 177
    semântico, 179
    sintático, 178
exceção, 148, 173
    categorias, 180
    gerar, 198
    IOError, 188
    KeyboardInterrupt, 195
    ValueError, 195
expressão, 123, 140
eXtensible Markup Language (XML), 17, 365

F

ferramenta, 381
    de desenvolvimento, 19
FIFO, coleção, 275
formatação, 249
função
    __add__(), 276
    append(), 335
    %autosave, 90
    count(), 274
    de acesso, 310
    dir(), 227
    doc(), 230
    empty(), 289
    enumerate(), 306
    format(), 249
    full(), 289
    get(), 271
    __getattribute(), 187
    index(), 274, 335
    __init__(), 201
    input(), 141
    insert(), 262
    items(), 271
    len(), 261
    mágica, 88, 103
    open(), 188, 328
    os.rmdir(), 337
    Pop(), 287
    PrintList2(), 306
    Push(), 287
    range(), 171
    remove(), 292, 335

reverse(), 267
shutil.rmtree(), 337
sort(), 267
split(), 335
__str__(), 324
str.upper(), 195

H

Help, menu, 101
herança, 312
hierarquia, 275
host, 343
    endereço, 343
    local, 343
    nome, 347
HTML, formato, 89

I

IDLE
    aplicação, 30
    editor, 364
IEEE-754, padrão, 114
importação, 207
importar módulo, 118
indentação, 80–81, 146
índice, 259
instrução
    for, 260
    from...import, 213, 215
    if, 144
    if...else, 150
    import, 188, 212, 214
    switch, 283
    while, 168
integridade dos dados, 320
Interface Gráfica (GUI), 17, 42
interpretador, 178
IPython, 101
iteração, 292

J

Java, 15, 20
JSON, 361
Jupyter Notebook, 59, 69

K

kernel, 99

L

Leopard, OS X (10.5), 30
LIFO, sequência, 274
linha de comando, 38, 47
Linux com Python, 30
lista, ações, 258
loop, 160, 195
    for, 139, 160
    infinito, 168

M

Mac com Python, 30
manipulação, 235
mensagem
    HTML, 355
    tipo e subtipo, 352
método
    __add__(), 308
    classe, 299
    __doc__(), 387
    instância, 300
    join(), 269
    os.chdir(), 213
    print(), 76
    SaveData(), 327
    socket.getaddrinfo(), 346
    socket.getservbyport(), 346
    __str__(), 308
    type(), 116
MIME, 349
módulo, 207
    csv, 327
    email.mime, 349
    smtplib, 351

N

notação científica, 115
Notebook
    comandos de edição, 93
    sistema de ajuda, 100

O

operador, 122
    aritmético, 126
    associação, 130
    atribuição, 144
    bitwise, 128
    categorias, 125

comparação, 126, 145
identidade, 130
igualdade, 144
lógico, 127, 147
precedência, 131
splat (*), 268
ternário, 124
unário, 125

P

pacote, 207
collections, 292
__main__, 297
queue, 289
palavra-chave
and, 147
class, 296
for, 160
if, 230
in, 160
JSON, 230
return, 140
while, 168
pilha, 274, 286
pip, comandos, 226
POP3, servidor, 343
porta, 343, 345
programação literária, 61, 76, 80, 87
Programação Orientada a Objetos (OOP), 302
Pydoc, 230
Python, 14
ajuda, 51
atributos, 227
funções, 243
gerenciamento de rede, 375
listas, 254
pacotes, 210
programação web, 362
prompt de comando, 44
recursos úteis, 363
scripts, 374
termos, 294
usos mais comuns, 16

R

R, 21
README, arquivo, 43
repetição, 243

repositório, 70, 74
reutilização de código, 133
RFC2821, padrão, 341

S

sequências, 254, 274
de escape, 239
shell, 56
sinais, 250
sistema integrado, 377
SMTP, 341
SOAP, conexão, 363
socket, 343
string, 117, 237
caracteres especiais, 239
colchete, 242
Structured Query Language (SQL), 17

T

tag, 99
testes, níveis, 384
tipo de dados, 111
bool, 117
float, 115
int, 112
string, 117
tupla, 274, 275, 308

U

Ubuntu, 33
Unicode, padrão, 368

V

valores octais, 241
variáveis, 110, 140, 253
de ambiente, 46
de classe, 303
de instância, 305
Visual Basic, 15

W

widgets, 364
Windows com Python, 27

X

XML, formato, 323